平台经济下供应链金融创新模式

林 强 著

科 学 出 版 社

北 京

内 容 简 介

本书以平台经济下的供应链金融为研究对象，基于双边网络效应、委托代理理论、博弈论等理论，系统地研究了平台经济下供应链金融风险防范策略、平台定价策略、契约设计等问题。首先，梳理了传统供应链金融融资的业务模式；其次，给出了在不考虑双边网络效应，即在传统供应链金融线上化后的风险防范策略；再次，在对双边网络效应进行详细分析的基础上，给出了在考虑网络效应下的 B2B、B2C 平台下的平台定价模型和风险防范策略模型；最后，考虑在区块链技术环境下，平台经济下的供应链金融应用演化路径。

本书可供物流与供应链理论研究工作者、高等院校高年级本科生与研究生、银行投融资部门人员、政府政策研究人员和企业中高层经理等相关人员参考。

图书在版编目（CIP）数据

平台经济下供应链金融创新模式 / 林强著. —北京：科学出版社，2023.7

ISBN 978-7-03-071466-4

Ⅰ. ①平… Ⅱ. ①林… Ⅲ. ①供应链管理-金融业务-研究 Ⅳ. ①F252.2

中国版本图书馆 CIP 数据核字（2022）第 023927 号

责任编辑：徐 倩 / 责任校对：姜丽策
责任印制：张 伟 / 封面设计：无极书装

科 学 出 版 社 出版
北京东黄城根北街 16 号
邮政编码：100717
http://www.sciencep.com
北京建宏印刷有限公司 印刷
科学出版社发行 各地新华书店经销
*
2023 年 7 月第 一 版 开本：720 × 1000 1/16
2024 年 1 月第二次印刷 印张：16 1/4
字数：328 000

定价：168.00 元

（如有印装质量问题，我社负责调换）

前　言

供应链管理及运营中主要涉及商流、物流、资金流与信息流。供应链管理是“四流”的综合协调与管理。随着全球化贸易的发展，以商流为基础的其他三个“流”的集成管理已经成为众多学者研究的热点问题，其中，随着供应链运营中的资金约束问题的出现，如何将供应链中的运营决策与金融决策进行整合、协调，成为传统供应链金融研究的重点内容。在实业界，制造业核心企业、银行、第三方物流企业、大型贸易企业及大型网络平台企业等不同行业的企业开展了供应链金融业务的实践，取得了巨大的成功。同时，在其不断的实践过程中也提出了新的问题，亟待理论界解决。例如，针对平台经济环境下的中小企业展开供应链金融业务，其业务流程应该如何确定？平台经济环境下的供应链金融业务应该具有哪些特点？其风险应该如何度量和防范？

传统运营管理与金融管理的研究文献注重强调“三流”即物流、资金流和信息流的综合协调与管理。传统的供应链金融研究注重金融决策对运营决策的影响，关注金融决策与运营决策之间的匹配协调问题。在21世纪，随着互联网及其技术的高速发展与广泛应用，电商平台成为企业和组织进行商务活动的一种新型交易手段，在电子商务环境下，人们更加注重交易也即商流的效率与成本问题。这种消费形式的改变，不仅影响着人们的生活和工作方式，也带来了思维方式与行为准则的变化，其影响会远远超过技术和商务本身。电商平台下的电子商务作为一种全新的商务模式，不仅冲击了传统的商务模式，影响了传统的商务流程，也深刻地影响着供应链企业的运营决策及金融决策。现今，人们已经习惯于网上购物、网上拍卖旧物及网上办公等，企业也通过网络完成谈判、资源流转，政府利用网络开展电子化的管理等，这些行为及交易中行为主体的变化必将深刻影响着供应链的运作效率，同时也必将影响着供应链资金运行的效率。在电商平台环境下，参与供应链金融业务的主体发生了变化，原有的供应链金融结构及模式也将会发生相应变化，在电子商务环境下的供应链金融研究面对的是更加复杂的业务环境，参与主体变为贷款企业、银行、物流企业、核心企业及电子商务平台。银行面对多条供应链上的多个需要融资的中小企业，如果按照传统的供应链金融业务管理模式与流程开展业务运作，不仅其管理成本将会大幅提高，其资金使用效率也会大打折扣。另外，在平台经济中存在着双边网络效应，电商平台上的交易主体之间的组间网络效应与组内网络效应，对其绩效产生了较大的影响。一些在传统供应链金融下行之有效的组织方式、商业模式及风险管控策略，在平台经济条件下，发生了较大变化。如何在平台经济环境下整合资源，度量风险，找到适宜的供应链金融管理模式、管理流程及风险管控策略是本书研究的主要内容。在电子商务环境下，从事供应链金融业务应更加注重商务贸易背景下的相关主体间委托代理关系的演变、转化与相互影响。另外，结合业界的实践可以看到，新技术尤其是区块链技术在平台经济下的应用方兴未艾，如何构建以区块链技术为核心的技术架构下的新型供应链金融商业模式，也是本书要探讨的重要问题。

实践方面，国内一些企业在供应链金融领域已经进行了不少有益探索。它们多数从传统的贸易融资业务入手，从动产抵押、保兑仓或保理等单一融资产品的提供开始，逐步开发产品种类，形成产品集成能力，最终过渡到面向整条供应链提供结构性融资服务。从效果来看，这一金融创新活动不但缓解了不少中小企业的融资困难，而且也由此为供应链核心企业及银行自身找到了一个潜力巨大的信贷市场和新的盈利空间。例如，近年来，江苏银行、浙商银行等供应链金融服务从广度到深度都得到了加强，江苏银行在公司金融业务方面大力推进供应链金融、现金管理、电子银行等业务，打造“商行 + 投行”模式。为了提高中小微企业融资效率，该行推出供应链金融云平台。此平台围绕核心企业供应链管理和资金结算，依托核心企业信用、真实贸易背景，将应收账款转化为电子支付结算和融资工具。截至 2019 年末，该行公司存款余额为 7802 亿元，同比增长 8.34%；公司贷款余额为 5724 亿元，同比增长 7.70%；供应链金融业务量为 217 亿元，较年初增长 37.1%，供应链金融客户数为 241 户，较年初增长 39.31%。此外，江苏银行 2019 年金融科技资金投入 6.89 亿元，占全年归属于母公司股东净利润的 4.71%。浙商银行在打造“企业流动性服务银行”的过程中，推出了包括池化融资平台在内的三大平台，帮企业“降成本”“降负债”，为行业带来多种可能的解决方案。浙商银行应收款链平台，可以将企业供应链中沉淀的应收账款改造成高效、安全的线上化“区块链应收款”加以盘活。通过它，核心企业签发的区块链应收款可以在供应链商圈内流转，实现圈内“无资金”交易，从而减少外部资金需求，构建更健康的供应链生态。中小企业收到“区块链应收款”，不仅可用于对外支付，还可随时转让给银行进行融资变现。江苏银行在供应链金融服务方面的实践对电子商务环境下供应链金融理论创新具有很好的借鉴意义和参考价值。

本书首先阐述了供应链金融产生的背景、供应链金融的概念及发展阶段、供应链金融的主要业务模式。在研究背景中主要阐述了供应链金融产生的主要宏微观环境，在发展中介绍了各阶段的特点。在对传统供应链金融线上化的主要形式进行了介绍后，给出了防范传统供应链金融线上化下风险的主要策略。为了分析平台经济下双边网络效应对供应链金融融资模式的影响，本书给出了网络效应的概念及平台商业模式的双边市场倾斜定价模型。在此基础上，给出了 B2B 平台下的供应链金融创新模式及 B2C 平台下的供应链金融创新模式。通过对两类电商平台下供应链金融的模式研究，获得了两类平台下定价模型、风险防范策略。最后结合区块链技术的特点，论述了该技术在供应链金融业务中的应用演化路径。

本书研究的是金融管理与运营管理交叉学科的科学问题，具有较为重要的学术创新特色，同时本书的研究具有较为明显的理论研究与实践应用相结合的特点，不仅补充和发展了供应链金融现有理论，而且将相关流程设计、策略设计的思想应用于实践中，提供了有益的理论指导，具有较好的实际参考价值。

本书受国家自然科学基金重大项目“面向价值创造的平台供应链整合”（72091214）、国家社会科学基金（18BGL269）与天津市哲学社会科学基金重点项目（TJGL16-010）资助。

目　　录

第 1 章　传统供应链金融及其融资模式

1.1　供应链金融产生的背景

企业与企业之间的竞争正逐渐转向供应链与供应链之间的竞争，而供应链上的中小企业则是供应链竞争力提升的着力点。但这些中小企业往往面临着因现金流不足而发展受阻的问题，进而影响整个供应链的稳定性和竞争力。因此，解决这些中小企业的融资问题就显得十分重要和关键，供应链金融也由此而生。

1.1.1　供应链金融产生的宏观基础

可以说，国际经济贸易环境在推动了供应链中资金问题产生的同时，也促进了供应链金融的发展。

1. 经济全球化与供应链全球化

经济全球化主要体现在生产全球化、贸易全球化和金融全球化三个方面。在经济全球化的背景下，生产开始走向国际化分工，国际之间的分工走向细化和纵深化，在一个生产流程中所需的零部件往往需要多个国家的参与和分工。生产全球化必然会带来资金在全球范围内的流动加快，进一步使得金融全球化成为一种必然。一方面，金融全球化带来了资金在世界各国的高效流动和配置；另一方面，金融全球化也不断使资本在全球范围内寻找可以获得更高收益的国家和地区。在此基础上，国际贸易将会为以供应链为中心的世界金融市场提供更加灵活、便捷、高效、创新的融资模式和金融产品。而对于企业而言，经济全球化所带来的供应链全球化使得以供应链为中心的各种融资模式成为企业的必然选择。

2. 传统金融机构需要拓展新的业务

在我国现有的商业银行体系中，商业银行主要的利润来源是存贷之间的利息差，但随着利率市场化进程的推进，商业银行原本的盈利手段不断受到市场竞争、政府政策等因素的限制。另外，国内银行之间业务的相似性使得各种金融产品同质化严重，金融机构间的竞争态势越发激烈。与此同时，投融资体制的改革使得融资市场不断完善，融资手段逐渐走向多样化，一些资金充足的企业可以通过发行股票或债券的方式进行融资，这使得对银行融资的需求进一步减少，市场份额持续下降。激烈的市场竞争使得这些传统金融机构纷纷开始围绕供应链设计新的金融产品和服务。

3. 中小企业融资难度大

随着经济全球化和供应链全球化的加深，中小企业也逐渐加入国际分工当中，在这个过程中，必然会促使生产、贸易和销售在资金上的需求增加。但这些中小企业面临较大的资金压力，一方面，由于这些企业在供应链中往往处于较弱的谈判地位，没有议价权，且常常会出现上下游企业拖欠账款，产生呆账和坏账；另一方面，这些企业没有较长时间的信用记录，潜在的呆账和坏账会进一步降低中小企业的信用评级，从而使其无法通过传统的贷款模式来进行融资以维持运营。即便企业能获得贷款，也会产生高昂的融资成本，给运营带来压力。为了突破这种困境，更好地适应供应链全球化的潮流，必须探索出新的融资模式来解决这些困难。

1.1.2 供应链金融产生的微观基础

供应链金融产生的微观基础主要来自供应链成员之间的贸易。目前，供应链上的成员之间贸易时，往往采用赊销的方式。赊销就是指以买方信用为基础的销售，签订购货协议后，卖方允许买方先拿走货物，而买方则按照协议约定日期向卖方付款。“赊销盛行”无疑会给供应链上游企业的运营资金带来较大压力，甚至产生资金缺口，影响上游企业的正常经营。

1. 供应链成员之间的利益冲突

赊销带来的资金缺口会使供应链成员之间产生利益冲突。尽管中小企业在资金和成本的管理上更加灵活，但它们在供应链中没有议价权，比较依赖供应链中的大型企业。当大型企业采用赊销的方式，甚至到期时仍拖欠贷款时，中小企业的现金流很容易发生问题甚至断裂。同样，由于供应链往往是网状结构，大型企业也会和许多中小企业进行贸易，这样也常常会因为各种弹性支付而产生信用问题、账单问题、坏账等，使整个供应链的资金成本较高，资金利用率较低。

2. 结构性融资需求增加

结构性融资是指企业将未来拥有的现金流资产剥离出来进行融资。结构性体现在从财务报表结构的角度考虑时，这种基于未来现金流的融资模式相当于一种对现有资产的置换。结构性融资正是来自赊销，由于赊销会产生大量的应收账款，当企业现金流比较紧张时，这些应收账款虽然是流动性资产，但未到期时又很难从大型企业收回。因此，结构性融资可以将这类资产进行置换，保证在资产负债率不变的情况下，提高资产的流动性，维持企业的正常运营。结构性融资需求的增加为供应链金融的产生创造了条件。

3. 核心企业转型下的财务需求

目前，国内许多行业的大型企业正面临转型期，由于整个产业的供应链资金压力较大，对供应链企业的运营产生了巨大的影响，进而对大型企业的发展产生阻碍，供应链资金流紧张成为供应链进一步发展的“短板”。因此，只有解决供应链上下游企业的资金流问题，同时打通物流、商流、信息流，才能提高整体供应链的竞争力。大型企业与中小企业已经是相互依存的关系，必须协同发展。供应链金融便可以帮助供应链上的核心企业更有效地安排财务计划、信用额度等来降低供应链的融资成本，提高资金的使用率，保证供应链资金流的稳定，进而可形成供应链良性循环，提高供应链整体的竞争力和可持续性，缓解资金上的“木桶效应”。

1.2　供应链金融的概念及发展阶段

1.2.1　供应链金融的概念及特点

1. 供应链金融的概念

供应链金融还没有唯一的权威定义，国外较为认可的是瑞士圣加仑大学霍夫曼教授所提出的具有代表性的定义：供应链金融是供应链中包括外部服务提供者在内的两个以上的组织，通过计划、执行和控制金融资源在组织之间的流动，以共同创造价值的一种途径。国内比较认可的是 2006 年由深圳发展银行所提出的供应链金融的概念——供应链金融是指在对供应链内部的交易结构进行分析的基础上，运用自偿性贸易融资的信贷模型，并引入核心企业、物流监管公司、资金流引导工具等新的风险控制变量，对供应链的不同节点提供封闭的授信支持及其他结算、理财等综合金融服务。同时，该银行还推出了多款供应链金融产品，其他银行也纷纷效仿，推出多种供应链金融产品。

供应链金融来源于供应链，因此我们有必要先了解一下供应链的概念。供应链的概念也并不是静止不变的，传统观点认为，供应链是指制造企业从外部采购原材料开始，通过生产、加工、装配、销售等活动，直至传递到消费者为止的过程。现代意义的供应链往往指一种围绕核心企业的产业链条，通过对链条上企业的信息流、物流、商流、资金流的控制，从原材料采购到产出中间品和最终产品，最后再通过销售网络将最终产品送到消费者手中的过程。这条完整的链条将供应商、制造商、分销商、零售商及最终消费者连接在一起形成了一个统一的系统。值得注意的是，这个过程除了把产品送到消费者手中之外，还包括了各个环节产品增值的过程。

供应链管理则是指对整个供应链系统进行计划、协调、组织、控制和优化的各种活动和过程。可以说，供应链金融是供应链管理的一个分支，它是在供应链的基础上，依托其中一个或多个核心企业，在确保贸易真实的前提下，运用自偿性贸易融资的方式，通过应收账款、存货质押、第三方监管等手段封闭资金流或者控制物权，以较低风险向供应链上下游企业提供综合性金融产品和服务的一种模式。在这个过程中，贸易的买卖双方、第三方物流和金融机构紧密联系，通过应收账款盘活供应链企业的资金，再通过资金拉动物流，进而实现物流、资金流、商流、信息流“四流合一”，金融机构也可以在这个过程中更有效地参与到供应链网络中，控制风险的同时保证了供应链的稳定运营。

由此，我们可以看到供应链金融的优势所在：由于实现了物流、信息流、资金流、商流的“四流合一”，银行等金融机构可以将核心企业及其供应链上下游的配套企业看作一个整体，为其提供融资方案和服务，这样可以把原本单个中小企业不可控的违约风险转化为依托核心企业的供应链整体的可控风险，进而降低了中小企业的融资门槛，也减少了银行对于信用中介的需求，并从中衍生出了保理融资、融资租赁等模式，同时也使上下游企业有了更大的议价权，更有利于解决供应链成员之间的利益冲突。

2. 供应链金融的特点

供应链金融的特点主要包括以下几个方面。

1）突破了传统授信模式

供应链金融的授信模式与传统授信模式不同，供应链金融授信是针对整个供应链的信用，一般围绕核心企业身边的中小企业提供融资服务，一方面可以降低银行等金融机构的客户开发成本，另一方面也可以降低这些中小企业的融资门槛。银行在考察融资企业资质时，也可以将重心放在交易的真实性上。

2）参与主体不再局限在金融机构和融资企业

传统的融资模式主体包括金融机构和融资企业，而供应链金融在此基础上，还包括了核心企业和物流企业。融资时是以核心企业的信用为依托，因此核心企业的经营状况、历史信用对供应链金融有着至关重要的影响。物流企业除了为中小企业提供物流产品和服务外，还往往充当第三方监管者，和银行合作，为中小企业提供仓储运输监管、质押价格评估等中介服务，也弥补了银行等金融机构在监管上能力不足的问题。

3）自偿性贸易和资金流封闭

上文提到的供应链金融的概念中，提到了自偿性贸易融资，这是供应链金融的前提。自偿性是指企业还款的主要来源为贸易所得的货款，还款企业的销售收入将在结算日自动转入银行的指定账户中，保证资金被用于生产、制造和销售等正常经营活动。保证资金流的封闭，是降低银行监管成本和风险的关键途径，一般采用的方式是设置封闭性贷款操作流程，保证专款专用，同时利用第三方物流的辅助监督，确保质押物的物流信息足够透明。随着贸易次数的持续增加，供应链金融这种授信模式也可以反复进行。

1.2.2　供应链金融的发展阶段

我国的供应链金融发展主要经历了三个阶段（曹俊浩，2010）。第一个阶段是供应链金融 1.0 阶段，即“1 + *N*”模式，这种模式以银行作为主体，在线下依托供应链中的核心企业“1”的信用为其上下游企业“*N*”提供融资服务。随着互联网技术的发展，供应链金融 2.0 阶段随之到来，2.0 阶段可以说是“1 + *N*”模式的线上版本，通过互联网技术将供应链的上下游、银行等金融机构、第三方物流公司等整合在一起，将物流、商流、资金流的信息在线上进行共享，便于实时控制风险，监督企业经营状况。而供应链金融 3.0 阶段是在 2.0 阶段的基础上，结合不断成熟的互联网技术，搭建大型的综合性服务平台代替核心企业“1”，为平台上的中小企业“*N*”提供融资服务。

1. 供应链金融 1.0 阶段——线下“1 + *N*”模式

线下“1 + *N*”模式，是指银行等金融机构围绕核心企业“1”的信用为其上下游企业“*N*”提供融资服务，如图 1-1 所示。这种模式的优势在于银行可以依托核心企业，批量开发中小企业客户，并将它们看作一个整体，把不可控的违约风险转化为整体的信用风险，打通供应链的物流、信息流、资金流和商流。银行在面对供应链中的不同客户时可以提供不同的业务：上游供应商与核心企业多采用赊销的方式进行贸易，产生了较大的应收账款，银行可以针对这部分来自核心企业的应收账款提供相应的融资方案；而到了供应链下游，核心企业与经销商常采用先付款后发货的模式，因此银行可采用预付款融资模式为下游企业提供融资服务。

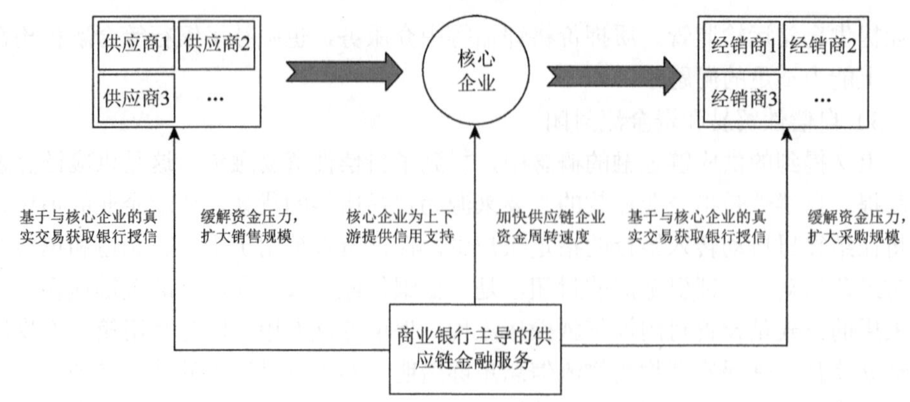

图 1-1 供应链金融 1.0 阶段

供应链金融 1.0 阶段仍处于线下阶段，因此常常出现企业之间信息不对称，银行等金融机构对供应链整个流程的监管难度大、成本高等问题，“四流合一”也就很难实现，这是这一阶段的局限所在。

2. 供应链金融 2.0 阶段——线上“1 + N”模式

2012 年 12 月，平安银行首次提出了供应链金融的转型，成功把线下“1 + N”模式搬到了线上，利用 Web2.0 虚拟空间的互动变革，初步实现“四流合一”，由此开启了供应链金融 2.0 阶段，如图 1-2 所示。在这一阶段，与 1.0 阶段相比的显著特征是资金的提供方不再局限于银行，银行不再占据主体地位。2.0 阶段，供应链上的核心企业、物流公司、信息服务商、电商平台、商业银行等纷纷参与到供应链金融中来，丰富了融资资金来源，满足了不同风险偏好的需求。

在 2.0 阶段，物流、资金流等信息只是被初步整合，一些重要的核心数据被分散掌握在核心企业、线上交易平台、物流服务公司等企业手中，还未形成较为全面综合的数据平台来精确评估中小企业的信用风险。

3. 供应链金融 3.0 阶段——互联网供应链金融

供应链金融 3.0 阶段，颠覆了之前的传统“1 + N”模式，打造出“N + 1 + N”供应链金融生态圈。而这里的“1”也不再是指核心企业，而是代表供应链综合服务平台，两端的“N”分别代表供应链上下游的中小企业。因此，供应链金融 3.0 阶段发生了去中心化的质变，不再依赖于供应链中的核心企业为上下游企业提供信用支持，突破了单个供应链的限制。这一阶段，供应链金融的节点也由线性逐渐发展为网状结构，将有效整合供应链的各个环节，解决信息不对称、资金配置不优化等问题，如图 1-3 所示。

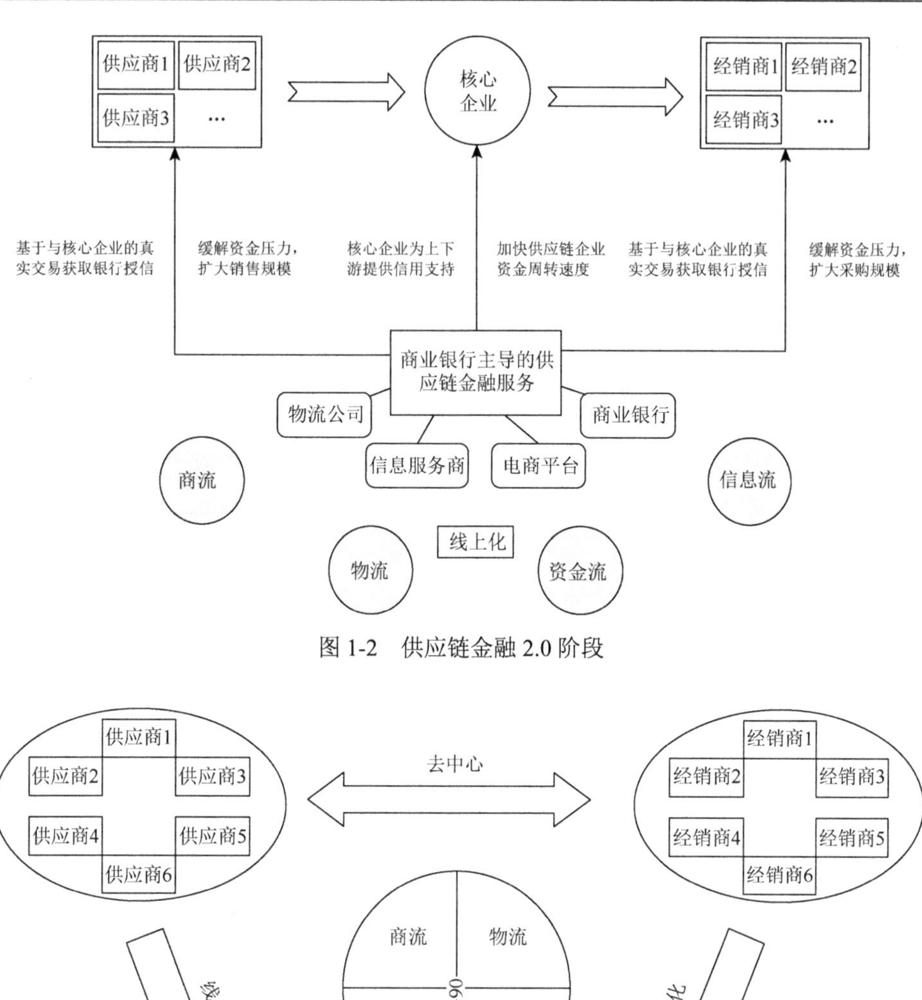

图 1-2　供应链金融 2.0 阶段

图 1-3　供应链金融 3.0 阶段

可以说，3.0 阶段是供应链金融发展的未来形式，除了将供应链和金融完美结合，还融入了互联网和产业链，搭建出了一个依托“互联网＋产业链＋金融”的跨地域、跨行业、跨平台、跨资金来源的金融生态圈。相比于 2.0 阶段，3.0 阶段可以收集到更多的底层数据，并以此结合征信系统进行大数据分析，实现全面渗透供应链各个企业的各个环节，在提供资金高效周转的同时，辅助提高供应链运营效率和竞争力。

1.2.3 供应链金融生态系统

为了保证供应链金融 3.0 阶段的顺利实施，需要确保为其创造一个良好的供应链金融生态系统。在这个生态系统中，主要包括了三个层面，分别是宏观环境、供应链金融产业政策和供应链金融微观环境，如图 1-4 所示。

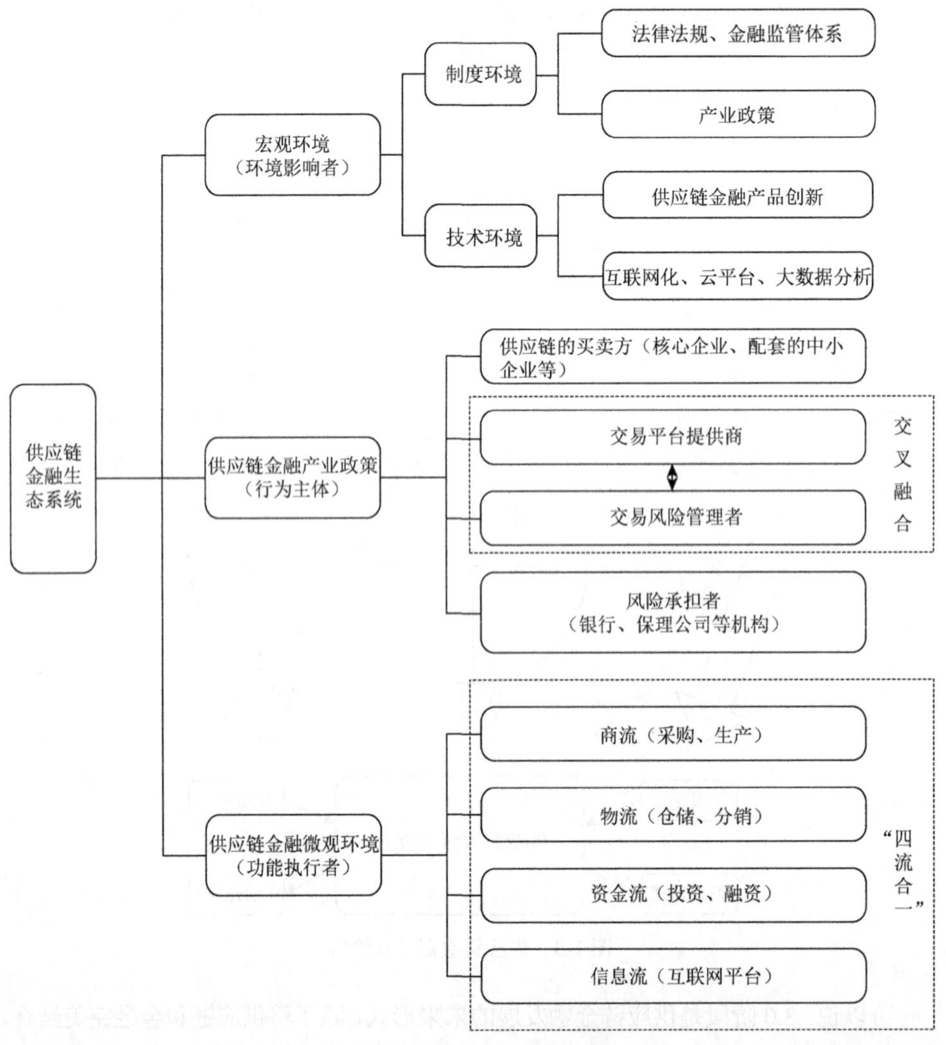

图 1-4　供应链金融生态系统

1. 宏观环境层面

宏观环境层面包括了制度环境和技术环境。在供应链金融生态系统中，制度环境主要的表现形式是相关的法律法规、金融监管体系、产业政策等。为了保障供应链金融涉及的动产质押和应收账款等业务的顺利进行，银行等金融机构可利用政府已出台的相关法律法规，如《中华人民共和国物权法》《中华人民共和国担保法》《中华人民共和国合同法》《动产抵押登记办法》等。

技术环境主要包括供应链金融中所使用到的各种电子信息技术，电子信息技术可以有效解决企业之间的信息不对称问题。尤其是进入到 2.0 阶段之后，随着信息手段的进步和数据收集分析技术的提高，供应链金融将可以更好地渗透到供应链成员中，及时监督和掌握供应链运营状况。

2. 产业环境层面

产业环境也是供应链金融中的行为主体，主要包括了供应链的买卖双方（核心企业、配套的中小企业等）、交易平台提供商、交易风险管理者和风险承担者（银行、保理公司等机构）。供应链的活动主要发生在企业之间，主要为买卖双方，有时参与主体还包括物流服务提供商和金融服务提供商，前者为企业提供运输及仓储服务，后者主要为企业提供融资服务或投资、理财等其他服务。交易平台提供商和交易风险管理者在实际运营过程中往往存在职能上的交叉，有些交易平台提供商也会作为交易风险管理者，实时监督风险。交易风险管理者负责收集、整合物流数据，实时掌握并追踪物流活动，通过这些信息判断风险并将交易信息等传递给风险承担者，进而进行决策。因此，交易风险管理者需要一定的物流经营和管理的知识，从而避免出现信息上的偏差而影响决策。风险承担者是供应链金融中直接提供融资资金的主体，因此承担主要的风险，一般为商业银行、保险公司、担保或保理机构、投资机构等。风险承担者负责具体的融资产品条款，同时必须具备风险管理体系和方法。

3. 微观环境层面

微观环境，即功能执行者，是参与整个供应链运营的所有部门，如采购、生产、销售等。功能执行者需要明确分工和责任，要考虑清楚由哪个部门负责供应链金融中相关的任务和决策。如果做出了投资、会计、财务等相关决策时，也要把会计部门、财务部门和控制部门看作功能执行者。另外，供应链金融一定要关注物流管理过程中产生的金融职能，这样才能整合创造价值的流程以协调各个成员之间的活动。

1.3 供应链金融的主要业务模式

供应链金融的目的是弥补供应链企业因生产、制造、分销等经营活动而产生的资金缺口，如在采购时可能需要提前付款、在生产时需要有一定的存货保证生产、在销售时采用赊销方式后产生大量的应收账款。经营活动造成的资金缺口常常迫使企业寻找资金提供方进行融资服务，供应链金融可以满足企业的这些需求，并针对前面提到的这几种不同类型的资金缺口提供不同的解决方案，并逐渐形成了应收账款融资、存货融资、预付款融资、融资租赁等主要的业务模式，这些模式缓解了企业经营时资金紧张的问题。

1.3.1 应收账款融资模式

供应链上赊销盛行，这使卖方企业承受着巨大的资金压力，为了能够尽快将大量应收账款转化为流动性更高的现金，应收账款融资成为一种非常合适的途径。应收账款融资模式，是指资金提供方以真实交易为前提，受让卖方向下游销售商品所形成的应收账款，并在此基础上提供账户管理、催收等一系列综合服务。应收账款融资的出现，可以让卖方将应收账款提前变现，从而加快资金周转，缓解资金缺口带来的压力。目前，国内较为常见的应收账款融资主要包括保理业务、保理池融资、反向保理、票据池授信等几种形式，以保理业务为主。

1. 保理业务

保理业务一般为保理商从供应商手中或卖方手中买入发票形式的应收账款，再根据需要提供其他与融资相关的服务，如贸易融资、债款回收、坏账担保、销售分账户管理等。保理业务细分可按照“是否通知买方应收账款的转让行为”分为明保理和暗保理，按照“有无第三方担保”分为有担保保理和无担保保理，按照“有无追索权”分为有追索权保理和无追索权保理。国内目前以暗保理模式居多。保理业务基本流程如图 1-5 所示。

保理业务的具体流程一般为：卖方与买方首先需要签订贸易合同，形成应收账款，卖方将通过赊销产生的应收账款转让给银行；暗保理不会通知买方，而明保理会通知买方已转让应收账款并要求确认，待买方确认后，银行再将贷款发放给卖方；待应收账款到期后，由买方直接偿还。需要注意的是，如果买方无法偿还到期账款，无追索权保理则由银行承担风险损失，有追索权保理还可以向卖方追索偿还贷款。

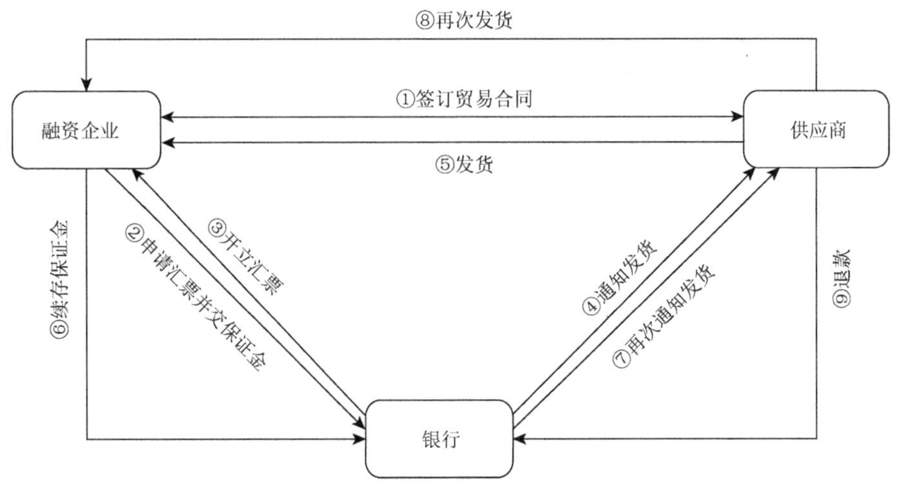

图 1-5　保理业务基本流程

2. 保理池融资

保理池融资主要适用于应收账款买方分散、交易频繁、账期不一致等情况。保理池融资是指供应商即卖方将一笔或多笔具有不同买方、不同期限、不同金额的应收账款全部一次性转让给银行，使这些应收账款汇聚成一个“池子”，银行按照累积的应收账款池余额给予卖方一定比例的授信额度。相比于保理业务，保理池融资具有一定的优势：对于反复保理融资的企业而言，保理池更便于循环融资，企业的信用额度可以在授信期内反复使用，融资方式更加灵活，简化手续的同时，降低时间和人力成本。保理池融资业务基本流程如图 1-6 所示。

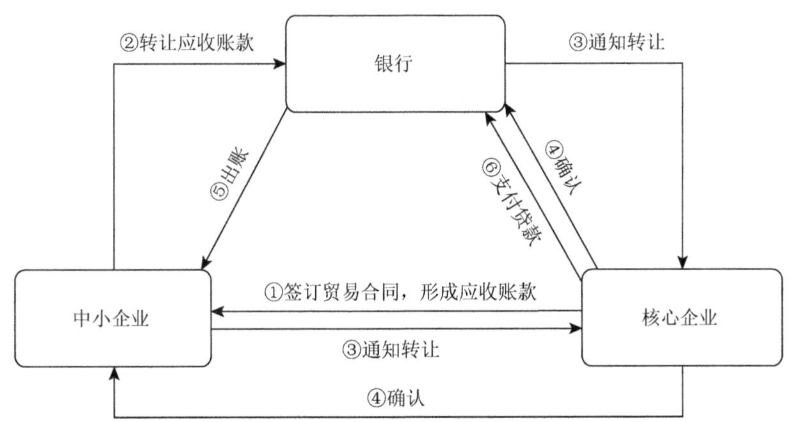

图 1-6　保理池融资业务基本流程

3. 反向保理

在现实中，一些行业的供应链下游企业实力较强，它们希望可以帮助上游供应商缓解资金紧张压力，主动介入供应商的融资活动中，反向保理应运而生。反向保理也称为逆保理，是指核心企业利用自身较高的信用等级，以较低的成本获得融资，为上游供应商提供融资，降低供应商融资成本的模式。反向保理与一般的保理相比有两个不同：一方面，反向保理主要评估的是核心企业的信用，而不是供应商的信用；另一方面，由于核心企业的主动介入，保理商的放贷风险显著降低，因此反向保理的融资成本更低。

反向保理的基本流程为：供应商与核心企业签订贸易合同，供应商发货后，形成应收账款；核心企业收货后，将应收账款转让给银行，并承诺到期还款；待供应商同意办理反向保理业务后，银行按照核心企业的信用水平，按一定比例为供应商即卖方提供融资；到期时，核心企业按照承诺支付应收账款给银行，如图 1-7 所示。

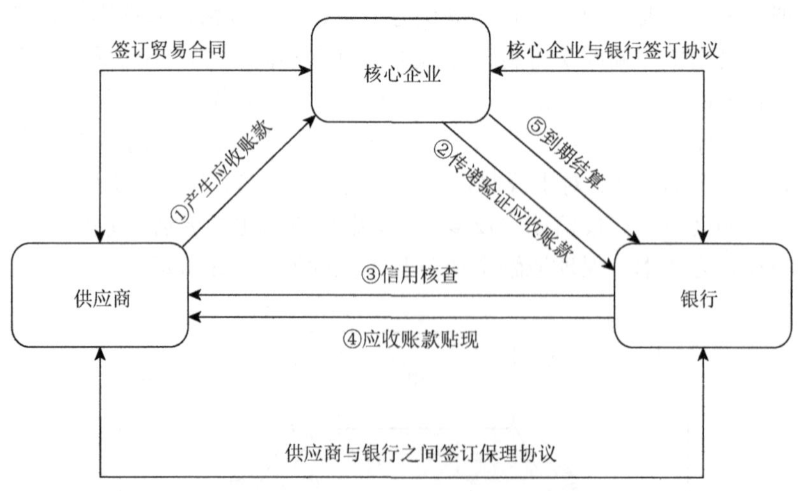

图 1-7　反向保理业务基本流程

4. 票据池授信

票据池是指由一定规模的票据组成的票据资产池。票据池授信是指企业将票据质押或转让，转入银行授信的资产支持池，银行根据额度为企业融资。票据池融资分为票据质押池授信和票据买断池授信，更适用于票据流转量大、对财务成本控制较为严格的生产和流通型企业。票据池授信业务基本流程如图 1-8 所示。

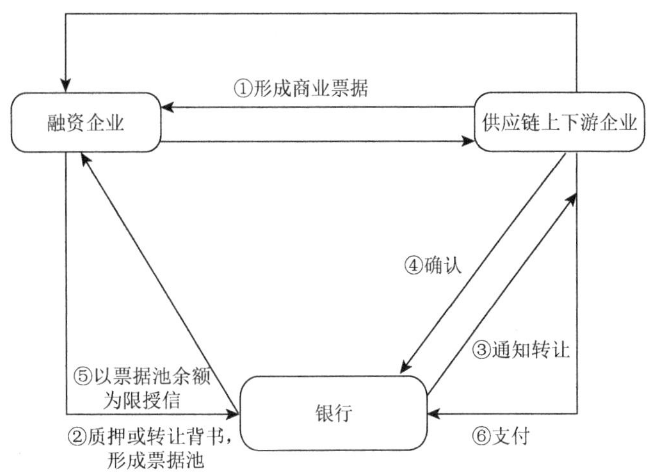

图 1-8　票据池授信业务基本流程

票据池授信对企业和银行都存在一些好处。对于企业而言，票据池授信业务可以将大量的票据转移给银行，相当于将票据保管和票据托收等工作外包给银行，减少了自身的工作量。而且，票据池融资可以实现票据拆分、票据合并等效果，解决了企业在票据收付过程中期限和金额不匹配的问题。对于银行而言，票据代保管业务可以吸引票据到期后衍生的存款沉淀，并增加多项中间业务，加强了客户的黏性。

1.3.2　存货融资模式

存货融资，也常称为库存融资，是产生于企业生产过程中的供应链融资模式。存货融资是指企业将自己的存货向银行等金融机构进行质押，借助第三方物流或仓储公司对质押物进行监管，银行等金融机构得以向企业提供融资。存货融资降低了企业库存商品的资金占用成本和使用成本，加快了资金周转速度，提高了资产的流动性。存货融资模式主要分为抵质押授信和仓单质押授信两大类，抵质押授信按照抵质押物能否使用还可以继续分为静态抵质押授信和动态抵质押授信。

1. 静态抵质押授信

静态抵质押授信是指企业将抵押商品交给第三方物流并获得贷款资金，但无法继续使用直至清偿贷款，才能继续流通使用抵押物。静态抵质押适用于除了存货以外没有其他合适的抵质押物的企业，最好是批量进货、分次销售的购销模式。利用这种融资模式，企业可以将原本积压的库存进行资金盘活。静态抵质押授信具有两方面优势：一方面，从融资企业角度来看，可以盘活积压库存变为流动资金，有利于进一步扩大生产和经营规模；另一方面，银行一般要求抵质押物的变现能力较强，这无疑会降低一定的贷款风险，相当于获取了一定数量的保证金，还可以拓宽市场，开发新客户。静态抵质押授信业务基本流程如图 1-9 所示。

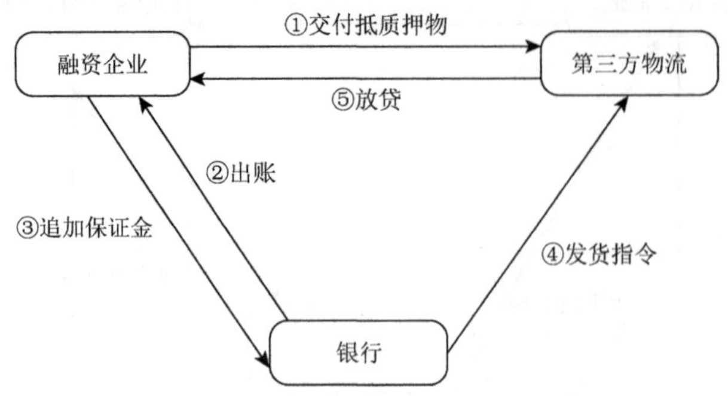

图 1-9　静态抵质押授信业务基本流程

静态抵质押授信也存在一些不足：首先是抵质押物的产权问题，要确定抵质押物的产权清晰，防止被多次抵押借贷而产生产权纠纷，风险较大；其次，要关注抵质押物的价格，一些抵质押物虽然变现能力较强，但是价格也处于不断波动当中，价格波动也可能给银行带来损失；最后，企业也应该注意，不要使用半成品或中间品进行静态抵质押，由于在抵押时无法流通使用，可能会给企业的正常生产带来延误，进而影响经营而无法偿还贷款。

2. 动态抵质押授信

与静态抵质押授信相比，动态抵质押授信允许融资企业继续流通使用抵质押物，但是银行往往会严格控制，设定抵质押物的最低限额，保证银行能够控制风险。动态抵质押授信比较适合库存稳定、货物品类较为一致、抵质押物的价值核定较为容易的企业。如果企业的进出货比较频繁，也可以采用动态抵质押授信的方式，适合生产型企业。动态抵质押授信业务基本流程如图 1-10 所示。

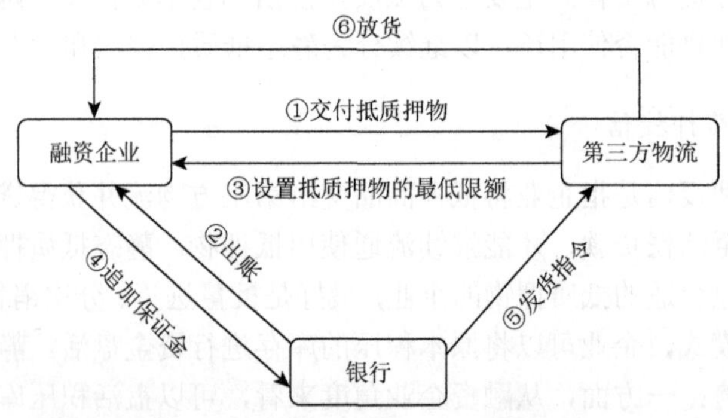

图 1-10　动态抵质押授信业务基本流程

动态抵质押授信对于融资方和银行都具有一定的好处。对于融资方而言，由于动态抵质押授信可以以货易货，能最大化消除抵质押对生产经营活动的影响，在授信期间基本不需要追加保证金赎回货物，减少货物实物的同时，降低库存成本。对于银行而言，相对于静态抵质押授信，虽然在保证金收入上会有减少，但操作成本也明显减少，银行可以授权第三方物流企业进行监管和以货易货的操作。

动态抵质押授信同样需要注意一些风险，如在以货易货时，要警惕滞销货的混入。同时也要像静态抵质押授信一样，关注商品的价格波动，可以根据价格波动随时调整库存下限。为了更好地控制风险，关于抵质押物的选择，银行可以规定抵质押物为同一类，如钢铁和钢管等；也要选择货物价值比较容易核定的抵质押物，如有色金属、木材等。

3. 仓单质押授信

仓单是指仓储物流公司为货物存储人或者货物所有权人签发的，记载仓储货物所有权的唯一合法物权凭证。持有仓单的人可以凭仓单到仓储公司提取货物。仓单质押授信具体可细分为标准仓单质押授信和普通仓单质押授信。

1）标准仓单质押授信

标准仓单质押授信是指客户以自有或第三人合法拥有的标准仓单为质押的授信业务。标准仓单是指符合交易所统一要求的，由指定交割仓库在完成入库商品验收、确认合格后签发给货主用于提取商品的、并经交易所注册生效的标准化提货凭证。采用标准仓单的企业往往是通过期货交易市场进行采购或销售的企业，该类企业通过期货交易市场套期保值、规避经营风险。标准仓单质押授信业务基本流程如图 1-11 所示。

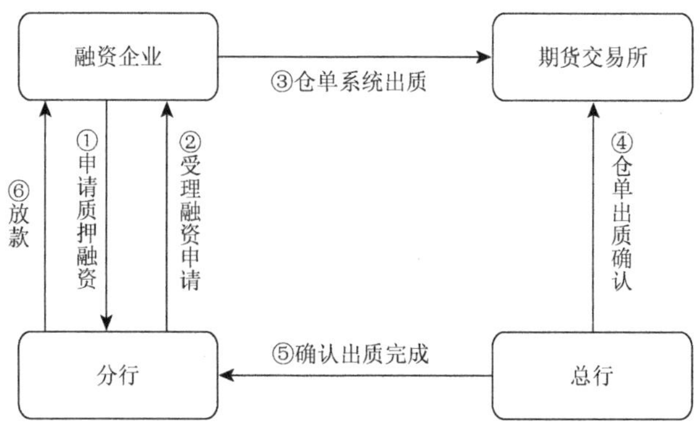

图 1-11　标准仓单质押授信业务基本流程

标准仓单质押授信风险的防范要点：首先，要防止客户将授信资金用于投机炒作；其次，要设计有效的跌价补偿机制，防止价格波动对货物价值的影响；最后，还需要注意不同期货交易所对质押流程的要求，防止操作成本较高。

2）普通仓单质押授信

相比于标准仓单质押授信，普通仓单质押授信是指客户提供由仓库或第三方物流公司所提供的非期货交割用仓单作为质押物，并对仓单做出背书，进而由银行提供融资的一种模式。

普通仓单质押授信需要银行对仓单的审查更加严格。首先，可质押的仓单必须具有可流通性等特点，尽量不要接受以出货单、存货单等类似的凭证进行质押；其次，要对出具仓单的仓库或第三方物流公司的资质进行审查；最后，在仓单上设置出质背书也是非常有必要的，防止产权纠纷。普通仓单质押授信业务基本流程如图 1-12 所示。

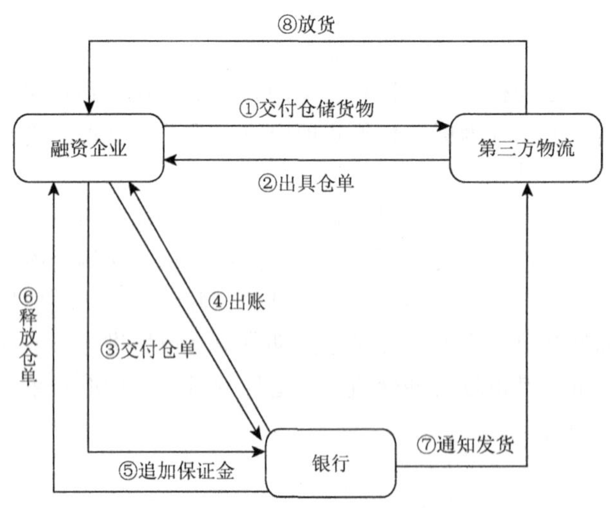

图 1-12　普通仓单质押授信业务基本流程

1.3.3　预付款融资模式

预付款融资主要来自供应链下游企业之间的交易，它是指卖方在承诺回购的前提下，融资企业向银行申请以卖方在银行指定仓库的既定仓单质押的贷款额度，并由银行控制其提货权为条件的融资业务。预付款融资模式的出现，保证了供应链下游中小企业采购商能够大批采购，以及上游供应商的批量销售。对于银行等金融机构而言，由于核心企业承诺回购承担了连带担保责任，相当于帮忙承担一定的风险，大大降低了金融机构面临的信贷风险。预付款融资业务基本流程如图 1-13 所示。

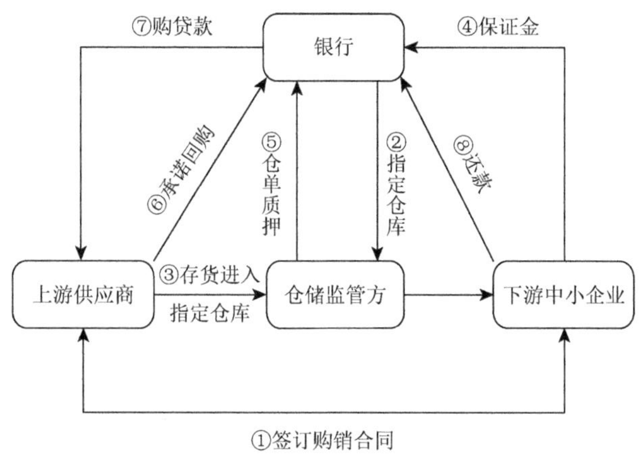

图 1-13　预付款融资业务基本流程

预付款融资主要分为先票/款后货授信、担保提货（保兑仓）授信、进口信用证项下未来货权质押授信、国内信用证、附保贴函的商业承兑汇票。

1. 先票/款后货授信

先票/款后货授信是指融资企业（买方）从银行申请融资获得贷款，在缴纳保证金的基础上向供应商（卖方）支付全额货款；供应商按照购销合同及合作协议书的约定发货，货物到达后设定抵质押，作为银行授信的担保，如图 1-14 所示。

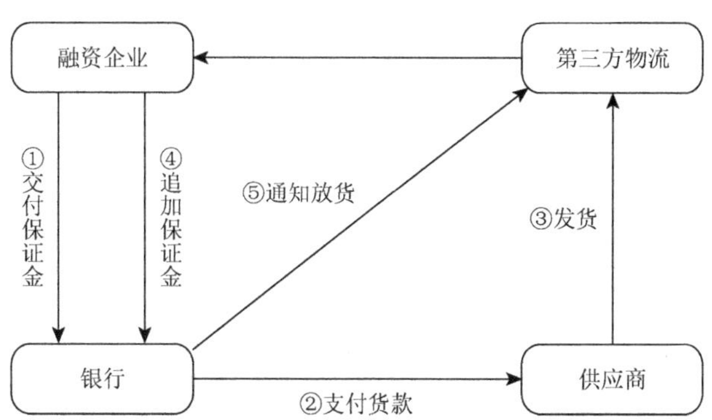

图 1-14　先票/款后货授信业务基本流程

这种融资模式对客户的好处在于：一方面，银行的授信时间覆盖了供应商的生产周期和物流的时间，货物到达后还可以转为库存融资，这将大大缓解客户对流动资金需求的压力；另一方面，由于获得了较为充足的资金，融资企业也可以与供应商商量以获得更低的折扣降低采购成本。

对于银行而言，也有利可图：银行可以沿着贸易链条开发上游企业的客户资源，供应商承诺回购或者调剂销售条款更是降低了客户违约时的货物变现风险。另外，由于货物由供应商直接发出，货物的所有权界定也比较明晰，这避免了所有权纠纷发生的可能。

2. 担保提货（保兑仓）授信

可以说，担保提货（保兑仓）授信是先票/款后货授信的变种，它是在融资企业交纳一定保证金的前提下，银行贷出全部货款供融资企业向核心企业采购，核心企业出具全额提单作为授信的抵质押物。随后，融资企业向银行分次提交提货保证金，银行再分次通知核心企业向融资企业发货。核心企业会对发货不足的部分的价值向银行退款。因此，这种模式也可以被称为"卖方担保买方信贷模式"，如图 1-15 所示。

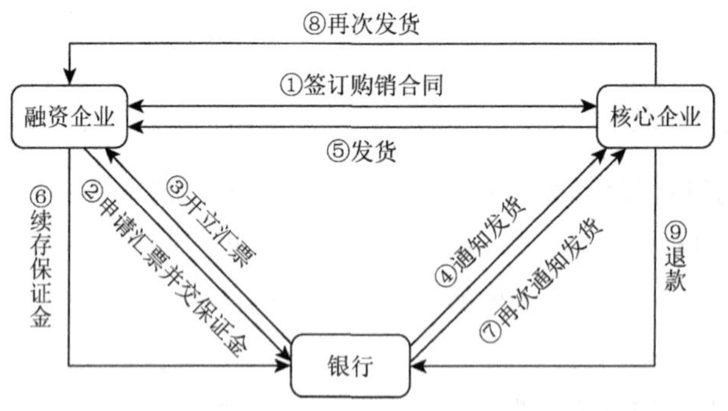

图 1-15　担保提货（保兑仓）授信业务基本流程

与先票/款后货授信类似：对于客户而言，客户可以通过这些资金大量采购并获取折扣价格，可以在淡季的时候一次性付款，在旺季收货销售，规避了价格风险；对于银行而言，核心企业还在此承担了物流监管的角色，简化了风险的控制维度，核心企业还会对发货不足承担退款责任，解决了变现问题。这种模式对于核心企业也是有好处的，核心企业也可以透过这种模式一次性获得大额货款，从而缓解了流动资金的紧张，并确保了未来的销售稳定性。

3. 进口信用证项下未来货权质押授信

进口信用证项下未来货权质押授信，是指银行根据进口商的申请，在进口商根据授信审批规定交纳一定保证金后，为进口商开出信用证，并通过控制信用证项下单据所代表的货权来控制还款来源的一种融资方式。货物到达港口后还可以转为存货融资模式，但这种模式显然更适合进口大宗商品、购销渠道相对来说更加稳定的专业进口外贸公司或想降低担保抵押成本、扩大财务杠杆效应的进口企业。基本流程如图 1-16 所示。

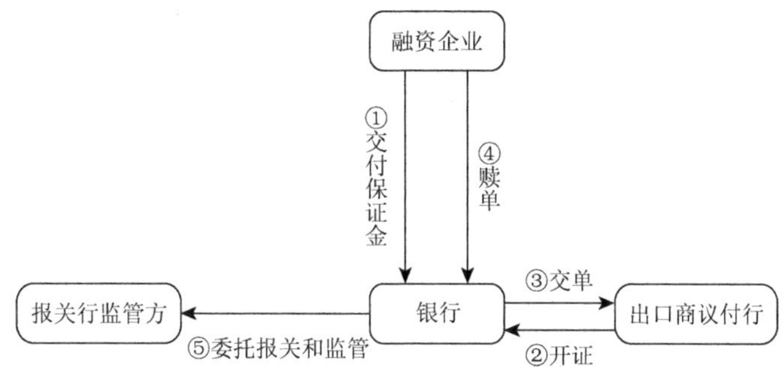

图 1-16　进口信用证项下未来货权质押授信业务基本流程

这种模式对于银行而言，放弃了原本在开证业务上对抵质押和保证担保的要求，扩大了融资企业开发的半径，且由于控制货权，风险也未明显提升。对于融资企业而言，只需要交纳一定的保证金就可以对外开展一次性大规模采购，获取采购折扣，这有效地降低了采购成本和抵质押成本。

4. 国内信用证

国内信用证业务，是指银行按照买方的申请开出的、用于国内企业商品交易的、符合信用证条款的单据支付货款的付款书面承诺。基本流程如图 1-17 所示。

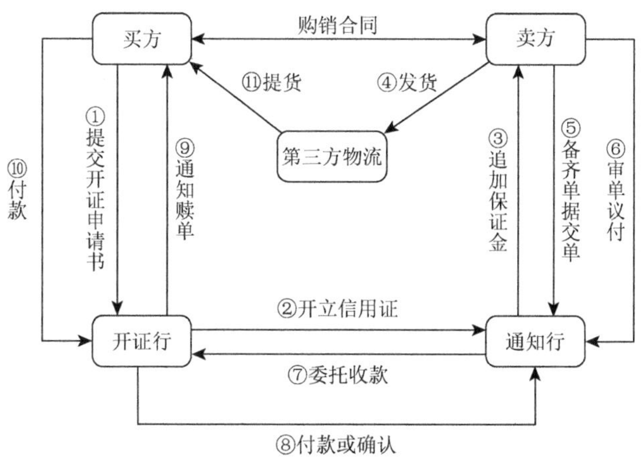

图 1-17　国内信用证业务基本流程

国内信用证模式主要解决了买方与陌生卖方之间交易的信用风险问题，用银行的信用风险弥补了陌生企业商业信用的不足，也规避了许多结算时可能产生的风险。同时，相比于银行的承兑汇票，信用证也不存在金额限制，这使交易量更加灵活，手续更加简单。

另外，对于买方而言，国内信用证还可以利用开证银行的授信额度来开立延期付款信用证。这样做可以进一步用销售收入来支付国内信用证款项，先一步提取到货物而不需要占用自身的资金，还能够依托银行，规避坏账的可能性。

对于银行而言，国内信用证相比于先票/款后货授信及担保提货（保兑仓）授信模式，规避了卖方的信用风险，可以更有效地控制货权，还能赚取和信用证相关的中间业务收益。但银行也应该注意这一模式的风险控制要点：一方面，要注意当发生跨行操作时不同银行之间信用证管理办法的差异；另一方面，要明确如果交易双方发生纠纷的解决参考制度和办法。

5. 附保贴函的商业承兑汇票

附保贴函的商业承兑汇票实际上是一种授信方式，也可称为商业承兑汇票保贴，是指银行根据对商业承兑汇票承兑人、背书人或持有人核定信用资质和授信额度，并对商业承兑汇票进行授信额度内的贴现。由于银行会为商业承兑汇票承诺贴现，因此该汇票也就具有了银行的自身信用，保证了商业承兑汇票的流通。其业务基本流程如图 1-18 所示。

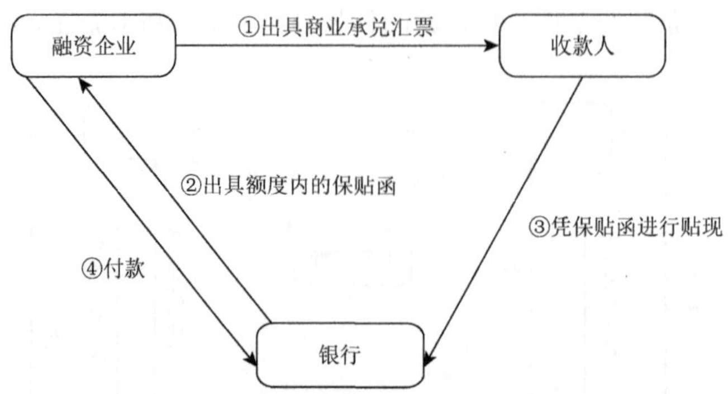

图 1-18　附保贴函的商业承兑汇票业务基本流程

这种授信方式对交易双方都存在好处：首先，免除了一些手续费，并且商业承兑汇票的贴现率一般是低于贷款利率的，因此融资成本大大降低；其次，由于银行的介入和承诺，提升了出票方的信用等级；最后，这种授信方式流程也比较简单，不需要签署担保合同等文件，更加便捷。对于银行而言，这种模式便于银行控制资金流向，只有收票人贴现时才产生银行的风险资产；同时，票据责任形成的隐形连带担保，进一步降低了银行的操作风险和操作成本。

鉴于这种授信模式的特殊性，我们可以有两方面的理解：当银行授信给收票人贴现时，其实相当于一种应收账款融资模式；当银行给出票人授信时，则相当于一种预付账款融资模式。

1.3.4　融资租赁服务

近年来，融资租赁服务普遍应用在需要大规模专业设备的行业或领域，成为企业另一种获得融资的渠道。中国的融资租赁公司按照注册资本、监管机构和经营范围的不同，可以分为金融租赁公司、内资租赁公司和外资租赁公司三种类型。

融资租赁是指出租人根据承租人对租赁物件的特定要求和对供货人的选择，出资向供货人购买租赁物件，并租给承租人使用，承租人只需要分期向出租人支付租金。因此，在租赁期内，所租赁物件的所有权仍归出租人所有，而使用权归承租人；租赁期满时，按照事先约定或者补充协议确定该租赁物件的所有权，否则归出租人所有。

国内的融资租赁业务包括直接租赁、售后回租、杠杆租赁、委托融资租赁、转租赁等，但目前的业务以直接租赁、售后回租和杠杆租赁为主。

直接租赁是融资租赁最简单的一种形式，只有出租人、承租人和供货人三方参与。它是指出租人根据承租人要求向供货人购买租赁物件，直接出租给承租人使用并收取租金，使承租人获得在租赁期内租赁物件的使用权和收益权。

售后回租的出现是为了解决承租人自身资金不足的问题，售后回租是指租赁物件所有权人先将租赁物销售，再与融资租赁公司签订出售回租合同，按期缴纳租金，还完租金后重新获得该租赁物件的所有权。

杠杆租赁相比于前面两种相对复杂，是一种包括承租人、设备供应商、出租人和长期贷款人在内的复杂融资租赁模式，相当于一个大型的租赁项目融资，一般由租赁公司牵头。

1.4　不同主体主导下的供应链金融融资模式

随着互联网的飞速发展，供应链金融也从原本只是银行的一个业务分支快速发展出多种新的融资模式。在新模式中，银行不再是提供供应链金融服务的绝对主体，越来越多的物流企业、核心企业或电商平台依靠自身的资源优势（包括资金、数据、客户资源等）开始主导供应链金融业务，供应链金融的资金来源也逐渐丰富起来。供应链金融盘活了成长型中小企业的资金，也逐渐构建出了供应链金融生态系统。在这个生态系统中，逐步实现物流、信息流、资金流和商流的“四流合一”，数据和信息及时共享，并将生产运营、物流运作和财务金融管理等活动的过程融合在了一起，也使交易中的买卖双方、物流公司及银行等金融机构紧密地连接在了一起，并逐步形成了分别以商业银行、核心企业、物流企业和电商平台为主导的不同的供应链金融形态。

1.4.1　以商业银行为主导

商业银行的主导模式需要以核心企业配合为前提，以核心企业自身的良好信用为依托，为其上下游企业提供信用支持，商业银行在真实交易的基础上，根据供应链各个环节所产生的应收账款、存货、预付账款等流动资产设计供应链融资模式。其融资模式示意图如图 1-19 所示。

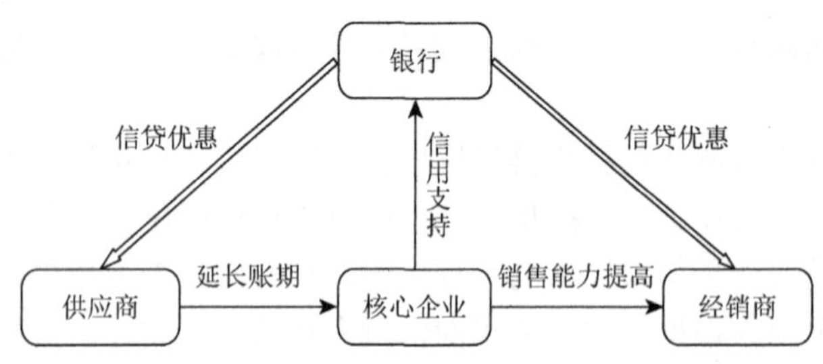

图 1-19　商业银行主导的供应链金融

我国供应链金融发展相对较晚，首先由深圳发展银行于 1999 年推出了存货融资业务模式的供应链金融，随后在 2003 年平安银行（原深圳发展银行）提出了“1 + *N*”的供应链金融模式。这个阶段，即供应链金融的 1.0 阶段，商业银行是供应链金融的主体，商业银行依托其自身资金雄厚、风险控制能力强等优势，通过核心企业信用为供应链上各节点企业提供融资服务。

商业银行主导的模式相比传统融资，还是具有一定的优势的，表现在：首先，商业银行本身具有较稳定的获取资金的能力，且成本较低，更有条件作为主导者提供授信；其次，商业银行深耕金融服务，具有非常丰富的风险管理经验，更容易控制供应链金融模式中各个环节的风险；最后，商业银行通常拥有众多的专业供应链金融人才，他们往往在跨行业融资中也可以提供更为专业的服务，全国众多网点的分布也使银行可以将服务辐射到各个产业链的底层。

商业银行主导的模式也存在一些劣势：一方面，由于商业银行无法直接参与到供应链的生产和交易的各个环节，因此是缺乏掌控力的，也无法实时掌握供应链交易中的数据，不易达到“四流合一”；另一方面，商业银行为了使风险更加可控，往往希望交易或质押的商品是标准化且容易变现的，但供应链成员企业数量众多，行业多变，因此很多融资需求商业银行都无法满足。除此之外，银行对于资质的审查和授信流程审批时间花费较长，效率较低，一些中小企业也可能无法达到银行设立的门槛。

随着我国在国际贸易中的地位提升，越来越多的企业参与到国际合作当中，因此商业银行也开始将业务拓展到跨境供应链金融领域，为企业提供金融支持。目前，越来越多的商业银行已经提出了跨境供应链金融业务，重新重视起国际与离岸贸易领域。以浦发银行为例，跨境供应链金融产品包括银行承兑汇票、票据贴现、动产质押、国内国际信用证、国内国际保理、国际贸易融资组合产品，此外还可以提供贸易代理商融资服务。招商银行也分别针对进口和出口设计了供应链金融产品，进口服务包括进口开证、进口押汇、货物质押、进口保理等，出口服务包括订单融资、出口押汇、出口保理、信保融资、对外担保等。

商业银行推出的跨境供应链金融服务，一般做法是将境内或境外的核心企业及其上下游企业看作一个整体，针对不同供应链环节的企业特点，结合不同的结算产品和贸易融资产品，为供应链的单一企业或多个企业提供综合金融服务。商业银行还可以在此基础上进一步整合供应链，真正实现“四流合一”。

1.4.2　以核心企业为主导

供应链是一个有机的整体，也是一个复杂的系统，上下游企业的稳定供应和销售与核心企业的经营收益直接相关。因此，核心企业愿意更多地参与到供应链的管理中，利用其自身所掌握的上游供应商和下游经销商的物流、信息流等信息，以及在长期贸易过程中上下游企业经营信息，通过下设商业保理公司、融资租赁公司、投融资平台等为上下游企业提供融资贷款，商业银行则主要为核心企业提供资金或其他金融服务，如图 1-20 所示。

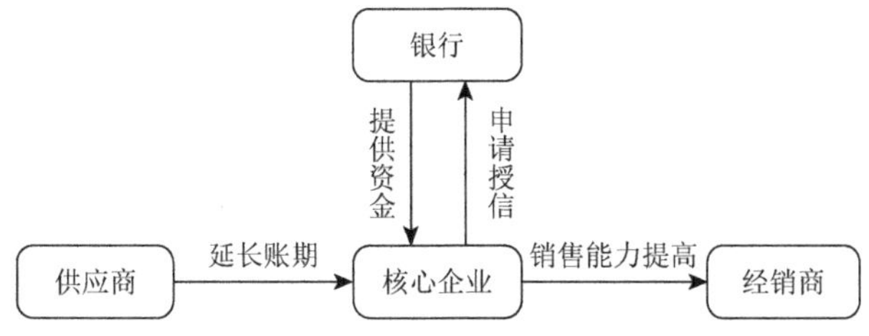

图 1-20　核心企业主导的供应链金融

核心企业主导的供应链金融模式相较于商业银行主导的供应链金融模式有以下几个方面的优势：第一，核心企业对于供应链的业务更加了解，更有经验，且更容易获得供应链企业之间真实的贸易信息，可以提供更加精准的供应链金融服务；第二，核心企业对供应链企业的经营状况比较了解，大大降低了信息不对称的同时，又更容易控制风险和成本；第三，相比于商业银行主导的供应链金融业务，中小企业的融资门槛相对更低，还可以增加整个供应链的竞争力。

当然，核心企业主导的供应链金融也存在一些局限性。第一，核心企业由于在自身的行业比较久，因此很难将业务拓展到其他行业，限制了业务拓展的空间；第二，供应链金融毕竟属于金融服务和产品，核心企业往往缺少供应链金融方面的人才，可能面临一定的操作风险和信用控制风险；第三，核心企业主导的供应链金融模式的资金主要还是来自核心企业自身和商业银行，因此还需要在未来引入其他金融服务公司提供资金支持。

核心企业主导的供应链金融模式中各参与方面临着各种风险，包括地震、洪水、台风等自然灾害带来的风险，罢工、战争、恐怖袭击等社会环境变化带来的风险，核心企业、中小企业的市场环境变化带来的风险，以及各参与方之间信息不对称带来的风险等。可以根据风险的来源，将上述风险具体划分为外生风险与内生风险（委托代理风险）。

核心企业主导的供应链金融模式的外生风险主要是以下三种：行业周期性风险（核心企业主导下众多外部资金流入产业中，加剧了行业周期性对核心企业的影响，核心企业很可能因为行业的周期性而破产）、市场风险（上下游融资企业很可能因为市场变化而破产）、政策及法律风险（影响体系发展甚至决定体系是否能够构建）。

内生风险则是指运作过程中人为产生的风险，具有确定性、必然性。内生风险实质上是各参与方之间形成的风险，因此，内生风险也就是委托代理风险。核心企业主导的供应链金融模式的典型特点就是核心企业为信息优势方，因此内生风险主要是以下两种：共同代理问题（核心企业同为资金提供方与中小企业的代理人，很可能产生败德行为）、串谋问题（核心企业与中小企业很可能共同败德）。

1.4.3　以物流企业为主导

可以说，物流串联起了整个供应链的各个环节，也将供应链企业和终端市场消费者连接在了一起，物流在供应链金融中的地位也至关重要。物流企业主导的供应链金融是指物流企业以抵押物作为贷款依据为供应链上下游企业提供融资服务的模式，这样可以同时获得第三方物流服务收入和金融服务收入，这常常成为物流企业拓展业务的新途径。在资金来源上，同核心企业主导的融资模式相似，一部分来自物流企业自身，另一部分来自商业银行等其他金融机构的支持，商业银行主要是为物流公司提供金融服务，如图 1-21 所示。

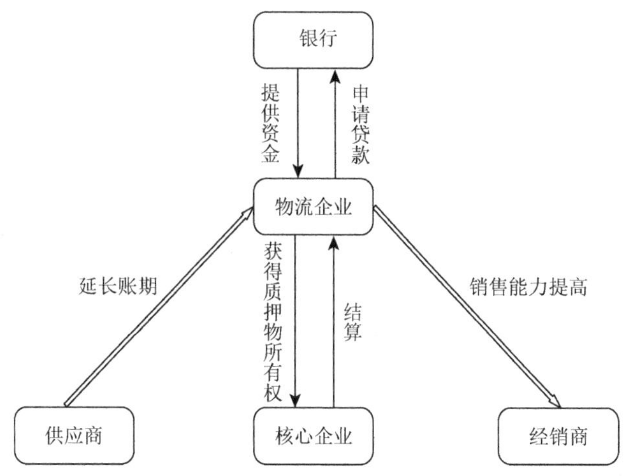

图 1-21　物流企业主导的供应链金融

国内常见的由物流企业主导的供应链金融为质押担保融资模式。这种业务也常被称为融通仓模式，其一般流程为：根据质押人（一般为中小企业的供应商）与金融机构签订的质押贷款合同及与第三方签署的仓储协议，将供应商采购的原材料或者待销售的产成品存放在第三方物流企业设立的融通仓内，并获得融通仓所开具的仓单凭证，以此向商业银行等金融机构申请抵押贷款；物流企业主要负责对质押物价值的评估和监管工作，并在必要时向银行出具相关证明；银行根据融通仓出具的仓单证明为供应商提供贷款。

物流企业主导的供应链金融模式存在两方面的优势：一方面，物流企业相比商业银行和核心企业，具有供应链上最强的控货能力，并掌握着较为完整的供应链上的物流信息，尤其是在存货融资模式中有非常突出的优势，可以胜任供应链金融协调者这一身份；另一方面，物流企业可以成为银企间合作的桥梁，开辟了如价值评估、融通仓、质押担保等多种新的融资业务模式，为商业银行和物流企业都带来了新的利润增长点。

当然，物流企业主导的供应链金融模式也存在一些局限：第一，目前我国物流行业在仓储和运输方面仍缺少规范化的标准流程，很难保证商品流通中物权的归属，存在物权纠纷的可能；第二，虽然物流企业在物流信息上有较强的控制权，但在信息流、资金流上的信息收集和掌控力相较核心企业较弱，想要达到“四流合一”还需要较大的资金成本投入以提高对供应链的资源整合能力；第三，想要以物流企业的身份成功参与甚至主导供应链金融业务，需要企业拥有较高的信用资质和资金实力，这对我国大多数的物流企业而言是较高的门槛，一些公司的物流配送网络尚且不完善，也就更难达到商业银行对质押物的物流环节实施监督的要求。

1.4.4　以电商平台为主导

随着电子商务的高速发展，供应链金融逐渐产生由电商平台主导的融资模式。电商平台可以获取到大量在其中交易的买卖双方贸易信息，并以此为上下游供应商和客户提供金融产品和融资服务。由于电商平台更容易获得供应链上的商流、信息流和物流等信息，因此常常作为担保方（资金来源为商业银行时）或通过自有资金为中小企业解决融资难问题，并获得新的利润增长空间，如图 1-22 所示。

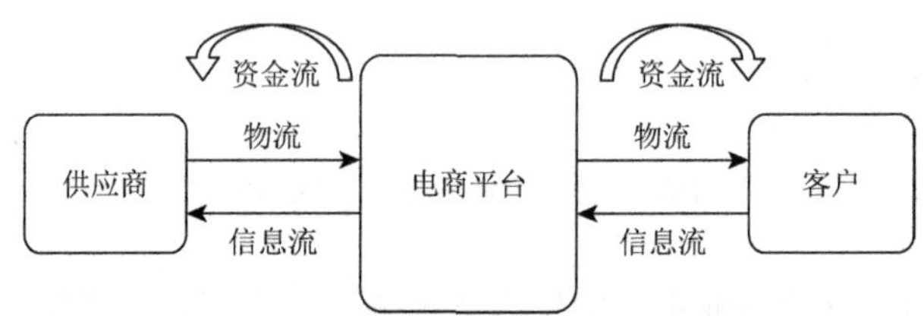

图 1-22　电商平台主导的供应链金融

电商平台主导的供应链金融模式也具有其独有的优势：一方面，电商平台切入供应链金融的突出优势便是其能快速获得供应链的交易和资金等信息；另一方面，电商平台可以凭借企业在其中反复交易的记录，积累大量真实的数据，并结合现有的大数据和云计算等技术，挖掘企业间的交易行为，刻画企业的用户画像，这样也方便电商平台更好地应对风险和控制风险。

当然，电商平台主导的供应链金融模式也存在一些局限性：第一，与核心企业类似，由于金融业务属于跨行业服务，因此需要电商平台有一定的金融人才储备和管理经验才能更好地应对各种问题和风险；第二，与物流企业主导的模式类似，电商平台为了能够提供更优质的供应链金融服务，需要有大量的资金作为基础，如果过于依赖商业银行的授信，可能会陷入被动的局面；第三，电商平台需要具备一定的客户量，否则很难收集到大量的真实交易数据，也就很难对风险进行定价和防范。

第2章　传统供应链金融线上化的主要形式及风险防范

2.1　电子商务时代供应链金融的主要形式

本节主要介绍电子商务时代供应链金融的基本结构，包括基于电子商务的应收账款类融资、基于电子商务的预付账款类融资、基于电子商务的存货类融资。从业务本质上看，应收账款类融资、预付账款类融资、存货类融资在电子商务时代并没有改变。电子商务没有改变供应链金融的业务本质，但是电子商务缩短和简化了供应链金融操作的流程，极大地降低了成本，为供应链金融提供了在线融资的触发按钮和通道。中信银行网上付税的案例表明基于电子商务的供应链金融具有非常大的现实应用空间。

2.1.1　概述

从银行的角度来看，供应链金融是以核心企业作为供应链的支撑点，基于对整个供应链的审查，通过对核心企业信用的掌控和管理，向核心企业上下游或周边多个企业提供量身定做的金融产品的一种融资服务模式。与传统的银行业务相比，供应链金融业务具有涉及主体多、专业性强和信息量大的特点。供应链金融涉及的主体包括中小企业、大企业、物流企业及银行等；除了银行业务之外，供应链金融还涉及物流业务、大企业和中小企业的主营业务，大企业和中小企业处于不同的行业，涉及的专业就会各不相同；另外，在供应链金融业务中，会有大量的信息在各个主体之间流动，包括商流信息、物流信息和资金流信息等。供应链金融的这些特征使其运作成本和运营风险要高于传统的银行业务。

供应链金融的典型产品大致可分为三类：应收账款类融资、预付账款类融资、存货类融资。应收账款类融资是指客户以其合格的应收账款或权利作为主要担保或信用增级方式，从银行获得融资的一种供应链金融，应收账款类融资适用于以赊销为主要经营方式，且下游企业或付款方信用状况较好的企业。预付账款类融资是从供应链上下游着手，以上下游企业和核心企业间的贸易行为为基础，针对上下游企业向核心企业采购过程中所存在的融资支付需求提供的金融服务。存货类融资是从生产企业、贸易企业与第三方物流企业的联系出发，以物流企业作为核心企业，借助物流企业对供应链中货物的控制能力或自身信用帮助中小企业解决融资需求，在存货类融资下，银行委托第三方物流企业履行质押监管职能或物流企业自身提供信用支持，中小企业只需以存货作为抵押即可获得融资，这极大地方便了担保资源缺乏的中小企业。

在以信息现代化为主要特征的电子商务时代，电子商务平台能够为供应链金融提供在线融资的触发按钮和通道。凭借电子商务平台，中小企业能够实现供应链融资的在线申请与解除，大企业能够实现向上游节点企业的在线订单提交、向下游节点企业的在线及时响应，物流企业能够实现在线仓库管理与在线报告的生成，银行能够实现在线处理中小企业的融资申请、在线对中小企业的授信和动产质押管理、在线获取物流企业的仓储状况和评估报告等。电子商务平台能够缩短和简化供应链金融操作的流程，降低每个环节之间的停顿时间并减少失误，极大地降低单证与文件传递、出账、赎货、应收账款确认等多个环节的成本。电子商务平台还能够加强信息流动的速度和效率，便于供应链金融的各个相关主体充分了解交易信息，进而大幅降低融资运作的风险。此外，电子商务平台还能够帮助银行提高内部管理水平和资源配置的效率。

2.1.2　电子商务时代供应链金融业务

电子商务对供应链金融具有深刻的影响，电子商务与供应链金融的融合触发了供应链金融的创新。随着电子商务逐渐渗透到供应链金融中，供应链金融业务出现了新的变化。从总体上看，凭借电子商务平台开展供应链金融所涉及的工作主要包括：核心客户认定和供应链建立，包括核心客户认定与维护、供应链定义与维护、子客户加入供应链等；贸易信息录入与管理，包括订单信息录入、应收账款信息录入、商品供销协议录入等；供应链融资申请，包括发起融资申请、选择融资方式等；融资款项的管理，包括子客户提款与还款、核心企业付款等。

1）核心客户认定和供应链建立

（1）核心客户认定与维护。只有机构客户和法人客户才能作为核心客户，小企业客户和代理行客户都不能作为核心客户，而且只有一级行或者总行的柜员才具有核心客户认定的权限，二级行及以下的柜员没有认定的权限，此外只有核心客户的认定行及总行才有权限对核心客户的有效期进行管理。

（2）供应链定义与维护。只有以认定的核心客户为基础才能建立供应链，没有核心客户或者核心客户过期都不能建立供应链，在供应链建立的权限方面，核心客户所在支行及其上级行均有权限，建立供应链时电子商务系统会自动产生供应链代码和名称，之后银行就可以上传供应链三方协议电子文件。

（3）子客户加入供应链。子客户加入供应链是供应链定义的重要内容，但是子客户必须为核心客户认定行辖内的客户，如果子客户不是核心客户认定行辖内的客户，则必须先将子客户添加到核心客户认定行辖内。此外，供应链中新增紧密型子客户需要得到核心客户认定行及上级行的确认。

2）贸易信息录入与管理

（1）订单信息录入。子客户、核心客户和银行都可以登录电子商务平台直接录入订单，但是子客户和银行上传的订单都需要经过核心客户确认才能生效。

（2）应收账款信息录入。供应商登录电子商务平台登记凭证种类、应收账款金额、应收账款生成日期与还款日期等信息，但是应收账款信息需要经过核心企业确认才能生效。

（3）商品供销协议录入。商品供销协议可以由核心企业上传也可以由经销商登录电子商务平台上传，但是经销商上传的供销协议必须经过核心企业确认才能生效。

3）供应链融资申请

（1）发起融资申请。只有在贸易信息被确认的前提下才能发起供应链的融资，如果是未确认的贸易信息则无法发起融资申请，发起融资申请时融资申请的金额需要小于等于贸易信息金额。

（2）选择融资方式。根据子客户、核心客户和银行之间的不同关系，子客户有多种融资方式，在具体的融资操作中可以选择不同的方式，但是总体而言，子客户的融资方式包括应收账款类融资、预付账款类融资和存货类融资三类。

4）融资款项的管理

（1）子客户提款与还款。子客户可以通过电子商务平台对应收账款类融资、预付账款类融资和存货类融资在有效合同内进行提款操作，还可以通过企业电子商务平台在借据没有到期前进行提前还款。

（2）核心企业付款。核心企业可以通过电子商务平台支付应付账款，款项直接打入子客户的监管账户中，如果监管账户被冻结且为自动还款，则收到付款后系统晚间自动从监管账户扣款归还贷款。

电子商务融入供应链金融使得原有的供应链金融业务呈现出新的结构关系，具体到供应链金融的应收账款类融资、预付账款类融资、存货类融资，这三类融资分别呈现出电子商务化，出现了基于电子商务的应收账款类融资、基于电子商务的预付账款类融资和基于电子商务的存货类融资三类新结构。

2.1.3　基于电子商务的应收账款类融资

1. 电子商务下的应收账款质押融资

1）应收账款

根据《中华人民共和国物权法》的规定，应收账款是指权利人因提供一定的货物、服务或者设施而获得的要求义务人付款的权利，包括现有的和未来的金钱债权及其产生的收益，但不包括因票据或者其他有价证券而产生的付款请求权。可以出质的应收账款包括以下权利：销售产生的债权，包括销售货物，供应水、电、气、暖，知识产权的许可使用等；出租产生的债权，包括出租动产或不动产；提供服务产生的债权；公路、桥梁、隧道、渡口等不动产收费权；银行认可的其他形式的权益。

2）应收账款质押融资

应收账款质押融资是借款人以其应收账款的预期收益作为担保，并在中国人民银行应收账款质押登记公示系统办理质押登记手续后取得银行授信的业务。银行可提供两种方式的应收账款质押融资。①应收账款质押单笔授信。银行根据借款申请人产生的单笔应收账款确定授信额度，为借款申请人提供授信。②应收账款质押循环授信。银行根据借款人一段时间内连续稳定的应收账款余额，为其核定应收账款质押最高授信额度。

3）电子商务下的操作流程

电子商务下应收账款质押融资基本流程如图 2-1 所示。

（1）提交核心企业申请。核心企业向银行发出申请，进行核心企业登记。

（2）提交子客户申请。子客户向银行发出申请，进行供应链子客户登记。

（3）核心企业与供应链确认。银行对核心企业、子客户相关交易信息在供应链金融网络平台上确认。

（4）贸易信息录入。子客户在供应链金融网络平台上登记贸易信息。

（5）贸易信息确认。核心企业登记贸易信息或确认贸易信息。

（6）发起应收账款融资。子客户向银行提出应收账款质押融资的电子化申请。

（7）确认应收账款融资。核心企业对子客户的应收账款融资给予确认。

（8）审查。银行对子客户的信用状况、拟质押应收账款等进行审核和评价。

（9）放款并监控。审查通过后，银行向子客户放款并对子客户后续应收账款进行监控。

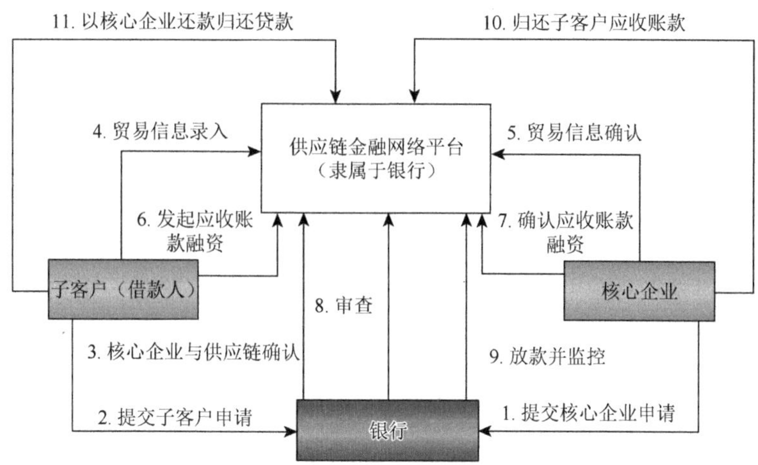

图 2-1　电子商务下应收账款质押融资基本流程

（10）归还子客户应收账款。核心企业借助供应链金融网络平台归还子客户款项。

（11）以核心企业还款归还贷款。子客户以核心企业归还的应收账款归还银行贷款。

4）产品优势

a. 对于子客户（即应收账款债权人）

（1）通过应收账款质押融资让未来的现金流提前变现，加速流动资金周转，改善经营状况，缓解由应收账款积压造成的流动资金不足的状况。

（2）满足了企业尤其是中小企业传统抵（质）押担保资源不足情况下的融资需求。

（3）由于银行对用以质押的应收账款有较高的要求，因此侧面督促了企业加强对应收账款的管理，提高了企业整体的管理水平。

（4）操作手续简便，融资效率高。

b. 对于核心企业（应收账款债务人）

（1）卖方将应收账款质押给银行获得融资后，将降低对应收账款账期的敏感性，能为买方提供更有竞争力的远期付款条件，提高其资金使用效率。

（2）稳定了上游供应渠道，且不用付出额外成本。

c. 对于银行

（1）创造了向供应链上游延伸业务的渠道，扩大了客户群体，拓展了业务范围，提高了综合收益。

（2）锁定核心企业的上游供应渠道，进一步深化了与核心企业的合作关系。

2. 电子商务下的出口保理

1）出口保理

出口保理业务是指出口商将其现在或将来的基于其与进口商订立的货物销售合同项下产生的应收账款转让给出口保理商，再由出口保理商转让给进口保理商，出口保理商为出口商提供贸易融资、销售分账户管理服务，进口保理商为出口商提供应收账款催收、信用风险控制、坏账担保服务。出口保理融资是出口保理商向出口商提供的短期资金融通，并以进口商的付款作为第一还款来源的融资方式。

保理相关概念解析如下。

国内保理——在国内赊销、托收贸易背景下，卖方将在国内采用延期收款的方式销售商品或提供劳务所形成的应收债权转让给银行，由银行为其提供融资、信用风险控制、销售分账户管理、应收账款催收及坏账担保等各项相关金融服务。

国际保理——出口商在采用赊销、承兑交单等信用方式向债务人即进口商销售货物时，由出口保理商（在卖方所在国和卖方签有协议的保理商）和进口保理商（在债务人所在国与出口保理商签有协议的保理商）共同提供的一项集商业资信调查、应收账款催收与管理、信用风险控制及贸易融资于一体的综合性金融服务。国际保理可分为出口保理业务与进口保理业务，其中出口保理业务属于应收账款融资范畴。

2）电子商务下的操作流程

电子商务下出口保理基本流程如图 2-2 所示。

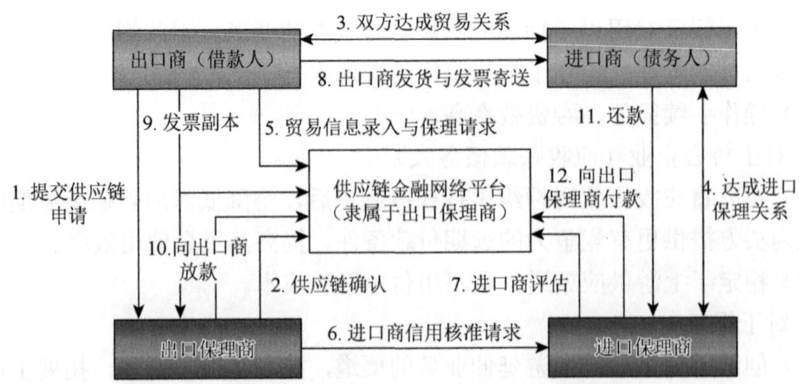

图 2-2　电子商务下出口保理基本流程

（1）提交供应链申请。出口商向出口保理商发出申请，申请建立出口供应链。

（2）供应链确认。出口保理商审核出口商建立出口供应链的申请，建立出口供应链。

（3）双方达成贸易关系。出口商和进口商之间达成进出口贸易合作关系。

（4）达成进口保理关系。进口保理商与进口商达成保理关系，为进口商提供保理服务。

（5）贸易信息录入与保理请求。出口商登记贸易信息，并向出口保理商发出保理请求。

（6）进口商信用核准请求。出口保理商向进口保理商发出请求，审核评估进口商。

（7）进口商评估。进口保理商将评估结果反馈给出口商与出口保理商。

（8）出口商发货与发票寄送。出口商向进口商发货同时寄送具有转让条件的发票。

（9）发票副本。出口商向出口保理商提供发票副本，同时通知进口保理商。

（10）向出口商放款。出口保理商向出口商提供短期融资的款项。

（11）还款。进口商将货物款项还款至进口保理商。

（12）向出口保理商付款。进口保理商将货款支付给出口保理商。

3）产品优势

a. 对于出口商

（1）可以向进口商提供更有竞争力的付款条件，有利于拓展市场，提高销售额。

（2）提前获得银行融资，加快企业的资金周转，同时将应收账款转为现金收入，可以优化财务报表，有助于提高企业的资信等级和融资能力。

（3）保理商承担其核准额度范围内的进口商信用风险，提高了应收账款质量。

（4）资信调查、账务管理和账款追收由保理商负责，减轻企业的相关负担，降低管理成本。

（5）根据现行的外管政策，出口保理融资可在银行融资时提前出具收汇核销联，提高出口商的出口退税效率。

（6）省却了一般信用证交易的烦琐手续，提高了业务效率。

b. 对于进口商

（1）得到优惠的付款条件，减轻财务压力，加快资金流动，扩大营业额。

（2）仅靠公司的信誉和良好的财务表现即可获得信用额度，无须提供额外担保，进口手续简化，进货便捷。

（3）节省了开立信用证和处理繁杂文件的费用和时间。

c. 对于银行

（1）获得利息收入和中间业务收入（保理业务的收费普遍要高于开立信用证等常规融资业务）。

（2）增加国际业务结算量。

2.1.4 基于电子商务的预付账款类融资

1. 电子商务下拉动式的贸易关系融资

1）拉动式的贸易关系融资

拉动式的贸易关系融资又称为订单融资，是指中小企业持银行认可的购销合同和核心企业发出的真实有效的购货订单向银行申请贷款，当中小企业完成订单后，以核心企业给付的订货款偿还贷款的融资业务。中小企业对订单融资有很大的需求，一方面，对于大多数中小企业来说，其生产活动是订单驱动的，订单驱动模式可以有效地降低库存成本，提高物流速度和库存周转率；另一方面，订单的存在使中小企业未来的经营风险减小，确保银行的贷款能够较快回笼。

2）电子商务下的操作流程

电子商务下拉动式贸易关系融资基本流程如图 2-3 所示。

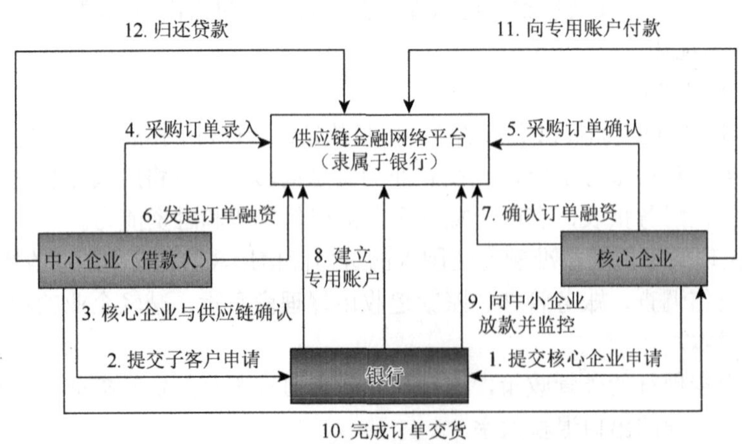

图 2-3 电子商务下拉动式贸易关系融资基本流程

（1）提交核心企业申请。核心企业向银行发出申请，进行核心企业登记。

（2）提交子客户申请。上游中小企业向银行发出申请，进行供应链子客户登记。

（3）核心企业与供应链确认。银行对核心企业、子客户相关交易信息在供应链金融网络平台上确认。

（4）采购订单录入。上游中小企业在供应链金融网络平台上登记订单信息。

（5）采购订单确认。核心企业确认采购订单。

（6）发起订单融资。上游中小企业向银行提出订单融资申请。

（7）确认订单融资。核心企业对上游中小企业的订单融资进行确认。

（8）建立专用账户。银行建立上游中小企业的融资专用账户。

（9）向中小企业放款并监控。银行向上游中小企业放款，但监控款项的使用情况。

（10）完成订单交货。上游中小企业完成订单向核心企业交货。

（11）向专用账户付款。核心企业向专用账户支付订单款项。

（12）归还贷款。上游中小企业以专用账户款项归还银行的贷款。

3）产品优势

a. 对于中小企业

（1）可以帮助中小企业扩大贸易机会，使中小企业大幅提升接收订单的能力。

（2）中小企业以信贷资金进行生产，减少自有资金占用，弥补自有资金缺口。

（3）解决前期资金问题，中小企业可以提前得到资金，顺利完成订单合同。

b. 对于核心企业

（1）促进核心企业顺利完成采购。

（2）保证上游中小企业采购渠道通畅。

（3）确保按计划安排生产。

c. 对于银行

（1）依托核心企业提供供应商融资，创造了向供应链上游延伸业务的渠道，扩大了客户群体，拓展了业务范围。

（2）通过为核心企业上游中小企业提供融资服务，帮助核心企业稳定了上游供应渠道，能进一步深化与核心企业的合作关系。

2. 电子商务下推动式的贸易关系融资

1）推动式的贸易关系融资

推动式的贸易关系融资是基于核心企业与经销商的供销关系，在银行按经销商的销售回款进度通知核心企业逐步发货的条件下，经销商向银行融资提前支付预付款给核心企业的融资业务。推动式的贸易关系融资对于产品更新换代快、销售周期短、价格随时间呈单边下跌趋势的产品（如家电、手机、电脑等）较为适用。

2）电子商务下的操作流程

电子商务下推动式贸易关系融资基本流程如图 2-4 所示。

（1）提交核心企业申请。核心企业向银行发出申请，进行核心企业登记。

（2）提交子客户申请。子客户向银行发出申请，进行供应链子客户登记。

（3）核心企业与供应链确认。银行对核心企业、子客户相关交易信息在供应链金融网络平台上确认。

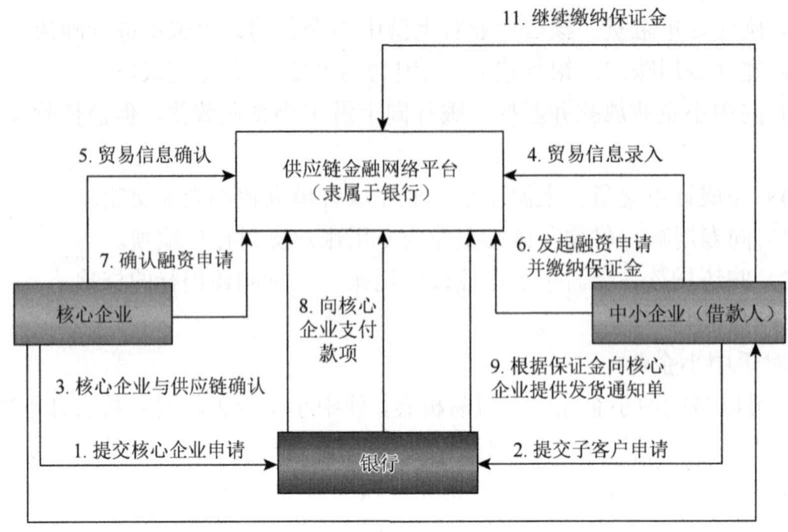

图 2-4　电子商务下推动式贸易关系融资基本流程

（4）贸易信息录入。子客户在供应链金融网络平台上登记贸易信息。

（5）贸易信息确认。核心企业登记贸易信息或确认贸易信息。

（6）发起融资申请并缴纳保证金。子客户向银行提出采购融资申请，同时缴纳保证金。

（7）确认融资申请。核心企业对子客户的融资申请给予确认。

（8）向核心企业支付款项。银行向核心企业支付下游中小企业的采购款项。

（9）根据保证金向核心企业提供发货通知单。银行向核心企业提供发货通知单。

（10）根据提货通知单发货。核心企业根据提货通知单向下游中小企业发货。

（11）继续缴纳保证金。子客户继续向银行缴纳保证金，便于银行继续根据保证金向核心企业提供发货通知单。

3）产品优势

a. 对于经销商

（1）不需要过多占用自身库存，省去了仓储费用。

（2）业务开展过程中不涉及监管企业，省去了监管费用，降低了成本。

（3）可以根据市场需求情况与厂商沟通发货品种、规格，规避了市场风险，提高了盈利能力。

b. 对于核心企业

（1）不需要一次性生产，可以根据经销商销售情况和市场需求情况逐步排产。

（2）可以更加合理地安排产品结构，避免了销售渠道不合理的库存，降低了市场风险。

c. 对于银行

（1）不涉及监管企业，简化了操作流程，降低了操作风险。

（2）核心企业的保兑责任较调剂销售和差额回购更加易于实现，提高了整体风险控制能力。

2.1.5 基于电子商务的存货类融资

1. 电子商务下存货质押融资

1）存货质押融资

存货质押融资是指借款人以银行能够接受的现有存货（包括原材料、半成品和产成品）质押办理的各种短期授信业务，授信品种包括但不限于流动资金贷款、银行承兑汇票、商业承兑汇票和信用证等，又称现货质押业务。在该业务中，银行与借款人及物流监管企业签订三方合作协议，物流监管企业接受银行委托对货物进行有效看管，从而实现银行对质押存货的转移占有。

从客户是否可自由换货来区分，存货质押融资业务可划分为静态质押和总量控制两种模式。

静态质押——客户将存货质押给银行，并交指定物流监管企业监管，货物入库后客户不能自主提货或换货。客户在授信项下的每一次提货都须提前补足与提货价值相应的保证金或办理提前还款，银行收妥客户资金后开出提货单据并由物流监管企业按指令放货。

总量控制——银行规定客户在监管仓库保有的最低库存货物价值，客户可在保证最低库存货物价值的前提下自由办理货物出入库，但入库货物必须与原有货物同类、同质。对于达到质押要求的存量临界点以下的货物出库，客户必须补足相应的保证金。

2）电子商务下的操作流程

电子商务下存货质押融资基本流程如图 2-5 所示。

（1）提交监管企业申请。物流监管企业向银行发出申请，进行物流监管企业登记。

（2）提交子客户申请。中小企业向银行发出申请，进行质押关系登记。

（3）监管与质押关系确认。银行对物流监管企业、中小企业的关系进行确认。

（4）交付质押的存货。中小企业向物流监管企业交付质押的存货。

（5）发起存货质押融资。中小企业向银行发起存货质押融资。

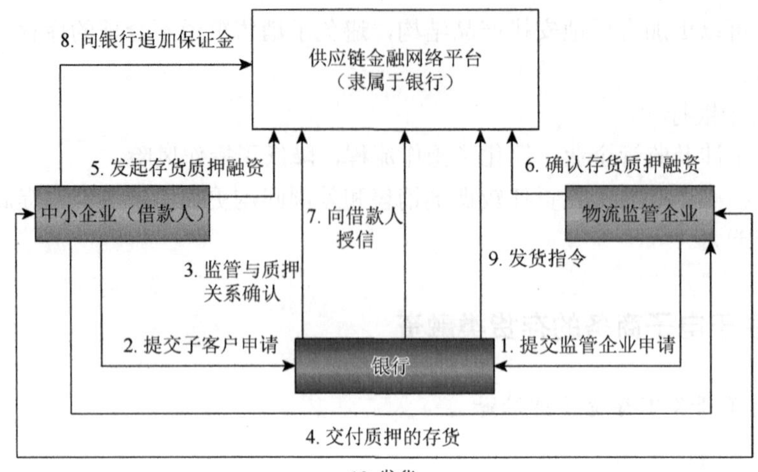

图 2-5　电子商务下存货质押融资基本流程

（6）确认存货质押融资。物流监管企业对中小企业的融资需求予以确认。

（7）向借款人授信。银行向中小企业进行授信。

（8）向银行追加保证金。中小企业向银行追加保证金赎货。

（9）发货指令。银行向物流监管企业发送发货指令。

（10）发货。物流监管企业向中小企业归还质押的存货。

2. 产品优势

a. 对于借款人

（1）提供了一种新的融资担保形式，降低了融资门槛，拓宽了融资渠道。

（2）盘活了存货资产，降低了因增加存货带来的资金周转压力，使物流与资金形成了较为良性的互动。

（3）融资品种多样，操作简便灵活。

b. 对于银行

（1）与客户物流和资金流密切结合，通过控制存货降低了银企双方的信息不对称，提高了风险控制能力。

（2）拓展了客户范围且处于优势谈判地位，综合收益较高。

（3）通过物流监管企业的介入，有效减轻了客户经理的工作量，使其有更多精力开展市场营销工作。

c. 对于物流监管企业

（1）丰富了业务品种，有利于与客户建立更为紧密的合作关系，降低了拓展主营业务客户的成本。

（2）拓宽了业务发展面，开辟了新的利润增长点。

3. 电子商务下仓单质押融资

1）仓单质押融资

仓单质押融资是指授信申请人以其自有或第三方持有的仓单作为质押物向银行出质，而后银行向其提供融资的授信业务。仓单质押融资可分为普通仓单质押融资和标准仓单质押融资两种。

仓单相关概念解析如下。

仓单——保管人向存货人填发的表明双方仓储保管关系的存在并向持有人无条件履行交付仓储物义务的一种权利凭证，是仓储公司签发给存储人或货物所有权人的记载仓储货物所有权的唯一合法的物权凭证，仓单持有人随时可以凭仓单直接向仓储方提取仓储货物。

普通仓单——又称非标准仓单，是由仓储公司自行制作的提货凭证。

标准仓单——符合期货交易所统一要求的，由指定交割仓库在完成入库商品验收、确认合格后签发给货主用于提取商品的，并经交易所注册生效的标准化提货凭证。

2）电子商务下的操作流程

电子商务下仓单质押融资基本流程如图 2-6 所示。

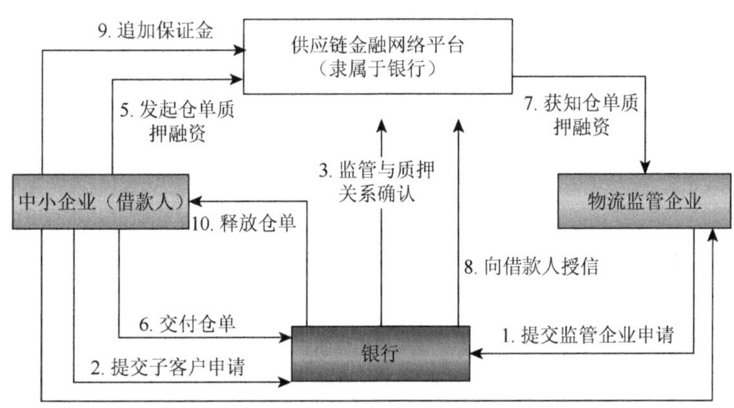

图 2-6　电子商务下仓单质押融资基本流程

（1）提交监管企业申请。物流监管企业向银行发出申请，进行物流监管企业登记。

（2）提交子客户申请。中小企业向银行发出申请，进行质押关系登记。

（3）监管与质押关系确认。银行对物流监管企业、中小企业的关系进行确认。

（4）交付存货获取仓单。中小企业向物流监管企业交付存货并获取仓单。

（5）发起仓单质押融资。借款企业向银行发起仓单质押融资。

（6）交付仓单。借款企业向银行质押仓单。

（7）获知仓单质押融资。物流监管企业获知仓单质押融资的信息。

（8）向借款人授信。银行向中小企业进行授信。

（9）追加保证金。中小企业向银行追加保证金赎单。

（10）释放仓单。银行根据支付的保证金释放借款人质押的仓单。

3）产品优势

a. 对于借款人

（1）提供了一种新的融资担保形式，拓宽了客户融资渠道且融资成本较低。

（2）能够盘活存货资产、降低客户因增加存货带来的资金周转压力，增加客户流动资金，使物流与资金流形成了较为良性的互动。

b. 对于物流监管企业

（1）利用能够为货主企业办理仓单质押贷款的优势，吸引更多的货主企业进驻，保证有稳定的货物存储数量，提高仓库空间的利用率。

（2）促进仓储企业按照银行要求不断加强基础设施的建设，完善各项配套服务，提升企业的综合竞争力。

c. 对于银行

（1）拓展新中小客户群，以批量操作的模式降低业务成本，并能在承受相对较低风险的前提下获得较大的综合收益。

（2）降低授信风险，简化操作流程，降低了客户经理的工作量。

（3）仓单是可以背书转让并具有一定流通性的权利凭证，银行处置相对方便。

2.1.6 电子支付与结算

1. 电子支付与结算的概念

传统支付，指通过现金、票据等在交易发生时进行支付与结算的方式。

电子支付与结算也可称网上或在线支付与结算，它是区别于线下现金、票据等方式交割的一种结算手段，是指消费者、商家和金融机构通过互联网发出支付指令，安全地处理电子货币信息，以偿清购买者和销售者之间在获取实物资产、金融资产、信息技术或服务等时所承担的债务或金融交换，即支付结算行为。

电子支付与传统支付相比，有以下几个明显优势。

1）更快捷

电子支付根据交易的需要可即时或延时支付和结算，到账更为快捷。而传统的票据支付，有到账时期，无法立即兑现，若提前取现还要承担贴现的成本。

2）更方便

电子支付只需在网上通过网上银行、第三方平台等进行支付与结算，无须再像传统支付模式那样，必须进行买卖双方的会面才能完成交易，更为方便，能够降低交易成本。

3）更安全

电子支付在线上完成即可，无须携带大量现金进行实物交割，这样就降低了很多资金上的风险，使交易更加安全。

2. 电子支付与结算的发展现状

在中国，电子支付自 20 世纪 90 年代初开始兴起。电子支付与结算产业在中国市场的发展，分为两个阶段。

第一阶段：导入期（1998 年前后至 2002 年），这也是互联网热潮开始的阶段。网上支付作为电子商务三个环节（信息流、资金流、物流）的重要一环——资金流，开始进入大规模建设时期。在国内最先开展网上支付的是银行。开始是招商银行，中国工商银行等在系统集成之后进入了该领域。中国银联股份有限公司（以下简称银联）的网关在 2002 年左右也开始建立。第三方网上支付平台是在银联网关出现之前建立的，如首都电子商城开展网上支付就比较早。非银行机构的参与，一定程度上缓解了当时电子商务发展过程中的支付瓶颈问题，对电子商务发展起到了促进作用。

第二阶段：成长期（2002 年至今），此阶段的关键要素与特征如下。

（1）国家统计局发布的《中华人民共和国 2010 年国民经济和社会发展统计公报》显示：2010 年中国互联网上网人数达到 4.57 亿人，其中宽带上网人数 4.50 亿人，互联网普及率达到 34.3%。越来越高的互联网普及率为电子商务和电子支付与结算的发展提供了必不可少的先决条件。

（2）B2B（business to business，企业对企业电子商务）、B2C（business to consumer，企业对顾客电子商务）网站迅速成长。以淘宝网、当当网、京东商城等为代表的购物网站发展迅猛。

（3）在第三方支付平台进行的交易规模增长极其迅速。2005 年被称为中国电子支付元年。第三方支付平台成为投资热点，得到迅速成长。2005 年 2 月，阿里巴巴集团控股有限公司（以下简称阿里巴巴）旗下的淘宝网投入 3000 万美元巨资开发，联合中国工商银行、中国建设银行等国内多家金融机构共同打造“支付宝”交易服务工具；随后，北京通融通信息技术有限公司推出 YeePay 电子支付平台，北京云网无限网络技术有限公司推出企业级在线支付系统“支付@网”；网银在线携手 VISA 国际组织推出“VISA 验证服务”信用卡安全支付标准，PayPal 推出“贝宝”等。

（4）银行开始重视网上银行建设，并大力推广其网上银行支付产品。

3. 电子支付与结算主要模式

1）银行卡在线转账支付

银行卡在线转账是我国应用非常普遍的电子支付模式。付款人需持有银行卡（借记卡或信用卡），并开通网上支付功能，即网上银行，然后将规定金额以内的资金（一般为小额资金）转移到收款人的账户中，从而完成支付。我国目前这种在线转账支付一般还需办理相关证书。有证书的支付不仅能享受网上银行提供的所有服务，而且安全性高，但是付款人必须向银行申请安装数字证书、下载指定软件，如中国银行长城电子借记卡的使用，由于中国银行采用安全电子交易（secure electronic transaction，SET）协议，持卡人需要向中国银行申请证书并下载电子钱包软件，进行支付时持卡人通过电子钱包软件登录中国银行，填写收单行名称、收款人资金账号、支付金额等信息，中国银行收到转账请求后，通过清算网络与收单行进行资金清算，最后由收单行与收款人结算。类似的还有招商银行的 U 盾、中国工商银行的密令等。银行卡在线转账支付流程图如图 2-7 所示。

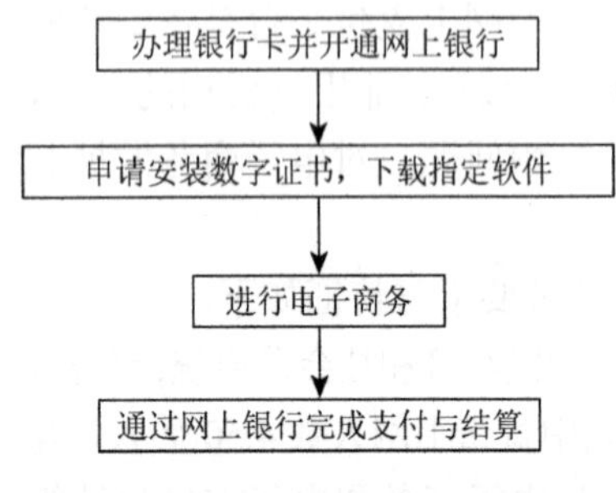

图 2-7　银行卡在线转账支付流程图

银行卡在线转账支付优点如下。

（1）较高的安全性。通过银行卡在线支付与结算时，付款人可以直接进入所属银行的网上银行按收款人提供的账号进行支付［由于目前银行卡网上支付中普遍采用安全套接层（secure sockets layer，SSL）协议，付款人的支付信息均以加密方式传输给银行，安全性较高］，也可以在收款方网站［如 B2C、C2C（consumer to consumer，顾客对顾客电子商务）网上购物网站］上通过网站与持卡人所在银行的接口进行支付。对于后者，由于网站的支付信息填写界面是由银行提供的，商家无法得知支付信息，从而可保护持卡人账户的安全。

（2）交易实时性。由于是直接利用银行网络进行支付结算，银行在接受支付指令时会实时验证支付信息的有效性，并进行即时扣款，降低了盗用和拒付风险。

（3）强制记录性。目前持卡人使用银行卡网上支付前必须在相应开户行开通网上银行服务，同时持卡人每一次进行的网上支付也会被一一记录下来，这样出现问题时有利于获取证据。

银行卡在线转账支付缺点如下。

（1）银行卡通用性差。各家银行甚至同一家银行的不同分行、不同的卡品种所提供的支付网关、服务标准、地域范围各不相同，这给付款人和收款人利用银行卡网上支付与结算开展电子商务造成了很大的障碍。例如，一个持有中国建设银行龙卡的持卡人无法在一个支持招商银行一卡通的网上商店进行网上支付，而网上商店要提供更多品牌的银行卡的支付，则需要与多家银行签协议设置多个银行接口。国内一些大型的电子商务交易网站基本能提供 7 种以上的银行卡网上支付方式，其中既有各家银行提供的独立性支付网关，也有第三方授权机构提供的综合性支付网关，但这给交易者的选择和网站的维护都带来了一定的困难。

（2）安全与方便性之间的矛盾。付款人如果希望支付更加安全，通常需要申请个人认证，并下载安装证书、软件，而且据统计，通过网银支付，消费者一般需要跳转 6～7 次页面才可以完成，这些烦琐的步骤难以被小额支付中的个人支付者接受。

（3）交易失败追讨过程繁杂不易。由于是实时扣款，如有任何操作错误而导致资金转入错误账户，或者转移金额有误，虽然有记录可查，但追讨程序及过程可能繁杂不易，一旦款项进入收款人账户，即使交易失败，收款人予以否认，款项转移仍合法完成，难以追回。

2）第三方结算服务

第三方平台结算支付是国内服务商数量最多的支付模式。在这种模式下，付款者和收款人首先必须在第三方支付中介开立账户，并将银行账号提供给支付平台，付款人还需将实体资金转移到支付平台的支付账户中（可使用开通了网上银行功能的银行卡进行充值）。其次，当付款人发出支付请求时，第三方平台将付款人账户中相应的资金转移到自己的账户中保管，然后通知收款人已经收到货款，可以发货。到货后付款人需要回到第三方平台确认收货，然后第三方平台将临时保管的资金划拨到收款人账户中。最后，收款人可以将账户中的款项通过第三方平台和实际支付层的支付平台兑换成银行存款，也可以用于购买商品。

艾瑞咨询集团的《2010—2011 年中国网上支付行业发展报告》的统计数据显示，2010 年中国第三方网上支付交易规模达到 10 105 亿元，比 2009 年增长 100.1%，实现全年翻番。在 2008～2010 年短短的三年间，第三方网上支付交易规模翻了近 4 番，增速惊人。

艾瑞咨询集团分析认为，第三方网上支付交易规模呈现高速增长，主要原因有以下三个方面。

第一，经过 2010 年电子商务的大发展，网上支付逐步渗透到网络购物、旅行预订和生活缴费等多个领域，第三方支付已经成为中国网民日常生活中一项重要的网络应用服务，渗透率的不断提升形成了良好的社会化效应，从而推动了整体市场交易规模的上涨。

第二，从 2010 年 6 月中国人民银行出台《非金融机构支付服务管理办法》，直至 2010 年 12 月底 17 家申请牌照企业被受理，第三方网上支付行业发展的政策环境不断改善。基于健康的政策发展环境，第三方支付企业获得了更加宽阔的市场发展空间，而这一效果在 2010 年也得到了体现，未来也将更加明显。

第三，电子商务、旅行预订等支付相关行业的繁荣发展，带动了支付行业的快速成长。根据艾瑞咨询集团的研究数据，2016 年中国网络购物市场交易规模达到 58.8 万亿元，同比增长 382.0%，较 2015 年增幅明显。网上支付相关行业的快速增长，推动了资金流转电子化的进程，在很大程度上带动了支付交易规模的增长（图 2-8）。

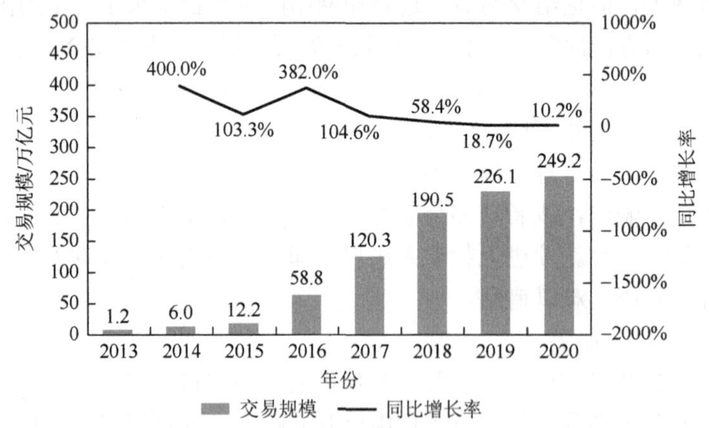

图 2-8　2013～2020 年中国第三方移动支付交易规模

资料来源：综合企业及专家访谈，根据艾瑞统计模型核算

自 2016 年第 1 季度开始计入 C 端用户主动发起的虚拟账户转账交易规模，历史数据已做相应调整；统计企业中不含银行，仅指规模以上非金融机构支付企业；艾瑞咨询集团根据掌握的市场情况，对历史数据进行修正

第三方结算服务流程如图 2-9 所示。第三方结算服务的优点如下。

（1）比较安全。用户的账户信息仅需要告知支付中介，而不必告诉收款人，这大大减少了账户信息失密的风险，另外一些支付平台为保证账户的安全还提供数字证书，如支付宝数字证书。

（2）支付成本较低。支付中介集中了大量的电子小额交易，由于形成了规模效应，一般支付成本较低。像 PayPal 这样的第三方支付，目前在我国对于付款人和收款人都是免费的。

（3）有效地控制交易风险。以支付宝为例，对于付款方，只有在收到卖家的商品且对其质量满意后，支付宝才会将货款划拨到卖家账户中，如不满意可以申请退款；对于收款方，如果发货之后付款方逾期不确认收货，也没有申请退款，则默认交易成功，支付宝会自动将货款划拨给收款方。相对于银行卡在线转账支付，第三方平台结算支付可以有效地控制交易风险。

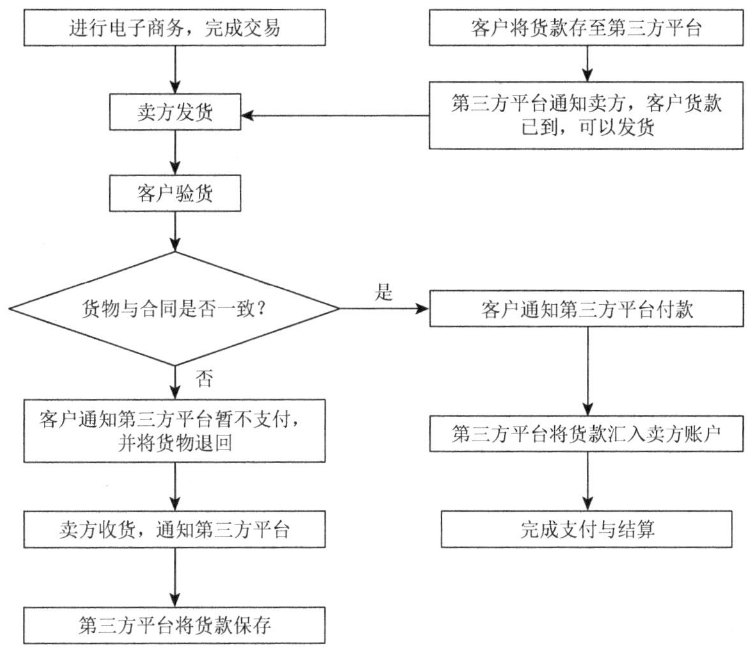

图 2-9　第三方结算服务流程图

（4）对于小型卖家比较适宜。小型卖家在网上开展业务选择支付方式时，选择与第三方支付平台合作或许比直接使用网银结算更好。因为直接与银行合作，每家银行的接口是不一样的，只连一家银行的话，覆盖面太窄，连多家银行的话，要做不同的接口，技术上比较麻烦。用第三方支付平台，多家银行只要一个接口就可以了，现在的第三方支付平台基本上可以覆盖国内大部分卡，有的还支持多种国际卡。另外，每家银行的手续费、结算周期都不一样，管理起来比较麻烦，要和多家银行分别结算、分别扣除不同的费用，财务方面很难管理，而支付公司采用统一的手续费用，统一管理，给商家节约了很多时间和成本。

（5）商业模式更加多元化。更多新型商业模式浮出水面。2011 年支付牌照发放之后，结合开放平台、手机支付、线下网点和预付费卡等支付手段和应用场景，第三方支付平台在未来发展中与行业企业（包括金融服务企业和开发者）探索更多的新型商业模式，各种与应用场景和应用行业紧密结合的第三方支付服务和产品，将不断涌现。

第三方结算服务缺点如下。

（1）市场面临优胜劣汰，支付行业加速洗牌。中国人民银行《非金融机构支付服务管理办法》的落实，对支付服务运营企业资格进行明确要求，在全国数百个规模参差不齐的第三方支付服务企业中，会有一大批不符合相关资质的企业被迫退出市场，支付行业面临优胜劣汰。同时，牌照的发放会促使具备一定实力的潜在竞争者进入第三方支付市场（其中包括外资背景的相关企业），支付行业面临新的市场竞争格局，支付行业加速洗牌。

（2）付款人账户安全取决于支付平台的信用度。付款人的银行卡信息会暴露给第三方支付平台，如果这个第三方支付平台的信用度或者保密手段欠佳，会带给付款人相关风险。与银行相比，由于第三方结算支付中介的法律地位缺乏规定，一旦其终结破产，消费者支付平台上的账户资金可能会成为破产债权，无法得到保障。

（3）非实时性带来资金寄存风险。由于有大量资金寄存在支付平台账户内，而第三方平台非金融机构，因此有资金寄存的风险。

（4）账户资金使用范围有一定局限性。国内有很多的第三方支付工具，如支付宝、贝宝等。尽管贝宝和支付宝都表示，其支付平台向所有的客户开放，但由于交易信息的敏感性，某家电子商务公司控股的支付平台，不太可能被其他同行采用。

3）移动支付

移动支付是一种允许移动用户使用其移动终端（通常是手机）对所消费的商品或服务进行账务支付的支付方式，也称为手机支付。移动支付一般属于信用支付，即先消费后支付，但是对于使用手机充值卡的用户来说就是即时支付。对于商家而言，若想在网站中为客户提供移动支付方式，需要与服务提供商（service provider，SP）、移动运营商进行合作。SP 是客户与网站之间的中介机构，网站需要通过 SP 向客户手机发送确认短信进行认证，同时用户缴纳的费用需经过 SP 支付给网站，SP 参与利益分成。

艾瑞咨询数据显示，截至 2018 年底，中国移动支付累计交易规模总额达到 277.4 万亿元，整体呈现平稳态势。艾瑞咨询统计，中国移动支付累计交易规模在 2020 年底超过 430 万亿元，如图 2-10 所示。

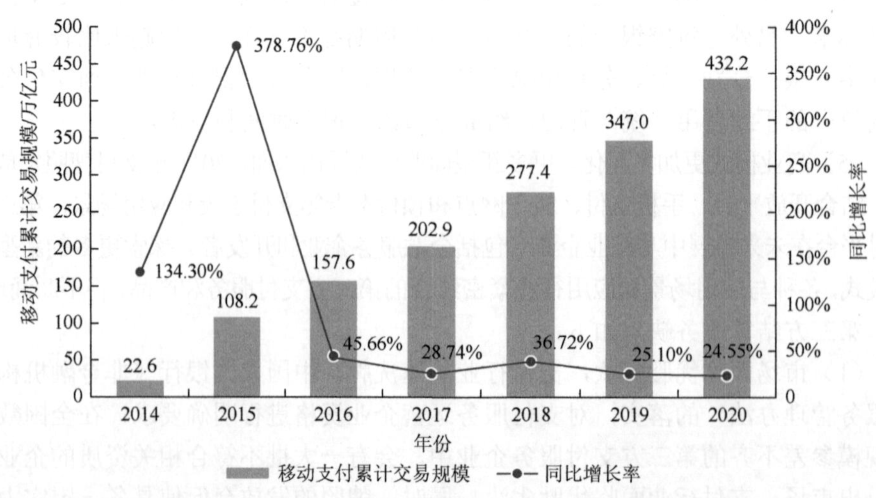

图 2-10 2014～2020 年中国移动支付累计交易规模

艾瑞咨询认为，中国移动支付交易规模之所以呈现爆发式的增长态势主要是因为以下几点。

（1）移动互联网经济的高速增长。以移动电商为代表的移动互联网经济的高速增长带动了移动支付市场规模的扩大，整体互联网经济对移动支付的需求巨大。

（2）全新技术形式的出现催生新的支付形式。4G、Wi-Fi、NFC（近场通信，near field communication）及 RFID（射频识别，radio frequency identification）等通信技术的逐渐成熟，以及以智能机为代表的移动终端的迅速普及，使得相关技术在移动支付领域的应用更加广泛，支付流程也更加顺畅和便捷。

（3）用户对支付便捷化的需求。随着用户消费欲望及消费水平的提高，对于支付形式多样化、便捷化的需求在迅速提升。

（4）移动支付企业的刺激。第三方支付牌照发放之后，相关监管法规正在逐步落实，第三方支付企业正在合规框架内展开新一轮竞争，为了迅速在全新市场中占领先发优势纷纷推出自己的移动支付产品，并期待迅速占领用户市场。

根据艾瑞咨询统计数据，2019 年中国移动支付用户规模达到 347.1 亿元，2020 年中国移动支付用户规模第一季度达到 90.8 亿元。移动支付用户规模的增长带动了整个行业用户规模的爆发，另外手机短信支付也在用户群体中得到了进一步的普及。

移动支付流程如图 2-11 所示。移动支付的优点如下。

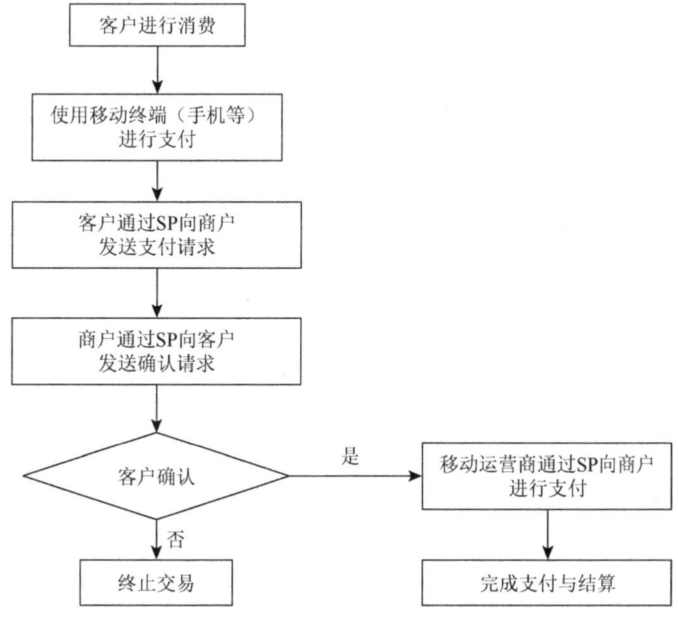

图 2-11　移动支付流程图

（1）市场广大，发展潜力无穷。2019 年中国移动支付用户达到 7.3 亿户，市场收入规模增长 78.8%，达到 252.2 万亿元；2020 年第一季度中国移动支付交易规模为 90.8 万亿元，同比增速 4.8%。

（2）支付方便、速度快。移动支付是速度最快的一种支付方式，付款人可以利用手机随时随地完成支付活动。而且，其有着与银行卡同样的方便性，同时又避免了在交易过程中使用多种银行卡及商家是否支持这些银行卡结算的麻烦。

移动支付的缺点如下。

（1）商业模式模糊。虽然移动支付前景非常诱人，但中国的移动支付发展依旧处于早期阶段，其商业模式大都是从互联网支付移植而来，对此业内人士纷纷表示，移动支付将来能有多大发展，将取决于其商业模式的创新程度。

移动互联网支付主要依托于手机终端，需要很好地做好线上与线下的结合，并与用户身份、位置有好的结合，才会创新出比较好的商业模式——这是国内大多数支付公司所面临的挑战。

（2）技术不够成熟，标准混乱。为了抢占移动支付市场的主导权，2011 年银联主推的 13.56MHz 标准和中国移动力推的 2.4GHz 标准对国家标准的争夺从未停止。银联、运营商、银行都希望通过标准确立自己对行业的主导权。然而，由于涉及金融和通信两个行业，包括移动运营商、支付服务商、应用提供商、设备提供商、系统集成商、厂家和终端用户等庞大产业链，以及中国人民银行与工业和信息化部两大监管部门，多方利益博弈激烈。因此，多年来移动支付国家标准迟迟难定。

基于 13.56MHz 的 NFC 技术规范是国际移动支付标准，产业链完整，适用于大部分现有的 POS（point of sale，电子付款机），具有更广泛的市场基础。但缺点是用户必须重新买一部具有 NFC 支付功能的手机，投入较大。

基于 2.4GHz 的 RF-SIM（radio frequency-subscriber identification module，射频识别卡）技术由中国移动主导、国内企业自主研发，用户只需付一张 SIM（subscriber identity module，用户识别模块卡）的成本，约 100 元，就可以实现手机支付。该技术支持远程数据下载更新，可远程充值，离线刷卡。这是 2.4GHz 相对 13.56MHz 标准的最大优势，但短板在于巨大的搭建 POS 网络、建设服务后台的费用。

4）快捷支付

快捷支付是 2010 年底支付宝公司综合比较当今世界各类支付模式而首创的支付方式。2011 年 4 月 18 日，支付宝公司宣布，联手中国银行、中国工商银行、中国建设银行、中国农业银行等 10 家银行推出快捷支付，消费者第一次使用快捷支付在网上付款时，不用开通网上银行，直接向支付机构提供姓名、身份证件类型及号码、银行卡卡号、有效期等信息，支付机构将上述信息提交银行验证成功后，消费者输入支付密码或手机短信动态口令完成支付。在此之后，消费者网购付款时只需要选择快捷支付，输入支付密码和手机短信动态口令即可一步完成支付货款的动作。

快捷支付流程图如图 2-12 所示，快捷支付的优点如下。

（1）简便快捷。用传统的 PC（personal computer，个人电脑）网上银行支付货款，消费者平均要跳转 7 次页面才能实现付款，而使用快捷支付一步就到位。

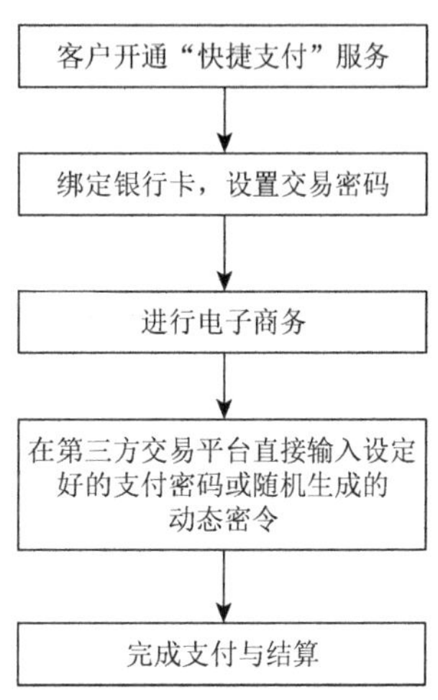

图 2-12　快捷支付流程图

（2）支持系统更加广泛。网上银行支付只能在安装了 Windows 操作系统、IE 浏览器的电脑上使用，而快捷支付则可以同时在 Chrome、Firefox、Safari 等浏览器上和 Android、iOS、MTK、J2ME、Symbian 等操作系统的手机上使用，且支付界面统一。

（3）安全性更高。网上银行支付都是公网传输指令，需要通过持卡人在支付机构和银行网站之间的页面跳转完成支付指令传输，消费者的密码极易被网络黑客“钓鱼”盗窃；而快捷支付方式下，支付机构与银行服务器专线传输支付指令、无网页跳转，杜绝交易过程中的“钓鱼”风险。支付宝还推出了“快捷支付资金损失提供 72 小时全额赔付承诺”的服务，以确保所有客户投诉及损失可以得到及时解决。

（4）成功率更高。快捷支付的总体支付成功率超过 95%，高出网上银行 B2C 支付的平均支付成功率（各行平均 65%）30 个百分点以上。

（5）国际领先。从国际上看具有类似特征的支付方式也是领先的。PayPal、App Store 的支付等均普遍采取了客户直接输入信用卡、有效期、CVV2[①]就可支付的方式，但因其无其他安全手段辅助验证持卡人身份，犯罪分子盗取他人信用卡信息的现象屡禁不止。而支付宝开创的快捷支付在支付过程中应用了手机号码比对并发送动态验证码的身份验证机制，杜绝了盗用银行卡信息进行银行卡欺诈的风险，同时也更加符合中国用户的习惯。

快捷支付的缺点如下。

对于快捷支付这种支付方式，尚没有相关的法律法规进行约束。可能出现监管部门被动跟着产品、行业或形势发展走的监管方式，这样既不利于让从业者放开手脚、大胆创新，也使监管者容易陷入疲于应对、难以兼顾的局面。

① 一种 Visa 信用卡安全码。

不同支付方式对比如表 2-1 所示。

表 2-1　不同支付方式总结对比表

电子支付与结算主要模式	优点	缺点	适用范围
银行卡在线转账支付	较高的安全性 交易实时性 强制记录性	银行卡通用性差 安全与方便性之间的矛盾 交易失败追讨过程繁杂不易	大额即时支付
第三方结算服务	比较安全 支付成本较低 有效地控制交易风险 对于小型卖家比较适宜 商业模式更加多元化	市场面临优胜劣汰，支付行业加速洗牌 付款人账户安全取决于支付平台的信用度 非实时性带来资金寄存风险 账户资金使用范围有一定局限性	小型卖家，小额支付
移动支付	市场广大，发展潜力无穷 支付方便、速度快	商业模式模糊 技术不够成熟，标准混乱	即时支付，小额支付
快捷支付	简便快捷 支持系统更加广泛 安全性更高 成功率更高 国际领先	缺乏相关法律法规约束	适用范围广

4. 电子支付与结算未来趋势分析

经过十年左右的发展，在线支付市场正在逐渐被细分，支付企业进入除了网络购物的其他支付领域，从而形成差异化竞争。从最早的在线支付功能的实现到支付产品功能的逐渐完善，再到差异化竞争，电子支付与结算进入了一个新的发展里程。

在线支付市场细分化的趋势越来越明显。国内在线支付企业绝大部分都集中在为网络购物提供支付服务上，导致市场竞争非常激烈。如此激烈的竞争之下，要想在这一市场上立足，就必须另辟蹊径，能为用户提供更为专业、创新的产品服务。在这一市场发展要求下，在线支付市场开始细分，不少支付企业进入越来越多新的领域，如机票电子商务、信用卡还款、公共事业缴费等领域。由此带来的是，在线支付市场份额的迅速扩大。艾瑞咨询发布的《2017—2020 年中国在线支付行业发展态势及十三五投资商机研究报告》就显示，2019 年中国网上支付市场发展十分迅猛，交易规模从 2017 年的 202.9 万亿元一路飙升到 2019 年的 347.1 万亿元，成为互联网发展最快的行业。一些支付企业专注于某个领域已经获得了巨大成功，如迅付信息科技有限公司（以下简称环迅支付）就靠着 C.A.T.（信用卡授权支付系统）成功抢占了国内航空电子客票一半的市场份额。环迅支付推出一款专门面向航空机票线上购票和支付服务市场的支付产品 ICPAY，就是这个行业中的一次重大创新。ICPAY 是国内第一个基于全球支付行业最高数据安全标准 PCI-DSS（payment card industry data security standard，第三方支付行业数据）1 级安全认证构建的支付系统，支持 Visa 和 MasterCard、SecureCode、JCB 等国际高标准安全验证，良好地解决了外卡欺诈问题。同时，ICPAY 通过全套系统的国际卡支付网关，支持各种国际信用卡，相比其他支付平台仅仅支持国内卡就迈出了一大步。除此之外，ICPAY 的支付平台上还内嵌了一套 IPS（intrusion prevention system，入侵防御系统）反欺诈系统（anti-fraud system），可以帮助商户降低信用卡交易中的欺诈率，从而进行风险控制。产品技术上的创新，让环迅支付更好地满足了电子客票交易的国际化、安全性等的需要，能在市场竞争中领先一步。

细分与创新已经成为电子支付与结算市场竞争的主题，支付企业必须顺应这一市场形势，开拓新的支付市场，提高企业的创新能力，迎接在线支付新时代的到来。

在全球金融危机的冲击下，电子支付与结算平台已经成为跨行业整合式行销的枢纽。电子商务的发展趋势是整合，从淘宝的平台开放，到百度开放平台的推出，都是顺应电子商务发展趋势的创新之道。这就决定了电子支付与结算的发展方向，必须针对行业整合的需求，构建智能化营运平台，帮助企业最终实现资金流、信息流和物流的高度统一，以降低成本、提高效率。

环迅支付推出的付联网被称作一个具有革命性的计划，更是在线支付行业的重大创新。付联网对环迅支付旗下多款支付产品及解决方案进行了全新升级，不仅操作便利、管理简单、支付快捷，超越了以往的支付产品，而且更加注重对整个支付系统的高度整合和定制。

从推动电子商务和在线支付的长期发展来看，环迅支付的付联网具有更深层的意义。在线支付已经不再局限于某个单一的产品或者解决方案，所以，为特定行业提供专门的深度定制化服务，整合产业链上下游和跨行业整合，才能适应并推动电子商务走向更高阶段。比如，环迅支付为中国民航信息网络股份有限公司优质商户提供的机票采购款项付联网（航迅版）服务，就是侧重于整合产业链上下游的资金环节，推动了机旅市场电子商务大整合。因此，付联网对于整个在线支付行业具有非常重要的前瞻作用。

从第三方支付推动中国经济与发达国家的全面融合来看，在线支付整合电子商务产业链上下游，实现跨行业联合，是对外贸领域、现代服务业、创意产业、制造业、供应链等更多行业的全面覆盖，有助于提高资金运转效率、提升社会整体运行效率。

细分与整合，看似矛盾，其实相得益彰，唯独不变的就是创新。始终把握顾客利益，以此开发更多的创新支付结算产品或模式，才是电子支付与结算应该走的道路。

2.2 在线供应链金融中防范道德风险和合谋的激励机制研究

21 世纪初，在线供应链金融业务和 B2B 电子商务平台（以下简称 B2B 平台）都取得了突飞猛进的发展，银行和 B2B 平台合作在实践中也取得了很多成功。但是在这些实践过程中，银行和 B2B 平台合作也涌现出很多新的风险问题亟待解决。本节运用委托-代理理论、合谋理论及博弈论等，对 B2B 平台与 3PL（第三方物流）对货物双重监管模式下的道德风险和合谋行为展开识别与分析，并对银行防范道德风险和合谋行为的激励契约进行探究。通过数学建模，给出了在电子订单融资业务双重监管的模式下银行给 B2B 平台和 3PL 的激励策略。结果表明，B2B 平台和 3PL 之间存在竞争制约的关系，银行可以通过设计不同的激励支付比例来控制 B2B 平台和 3PL 的努力水平。除此之外，银行应设计适当的惩罚金额和激励金额，以防止银行完全委托情况下 B2B 平台和 3PL 与融资企业之间的合谋行为。另外，还考虑了共同的外部因素对 B2B 平台和 3PL 努力水平的影响，得出银行应当尽量选择需求稳定、产品的需求弹性不大的行业企业开展融资业务的结论。最后，用 MATLAB 进行数值分析对相关结果进行验证和说明。

2.2.1 概述

1. 研究背景

随着互联网的飞速发展，供应链金融业务也突破传统的供应链金融 1.0 模式，很多在线供应链金融的模式不断涌现，为中小企业解决它们的融资难困境创造了更多的可能性。在线供应链金融可以实现银行、平台、贷款企业等多方信息的对接，因此突破了传统供应链金融模式的时间、空间限制，极大地提高了融资业务的效率，也可以极大地减少供应链金融参与方之间的信息不对称问题。由于在线供应链金融的众多优势和“互联网＋”带来的经济发展趋势，众多银行积极开拓在线供应链金融业务，与 B2B 平台等信息平台积极展开合作。其中，中国建设银行是国内最早开始与 B2B 平台开展合作的商业银行，2007 年中国建设银行与阿里巴巴联合推出网络银行信贷业务，到 2011 年，与中国建设银行合作的平台增加到九家，客户数和贷款额都在不断上升。在中国建设银行开创在线供应链金融模式取得成功之后，中国工商银行、中国银行等也加入到在线融资的市场中来，同时，中国的 B2B 平台发展迅速，交易额占据中国电子商务交易市场的一大部分。因此

B2B 平台的发展也为网商融资带来了更多的需求，在线供应链金融的发展程度逐渐成为 B2B 平台的核心竞争力。

2. 研究意义

在线供应链金融突飞猛进的发展给银行、B2B 平台、融资企业等多个参与方都带来了机遇和便利，但是在线供应链金融的业务进程中仍然涌现出诸多问题。

首先，在线供应链金融是银行依托平台给平台上的企业进行融资，银行面对的客户大多是不熟悉的企业，因此银行与借款企业之间的信息不对称问题更加明显，B2B 平台是进行融资企业信息审查并传达给银行的中间方，这时 B2B 平台的信息审查是决定银行贷款风险大小的关键要素，这造成银行对 B2B 平台产生很大的依赖。虽然以中国建设银行为代表的众多银行也试图自建 B2B 平台，以摆脱对 B2B 平台的依赖，但是其自建的 B2B 平台发展较慢，取得的成效不太好。另外，B2B 市场发展飞速，21 世纪初在线供应链金融的主要模式还是与一些发展好的知名 B2B 平台进行合作。B2B 平台存在审查不努力的道德风险问题，如何设计激励机制来促进与 B2B 平台的合作，降低 B2B 平台不努力带来的危害是一个严峻的问题。

其次，由于银行给予 B2B 平台的授信贷款额度有限，B2B 平台上一些交易信用较低的企业为了获取银行的贷款，可能会贿赂 B2B 平台，企图与其合谋骗取银行的贷款，而 B2B 平台拥有信息优势，在银行激励不足时可能与低信用企业达成合谋，使得银行的贷款风险增大。为了保护平台上所有符合标准的中小企业的合法利益，防止恶性竞争，降低银行自身的金融风险，设计合理的防合谋机制是十分必要的。在实际中，中国建设银行和金银岛（B2B 平台）联合推出的在线供应链金融业务，就是 B2B 平台进行推荐，银行快速审批的委托授信方式。因此，合理设计融资参与方的激励契约来防范道德风险和隐藏行为，也是现在实践中亟须解决的问题。

3. 研究内容概述

本章以电子订单融资模式为例运用委托-代理理论、博弈论等方法研究 3PL 进行抵质押物监管的努力程度对银行的期望收益和 B2B 平台的行为的影响，研究涉及银行、第三方 B2B 平台及 3PL 三方之间的契约设计问题；本章深入研究 B2B 平台和 3PL 努力结果之间的相关性（外部因素的共同影响）对银行期望收益的影响，在考虑 B2B 平台和 3PL 努力结果之间相关性的条件下进一步研究激励机制的设计；另外还分析讨论 B2B 平台、3PL 与融资企业合谋的产生以及防范合谋的激励契约设计问题。

研究结果表明银行可以通过设计固定支付和变动激励支付的契约来减少 B2B 平台和 3PL 不努力带来的损失，在这样的契约模式下，B2B 平台和 3PL 之间存在博弈和竞争，因此银行在设计激励契约时要对两者的激励进行权衡。具体来说，就是银行给 B2B 平台的激励增大，给 3PL 的激励会减少。因此，银行在决策前要严格考核 B2B 平台和 3PL 的能力水平及其风险偏好程度，同时还需要把握好环境政策等外部因素对融资成功率和货物处置率的影响，尽量选择能力较大的 B2B 平台及所处行业稳定的企业。另外，银行可以通过设置合理的激励惩罚金来防范合谋行为。

2.2.2 供应链风险问题建模

1. 问题描述

本节研究的模型涉及三方：①银行；②B2B 平台；③第三方物流企业。本节是以电子订单融资为例探讨线上供应链金融的道德风险问题，为了降低贷款风险，银行一般在选择委托 B2B 平台授信的同时，要求借款企业将借款金额等价值的货物抵押在银行指定的第三方物流企业的仓库，进行物流监管，以保证融资过程中货物的数量和质量，若借款企业违约还不上贷款，可通过拍卖仓库的货物来弥补银行的损失，所以涉及一个委托人、两个监管人和多个代理人的问题。

1）符号和基本假设

为了使模型的描述和分析更方便，我们先对模型中使用的符号进行如下说明，见表 2-2。

表 2-2 模型参数说明

参数	描述
L	银行在 B2B 平台上的可授信融资额度
r	平均贷款利率
a_i	B2B 平台和 3PL 的努力水平，$a_i \in [0,1], i=1,2$
t_i	银行给 B2B 平台和 3PL 的固定支付，$i=1,2$
v_i	银行给 B2B 平台和 3PL 的报酬激励系数，$i=1,2$
A_1	B2B 平台的授信审查能力系数
A_2	3PL 的实物监管能力系数
$P(a_1)$	融资成功率，即融资企业还款的比率
$H(a_2)$	抵质押物处置率

续表

参数	描述
ε_i	随机变量，$i=1,2$，ε_i 彼此独立，服从均值为 0、方差为 σ^2 的正态分布
α	相关性系数，$\alpha \in [-1,1]$
M_i	低信用融资企业支付的贿赂额
C_{M_i}	粉饰低信用融资企业审查报告的成本
K	合谋被发现的惩罚成本
R	B2B 平台举报得到的奖励额
$\overline{w_i}$	B2B 平台和 3PL 的保留效用
$\widehat{w_i}(a_i)$	B2B 平台和 3PL 的确定性等价财富

根据传统委托-代理理论的一般假设，本节假设银行是风险中性的，B2B 平台和 3PL 是风险厌恶的。我们在模型中用 $U(\cdot)_i$（$i=\mathrm{B,E,P}$）表示三者的效用函数，B 为银行；E 为 B2B 平台；P 为 3PL。本节假设 B2B 平台和 3PL 有常数绝对风险厌恶（constant absolute risk aversion，CARA）的风险偏好，其效用为如下表述形式：

$$u(w,a)=-\mathrm{e}^{-\eta[w-\varphi(a)]}$$

其中，w 为货币薪酬；$\eta>0$ 为绝对风险厌恶系数$\left(\eta=-\dfrac{U''}{U'}\right)$，假设 B2B 平台的绝对风险厌恶系数为 η_1，3PL 的绝对风险厌恶系数为 η_2；$\varphi(a)$ 为 B2B 平台和 3PL 的努力成本函数，假设它们的努力程度越大，产生的边际成本也越大。本节假设两者的努力成本函数遵循下列表达形式：$\varphi(a_i)=\dfrac{1}{2}c_i a_i^2$，$c_i$ 为努力成本系数（$i=1,2$）；a_i 为努力者的能力水平，能力越强，c_i 越小。假设 B2B 平台的信息化程度比 3PL 高，因此效率更高，所需要的人力资源等成本就更低，因此本节假设 $c_1<c_2$。

2）电子订单融资的流程与契约形式

商业银行委托 B2B 平台对平台上申请融资的中小企业进行资格审查，通过资格审查的企业将货物质押在银行指定的 3PL 的仓库里，3PL 对货物进行监管。因此，在这个模式下产生了两层委托-代理：银行—B2B 平台—融资企业是第一层委托-代理关系，银行—3PL—融资企业是第二层委托-代理关系。实际上，银行融资的期望收益受到 B2B 平台的授信审查和 3PL 的实物监管两方努力结果的共同影响，因此银行也会对双方的努力程度进行权衡，调整对 B2B 平台和 3PL 激励机制的决策。图 2-13 对三者之间与融资企业的关系进行了描述。

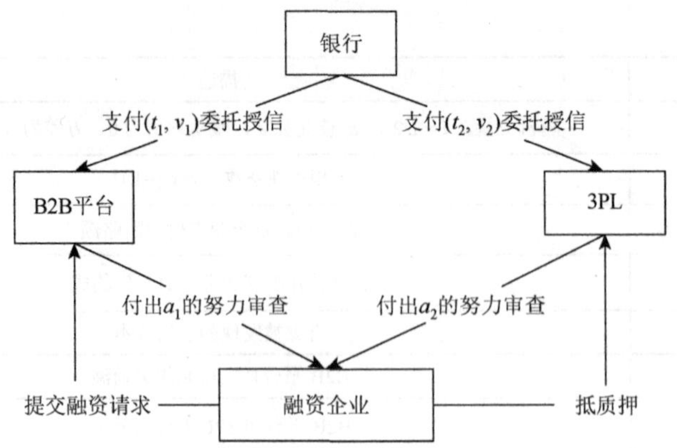

图 2-13　电子仓单融资业务参与方之间的关系

图 2-13 总结了业务过程的时间顺序，具体业务过程和假设如下。

（1）银行经过对 B2B 平台的考核，对在 B2B 平台上进行委托授信的授信额度 L 进行决策。

（2）融资企业在 B2B 平台上提交融资申请。假设 B2B 平台足够大，在平台上进行交易的企业很多，有融资需求的企业也很多，假定提交融资申请的总融资额大于 B2B 平台的可授信总额度。

（3）B2B 平台对提交融资申请的企业实行资格审查，包括历史交易数据、电子信用、基本财务指标等，B2B 平台需要筛选有用信息进行分析，将初期审查报告汇报给银行，推荐可以进行融资的信用相对较高的企业。B2B 平台按照融资企业提出申请的顺序进行信用审查，将符合标准的企业推荐给银行，直到该时间段内 B2B 平台没有剩余的银行可授信额度。在这个过程中 B2B 平台做出 a_1 的努力，相应付出 $\frac{1}{2}c_1a_1^2$ 的努力成本。

（4）得到银行贷款的企业，将生产或者采购的货物质押到银行指定的第三方物流企业进行监管，物流企业对货物进行质量、数量、价值方面的监管。这个过程中，3PL 做出 a_2 偿还的努力，相应需要付出 $\frac{1}{2}c_2a_2^2$ 的努力成本。

（5）到贷款期，若有 $P(a_1)$ 的概率融资企业到期按时还款给银行，$1-P(a_1)$ 的概率融资企业违约不能按期还款，此时，若融资企业不能偿还贷款，银行将把质押物通过拍卖等渠道进行处理，以弥补自己的损失。假设融资业务的成功率与 B2B 平台的努力水平呈线性关系，用成功率的高低来衡量 B2B 平台的努力程度的产出水平，即若成功率越高，则表明 B2B 平台付出的努力程度越大。$P(a_1)$ 的表达式是 $P(a_1)=A_1a_1+\varepsilon_1$，$A_1$ 是 B2B 平台对申请融资的企业进行审查的能力，与其技术水平有关，技术水平越强，同时 B2B 平台付出越多的努力，则融资成功率越高。假设货物处置率与 3PL 的努力程度有关，即 3PL 有职责确保货物的价值的真实性，并且在贷款期间根据货物的不同性质进行适合的保管，以确保在企业违约的时候，仓库的货物以较少的损失进行处置，因此本节用货物处置率来表示 3PL 的努力水平，货物处置率越高，表示 3PL 付出的努力越大。$H(a_2)$ 的表达式是 $H(a_2)=A_2a_2+\varepsilon_2$，$A_2$ 表示 3PL 的监管能力，与其设施设备和管理水平相关，3PL 的能力越强，努力水平越高，拍卖处置率越高，银行的损失就越小。本节假设融资成功率和货物处置率与两个监管人的努力程度有关，不考虑其他因素的影响，并且由于实际情况中 B2B 平台拥有数据资源，其信息技术能力也相对较高，本节假设 $A_1 > A_2$。

（6）银行通过自己的收益情况来度量 B2B 平台和 3PL 的努力的产出，即按照 $P(a_1)$ 和 $H(a_2)$ 的大小来以预先约定的合同支付 B2B 平台和 3PL 的报酬。假设 B2B 平台得到的货币报酬与其产出水平的关系是 $w(a_1)=t_1+v_1LrP(a_1)$，3PL 得到的支付与其产出水平的关系是 $w(a_2)=t_2+v_2LrH(a_2)$。t_i 是固定的报酬支付额；v_i 是激励系数，相当于银行的收益分享系数，用来激励 B2B 平台和 3PL 付出更多的努力。对于银行给定的报酬系数，B2B 平台和 3PL 越努力，则融资成功率越高或货物处置率越高，那么它们各自从银行得到的报酬越高。图 2-14 表述的是事件发生的次序。

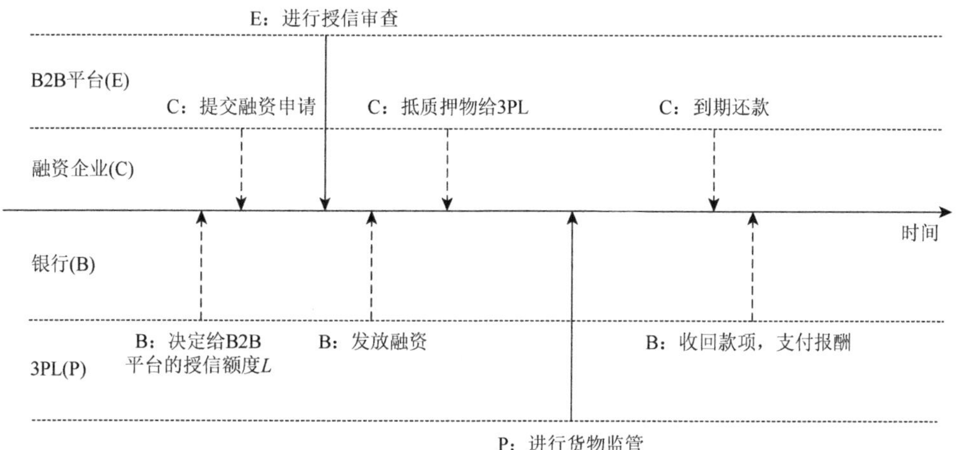

图 2-14　事件发生的次序

2. 模型的基本框架

在银行委托 B2B 平台和 3PL 分别进行授信审查和实物监管的多层委托–代理关系中，B2B 平台与 3PL 比银行更了解融资企业的相关信息，而且在线供应链金融背景下，B2B 平台上的企业对于银行来说很可能是很陌生的企业。在信息不对称的现实情况下，B2B 平台和 3PL 的努力水平是不容易被银行观察到的，银行只能通过融资成功率和货物处置率的高低来判断它们是否努力，但是银行也不能保证两个代理人在为它进行监管的过程中尽了各自最大的努力来减少融资的风险损失。因此，本节建立模型的总体思路是合理地设计对两个代理人的激励机制来促使二者努力工作以减少银行的贷款风险。

在本节中，不考虑资金的时间价值，同时假设融资业务的各个参与方都是完全理性的，也就是说它们的目标都是使自身的利益最大化。

因此，我们建立的基本的模型框架是最大化银行的效用：

$$\max_{t_1,t_2,v_1,v_2} \mathrm{EU}_B$$

$$\text{s.t.}\begin{cases} \mathrm{EU}_E \geqslant u(\overline{w_1}) & (\mathrm{IR}_1) \\ \mathrm{EU}_P \geqslant u(\overline{w_2}) & (\mathrm{IR}_2) \\ a_1 \in \arg\max\limits_{a} \mathrm{EU}_E & (\mathrm{IC}_1) \\ a_2 \in \arg\max\limits_{a} \mathrm{EU}_P & (\mathrm{IC}_2) \end{cases}$$

银行的目标函数便是自身的期望效用最大化，IR_1 和 IR_2 分别是 B2B 平台和 3PL 的参与约束，只有在它们的期望效用大于自己的保留效用时才会与银行进行合作；$\overline{w_1}$ 和 $\overline{w_2}$ 分别是 B2B 平台和 3PL 的保留效用，即它们不与银行签订该合作合同能够获得的基本效用；而 IC_1 和 IC_2 是激励约束，也就是银行提供的报酬合同，能够使 B2B 平台和 3PL 最大化各自效用。下面将在不同的假设条件下求解和分析银行的激励策略以及 B2B 平台和 3PL 的策略选择。

2.2.3 信息–实物双监管人模式的激励机制设计

本节首先假设 B2B 平台的努力产出与 3PL 的努力产出是完全独立的，也就是说融资成功率和货物处置率是完全不会相互影响的。在这种假设条件下，我们分别研究信息对称和信息不对称下银行对 B2B 平台和 3PL 的激励机制的设计，以防范风险厌恶的两个代理人的道德风险问题。

1. 信息对称下的激励机制

这一部分我们探讨在银行与监管人 B2B 平台和 3PL 之间信息对称情况下，银行对激励参数选择的决策。假设银行与 B2B 平台和 3PL 之间是信息对称的，则银行可以观测到 B2B 平台和 3PL 的努力水平，那么 B2B 平台和 3PL 是不存在隐藏行为的，因为它们任何的隐藏行为都会被银行发现而受到严重的惩罚。

由于不考虑 B2B 平台和 3PL 两个代理人的努力产出的相关性，按照模型的假设条件两者的努力产出如下。

融资成功率：

$$P(a_1) = A_1 a_1 + \varepsilon_1 \tag{2-1}$$

货物处置率：

$$H(a_2) = A_2 a_2 + \varepsilon_2 \tag{2-2}$$

B2B 平台和 3PL 与银行合作得到的报酬分别为

$$w(a_1) = t_1 + v_1 LrP(a_1) = t_1 + v_1 Lr(A_1 a_1 + \varepsilon_1) \tag{2-3}$$

$$w(a_2) = t_2 + v_2 LrH(a_2) = t_2 + v_2 Lr(A_2 a_2 + \varepsilon_2) \tag{2-4}$$

在上述条件下，可求得银行的随机净收益：

$$\begin{aligned} U_{B1} &= L(r+1)P(a_1) + L(1-P(a_1))H(a_2) - w_1 - w_2 - L \\ &= (L(r+1) - v_1 Lr)(A_1 a_1 + \varepsilon_1) + (1 - v_2 r)L(A_2 a_2 + \varepsilon_2) \\ &\quad - L(A_1 a_1 + \varepsilon_1)(A_2 a_2 + \varepsilon_2) - t_1 - t_2 \end{aligned} \tag{2-5}$$

由于我们假设银行是风险中性的，因此银行的效用可以用银行的期望净收益来表示，得到

$$\mathrm{EU}_{B1} = ((r+1) - v_1 r)LA_1 a_1 + (1 - v_2 r)LA_2 a_2 - LA_1 A_2 a_1 a_2 - t_1 - t_2 \tag{2-6}$$

因为信息是对称的，所以银行在设计激励机制时只需要考虑 B2B 平台和 3PL 的参与约束。则在上述假设条件下，银行的激励机制问题为选择 $\{t_1, t_2, v_1, v_2\}$ 求解：

$$\max_{t_1, t_2, v_1, v_2} \mathrm{EU}_{B1}$$

$$\text{s.t.}\begin{cases} E(-\mathrm{e}^{-\eta_1(w_1 - \varphi_1(a_1))}) \geqslant u(\overline{w_1}) & (\mathrm{IR}_1) \\ E(-\mathrm{e}^{-\eta_2(w_2 - \varphi_2(a_2))}) \geqslant u(\overline{w_2}) & (\mathrm{IR}_2) \end{cases}$$

根据模型假设条件得到 B2B 平台的收益是

$$U_{E1} = w_1 - \varphi_1(a_1) = t_1 + v_1 LrA_1 a_1 + v_1 Lr\varepsilon_1 - \frac{1}{2}c_1 a_1^2 \tag{2-7}$$

根据 B2B 平台的效用函数可以得到 B2B 平台的期望效用：

$$\begin{aligned} E(-\mathrm{e}^{-\eta_1(w_1 - \varphi_1(a_1))}) &= E\left(-\mathrm{e}^{-\eta_1\left(t_1 + v_1 LrA_1 a_1 + v_1 Lr\varepsilon_1 - \frac{1}{2}c_1 a_1^2\right)}\right) \\ &= \left(-\mathrm{e}^{-\eta_1\left(t_1 + v_1 LrA_1 a_1 - \frac{1}{2}c_1 a_1^2\right)}\right) E(-\mathrm{e}^{-\eta_1 v_1 Lr\varepsilon_1}) \end{aligned} \tag{2-8}$$

引理 2-1：ε 是服从均值为 0，方差为 σ^2 的正态分布，则 $E(\mathrm{e}^{\gamma\varepsilon}) = \mathrm{e}^{\frac{\gamma^2\sigma^2}{2}}$。

证明：

$$
\begin{aligned}
E(\mathrm{e}^{\gamma\varepsilon}) &= \frac{1}{\sqrt{2\pi\sigma}}\int_{-\infty}^{+\infty}\mathrm{e}^{\gamma\varepsilon}\mathrm{e}^{-\frac{\varepsilon^2}{2\sigma^2}}\mathrm{d}\varepsilon \\
&= \frac{1}{\sqrt{2\pi\sigma}}\int_{-\infty}^{+\infty}\mathrm{e}^{-\frac{\varepsilon^2-\gamma\varepsilon^2\sigma^2}{2\sigma^2}}\mathrm{d}\varepsilon \\
&= \frac{1}{\sqrt{2\pi\sigma}}\int_{-\infty}^{+\infty}\mathrm{e}^{-\frac{(\varepsilon^2-\gamma\sigma^2)^2-\gamma^2\sigma^4}{2\sigma^2}}\mathrm{d}\varepsilon \\
&= \mathrm{e}^{\frac{\gamma^2\sigma^2}{2}}\frac{1}{\sqrt{2\pi\sigma}}\int_{-\infty}^{+\infty}\mathrm{e}^{-\frac{(\varepsilon^2-\gamma\sigma^2)^2}{2\sigma^2}}\mathrm{d}\varepsilon
\end{aligned}
$$

其中，$\frac{1}{\sqrt{2\pi\sigma}}\int_{-\infty}^{+\infty}\mathrm{e}^{-\frac{(\varepsilon^2-\gamma\sigma^2)^2}{2\sigma^2}}\mathrm{d}\varepsilon$ 为均值是 $\gamma\sigma^2$，方差是 σ^2 的正态分布下的面积，面积为 1。

因此，可以得到 $E(\mathrm{e}^{\gamma\varepsilon})=\mathrm{e}^{\frac{\gamma^2\sigma^2}{2}}$，证明完毕。

根据引理 2-1 可以化简 B2B 平台的期望效用，得

$$
E(-\mathrm{e}^{-\eta_1(w_1-\varphi_1(a_1))})=-\mathrm{e}^{-\eta_1\left(t_1+v_1LrA_1a_1-\frac{1}{2}c_1a_1^2-\frac{\eta_1v_1^2L^2r^2\sigma_1^2}{2}\right)} \tag{2-9}
$$

$\widehat{w_1}(a_1)$ 是 B2B 平台的确定性等价财富，则有

$$
\widehat{w_1}(a_1)=t_1+v_1LrA_1a_1-\frac{1}{2}c_1a_1^{\ 2}-\frac{\eta_1v_1^{\ 2}L^2r^2\sigma_1^{\ 2}}{2} \tag{2-10}
$$

同理，按照同样的步骤可以将 3PL 的期望效用化简为

$$
E(-\mathrm{e}^{-\eta_2(w_2-\varphi_2(a_2))})=-\mathrm{e}^{-\eta_2\left(t_2+v_2LrA_2a_2-\frac{1}{2}c_2a_2^2-\frac{\eta_2v_2^2L^2r^2\sigma_2^2}{2}\right)} \tag{2-11}
$$

$\widehat{w_2}(a_2)$ 是 3PL 的确定性等价财富，则有

$$
\widehat{w_2}(a_2)=t_2+v_2LrA_2a_2-\frac{1}{2}c_2a_2^{\ 2}-\frac{\eta_2v_2^{\ 2}L^2r^2\sigma_2^{\ 2}}{2} \tag{2-12}
$$

由于银行与 B2B 平台和 3PL 之间是信息对称的，银行给它们的支付报酬等于它们的保留效用就可以，因此 IR_1 和 IR_2 取等号。所以 B2B 平台和 3PL 的参与约束为

$$
\mathrm{IR}_1: t_1+v_1LrA_1a_1-\frac{1}{2}c_1a_1^2-\frac{\eta_1v_1^2L^2r^2\sigma_1^2}{2}=\overline{w_1} \tag{2-13}
$$

$$
\mathrm{IR}_2: t_2+v_2LrA_2a_2-\frac{1}{2}c_2a_2^2-\frac{\eta_2v_2^2L^2r^2\sigma_2^2}{2}=\overline{w_2} \tag{2-14}
$$

命题 2-1：在银行与 B2B 平台和 3PL 之间的信息是对称的假设条件下，银行只需要支付给 B2B 平台和 3PL 固定报酬，变动的激励报酬合同不会有任何激励效应。

证明：

将约束条件式（2-13）和式（2-14）化为t_1和t_2的表达式并替换银行目标函数中的t_1和t_2，得

$$\max \mathrm{EU}_{B1} = L(r+1)A_1a_1 + LA_2a_2 - LA_1a_1A_2a_2 - \frac{1}{2}c_1{a_1}^2 - \frac{1}{2}c_2{a_2}^2 - \frac{\eta_1{v_1}^2L^2r^2{\sigma_1}^2}{2} - \frac{\eta_2{v_2}^2L^2r^2{\sigma_2}^2}{2} \tag{2-15}$$

将式（2-15）对v_1和v_2求导，得

$$\frac{\partial \mathrm{EU}_{B1}}{\partial v_1} = -\eta_1L^2r^2\sigma_1^2v_1 = 0 \tag{2-16}$$

$$\frac{\partial \mathrm{EU}_{B1}}{\partial v_2} = -\eta_2L^2r^2\sigma_2^2v_2 = 0 \tag{2-17}$$

由式（2-16）和式（2-17）可以求得银行支付 B2B 平台和 3PL 的激励系数为$v_1^* = 0$，$v_2^* = 0$。

命题 2-1 得证。

命题 2-2：信息对称条件下，B2B 平台努力水平为$a_1^* = \dfrac{LA_1((r+1)c_2 - LA_2^2)}{c_1c_2 - L^2A_1^2A_2^2}$；3PL 的努力水平为$a_2^* = \dfrac{LA_2(c_1 - L{A_1}^2(r+1))}{c_1c_2 - L^2{A_1}^2{A_2}^2}$。各参数之间满足$L < \min\left\{\dfrac{c_1}{A_1^2(r+1)}, \dfrac{\sqrt{c_1c_2}}{A_1A_2}\right\}$或者$L > \max\left\{\dfrac{(r+1)c_2}{{A_2}^2}, \dfrac{\sqrt{c_1c_2}}{A_1A_2}\right\}$的关系。

证明：

将式（2-15）对a_1和a_2求导，得

$$\frac{\partial \mathrm{EU}_{B1}}{\partial a_1} = L(r+1)A_1 - LA_1A_2a_2 - c_1a_1 = 0 \tag{2-18}$$

$$\frac{\partial \mathrm{EU}_{B1}}{\partial a_2} = LA_2 - LA_1A_2a_1 - c_2a_2 = 0 \tag{2-19}$$

求解式（2-18）和式（2-19），可以求得 B2B 平台和 3PL 的努力水平为

$$a_1^* = \frac{LA_1((r+1)c_2 - LA_2^2)}{c_1c_2 - L^2A_1^2A_2^2} \tag{2-20}$$

$$a_2^* = \frac{LA_2(c_1 - LA_1^2(r+1))}{c_1c_2 - L^2A_1^2A_2^2} \tag{2-21}$$

由$a_1^* > 0$得

$$((r+1)c_2 - LA_2^2)(c_1c_2 - L^2A_1^2A_2^2) > 0 \tag{2-22}$$

得 $L<\min\left\{\frac{(r+1)c_2}{A_2{}^2},\frac{\sqrt{c_1c_2}}{A_1A_2}\right\}$ 或者 $L>\max\left\{\frac{(r+1)c_2}{A_2{}^2},\frac{\sqrt{c_1c_2}}{A_1A_2}\right\}$。

由 $a_2^*>0$ 得

$$(c_1-LA_1^2(r+1))(c_1c_2-L^2A_1^2A_2^2)>0 \tag{2-23}$$

得到约束条件：$L<\min\left\{\frac{c_1}{A_1{}^2(r+1)},\frac{\sqrt{c_1c_2}}{A_1A_2}\right\}$ 或者 $L>\max\left\{\frac{c_1}{A_1{}^2(r+1)},\frac{\sqrt{c_1c_2}}{A_1A_2}\right\}$。

又由于 $c_1<c_2$，$A_1>A_2$，所以可以推得

$$\frac{(r+1)c_2}{A_2^2}>\frac{c_1}{A_1^2(r+1)} \tag{2-24}$$

因此需要满足 $L<\min\left\{\frac{c_1}{A_1{}^2(r+1)},\frac{\sqrt{c_1c_2}}{A_1A_2}\right\}$ 或者 $L>\max\left\{\frac{(r+1)c_2}{A_2{}^2},\frac{\sqrt{c_1c_2}}{A_1A_2}\right\}$ 的约束条件。

命题 2-2 得证。

推论 2-1：信息对称时，当 $L<\frac{\sqrt{c_1c_2}}{A_1A_2}$ 时，B2B 平台在授信审查过程中付出的努力程度随着授信审查能力的增大而增大；3PL 在质押物监管的过程中付出的努力程度随着监管能力的增大而增大；B2B 平台和 3PL 的努力程度与银行的贷款额度的高低成正比。当 $L>\frac{\sqrt{c_1c_2}}{A_1A_2}$ 时，结论相反。

证明：

（1）由 $a_1^*=\frac{LA_1((r+1)c_2-LA_2^2)}{c_1c_2-L^2A_1^2A_2^2}$，分子分母同除以 A_1，得到 $a_1^*=\frac{L((r+1)c_2-LA_2^2)}{\frac{c_1c_2}{A_1}-L^2A_1A_2^2}$，

可以看出，当 $c_1c_2-L^2A_1^2A_2^2>0$，即 $L<\frac{\sqrt{c_1c_2}}{A_1A_2}$ 时，授信审查能力系数 A_1 越大，a_1^* 越大。

同理对于 3PL，可以证明监管系数 A_2 越大，a_2^* 越大。

（2）由 $a_1^*=\frac{LA_1((r+1)c_2-LA_2^2)}{c_1c_2-L^2A_1^2A_2^2}$，分子分母同时除以 L^2，得 $a_1^*=\frac{A_1\left(\frac{(r+1)c_2}{L}-A_2^2\right)}{\frac{c_1c_2}{L^2}-A_1^2A_2^2}$，

可以看出，贷款额度 L 增大，a_1^* 也增大。

推论 2-2：信息对称的情况下，当$L<\frac{\sqrt{c_1c_2}}{A_1A_2}$时，B2B 平台付出的努力程度与银行贷款利率的大小成正比，3PL 付出的努力程度与银行的贷款利率的大小成反比；当$L>\frac{\sqrt{c_1c_2}}{A_1A_2}$时，B2B 平台付出的努力程度与银行贷款利率的大小成反比，3PL 付出的努力程度与银行的贷款利率的大小成正比。

证明：

$$\frac{\partial a_1^*}{\partial r}=\frac{LA_1c_2}{c_1c_2-L^2A_1^2A_2^2} \tag{2-25}$$

$$\frac{\partial a_2^*}{\partial r}=-\frac{LA_2A_1^2}{c_1c_2-L^2A_1^2A_2^2} \tag{2-26}$$

当$c_1c_2-L^2A_1^2A_2^2>0$时，由式（2-25）可以得到$\frac{\partial a_1^*}{\partial r}>0$，则$a_1^*$与$r$成正比；由式（2-26）可以得到$\frac{\partial a_2^*}{\partial r}<0$，则$a_2^*$与$r$成反比；由$c_1c_2-L^2A_1^2A_2^2>0$可得$L<\frac{\sqrt{c_1c_2}}{A_1A_2}$。

反之，同理可以证明$L>\frac{\sqrt{c_1c_2}}{A_1A_2}$时，$\frac{\partial a_1^*}{\partial r}<0$，则$a_1^*$与$r$成反比；$\frac{\partial a_2^*}{\partial r}>0$，则$a_2^*$与$r$成正比。

基于推论 2-2 做进一步分析。当银行给予 B2B 平台的授信额度比较小的时候，银行希望通过适当提高贷款利率来促进 B2B 平台付出更多努力，当 B2B 平台付出更多的努力时，融资成功率$P(a_1)$会增加，那么融资企业的违约率就相对较低，授信额度本来就小，需要拍卖处置的货物的价值就更小，因此，不需要 3PL 付出太高的努力水平就可以获得较高的收益。但是当银行在 B2B 平台上的授信额度较大的时候，银行适当提高利率会促进 3PL 努力水平的提高。

2. 信息不对称下的激励机制

上文探讨信息对称的理想情况，而在现实生活中银行与 B2B 平台和 3PL 之间的信息是不对称的，本部分就探讨信息不对称时银行为了降低双监管人的道德风险危害的激励机制契约。当 B2B 平台和 3PL 的努力水平不能直接被发现的时候，B2B 平台和 3PL 会根据与银行签订的薪酬支付合同和自己的努力成本来权衡自己付出的努力程度以使自己的效用最大化。因此，除考虑了信息对称情况下合同设计中的激励机制中的约束条件之外，银行还需要增加考虑对 B2B 平台和 3PL 的激励相容约束。

$$\max_{t_1,t_2,v_1,v_2} \mathrm{EU}_{B1}$$

$$\text{s.t.}\begin{cases} E(-\mathrm{e}^{-\eta_1(w_1-\varphi_1(a_1))}) \geqslant u(\overline{w_1}) & (\mathrm{IR}_1) \\ E(-\mathrm{e}^{-\eta_2(w_2-\varphi_2(a_2))}) \geqslant u(\overline{w_2}) & (\mathrm{IR}_2) \\ a_1 \in \arg\max\limits_{a} E(-\mathrm{e}^{-\eta_1(w_1-\varphi_1(a_1))}) & (\mathrm{IC}_1) \\ a_2 \in \arg\max\limits_{a} E(-\mathrm{e}^{-\eta_2(w_2-\varphi_2(a_2))}) & (\mathrm{IC}_2) \end{cases}$$

根据上文求得的 B2B 平台和 3PL 的确定性等价财富，B2B 平台和 3PL 的激励相容约束就是使自身的期望效用最大化，可得激励约束分别为

$$\mathrm{IC}_1\text{：} a_1 \in \arg\max_{a} \widehat{w_1}(a_1)$$

$$\mathrm{IC}_2\text{：} a_2 \in \arg\max_{a} \widehat{w_2}(a_2)$$

引理 2-2：在信息不对称条件下，B2B 平台使自己期望效用最大化的努力水平与激励参数之间的关系满足 $a_1^* = \dfrac{v_1 LrA_1}{c_1}$；而 3PL 的努力水平满足 $a_2^* = \dfrac{v_2 LrA_2}{c_2}$。

证明：

由式（2-10）得 B2B 平台的确定性等价财富：

$$\widehat{w_1}(a_1) = t_1 + v_1 LrA_1 a_1 - \frac{1}{2}c_1 a_1^2 - \frac{\eta_1 {v_1}^2 L^2 r^2 \sigma_1^2}{2}$$

对 a_1 求导：$\dfrac{\partial \widehat{w_1}(a_1)}{\partial a_1} = v_1 LrA_1 - c_1 a_1 = 0$，可以求得

$$a_1^{**} = \frac{v_1 LrA_1}{c_1} \tag{2-27}$$

同理，3PL 的确定性等价财富 $\widehat{w_2}(a_2)$ 对 a_2 求导，可以得到

$$a_2^{**} = \frac{v_2 LrA_2}{c_2} \tag{2-28}$$

这说明对于任意的激励系数 v_1，B2B 平台以最大化本身的期望效用为条件付出的努力水平满足式（2-27）的关系。可以看出，银行支付的激励系数越大，B2B 平台越努力；对于 3PL 有同样的作用。

命题 2-3：信息不对称下，在其他条件一定的情况下，B2B 平台和 3PL 得到的报酬激励成反比。

银行给 B2B 平台的最优的报酬激励系数为 $v_1^{**} = \dfrac{c_1 {A_1}^2 (c_2 F_2 (r+1) - LA_2^4)}{r(c_1 c_2 F_1 F_2 - L^2 A_1^4 A_2^4)}$；

给 3PL 最优的报酬激励系数为 $v_2^{**}=\dfrac{c_2A_2^2(c_1F_1-LA_1^4(r+1))}{r(c_1c_2F_1F_2-L^2A_1^4A_2^4)}$。其中，$F_1=A_1^2+\eta_1\sigma_1^2c_1$，$F_2=A_2^2+\eta_2\sigma_2^2c_2$。各参数需要满足 $L<\min\left\{\dfrac{c_1F_1}{A_1^4(r+1)},\dfrac{\sqrt{c_1c_2F_1F_2}}{A_1^2A_2^2}\right\}$ 或者 $L>\max\left\{\dfrac{(r+1)c_2F_2}{A_2^4},\dfrac{\sqrt{c_1c_2F_1F_2}}{A_1^2A_2^2}\right\}$ 的约束条件。

证明：

由 IR_1 和 IR_2 可以得到

$$t_1=\overline{w_1}-v_1LrA_1a_1+\frac{1}{2}c_1a_1^2+\frac{\eta_1v_1^2L^2r^2\sigma_1^2}{2} \tag{2-29}$$

$$t_2=\overline{w_2}-v_2LrA_2a_2+\frac{1}{2}c_2a_2^2+\frac{\eta_2v_2^2L^2r^2\sigma_2^2}{2} \tag{2-30}$$

将 a_1^*、a_2^*、t_1、t_2 代入银行的目标函数，得到

$$\max_{t_1,t_2,v_1,v_2}\mathrm{EU}_{B1}=\frac{L^2A_1^2r(r+1)}{c_1}v_1+\frac{L^2A_2^2r}{c_2}v_2-\frac{L^3A_1^2A_2^2r^2}{c_1c_2}v_1v_2-\left(\frac{L^2A_1^2r^2}{2c_1}+\frac{\eta_1L^2r^2\sigma_1^2}{2}\right)v_1^2$$
$$-\left(\frac{L^2A_2^2r^2}{2c_2}+\frac{\eta_2L^2r^2\sigma_2^2}{2}\right)v_2^2-\overline{w_1}-\overline{w_2} \tag{2-31}$$

对于银行的上述问题，可以按如下步骤求解。

（1）对于任意给定的 v_2，通过最优的权衡激励求解得

$$v_1=\frac{A_1^2(r+1)}{r(A_1^2+\eta_1\sigma_1^2c_1)}-\frac{LA_1^2A_2^2}{c_2(A_1^2+\eta_1\sigma_1^2c_1)}v_2 \tag{2-32}$$

（2）将上述 v_1 与 v_2 的关系代入银行的目标函数中，求解得到 v_2^{**}：

$$v_2^{**}=\frac{c_2A_2^2(c_1F_1-LA_1^4(r+1))}{r(c_1c_2F_1F_2-L^2A_1^4A_2^4)} \tag{2-33}$$

其中，$F_1=A_1^2+\eta_1\sigma_1^2c_1$，$F_2=A_2^2+\eta_2\sigma_2^2c_2$。

将 F_1、F_2 代入 v_1 与 v_2 的关系式，求解得到银行对 B2B 平台最优的激励 v_1^{**}：

$$v_1^{**}=\frac{c_1A_1^2(c_2F_2(r+1)-LA_2^4)}{r(c_1c_2F_1F_2-L^2A_1^4A_2^4)} \tag{2-34}$$

在命题 2-3 的条件下，B2B 平台最优的努力水平为

$$a_1^{**}=\frac{LA_1^3(c_2F_2(r+1)-LA_2^4)}{c_1c_2F_1F_2-L^2A_1^4A_2^4} \tag{2-35}$$

3PL 最优的努力水平为

$$a_2^{**}=\frac{LA_2^3(c_1F_1-LA_1^4(r+1))}{c_1c_2F_1F_2-L^2A_1^4A_2^4} \tag{2-36}$$

由 $a_1^{**}>0$ 得

$$(c_2F_2(r+1)-LA_2^4)(c_1c_2F_1F_2-L^2A_1^4A_2^4)>0 \tag{2-37}$$

可以推得约束条件 $L<\min\left\{\frac{(r+1)c_2F_2}{A_2^4},\frac{\sqrt{c_1c_2F_1F_2}}{A_1^2A_2^2}\right\}$ 或者 $L>\max\left\{\frac{(r+1)c_2F_2}{A_2^4},\frac{\sqrt{c_1c_2F_1F_2}}{A_1^2A_2^2}\right\}$。

由 $a_2^{**}>0$ 得

$$(c_1F_1-LA_1^4(r+1))(c_1c_2F_1F_2-L^2A_1^4A_2^4)>0 \tag{2-38}$$

可以推得约束条件 $L<\min\left\{\frac{c_1F_1}{A_1^4(r+1)},\frac{\sqrt{c_1c_2F_1F_2}}{A_1^2A_2^2}\right\}$ 或者 $L>\max\left\{\frac{c_1F_1}{A_1^4(r+1)},\frac{\sqrt{c_1c_2F_1F_2}}{A_1^2A_2^2}\right\}$。

由于 $c_1<c_2$，$A_1>A_2$，可以推得

$$\frac{(r+1)c_2F_2}{A_2^4}>\frac{c_1F_1}{A_1^4(r+1)}$$

因此需要满足 $L<\min\left\{\frac{c_1F_1}{A_1^4(r+1)},\frac{\sqrt{c_1c_2F_1F_2}}{A_1^2A_2^2}\right\}$ 或者 $L>\max\left\{\frac{(r+1)c_2F_2}{A_2^4},\frac{\sqrt{c_1c_2F_1F_2}}{A_1^2A_2^2}\right\}$ 的约束条件。

推论 2-3：信息不对称时，当 $L<\frac{\sqrt{c_1c_2F_1F_2}}{A_1^2A_2^2}$ 时，B2B 平台付出的努力程度与银行的贷款利率 r 成正比，3PL 付出的努力程度与银行的贷款利率 r 成反比；当 $L>\frac{\sqrt{c_1c_2F_1F_2}}{A_1^2A_2^2}$ 时，B2B 平台付出的努力程度与银行的贷款利率 r 成反比，3PL 付出的努力程度与银行的贷款利率 r 成正比。

证明：

将式（2-35）和式（2-36）分别对贷款利率 r 求导，得到

$$\frac{\partial a_1^{**}}{\partial r}=\frac{LA_1^3c_2F_2}{c_1c_2F_1F_2-L^2A_1^4A_2^4} \tag{2-39}$$

$$\frac{\partial a_2^{**}}{\partial r} = -\frac{L^2 A_1^4 A_2^3}{c_1 c_2 F_1 F_2 - L^2 A_1^4 A_2^4} \tag{2-40}$$

当 $c_1 c_2 F_1 F_2 - L^2 A_1^4 A_2^4 > 0$ 时，由式（2-39）可以得到 $\frac{\partial a_1^{**}}{\partial r} > 0$，即 a_1^{**} 与 r 成正比；由式（2-40）可以得到 $\frac{\partial a_2^{**}}{\partial r} < 0$，即 a_2^* 与 r 成反比；由 $c_1 c_2 F_1 F_2 - L^2 A_1^4 A_2^4 > 0$ 可得 $L < \frac{\sqrt{c_1 c_2 F_1 F_2}}{A_1^2 A_2^2}$。

反之，同理可以证明 $L > \frac{\sqrt{c_1 c_2 F_1 F_2}}{A_1^2 A_2^2}$ 时，$\frac{\partial a_1^{**}}{\partial r} < 0$，即 a_1^{**} 与 r 成反比；$\frac{\partial a_2^{**}}{\partial r} > 0$，即 a_2^{**} 与 r 成正比。

2.2.4　合谋的产生和防范研究

1. 合谋问题的分析

在本节研究的 B2B 平台和 3PL 共同监管的模式下，B2B 平台监管的重点是企业的电子信用和交易过程的真实性，而 3PL 监管的重点是实物的真实性和融资业务期间货物的保存及看管。由于 B2B 平台和 3PL 是相互独立的企业，假设融资业务参与的这三方之间的信息都是不对称的，B2B 平台和 3PL 在向银行提供监管报告的过程中两方付出的努力程度互不可见，但是 B2B 平台和 3PL 的努力程度在银行进行贷款决策和报酬契约设计时都会产生作用，B2B 平台和 3PL 的努力程度的大小共同决定银行的融资业务的总收益，因为这种双重监管模式在保障企业交易背景真实的同时也需要保证质押货物的价值的真实性。

从博弈论的角度，当有多个监管者同时对一个被监管者实施监管的时候，其中任意一个监管者的行为都可能会对其他监管者产生影响，因此在本节 B2B 平台和 3PL 进行双重监管的模式下，任意一方产生合谋的动机都会受到另一方监管行为的影响，从而，融资企业在与 B2B 平台进行合谋的时候会考虑 3PL 的监管同样给予贿赂。值得注意的是，由于在线供应链金融的特征，交易都是在 B2B 平台上进行，银行的决策主要依赖于 B2B 平台的审查和监管，因此，双重监管合谋问题可能同时存在并相互影响，但是本节侧重于研究对 B2B 平台的防合谋激励机制的设计，3PL 的影响和制约是在设计这套机制时不可忽略的一部分，这是本节研究线上供应链金融合谋问题的一个新的特点。

2. 合谋的防范机制

就本节的背景和问题来看，在双重监管模式下，可能存在 B2B 平台与融资企业的合谋、3PL 与融资企业的合谋两个层面的合谋行为。一方面，融资企业可能在财报数据、以往交易数据方面达不到银行的贷款标准，企图贿赂 B2B 平台与其进行合谋，得到银行的融资进行生产销售；另一方面，融资企业在获得银行融资之后，希望用这批货物去获得更多的流动资金或者用于其他用途，可能企图贿赂 3PL 与其进行合谋。但是，当 B2B 平台和 3PL 同时对融资企业实施监管时，可能存在进行监管的两方决策时会受到对方的制约，由 2.2.3 节的结论也可以看出，由于银行需要为两方的努力付出支付报酬，因此银行在两方的努力中会有一个偏好，成本和收益的权衡中银行不需要两方同时尽最大的努力，因此对两方的报酬支付也有一个权衡。图 2-15 是 B2B 平台与 3PL 之间的博弈树。

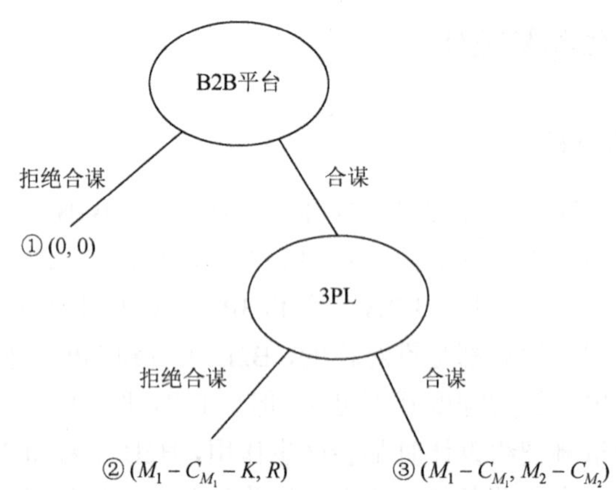

图 2-15　B2B 平台与 3PL 之间的博弈树

博弈过程和假设具体如下。

B2B 平台对提交融资申请的企业进行授信审查，低信用的企业向 B2B 平台支付 M_1 的贿赂，企图与 B2B 平台合谋，修饰其信用审查报告，得到银行的融资。有以下几种情况发生。

（1）B2B 平台拒绝融资企业的贿赂，不与低信用企业合谋，则低信用企业不能获得贷款，博弈结束。这种情况下，银行给 B2B 平台和 3PL 的激励机制和收益情况在本章的前两节给出了讨论。

（2）B2B 平台接受贿赂，从融资企业得到额外收益 M_1，同时需要给低信用企业修饰信用报告付出 C_{M_1} 的成本。这时低信用企业获得银行的融资，需要将货物质押到 3PL 进行看管，假设低信用企业的质押物的价值达不到银行贷款值，那么低信用企业同时需要向 3PL 支付 M_2 的贿赂额，企图和物流企业合谋，掩盖其质押物的纰漏。先讨论第一种情况，3PL 不接受贿赂，拒绝与低信用企业合谋，并向银行报告这个行为，则银行向 B2B 平台收取 K 的惩罚，给予 3PL 奖励金 R，博弈结束。

（3）B2B 平台接受贿赂的第二种情况是，3PL 也与低信用企业达成合谋，则 3PL 得到额外收益 M_2，同时需要付出隐藏虚假质押物的成本 C_{M_2}，博弈结束。假设 3PL 与融资企业合谋的概率为 g。

命题 2-4： 银行为了阻止 B2B 平台与融资企业合谋，应给出的惩罚满足条件：$K > \dfrac{M_1 - C_{M_1}}{1-g}$，如果 3PL 与融资企业合谋的概率 g 越大，那么应该设置的惩罚金额也越大。为了防止 3PL 与融资企业合谋，给 3PL 不合谋的奖励金应满足：$R > M_2 - C_{M_2}$。

证明：

在上述假设条件下，B2B 平台选择合谋的额外期望收益为

$$\Delta U_E = g(M_1 - C_{M_1}) + (1-g)(M_1 - C_{M_1} - K) \tag{2-41}$$

不合谋的额外期望收益为 0。当合谋的期望收益带来的效用大于不合谋的效用时，B2B 平台会选择合谋。因此，根据 B2B 平台的效用函数，可以得到 B2B 平台拒绝合谋的条件是

$$-\mathrm{e}^{-\eta_1(g(M_1-C_{M_1})+(1-g)(M_1-C_{M_1}-K))} < -\mathrm{e}^0 \tag{2-42}$$

从式（2-42）可以推得，B2B 平台拒绝合谋的条件是

$$K > \frac{M_1 - C_{M_1}}{1-g} \tag{2-43}$$

在观察到 B2B 平台接受合谋之后，3PL 拒绝合谋的条件是

$$-\mathrm{e}^{-\eta_2(M_2-C_{M_2})} < -\mathrm{e}^{-\eta_2 R} \tag{2-44}$$

则可以得到

$$R > M_2 - C_{M_2} \tag{2-45}$$

命题 2-4 得证。

2.2.5　考虑外部共同冲击下的激励机制

为了简化计算，前文假设 B2B 平台和 3PL 的努力水平的产出是不相关的。实际上，融资成功率 $P(a_1)$ 和货物处置率 $H(a_2)$ 不是完全独立的，可能有市场环境等因素的波动会对融资成功率和货物处置率同时产生影响。因此，在本节，我们引入系数 α 来表示两者努力水平的产出的相关性程度，$\alpha \in [-1,1]$，$\alpha = 0$ 时，表示两者没有相关性，式（2-46）就简化为 2.2.3 节中我们分析和讨论的激励机制的设

计的情况；当$\alpha=1$时，表明双方的努力产出完全正相关，$\alpha=-1$时，表示双方的努力产出完全负相关，这两种情况下，每一方的努力产出几乎都是完全受到某种单一的、公共噪声的影响。因此，在本节我们放宽假设条件，研究$\alpha\neq0$对模型结果的影响，使得研究结论更贴近真实问题背景。

在加入α的影响之后，B2B 平台的产出即融资成功率为

$$P(a_1)=A_1a_1+\varepsilon_1+\alpha\varepsilon_2 \tag{2-46}$$

3PL 的产出即货物处置率为

$$H(a_2)=A_2a_2+\varepsilon_2+\alpha\varepsilon_1 \tag{2-47}$$

则 B2B 平台和 3PL 与银行合作得到的报酬分别为

$$w(a_1)=t_1+v_1LrP(a_1)=t_1+v_1Lr(A_1a_1+\varepsilon_1+\alpha\varepsilon_2) \tag{2-48}$$

$$w(a_2)=t_2+v_2LrH(a_2)=t_2+v_2Lr(A_2a_2+\varepsilon_2+\alpha\varepsilon_1) \tag{2-49}$$

在上述假设条件下，可求得银行的随机净收益：

$$U_{B3}=L(r+1)P(a_1)+L(1-P(a_1))H(a_2)-w(a_1)-w(a_2)-L \tag{2-50}$$

同样，银行的效用化简得

$$\mathrm{EU}_{B3}=(L(r+1)-v_1Lr)A_1a_1+(1-v_2r)LA_2a_2-LA_1A_2a_1a_2-t_1-t_2 \tag{2-51}$$

在这种假设条件和合同模式下，银行的问题是选择组合参数$\{t_1,t_2,v_1,v_2\}$求解：

$$\max_{t_1,t_2,v_1,v_2}\ \mathrm{EU}_{B3}$$

$$\text{s.t.}\begin{cases}E(-\mathrm{e}^{-\eta_1(w_1-\varphi_1(a_1))})\geqslant u(\overline{w_1}) & (\mathrm{IR}_1)\\ E(-\mathrm{e}^{-\eta_2(w_2-\varphi_2(a_2))})\geqslant u(\overline{w_2}) & (\mathrm{IR}_2)\\ a_1\in\arg\max\limits_{a}E(-\mathrm{e}^{-\eta_1(w_1-\varphi_1(a_1))}) & (\mathrm{IC}_1)\\ a_2\in\arg\max\limits_{a}E(-\mathrm{e}^{-\eta_2(w_2-\varphi_2(a_2))}) & (\mathrm{IC}_2)\end{cases}$$

将 B2B 平台的期望效用化简：

$$\begin{aligned}E(-\mathrm{e}^{-\eta_1(w_1-\varphi_1(a_1))})&=E\left(-\mathrm{e}^{-\eta_1\left(t_1+v_1LrA_1a_1+v_1Lr\varepsilon_1+v_1Lr\alpha\varepsilon_2-\frac{1}{2}c_1a_1^2\right)}\right)\\&=(-\mathrm{e}^{-\eta_1\left(t_1+v_1LrA_1a_1-\frac{1}{2}c_1a_1^2\right)})E(-\mathrm{e}^{-\eta_1(v_1Lr\varepsilon_1+v_1Lr\alpha\varepsilon_2)})\end{aligned} \tag{2-52}$$

根据引理 2-1，可以得到

$$E(-\mathrm{e}^{-\eta_1(v_1Lr\varepsilon_1+v_1Lr\alpha\varepsilon_2)})=\mathrm{e}^{\frac{\eta_1(\eta_1v_1^2L^2r^2\sigma_1^2+\eta_1v_1^2L^2r^2\alpha^2\sigma_2^2)}{2}} \tag{2-53}$$

则通过化简式（2-53），可以得到 B2B 平台的期望效用为

$$E(-\mathrm{e}^{-\eta_1(w_1-\varphi_1(a_1))})=-\mathrm{e}^{-\eta_1\left(t_1+v_1LrA_1a_1-\frac{1}{2}c_1a_1^2-\frac{\eta_1v_1^2L^2r^2(\sigma_1^2+\alpha^2\sigma_2^2)}{2}\right)} \tag{2-54}$$

因此 B2B 平台的期望效用：

$$-\mathrm{e}^{-\eta_1\left(t_1+v_1LrA_1a_1-\frac{1}{2}c_1a_1^2-\frac{\eta_1v_1^2L^2r^2(\sigma_1^2+\alpha^2\sigma_2^2)}{2}\right)}\equiv-\mathrm{e}^{-\eta_1\widehat{w_1}(a_1)} \tag{2-55}$$

$\widehat{w_1}(a_1)$ 是 B2B 平台的确定性等价报酬：

$$\widehat{w_1}(a_1)=t_1+v_1LrA_1a_1-\frac{1}{2}c_1a_1^2-\frac{\eta_1v_1^2L^2r^2}{2}(\sigma_1^2+\alpha^2\sigma_2^2) \tag{2-56}$$

则 B2B 平台的优化问题等价于：

$$a_1\in\arg\max_{a}\widehat{w_1}(a_1)$$

$\widehat{w_1}(a_1)$ 对 a_1 求导：

$$\frac{\partial\widehat{w_1}(a_1)}{\partial a_1}=v_1LrA_1-c_1a_1=0 \tag{2-57}$$

由式（2-57）解得 B2B 平台努力水平与激励系数的关系：

$$a_1=\frac{LrA_1}{c_1}v_1 \tag{2-58}$$

同理，对于 3PL 的激励约束 IC_2，3PL 的确定性等价报酬为

$$\widehat{w_2}(a_2)=t_2+v_2LrA_2a_2-\frac{1}{2}c_2a_2^2-\frac{\eta_2v_2^2L^2r^2}{2}(\sigma_2^2+\alpha^2\sigma_1^2) \tag{2-59}$$

银行的优化问题为

$$a_2\in\arg\max_{a}\widehat{w_2}(a_2)$$

$\widehat{w_2}(a_2)$ 对 a_2 求导：

$$\frac{\partial\widehat{w_2}(a_2)}{\partial a_2}=v_2LrA_2-c_2a_2=0 \tag{2-60}$$

得到以下关系：

$$a_2=\frac{LrA_2}{c_2}v_2 \tag{2-61}$$

命题 2-5：信息不对称下，考虑融资成功率和货物处置率之间的相关性 α，B2B 平台和 3PL 得到的报酬激励成反比。

银行给 B2B 平台的最优的报酬激励系数为 $v_1^{***}=\dfrac{c_1A_1^2(c_2F_2'(r+1)-LA_2^4)}{r(c_1c_2F_1'F_2'-L^2A_1^4A_2^4)}$；给 3PL 最优的报酬激励系数为 $v_2^{***}=\dfrac{c_2A_2^2(c_1F_1'-LA_1^4(r+1))}{r(c_1c_2F_1'F_2'-L^2A_1^4A_2^4)}$。其中，$F_1'=A_1^2+\eta_1c_1(\sigma_1^2+\alpha^2\sigma_2^2)$；$F_2'=A_2^2+\eta_2c_2(\sigma_2^2+\alpha^2\sigma_1^2)$。

证明：

将 a_1、a_2 的表达式（2-58）和式（2-61）代入 EU_{B3} 的表达式，即银行在得知 B2B 平台和 3PL 的努力水平后：

$$\max_{t_1,t_2,v_1,v_2} L^2 r\left(\frac{A_1^2(r+1-v_1 r)v_1}{c_1}+\frac{A_2^2(1-v_2 r)v_2}{c_2}\right)-\frac{L^3 r^2 A_1^2 A_2^2}{c_1 c_2}v_1 v_2-t_1-t_2$$

$$\text{s.t.}\begin{cases} t_1+v_1 LrA_1 a_1-\dfrac{1}{2}c_1 a_1^2-\dfrac{\eta_1 v_1^2 L^2 r^2}{2}(\sigma_1^2+\alpha^2\sigma_2^2)=\overline{w_1} & (\text{IR}_1) \\ t_2+v_2 LrA_2 a_2-\dfrac{1}{2}c_2 a_2^2-\dfrac{\eta_2 v_2^2 L^2 r^2}{2}(\sigma_2^2+\alpha^2\sigma_1^2)=\overline{w_2} & (\text{IR}_2) \end{cases}$$

由 IR_1 和 IR_2 可得到

$$t_1=\overline{w_1}-v_1 LrA_1 a_1+\frac{1}{2}c_1 a_1^2+\frac{\eta_1 v_1^2 L^2 r^2}{2}(\sigma_1^2+\alpha^2\sigma_2^2) \tag{2-62}$$

$$t_2=\overline{w_2}-v_2 LrA_2 a_2+\frac{1}{2}c_2 a_2^2+\frac{\eta_2 v_2^2 L^2 r^2}{2}(\sigma_2^2+\alpha^2\sigma_1^2) \tag{2-63}$$

将式（2-51）、式（2-54）、式（2-55）和式（2-56）代入目标函数，对 v_1 求导可得到 v_1 与 v_2 的关系：

$$v_1=\frac{A_1^2(r+1)}{r(A_1^2+\eta_1 c_1(\sigma_1^2+\alpha^2\sigma_2^2))}-\frac{LA_1^2 A_2^2}{c_2(A_1^2+\eta_1 c_1(\sigma_1^2+\alpha^2\sigma_2^2))}v_2 \tag{2-64}$$

将上述 v_1 与 v_2 的关系代入银行的目标函数中，求解得到银行对 3PL 最优的激励 v_2^{***}：

$$v_2^{***}=\frac{c_2 A_2^2(c_1 F_1'-LA_1^4(r+1))}{r(c_1 c_2 F_1' F_2'-L^2 A_1^4 A_2^4)} \tag{2-65}$$

其中，

$$F_1'=A_1^2+\eta_1 c_1(\sigma_1^2+\alpha^2\sigma_2^2) \tag{2-66}$$

$$F_2'=A_2^2+\eta_2 c_2(\sigma_2^2+\alpha^2\sigma_1^2) \tag{2-67}$$

将式（2-65）代入式（2-64），求解得到

$$v_1^{***}=\frac{c_1 A_1^2(c_2 F_2'(r+1)-LA_2^4)}{r(c_1 c_2 F_1' F_2'-L^2 A_1^4 A_2^4)} \tag{2-68}$$

在命题 2-5 的条件下，B2B 平台最优的努力水平为

$$a_1^{***}=\frac{LA_1^3(c_2 F_2'(r+1)-LA_2^4)}{c_1 c_2 F_1' F_2'-L^2 A_1^4 A_2^4} \tag{2-69}$$

3PL 最优的努力水平为

$$a_2^{***}=\frac{LA_2^3(c_1 F_1'-LA_1^4(r+1))}{c_1 c_2 F_1' F_2'-L^2 A_1^4 A_2^4} \tag{2-70}$$

由 $a_1^{***}>0$ 得

$$(c_2F_2'(r+1)-LA_2^4)(c_1c_2F_1'F_2'-L^2A_1^4A_2^4)>0 \tag{2-71}$$

得到的约束条件为 $L<\min\left\{\frac{(r+1)c_2F_2'}{A_2^4},\frac{\sqrt{c_1c_2F_1'F_2'}}{A_1^2A_2^2}\right\}$ 或者 $L>\max\left\{\frac{(r+1)c_2F_2'}{A_2^4},\frac{\sqrt{c_1c_2F_1'F_2'}}{A_1^2A_2^2}\right\}$。

由 $a_2^{***}>0$ 得

$$(c_1F_1'-LA_1^4(r+1))(c_1c_2F_1'F_2'-L^2A_1^4A_2^4)>0 \tag{2-72}$$

得到的约束条件为 $L<\min\left\{\frac{c_1F_1'}{A_1^4(r+1)},\frac{\sqrt{c_1c_2F_1'F_2'}}{A_1^2A_2^2}\right\}$ 或者 $L>\max\left\{\frac{c_1F_1'}{A_1^4(r+1)},\frac{\sqrt{c_1c_2F_1'F_2'}}{A_1^2A_2^2}\right\}$。

由于 $c_1<c_2$，$A_1>A_2$，可以推得

$$\frac{(r+1)c_2F_2'}{A_2^4}>\frac{c_1F_1'}{A_1^4(r+1)}$$

因此需要满足：$L<\min\left\{\frac{c_1F_1'}{A_1^4(r+1)},\frac{\sqrt{c_1c_2F_1'F_2'}}{A_1^2A_2^2}\right\}$ 或者 $L>\max\left\{\frac{(r+1)c_2F_2'}{A_2^4},\frac{\sqrt{c_1c_2F_1'F_2'}}{A_1^2A_2^2}\right\}$ 的约束条件。

2.2.6　模型数值分析

本节在本章构建的模型基础上，根据实际情况确定一些基本参数合理的值，运用 MATLAB 软件作图，对 2.2.5 节的一些推论和命题进行验证，并且更直观地对相关问题进行分析和讨论。根据 2017 年的数据，银行的各项贷款一年期的贷款基准利率为 4.75%。《金银岛在线融资管理办法》的第十六条规定单笔借款最长期限为 6 个月。为了数据选取和计算方便，我们选取一年的贷款期为例，金银岛公布的贷款费用一般在 6.35%～7.35%。根据乔坤元（2014）的研究里得出的结论：我国上市公司的风险厌恶系数在 3.5～10.5，其中信息技术业的风险厌恶系数为 6.955，交通运输、仓储业的风险厌恶系数为 7.218，因此将 B2B 平台的风险厌恶系数设为 $\eta_1=6.9$；3PL 的风险厌恶系数设为 $\eta_2=7.2$。假设 B2B 平台的信息技术水平比 3PL 高，选取参数 $c_1=0.75$，$c_2=0.9$；$A_1=0.8$，$A_2=0.6$。除此之外，选

取$\sigma_1 = 2.2$，$\sigma_2 = 2$；在不考虑相关性的影响的时候需要满足努力水平非负的约束条件，则 $L>233.52$ 或者 $0<L<36.87$。考虑相关性的影响的时候需要满足努力水平非负的约束条件，则 $L>326.76$ 或者 $0<L<63.813\,112$。

主要运用数值模拟讨论银行授信额度 L、贷款利率 r、随机变量方差σ_i、成本系数c_i、能力水平A_i等外生变量对银行决策及两个监管人努力水平的影响，并且分析拓展模型里加入相关性系数α之后 B2B 平台和 3PL 努力水平的变化。

1. 银行授信额度和贷款利率的影响

本节通过数值模拟讨论外生变量对 B2B 平台和 3PL 努力水平的影响。由于努力水平与银行的激励系数成正比，因此，由努力水平的变化可以看出激励系数的变化。

图 2-16、图 2-17 分别给出了满足模型约束条件的两个区间的授信额度对 B2B 平台和 3PL 努力水平的影响。可以看出，信息不对称下，B2B 平台和 3PL 的努力水平相比信息对称下的努力水平低。另外，当授信额度 L 低时，随着授信额度 L 的增加，B2B 平台的努力水平增加，而 3PL 的努力水平下降，但趋势不明显，同时从两条线的斜率可以看出，L 的增加对 B2B 平台努力水平的影响较大，对 3PL 努力水平的影响较小。

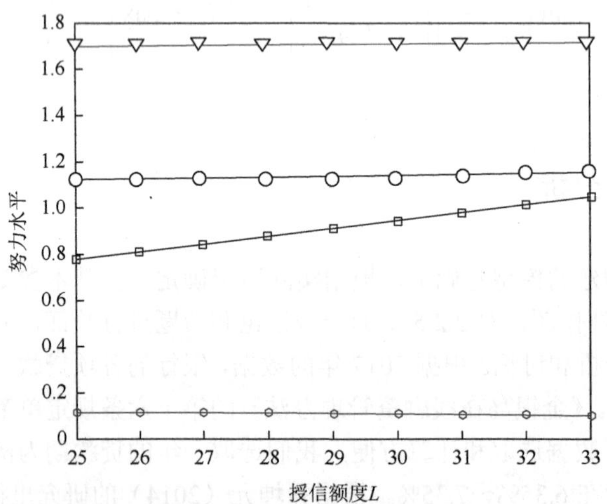

图 2-16　授信额度 L（低）对努力水平的影响

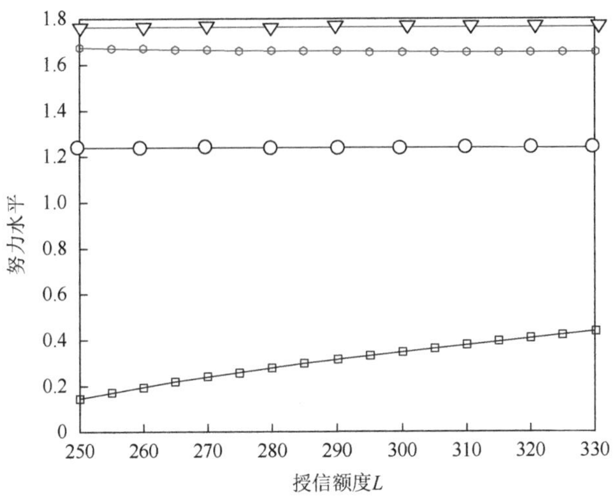

图 2-17　授信额度 L（高）对努力水平的影响

图 2-18～图 2-21 描述了贷款利率 r 和授信额度 L 对 B2B 平台和 3PL 的影响，可以看出，在授信额度较低时，B2B 平台努力水平与贷款利率成正比，而 3PL 努力水平与贷款利率成反比；在授信额度较高时，B2B 平台努力水平与贷款利率成反比，而 3PL 努力水平与贷款利率成正比。这验证了模型部分的推论。另外，对二维的分析进行了补充，发现授信额度 L 对 3PL 努力水平的影响不是线性变化的，而对 B2B 平台努力水平的影响是线性变化的；发现在授信额度较低的时候，$\dfrac{\partial^2 a_2^{**}}{\partial L^2} < 0$，而在授信额度较高的时候，$\dfrac{\partial^2 a_2^{**}}{\partial L^2} > 0$。

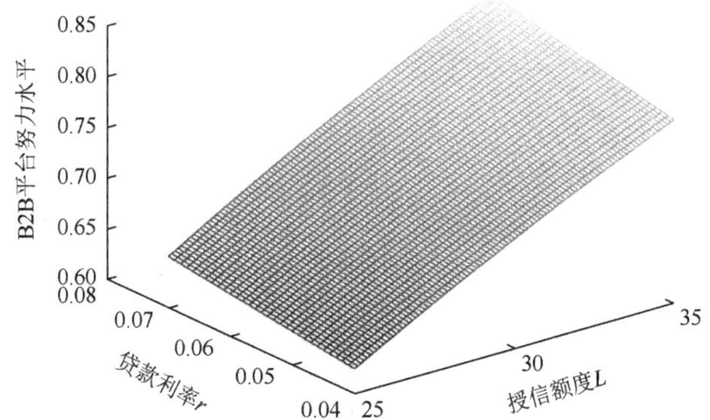

图 2-18　贷款利率 r 对 B2B 平台努力水平的影响（$0<L<36.87$）

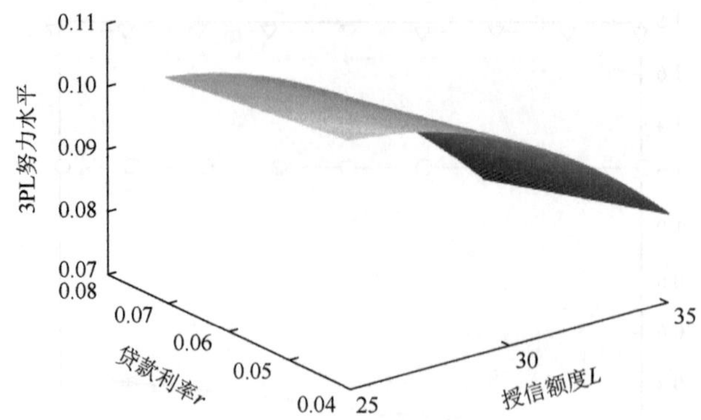

图 2-19　贷款利率 r 对 3PL 努力水平的影响（$0<L<36.87$）

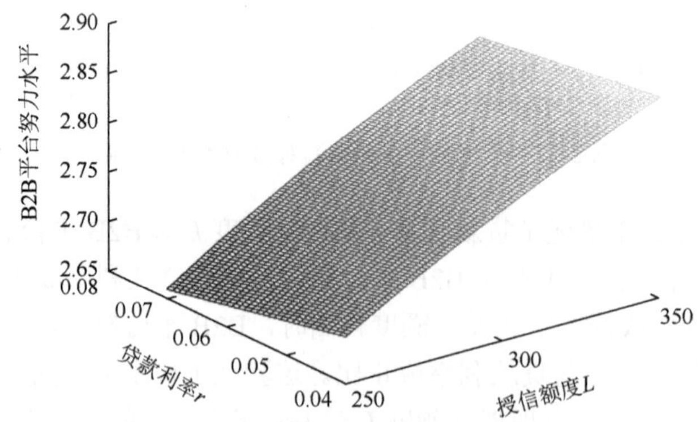

图 2-20　贷款利率 r 对 B2B 平台努力水平的影响（$L>233.52$）

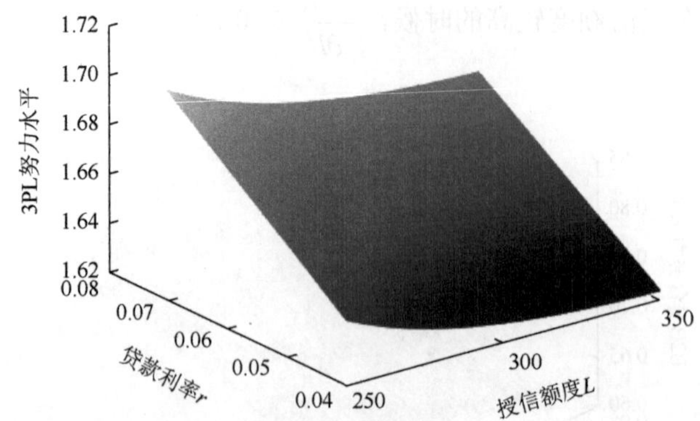

图 2-21　贷款利率 r 对 3PL 努力水平的影响（$L>233.52$）

2. 监管者的外生因素的影响

由于要满足使两方努力水平大于零的约束条件，授信额度 L 的取值分布在两

个区间 $0<L<36.87$ 或者 $L>233.52$，因此在这一部分分析其他外生因素的影响的时候，在两个区间分别取 $L=30$ 和 $L=300$ 来分析。

图 2-22 和图 2-23 是 B2B 平台的能力系数对 B2B 平台和 3PL 的努力水平的影响。从图 2-22 和图 2-23 看出，在银行的授信额度较低时，B2B 平台的能力系数越高，B2B 平台在信息不对称下的努力水平增加，信息对称下的努力水平略增，另外，3PL 在信息不对称下的努力水平减少；在银行的授信额度较高时，B2B 平台的能力系数越高，B2B 平台在信息对称下的努力水平和信息不对称下的努力水平都降低，而 3PL 在信息不对称下的努力水平增加。由于 B2B 平台的努力产出融资成功率与 B2B 平台的能力系数和努力水平相关，从上述现象可以推断，当 B2B 平台的能力系数高时，信息对称下，B2B 平台取得一样成功率的努力水平可以适当下降，而在信息不对称下，当授信额度较低时，B2B 平台为了得到更大收益，必须增大自己的努力水平。此外，结合图 2-24 和图 2-25 可以看出，银行支付 B2B 平台的激励系数和银行支付 3PL 的激励系数是和它们的努力水平变化趋势一样，另外在 L 高的时候比 L 低的时候支付的激励要低，当授信额度低的时候，银行需要支付很大的激励才能使 B2B 平台努力。同理，根据图 2-26 和图 2-27，可以看出 3PL 的能力系数对努力水平的影响。从图 2-28 和图 2-29 可以看出 3PL 的能力系数对银行激励系数的影响，无论授信额度高或低（$L=300$ 或 $L=30$），随着 3PL 能力系数的增加，银行支付 B2B 平台的激励系数均下降，而银行支付 3PL 的激励系数均上升。

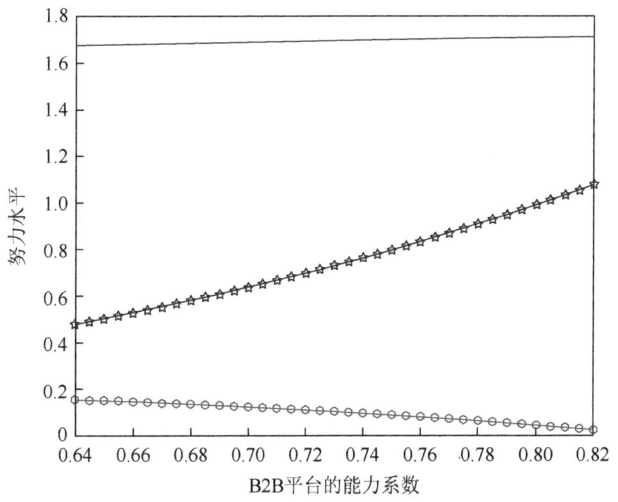

图 2-22　B2B 平台的能力系数对努力水平的影响（$L=30$）

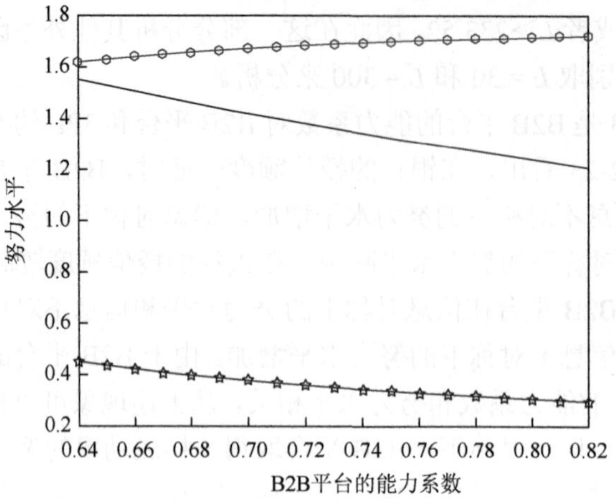

图 2-23　B2B 平台的能力系数对努力水平的影响（$L=300$）

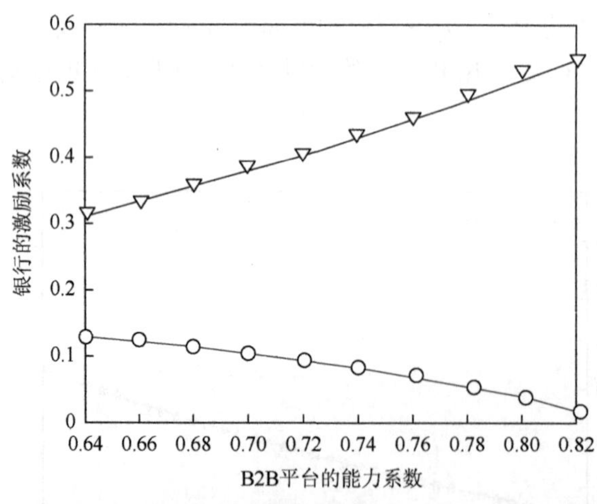

图 2-24　B2B 平台的能力系数对银行的激励系数的影响（$L=30$）

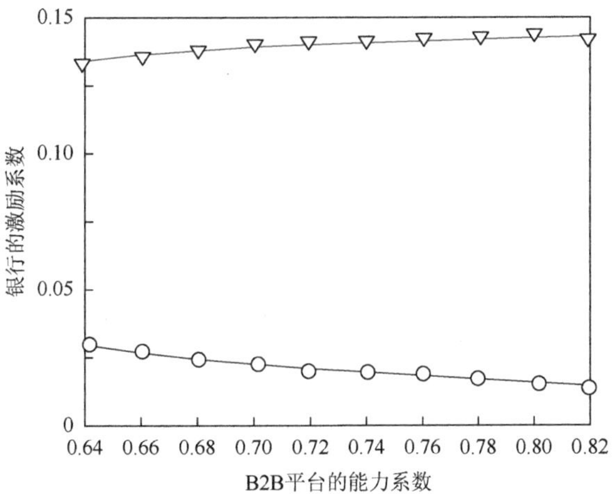

图 2-25　B2B 平台的能力系数对银行的激励系数的影响（$L=300$）

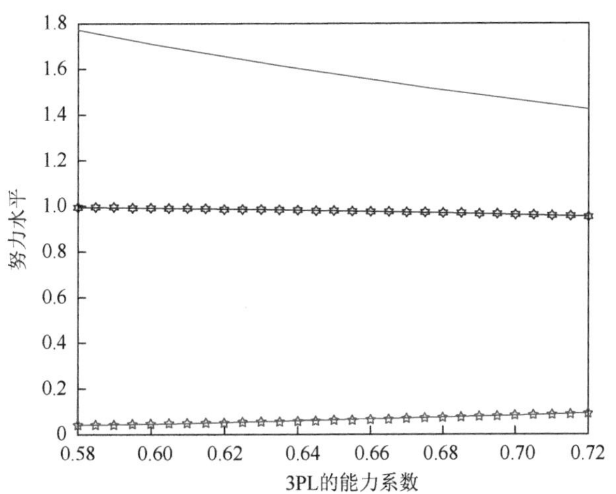

图 2-26　3PL 的能力系数对努力水平的影响（$L=30$）

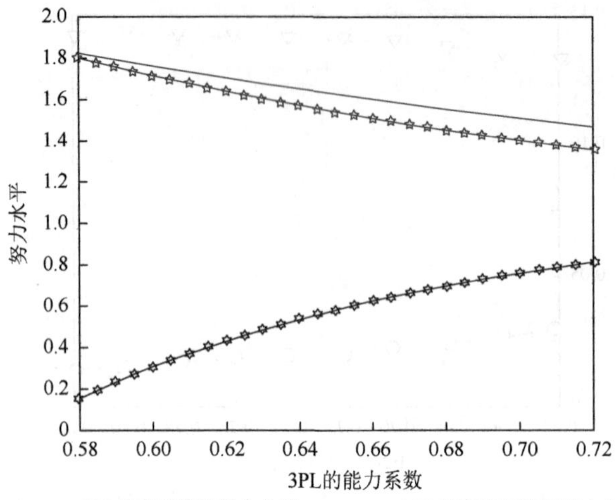

图 2-27　3PL 的能力系数对努力水平的影响（$L=300$）

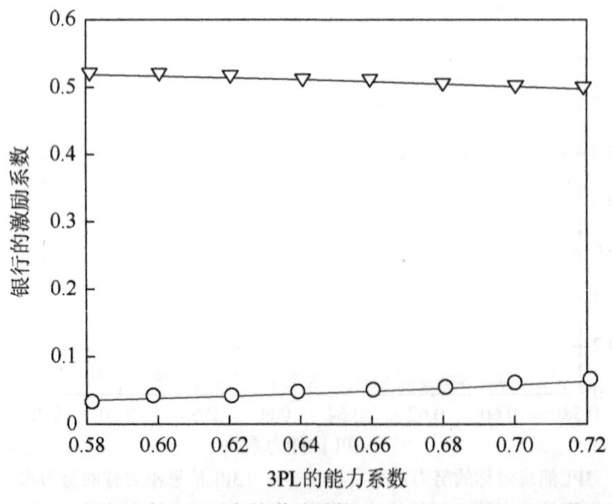

图 2-28　3PL 的能力系数对银行的激励系数的影响（$L=30$）

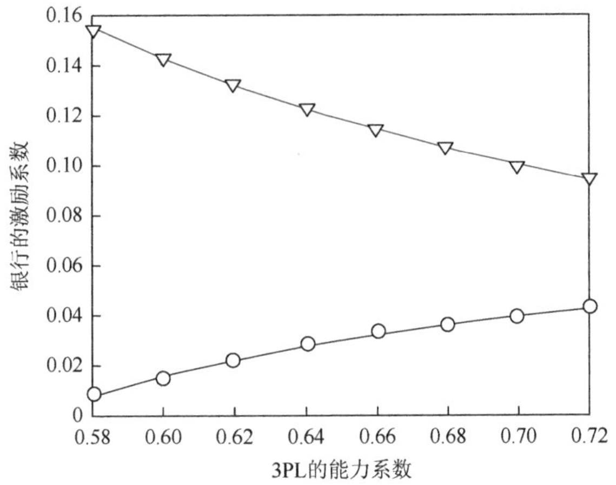

图 2-29　3PL 的能力系数对银行的激励系数的影响（$L = 300$）

图 2-30 和图 2-31 描述了 B2B 平台的风险厌恶系数对 B2B 平台和 3PL 的努力水平的影响，在授信额度较低（30）的时候，B2B 平台的努力水平与 B2B 平台的风险厌恶系数成反比，而 3PL 的努力水平与 B2B 平台的风险厌恶系数成正比。在授信额度比较高的时候，B2B 平台的风险厌恶系数对两方努力水平的影响较小，但是总体上是与授信额度低的时候影响相反。图 2-32 和图 2-33 描述了 3PL 的风险厌恶系数的影响，在 $L = 30$ 即授信额度较低的时候，3PL 的风险厌恶系数越高，

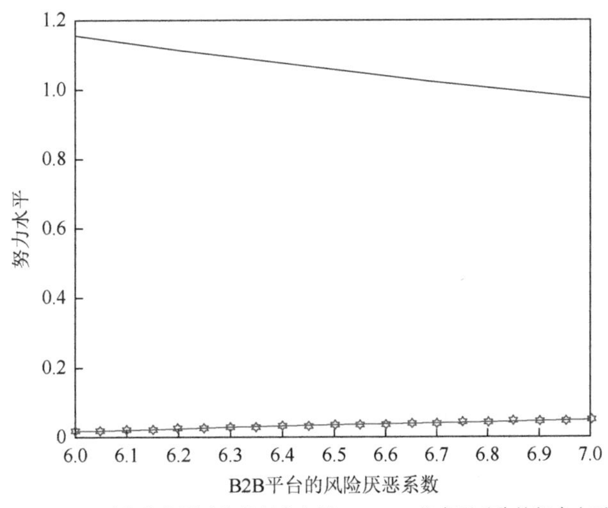

图 2-30　B2B 平台的风险厌恶系数对努力水平的影响（$L = 30$）

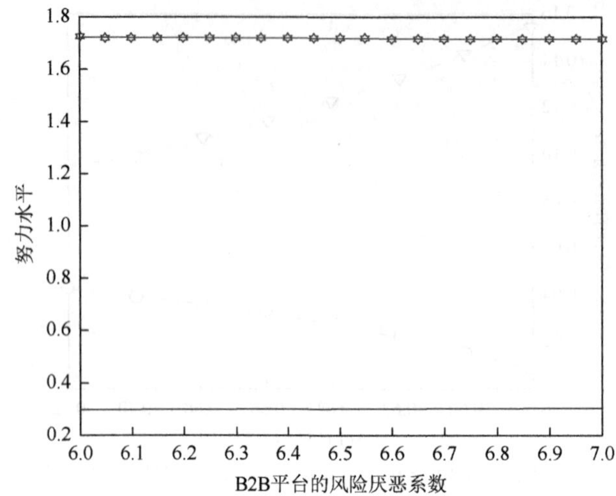

图 2-31　B2B 平台的风险厌恶系数对努力水平的影响（$L=300$）

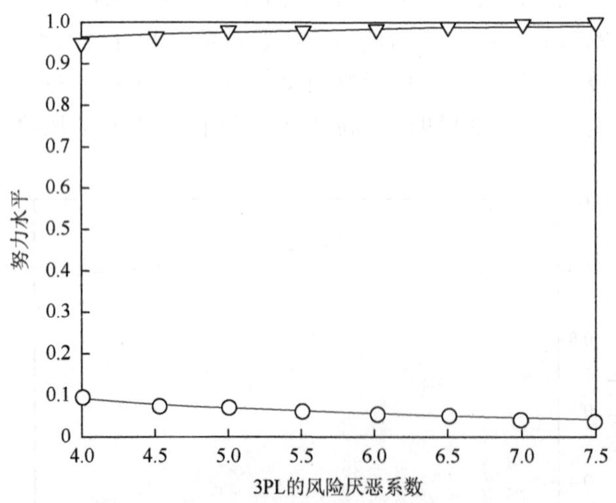

图 2-32　3PL 的风险厌恶系数对努力水平的影响（$L=30$）

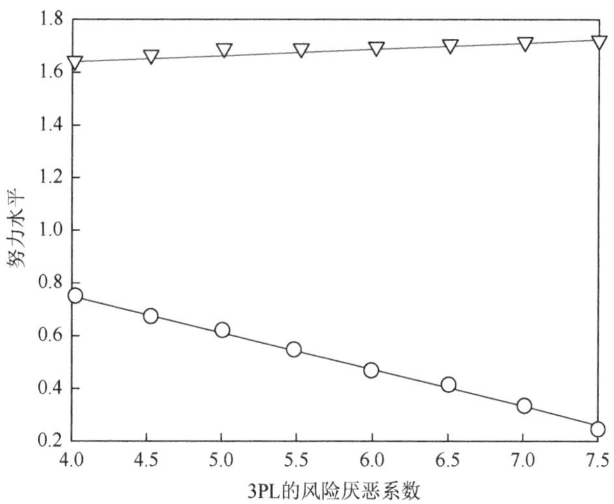

图 2-33　3PL 的风险厌恶系数对努力水平的影响（$L=300$）

3PL 越不努力，B2B 平台越努力；在授信额度较高的时候，3PL 的风险厌恶系数越高，3PL 越努力，B2B 平台越不努力。总的来说，在授信额度低的时候，一方的风险厌恶程度加大，会表现为不努力，而另一方相反会努力来获得更大收益；授信额度高的时候，一方的风险厌恶增大，为了避免风险更大，会表现出努力水平加大，而会造成另一方努力水平减少。

3. *考虑相关性的数值模拟分析*

本部分对 α 的影响进行数值分析，讨论 2.2.6 节的结论。首先，假设融资成功率和货物处置率受共同因素影响的相关性 $\alpha=0.72$，先分析比较信息对称、信息不对称及考虑 α 的影响的努力水平之间的关系，然后分析相关性 α 的波动对努力水平的影响。在不考虑相关性的影响的时候需要满足努力水平非负的约束条件，则 $L>233.52$ 或者 $0<L<36.87$。考虑相关性的影响的时候需要满足努力水平非负的约束条件，则 $L>326.76$ 或者 $0<L<63.813\,112$。为了同时满足约束，本部分选取 L 在 25～33 和 350～380 的区间来讨论大小关系。

本部分以授信额度的影响为例，比较三种情况下努力水平的高低，取 $\alpha=0.72$。

图 2-34 是授信额度在较低的范围变化的时候，B2B 平台和 3PL 在三种假设前提下的努力水平的变化，可以看出，B2B 平台的努力水平的关系是：信息对称的努力水平＞信息不对称的努力水平＞考虑相关性的信息不对称的努力水平。3PL 的努力水平的关系是：信息对称的努力水平＞信息不对称的努力水平＞考虑相关性的信息不对称的努力水平。图 2-35 是授信额度高的时候的变化，可以看出 B2B 平台的努力水

平在三种假设前提下的关系是：信息对称的努力水平＞信息不对称的努力水平＞考虑相关性的信息不对称的努力水平。3PL 努力水平在三种假设前提下的关系是：信息对称的努力水平＞考虑相关性的信息不对称的努力水平＞信息不对称的努力水平。

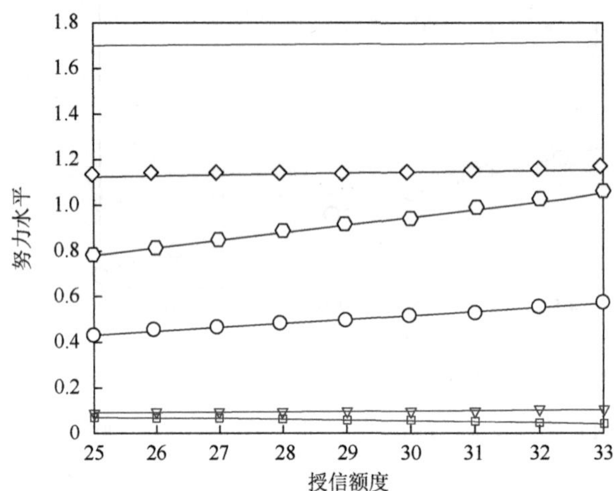

图 2-34　授信额度（$L = 30$）对不同假设下的努力水平的影响

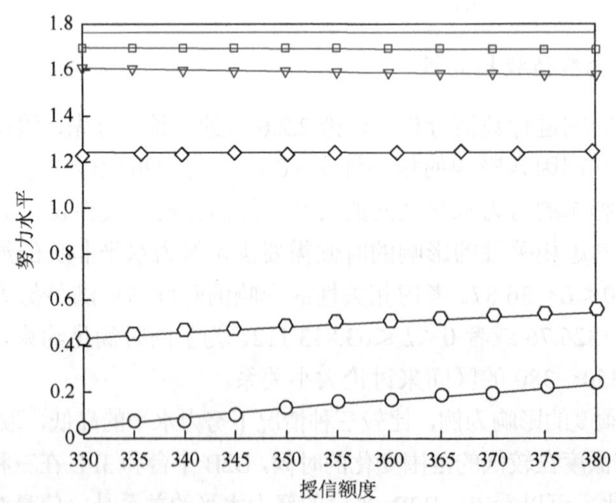

图 2-35　授信额度（$L = 300$）对不同假设下的努力水平的影响

相关性系数 α 是在[−1, 0]波动的，图 2-36 和图 2-37 分析了在这个波动范围内 B2B 平台和 3PL 努力水平的变化。图 2-36 是低授信额度下相关性系数对努力水平的影响，假设 $L=30$，可以看出，α 的绝对值越趋近于 1，即负相关性或者正相关性越大，B2B 平台的努力水平越小，但是 3PL 的努力水平呈现凹函数的变化，先

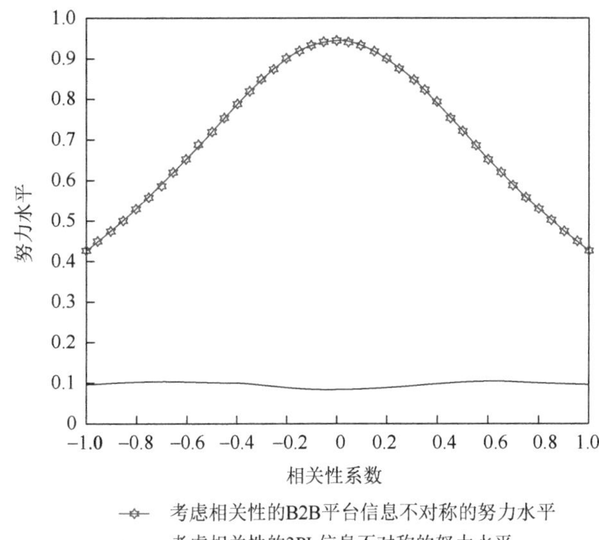

图 2-36　相关性系数对努力水平的影响（$L=30$）

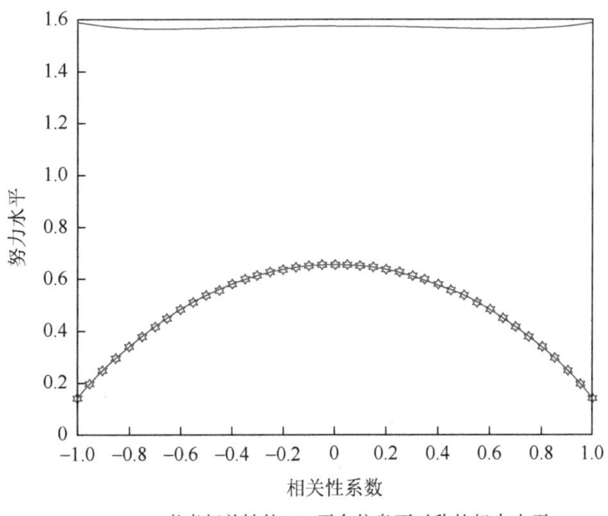

图 2-37　相关性系数对努力水平的影响（$L=450$）

减小后增大。图 2-37 是授信额度高的时候努力水平随相关性波动的变化情况，可以看到，相关性越大，B2B 平台越不努力，而 3PL 的努力水平呈现凸函数的变化，先增长后减小。$\alpha = 0$ 就是 2.2.3 节信息不对称的努力水平。因此，当存在相关性的时候，B2B 平台努力水平会降低，但是 3PL 的努力水平不一定降低。

上文对不考虑相关性和考虑相关性两种情况下，银行、B2B 平台和 3PL 三方的决策的变化进行了数值模拟分析，验证了本书研究相关结果的正确性，并进行了两种情况的比较分析，由于本书对考虑合谋情况下的分析过程较为简单，没有得出最优的解，因此数值模拟分析部分对这一部分不进行讨论。

第3章　平台商业模式下的双边市场网络效应

3.1　概　　述

作为产业经济学的热点问题，近年来，双边市场问题引起了国内外专家学者的广泛关注。本章从含义、特征、分类等基本概念方面对双边市场和网络效应进行详细的介绍，并构建两种基于双边市场的倾斜定价模型，分析需求价格弹性和交叉网络外部性对平台定价策略的影响。

3.1.1　平台双边市场定义

市场是各方参与交换的多种要素相互联的系统。尽管各方可以通过易货交换货物和服务，但大多数市场依赖卖方提供货物或服务（包括劳力）来换取买方的钱。可以说，市场是商品和服务价格建立的过程。市场促进贸易并促成社会资源分配。市场允许任何可交易项目进行评估和定价。市场或多或少自发地出现，或者可以通过人际互动刻意地构建，以便交换服务和商品的权利（如所有权）。

在不同的领域，市场具有不同的含义。通常来说，市场一般指买卖双方进行交易的场所，这个交易场所可以是有形的实体场所，也可以是无形的虚拟场所。在经济学中，市场通常被学者用来表示就某种产品进行交易的买卖双方的集合。平狄克和鲁宾费尔德（2006）在《微观经济学》一书中提出，根据独立经济单位的功能，市场上的主体可以分成买方和卖方；买卖双方同时互动，形成市场；从而可以将市场看作通过互动决定一种或一系列产品价格的买卖双方的集合。

具体而言，市场是指某种产品或劳务的现实购买者与潜在购买者需求的总和，也指具有特定需要和欲望，并具有购买力使这种需要和欲望得到满足的消费人群，包括三个要素：人口、购买力、购买欲望。用公式表示即市场 = 人口 + 购买力 + 购买欲望。

双边市场这一概念来源于1833年美国掀起的“便士报纸”运动，至2022年已有近190年的历史。国际经济学界和产业组织理论学界对于双边市场的关注始于21世纪初对于信用卡反垄断案的研究，并逐渐渗透到其他相关的领域。2004年，由法国图卢兹大学产业经济研究所和政策研究中心联合主办的“双边市场经济学”会议在法国图卢兹召开，此次会议标志着双边市场理论的正式形成。双边市场理论以网络经济学和产业组织理论为基础发展，主要以网络市场为研究核心，是近年来兴起的研究热点之一。

在“什么是双边市场”这一基础问题上，学术界还未达成统一的、明确的意见。现在许多重要的行业或企业都是在双边市场中运营的。双边市场，就是指一个平台同时面向两类用户提供产品或服务，这两组用户必须通过平台才能进行交易活动。用户需要依靠平台完成交易，平台通过向用户收取服务费用盈利。平台、两边的用户共同组成了双边市场，各取所需，三方相辅相成、不可或缺。这样的平台就可以称作双边平台。

双边市场与传统的单边市场有很大区别。在传统市场中，买方和卖方可以就产品进行交易，不需要其他方的参与。在双边市场中，买卖双方通过平台对商品进行交易。平台作为联结买卖双方的媒介，是交易完成的核心，不可或缺。虽然平台本身并不参与交易过程，但平台通过向买卖双方提供相关的辅助服务，达到为交易顺利完成“保驾护航”的目的。隶属于双边市场的产业在现实生活中比比皆是，传统的产业包括报纸杂志、房屋中介等，此外还有不少随着互联网发展起来的新兴产业，如电商平台、在线音乐平台等。以我们最为熟悉的电商平台为例，平台为买卖双方提供配套的服务，卖家可以在平台上创建店铺、发布商品信息，通过商品信息介绍吸引顾客，买家可以在平台上根据关键词搜索自己需要的商品，查看商品信息了解商品。为了保证交易的完成，平台提供了通信服务、支付服务等，买家可以针对商品对卖家进行问询、通过平台向卖家付款等。此外，买家提交订单后还能在平台上查看物流信息、申请售后服务等。平台通过向买卖双方收取服务费获取利润。

虽然双边市场已经广泛地存在于我们的日常生活中，国内外已有大量专家学者针对双边市场理论进行了研究，取得了不错的成就，但目前对于“双边市场”这一概念，学界尚未明确界定。不同学者从不同的研究背景、关注角度提出了自己的见解。其中，以 Rochet 和 Tirole（2006）提出的“价格结构”流派及 Armstrong（2006）提出的“网络外部性”流派为两种主要的界定方式。Rochet 和 Tirole（2006）所提出的界定方式受到普遍的认可，他们是从“价格结构非中性（non-neutrality）”的角度出发，将双边市场界定为“价格总水平不变时，价格结构变动影响平台交易量的具有双边结构的市场”。而 Armstrong（2006）则是从“交叉网络外部性（cross-group externalities）”的角度，将双边市场界定为“一边用户的净效用随着另一边用户数量的增长而增加的市场”，其观点也得到了不少学者的支持。

从众多专家学者的研究中，我们还是能够得到关于双边市场的几近统一的一般性描述。大致来说，双边市场应具备以下几个条件：①市场内存在两组或两组以上不同类型的用户；②同类型的用户以某些方式得益于对方的存在，也即存在交叉网络外部性，而且这种交叉网络外部效应不能被用户完全内部化；③存在一家或几家企业，通过提供产品或服务构造“平台（platform）”，将上述外部效应内部化，在帮助不同类型的用户完成交互作用（interaction）或提高交互作用的效率的同时，获得经营利润。在这里，提供产品或服务并协调各方需求的主体被称为平台企业；平台企业与每类用户之间的供求关系分别构成双边市场的一边（one side of the market），并被称为一边子市场/次级市场（submarket）；相应地，具备双边市场特性的产业被称为双边市场产业或平台产业。双边市场的基本结构如图 3-1 所示。

3.1.2　双边市场的特征

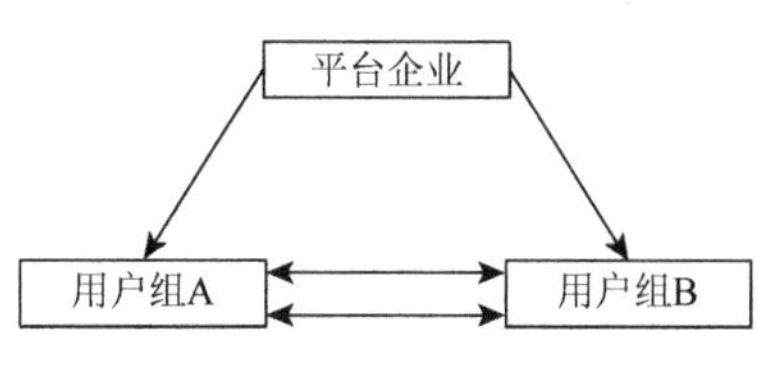

图 3-1　双边市场的基本结构

双边市场的概念是相对于单边市场提出来的，因此对于双边市场特征的研究也主要是通过与单边市场相比较而得出的。双边市场的特征主要表现在以下几个方面。

1）市场中存在一个或多个平台主体

平台在双边市场中的作用是负责将两种类型的用户联结起来。同时，平台为了保证用户间的交易活动能够顺利完成，会提供一系列配套的辅助服务保障交易的进行。值得注意的是，平台本身并不会直接参与交易过程。

2）双边用户需求的互补性特征

在单边市场中，需求互补产品的功能特征具有互补性。互补的产品或服务需求来自同一个消费者，如汽车和汽油，这两种产品在功能上是互补的，消费者必须同时拥有汽车和汽油才能达到发动汽车这一目的。而在双边市场中，平台联结着两类用户，面对的是市场两边的需求，这两边市场的需求具有互补性，当一方的需求消失时，另一方的需求也将不复存在。对于平台企业来说，市场的需求是来自其所服务的两类用户的联合需求，即只有当双边用户同时对平台所提供的服务存在需求时，平台才具有存在的价值。如果平台两边的用户在平台不存在的情况下也能进行低成本交易，那么平台就没有存在的价值。

例如，淘宝网络购物平台中，同时联结着买方和卖方，买方之所以愿意成为淘宝网注册用户，接受淘宝网提供的搜索、议价、支付及递送等免费服务，是因为他们希望在平台上购买到自己心仪的商品并享受到网络购物的便利，买方的需求是建立在有足够多的卖方的基础上的；卖方之所以选择在淘宝网设立商铺，是因为淘宝能够提供技术支持和渠道优势，他们希望能在平台上销售出自己的商品以获取利润，卖方的需求同样也是建立在有足够多的买方的基础上的。电商平台凭借自身的渠道优势和技术优势，恰好能够吸引足够多的买方和卖方，促成买卖双方交易的完成，满足双方的需求。很明显，在以电商平台为例的双边市场中，买卖双方对电商平台所提供的服务都具有显著的依赖性，电商平台的存在给交易的顺利进行提供了重要保障。有学者将双边市场两类用户需求的互补性总结为：基于不同市场的用户而产生的非功能性互补需求，即双边市场中，平台厂商的需求来自双边市场不同类型用户的联合需求，缺少任何一种类型的用户的需求，平台厂商的需求就难以形成。

上述需求相互依赖、相互补充的现象也被称为“鸡蛋相生”问题。可以说，在双边市场中，平台企业的需求来自双边市场的联合需求，缺少任何一边子市场的需求，平台企业的需求都难以形成。双边市场的这一特性使其与传统单边市场有了明显的区别，也直接影响了平台企业的市场行为：在企业创设时期，为了吸引两边用户，将他们“拉到”平台上来，平台企业需要解决如“先重点培育哪边子市场、将哪边子市场作为利润主要来源”等问题；而到成长和成熟期，平台企业则要同时兼顾市场两边，不断调整经营战略，追求利润的最大化。

3）交叉网络外部性特征

网络外部性是指消费者使用某种产品所得到的效用随着使用同种产品的消费者的数量的增加而增大的现象。以通信网络为例，随着加入通信网络的用户越来越多，用户使用通信网络所获得的效用也越来越大。这是因为随着加入通信网络的用户数量增加，用户通过该通信网络可以沟通和交流的人群的范围越广，因此用户使用该通信网络的过程中所获得的效用就越大。如果一个市场中，消费者使用某种商品获得的效用会随着使用该商品的用户规模的增加而增加，那么这个市场就具有网络外部性。

上述情形所描述的利益的溢出发生在同一市场的同一类用户中，而在双边市场中，这种利益的溢出并不发生在同一市场的同一类用户中，而是发生在同一市场的不同类型的用户之间，即交叉网络外部性。交叉网络外部性是指消费者所获得的效用不仅取决于市场中本类型用户的数量，还取决于市场中其他类型用户数量的影响。交叉网络外部性是双边市场的主要特征，双边市场广泛存在这种网络外部性。

接下来用生活中常见的两个例子来解释交叉网络外部性的含义。例如，在网络招聘市场中，市场一边的求职者越多，招聘企业就越能通过平台招募到可用之才，平台对招聘企业的效用也就越大；反之，市场另一边的招聘企业越多，求职者就越能通过平台应聘到合适的职位，平台对求职者的吸引力也就越大。在这里，网络招聘平台对求职者和招聘企业的效用都不约而同地受到处于市场另一边的用户规模与数量的影响。再者，仍然以淘宝网络购物平台为例，平台联结着商家和消费者两种类型的用户。对消费者而言，在其他条件保持不变的情况下，注册淘宝店铺的商家越多，消费者就越有可能挑选到自己心仪的商品，因此消费者的效用随着入驻淘宝的商家数量的增多而增大。同理，对于商家而言，使用淘宝购物的消费者越多，商家销售出商品的可能性越大，因此商家的效用随着消费者数量的增加而增大。

值得注意的是，双边市场的交叉网络外部性有正负之分。大多数情况下，双边市场会呈现出一种正的交叉网络外部性，如银行卡市场、操作系统市场、电子商务市场及网络招聘市场等，一边用户规模与数量的增多会增加平台的另一边用户的效用，使得另一边用户的规模与数量也随之增多，所以两边用户对彼此都产生了正的交叉网络外部性。然而，在某些双边市场可能存在负的交叉网络外部性，如媒体市场、即时通信市场及门户网站市场等。以媒体市场为例，媒体平台存在广告商和媒体受众两类用户，且媒体受众通常是广告厌恶型的。当媒体平台的受众数量越多时，广告厂商更愿意在该媒体上投放广告，而当媒体投放的广告数量增多时，对于媒体受众来说，媒体的效用是降低的。因此，广告商参与平台交易给媒体受众带来的网络外部性为负。

此外，双边市场的交叉网络外部性不仅有正负的区别，还存在强度的差异。通常而言，各边用户规模的扩大对另一边用户效用产生的影响大小是不一样的。大多数的情况是，增加一个 A 边用户对 B 边用户产生的正效用大于增加一个 B 边用户对 A 边用户带来的正效用，也即 A 边用户的交叉网络外部性更强。

双边市场的交叉网络外部性对平台企业的市场行为也产生了十分重要的影响：一方面，考虑到交叉网络外部性的正负区别，平台企业要充分兼顾两边子市场，同时培育两边用户，力争在不断提高正的交叉网络外部性的同时，将负的交叉网络外部性控制在合理的范围，不能顾此失彼；另一方面，平台企业还要考虑交叉网络外部性强度的差异，对受交叉网络外部性影响更强的用户给予更多的优惠，培养该边的用户基础，充分发挥其对另一边用户的交叉网络外部性。

4）价格结构的非对称性特征

如前文所述，在双边市场，面对需求相互依赖、相互补充、相互之间存在交叉网络外部性且强度大小不对称的双边用户，平台企业要解决的主要问题便是如何让双边用户同时产生对平台产品或服务的需求，如何充分发挥好交叉网络外部性强的用户优势，以带动另一边用户规模的增长。为此，平台企业要采取一系列的价格和非价格竞争策略。

双边市场与单边市场在定价策略上具有很大不同。在单边市场中，产品价格的确定主要受两个因素的影响，一是产品的边际成本，二是消费者的需求弹性。在双边市场中，平台企业在对其产品或服务定价的过程中，并不遵循边际成本加成的原则。这是因为双边市场平台的需求量不仅取决于平台对两边用户收费的总价格水平，更依赖于总价格水平在两边用户之间的分配情况。因此在价格策略上，平台往往会为交叉网络外部性较强的一边用户提供低价甚至免费的产品或服务，以促进该边用户规模的快速扩大，从而吸引另一边用户的参与。同时，为了保证自身的盈利，平台企业会对交叉网络外部性较弱的一边用户收取高额的费用，用以弥补对另一边采取低价策略的损失。

可见，影响双边市场平台企业定价策略的因素与影响传统单边市场企业定价策略的因素有所不同：各子市场的边际成本与该市场产品或服务价格的关联已经不像传统单边市场那样直接；交叉网络外部性的强度也成了平台企业必须要考虑的因素；此外，在传统单边市场不存在的“用户归属”情况也左右了价格结构。

所以，双边市场的最优价格并不必然与边际成本成比例，其价格结构也往往呈现出明显的非对称性。双边市场价格结构非对称的现象在现实中比比皆是。例如，一方面，广大网络用户可以免费使用搜索引擎查询信息，免费使用电子邮箱收发邮件，免费注册社交网站进行沟通联络；另一方面，广告商则要为各种形式的广告服务（如关键词搜索、弹窗、横幅等广告服务）支付不菲的费用。在双边市场，平台对参与交易的双边用户所制定的价格总水平固然重要，但更重要的是对其价格总和在参与交易的双边用户间进行合理的分配。

以上内容是双边市场平台具有的一般性特征，对于某一具体的双边市场平台特征的分析还需结合特定的行业背景进行。

3.1.3　双边市场的分类

根据不同的分类标准，可以将双边市场划分成不同种类。例如，考虑平台用户间交叉网络外部性的正负性，可以将双边市场分为正交叉网络外部性双边市场和负交叉网络外部性双边市场；按照服务方式的不同，可以将双边市场分为交易中介、媒体、支付工具、软件（周正，2010）；按照平台的开放程度的不同，还可分为开放平台和封闭平台等。众多专家学者从不同的角度对双边市场的划分提出了自己的看法，其中影响最为广泛的是 Evans（2003a）的分类方法，他从实证的角度出发，将双边市场分为了市场创造型、受众创造型、需求协调型三类。

1）市场创造型

市场创造型双边市场中，平台的两类用户之间存在着交易关系，平台为两边用户之间交易的顺利进行而提供配套的支撑服务。同时，由于平台集合了许多同类型的买方用户和卖方用户，因此平台能降低买卖双方用户搜索交易对象的成本，并且能极大地提高双边用户成功匹配的概率。现实生活中的电子商务平台、证券交易所、房屋中介等都属于市场创造型双边市场。市场创造型平台的任务在于尽可能多地吸引买卖双边用户加入平台，从而极大可能地促进双边用户间交易的发生。

2）受众创造型

在市场创造型双边市场中，平台促成两边独立的买方用户和卖方用户进行匹配，而在受众创造型双边市场中，平台两边不存在独立的买方用户和独立的卖方用户之间的匹配，而是一组买方用户和一组卖方用户所进行的匹配。现实生活中的报纸、杂志、电视媒体等产业都属于受众创造型双边市场。以报纸为例，多家广告商会在同一份报纸上投放广告，多个用户因订阅报纸而浏览到商家的广告。受众创造型平台的任务在于吸引更多的媒体受众（观众、读者、网民等），这样才能吸引更多的企业到该平台上来发布广告。

3）需求协调型

需求协调型双边市场中，平台的主要作用是协调两类用户的相互需求，该类型的双边市场主要包括了操作系统平台、电子游戏平台、银行卡系统等。以操作系统平台为例，平台向双边用户（应用软件开发商和消费者）提供操作系统，应用软件开发商能够基于操作系统进行应用软件的开发，而消费者通过事先购买和安装此操作系统，才能使用各种应用软件。

Evans（2003b）关于双边市场的分类主要是按照平台所实现的功能进行划分的，该分类也基本涵盖了主要的双边市场形态。对于上述大部分的双边市场来说，平台两边的用户同时到达平台，但也存在一些例外。对于某些双边市场来说，平台两边用户加入平台存在先后顺序，也就是说，平台一边的大部分用户先于平台另一边用户加入平台。以操作系统平台为例，由于应用软件的开发周期较长，因此应用软件开发商一般是先于消费者加入平台进行应用软件的开发。只有当操作系统拥有较丰富的软件产品，消费者才愿意加入该操作系统平台。

3.2　网 络 效 应

3.2.1　网络效应的概念

网络效应通常又称网络外部性，是指某一产品或服务的使用人数增多时，用户的效用随之提升的现象。电话的使用就是网络效应的典型应用，当安装电话的用户越多，用户可选择通话的对象会越多，他们持有电话的价值越高，即得到的效用会越高。上文我们提到网络效应概念，学界又称为网络外部性，这里必须注意，关于网络效应的研究有时不同于网络外部性，二者有一定的区分，并讨论了这两个概念之间的关系。他们指出，网络效应对用户的影响不能被市场上的任何用户内在化，即价格机制不能引入任何外部成本，当外部性引起了市场失灵时，网络效应概念便与网络外部性无异。而当存在网络外部性时，市场均衡并不是社会最优均衡，它总低于社会最优均衡，这表明网络外部性的存在使得市场无法进行社会资源的有效配置。这是因为消费者的购买决策有时不是理性的，加上消费者所获信息的不完全性、不同消费者的决策分散性，他们无法像网络的所有者一样考虑自身行为的外部效应，无法纠正市场资源配置的效率偏差，最终阻碍了市场均衡达到社会最优均衡。但在本节中，我们沿袭了大部分学者的方法，并不考虑这两种概念的区别。继以蒸汽技术、电力技术为标志的两次工业革命之后，科技领域兴起了以信息控制技术为标志的第三次革命，伴随着第三次科技革命而产生的网络产业，凭借新一代的生产力对人类社会经济、政治、文化等领域产生了积极且深远的影响，甚至改变了人类思维和生活方式。网络产业作为极具影响力的战略性新兴产业也日渐成为研究的热点。经济学研究的“网络”包括各种电信网、广播电视网及互联网等“物理网络”（physical network）和如电子邮件使用者和电子商务使用者等构成的“虚拟网络”（virtual network）。这种利用互联网为企业、消费者等各类组织提供网络服务的群体，被称为网络产业。

网络产业的本质特征是网络效应。网络价值是通过网络产品或服务体现的，梅特卡夫法则表明网络价值以用户数量的平方的速度增长，这也是网络效应的起源。网络效应后被定义为消费者通过购买某产品或服务加入某一网络时，消费者所获得的效用依赖于同一网络中使用该产品或服务的人数。很多经济学文献中，一般对网络效应和网络外部性不做区分，但事实上二者是有差别的。网络外部性的概念源自外部性，外部性也称溢出效应，指某行为对他人强征了不可补偿的成本或给予了无须补偿的收益的情形，本质上是这种行为对他人产生了不反映在市场价格中的间接效应。Katz 和 Shapiro（1985）把网络中发生的、对他人产生的外溢效应称为网络外部性，网络外部性实质是指不能被内部化的网络效应。鉴于二者的区别，本书将研究对象界定为网络效应影响下的企业竞争策略。

网络效应又称为需求方的规模经济，具有网络效应的产业与传统产业不同，它具有一条倒“U”形的需求曲线，这也预示了它的市场均衡会存在三种可能性：一是同任何产业都一样的帕累托稳定均衡；二是不稳定均衡；三是其独有的市场规模为零的稳定均衡。

当用户规模没有达到临界点时，市场会逐渐萎缩甚至为零，但只要用户规模超过临界点，则会引发正反馈机制，正反馈作用下又会产生消费者和标准的锁定效应，增加转移成本，产生“赢者通吃”的市场现象。网络效应作用机制如图 3-2 所示。

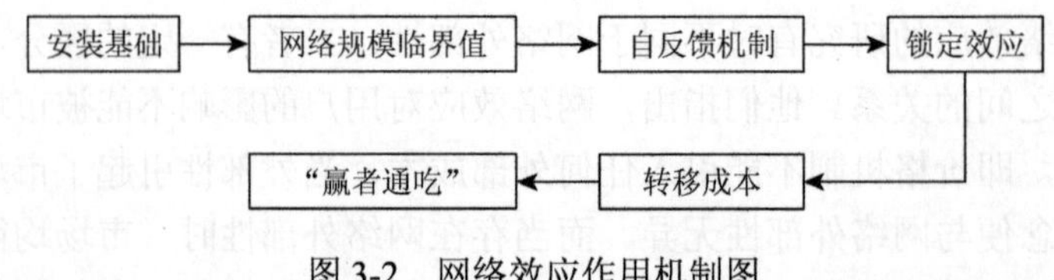

图 3-2　网络效应作用机制图

网络效应下“赢者通吃”的特性早被国内外学者关注，其相关研究也已成熟，但相关的文献综述多集中于研究方法的对比、分析和总结，更着重在模型构建等技术层面。下文以企业竞争策略为出发点，按照网络效应来源与特征的不同，分为直接网络效应和间接网络效应（又称交叉网络效应），分别综述在其影响下企业的关键竞争要素和主要竞争策略。

3.2.2　网络效应的类型

电话使用中所提到的网络效应，应该被严格定义为“正”网络效应，是用户网络所产生的正面效应，此时，产品的价值与网络规模成正比。而大量实践表明，用户网络同样存在负面效应，表现为当网络规模达到一定程度时，产品的价值与网络规模成反比。“负”网络效应的典型例子有免费公路拥挤、计算机网络堵塞，并且，网络维护成本、网络风险与网络规模成正比。

严格地说，上文所提到的是直接网络效应，它只是网络效应的一种。根据网络用户获取效用的不同方式，学界将网络效应分为直接网络效应（direct network effects）和间接网络效应（indirect network effects）。

直接网络效应，指用户加入网络所获得的效用来自同类用户，即当购买或使用相同及兼容产品的用户人数增加时，该产品用户所获得的效用随之增加。也就是说，当用户购买或使用了某一产品，其行为不仅扩大了产品的用户基础，也提升了产品的用户效用，使得其他用户的购买意愿加强，反过来，该用户的自身效用也得到了提高。这表明，直接网络效应使得用户对同一产品的需求是紧密相关的，电话、邮件及传真等都是典型的直接网络效应。

间接网络效应，是产品间的交叉效应，是指当某种产品的购买或使用用户增加时，对另一种产品的价值及用户效用产生的间接影响。电话、邮件、传真等双向通信网络具有直接网络效应，而以银行信用卡网络等为例的单项通信网络具有间接的网络效应。除此之外，还指出了硬件和软件产品上所体现的间接网络效应。硬件产品和软件产品是互补品，同时具有一定程度的兼容性。硬件产品作为基础产品，软件产品作为辅助产品，它们在技术上的互补性是其间接网络效应的主要来源。当消费者用户在购买硬件产品时，会对软件产品的可得性进行衡量，因为软件产品的可得性决定着消费者是否购买硬件产品。当辅助产品的价值增大时，基础产品的价值也会随之增大，用户购买基础产品的意愿就更为强烈。例如，用户在选择操作系统时，如果该操作系统无法安装任何应用软件，那么用户是无法从操作系统本身获得任何效用的。

在上面的例子中，辅助产品的可得性会影响消费者用户购买基础产品的意愿，若用户因此购买了基础产品，便直接扩大了基础产品的市场规模；反过来，辅助产品的可得性来源于基础产品的市场规模，只有当基础产品的市场规模不断增大，辅助产品的可得性才会不断提高，消费者用户的购买效用才会随之提高，这同样也是一个正反馈的过程。

在实际中，某一产品通常同时具有直接网络效应及间接网络效应，并且它们之间有相互强化的效果。所以，我们并不能以绝对的标准去区分这两种效应。例如，在移动通信产业中，直接网络效应及间接网络效应特征明显。用户在选择移动通信网络时，除了通信资费的考虑，更多的是考虑该通信网络在朋友圈中的使用人数。以在校学生为例，其通常会选择中国移动，因为相对于其他通信网络，校园里的移动用户较多，于是加入该网络，用户能够更方便地联系更多的朋友，从而获得更大的网络效用。反过来，如果用户加入了中国移动，那么中国移动的网络规模也随之增大，对于其他已加入中国移动的网络用户来说，他们所获得的效用也随之增大了。这种用户间的相互联系就是中国移动通信网络的直接网络效应，主要表现在中国移动的语音通话业务上。随着中国移动通信网络发展所出现的增值业务则主要表现出间接网络效应的特征。消费者用户在加入中国移动通信网络后，根据自身的需要选择相应增值业务，如彩信、彩铃业务等。只有当某一增值业务能给用户带来较高的价值，用户才会选择这样的增值业务，从而提高增值业务的使用人数，于是反过来促进增值业务的进一步研发。在新研发的增值业务上，消费者用户又能够获得新的效用，从而不断扩张增值业务的网络规模。

判断某个产业是否具有网络效应特征，参照朱彤（2001）的观点，总结为以下几个判断标准。

（1）首先判断是否符合网络效应的概念。当用户选择产品所获得的效用随产品使用人数的增加而增加，或者用户通过某种间接的方式提升了其选择的价值，我们称该产业具有网络效应特征。

（2）网络效应是一种基于需求方的规模经济，产业想要获得市场，必须实现产品在需求方的普及。

（3）网络效应被分为直接网络效应、间接网络效应，它们体现的用户关系有很大差别。产生直接网络效应的用户之间具有很强的依赖性，而更严格的是，间接网络效应要求互补性与规模经济效应同时具备。

3.2.3 网络效应下企业竞争研究策略

1. 直接网络效应下的企业竞争策略——“网络规模”之争

直接网络效应指某产品使用者的效用随着该产品使用人数的增加而增多，最典型的是通信产业，这也是由消费者需求之间的相互依赖而产生的边际收益递增的经济现象。Baake 和 Boom（2001）、王国才和王希凤（2005）将网络效应与产品差异化理论结合起来研究，表明具有网络效应的产业中企业关键竞争要素是网络规模，而不是质量；鲁文龙和陈宏民（2003）通过研究电信产业中企业互联互通的问题，证明了网络规模对产品兼容选择的重要影响；帅旭和陈宏民（2004）的研究表明网络企业的关键竞争要素是网络效应系数和技术标准的数量。因此，如何最先将产品的网络规模扩大到临界值以上形成正反馈是网络效应相关的产业中企业首要的考虑因素，兼容选择、技术标准成为扩大网络规模最主要的竞争策略。

1）兼容选择

一般而言，兼容选择对新进企业和在位企业都存在得失两面的效应。对新进企业而言，如果选择与市场上已有的产品兼容，则可利用已有产品的网络效应快速获得安装基础，达到网络规模临界值形成正反馈，但同时也放弃了自身产品与市场上已有产品的差异性，失去后动优势。对在位企业而言，也存在兼容后带来的整个产业市场份额的扩大和自身在产业中市场份额占比减少的得失权衡。

当在位企业网络效用强或者知名度高、声誉好时，一般偏好采用不兼容战略（Economides，1996；Katz and Shapiro，1985），因为其规模和能力足够拉动市场增长，并且不希望被小企业搭便车，这种策略不乏成功案例，微软正是采用了技术不兼容策略得以迅速发展并最终垄断操作系统市场。而新进企业的决策正好与之相反，当在位企业网络效应强时，新进企业选择兼容所失去的差异化优势可以通过在位企业强大的网络效应得到补偿，因此偏好兼容战略。当后进技术领先优势不够大时，往往会争取与在位技术兼容，称为后向兼容（backward compatibility），通常在位技术具有知识产权，后向兼容需要得到在位技术企业的许可或支付一定的兼容成本；但是，如果后进技术遥遥领先于在位技术时，往往在位技术则倾向于与新技术兼容，称为前向兼容（forward compatibility）。当市场处于高速增长期，市场的快速成长将有利于企业迅速建立安装基础达到临界值形成自反馈，拥有成本优势的新技术企业则倾向于不兼容战略（Regibeau and Rockett，1996）。

企业同时也会面临自身产品更新换代时兼容战略的选择问题，是否兼容将更多地取决于新旧产品的定位和新旧产品总利润的计算与衡量。市场中已有部分消费者购买了旧产品，在不能进行价格歧视的情况下，如果企业只向新用户高价销售新产品利益更大，企业会选择新旧产品兼容，利用旧产品的安装基础和网络效应来提高新产品的价值与价格；而如果企业同时向新老两类用户销售新产品更加有利可图时，企业则会选择让二者不兼容，从而促使老用户购买新产品，慢慢缩小旧产品的用户规模（Choi，1994）。垄断企业具有扩大新旧产品的兼容性以图利润最大化的动机，且利润随前向兼容和后向兼容的网络效应的差异而变化（潘小军等，2006）。

2）技术标准

网络效应会使技术产生“冒尖（tipping）”现象，即拥有技术标准的企业最终会“赢者通吃”（Katz and Shapiro，1985），形成单一标准。企业间微小的技术差异通过网络效应放大后反映在市场上，最终可能决定产品竞争的胜负。同时，网络效应使技术标准的锁定产生路径依赖，即一旦某技术标准被广泛采纳，正反馈机制、收益递增及消费者转移成本都可能促进市场锁定（lock-in）此标准，即使有更优异的标准出现也难以将其替代，“锁”出了新技术。因此对网络技术标准的追逐和控制成为主要竞争策略之一。

消费者对网络规模的预期是技术标准最终确定的重要影响因素，因此企业常采用提前宣告策略影响消费者认知：在位技术向消费者提前宣告自身技术的改进时间，使消费者延缓或放弃采用后进技术；而后进技术则向消费者宣告自身技术的先进性，使消费者认为此领先技术足以战胜在位技术安装基础所带来的优势。Dranove 和 Gandal（2004）的研究表明提前宣告策略可以使后进技术以低成本获得竞争优势，甚至比价格策略更加有效。Dranove 和 Gandal（2004）对 DVD（digital video disc，高密度数字视频光盘）标准和 DIVX（digital video express，数字视频表达）标准竞争进行了实证研究，表明 DVD 标准的提前宣告策略对产品的最终胜出起了决定性作用。下一代技术价值的不确定性也是通过影响消费者预期，进而影响技术标准的确定（Choi，1994）。

网络效应下，技术所有权也会对标准竞争产生影响，当两种技术都不存在私有产权时，可能出现过多的非标准化；当两种技术都具有私有产权时，领先技术将拥有竞争优势；当只有一种技术具有私有产权时，即使该技术居于劣势，仍可能主导市场。

同时，技术标准选择过程中还会出现超额惯量和超额动量：如果信息完全，且两家企业偏好一致，均衡结果是两家企业都及时选择了该标准；如果企业所获得的信息不完全且偏好不一致，则技术标准的选择会出现超额惯量（可能没有一家企业愿意先转换）或超额动量（两家企业都转换时总体福利下降，但仍出现了转换行为）。

2. 间接网络效应下的企业竞争策略——决胜于互补品种类

Katz 和 Shapiro（1985）最先将间接网络效应描述为随着某产品的使用者数量的增加，其互补品种类会变得更为丰富，且价格更低。之后，间接网络效应被定义为消费某种网络产品所获得的价值随着与该产品相兼容的互补品种类的增加而增加，这种互补品之间的关系被称为硬件/软件范式，其中基础产品被称为硬件，辅助产品被称为软件，硬软件被统称为系统产品。

间接网络效应与直接网络效应的差别在于消费者所获得的效用并不直接依赖

于该产品的网络规模（购买同类或兼容产品的消费者数量之和），而是间接依赖于其互补品的种类与数量。直接网络效应来源于消费者需求之间的互补性，而间接网络效应则来源于产品需求的互补性。当硬件产品的网络规模扩大时，会吸引更多的软件企业为其提供互补品，互补品种类和数量的增加又使硬件产品使用者有了更多的选择，更好地满足了其多元化的需求，间接增加了硬件产品使用者的效用。Matutes 和 Regibeau（1988）、Church 和 Gandal（1992）的研究结论也都表明软件多元化可增加硬件产品的价值和市场份额。因此，间接网络效应下，互补品的种类和数量是企业关键竞争要素，如果相互竞争的企业都生产系统产品，则捆绑销售是主要竞争策略；如果企业只生产系统产品中的一种，则一体化策略则成为考虑的重点。

1）捆绑销售

捆绑销售分为纯粹捆绑与混合捆绑两种：生产系统产品的企业如果只销售系统产品，而不单独销售软硬件产品，称为纯粹捆绑；如果既销售系统产品又分别单独销售软硬件产品，称为混合捆绑。捆绑销售被认为是提高企业利润的有效竞争策略：一是捆绑销售具有杠杆原理；二是捆绑销售为实现价格歧视的有效手段（McAfee et al.，1989）；三是捆绑销售有利于企业间扩大产品差异、缓解伯川德价格竞争（Chen，1997）。当生产系统产品的企业采取混合捆绑销售时，虽然捆绑后的价格低于独立销售时的价格，但此策略会迫使独立销售的竞争对手降价，最终捆绑销售企业的总利润将提高（Choi，2008）。Gandal 等（2012）对个人电脑办公软件市场做了实证研究，也证明当消费者对互补产品偏好存在正相关时，捆绑销售将使企业获得更多的利润。蒋传海和杨渭文（2011）证明了单边捆绑销售将增加企业的利润。

捆绑策略未必始终都是最优策略，当双寡头企业均生产系统产品且各系统组件可兼容时，单独销售才是占优策略，因为单独销售增加了用户选择的机会，可拉动产业需求；同时，单一产品价格下降所带来的兼容互补品产量增长有可能被竞争对手分享，因此企业降价的动机减少，保证了企业的利润；反而混合捆绑的折扣会降低双寡头垄断企业的利润，这种情况下单独销售策略则成为占优策略。“是否捆绑”“如何捆绑”取决于市场结构、软硬件的互补程度和消费者的品牌偏好与品牌忠诚度等诸多条件。

2）纵向一体化策略

间接网络效应影响下，企业存在较强的纵向一体化动机（程贵孙等，2005；左静，2009），并且随着网络效应强度的增加，动机也随之加强，因为纵向一体化会提高企业的利润，一体化后企业产品质量的提高增加了边际利润。同时，纵向一体化也提高了消费者福利：企业纵向兼并可消除系统产品各组件间的不兼容性，提高用户效用；纵向兼并后的产品质量高于兼并前的质量，因为一体化后的企业统一了技术标准，成本减少，效率提高；纵向兼并后产品的价格也低于非一体化时的价格，因为纵向兼并避免了上下游的双重加价效应。

企业是否采用一体化策略还与消费者对互补品多样性的偏好程度相关：如果偏好程度相对较小，那么均衡的产业结构是两家硬件企业都保持非一体化；如果偏好程度相对较大，则两家硬件企业都选择一体化（Church and Gandal，1992）。

3. 交叉网络效应下的企业竞争策略——双边市场定价结构

现实中存在一类平台，交易双方位于平台两边，通过平台进行交易。Rochet和Tirole（2006）把双边市场定义为：当平台向交易双方索取的价格总额 $p = p_b + p_s$ 不变时（p_b 表示平台向交易方 b 索取的价格，p_s 表示平台向交易方 s 索取的价格），平台中任何交易方的价格变化都会对平台总交易量和总交易额产生直接影响，这个平台市场被称为双边市场。国内学者也形象地把双边市场描述为“哑铃”形结构。Evans（2003a）提出双边市场存在的三个必备条件，进一步揭示出了平台、交易双方三者间的关系：①两组不同用户；②两组用户间存在交叉网络外部性；③存在一个可以将网络外部性内部化的平台。

交叉网络效应是双边市场与传统单边市场的重要的区别之一，这种“平台一边用户数量的增加会提高平台另一边用户的效用”的特征是源自平台两边用户需求的强依存性，如电子商务平台，只有买家和卖家对网上交易同时有需求，电子商务平台才有价值，这种需求的强依存性也被称为“鸡蛋相生”。

双边市场的交叉网络效应和消费需求的强依存性的特征导致平台提高对一边的收费，同时等量减少对另一边的收费，交易量会随之改变（Rochet and Tirole，2006）；通过价格歧视先影响一边消费者的预期促进该边网络规模的形成，再通过交叉网络效应促成另一边的网络规模可以解决“鸡蛋相生”的问题。因此，定价结构就成为平台企业的关键竞争要素；定价策略成为主要竞争策略。但是“对哪边进行价格歧视”“如何进行双边定价”等关键问题将取决于双边对平台需求弹性的比例、交叉网络效应的相对强度及用户是单平台接入还是多平台接入（Armstrong，2006）等诸多影响因素。

需求弹性保持不变时，可以向需求弹性较高的一边用户采取低价甚至免费策略来扩大该边网络规模，再通过对需求弹性较低的一边用户收取高价来实现平台企业利润最大化。当双边用户通过平台所获得的网络效应不一致时，则对网络效应较小的一边收取低价或免费。这些结论在相关产业中得到了验证：当操作系统市场为垄断结构时，平台主要向应用软件提供商收费，对消费者免费，因为消费者的异质性需求使提供不同质的软件企业得以生存获利，因此也愿意支付较高的费用；媒体产业的定价结构，则是平台向广告商收费，对读者进行补贴。当然，这种对不同接入用户进行倾斜式定价的策略，也必然会导致市场上的多种价格均衡（Rochet and Tirole，2006）的定价结构模型得到认可并被广泛应用。

在双边市场中存在两个或两个以上的平台时，在平台没有签订排他性协议的情况下，双边用户可以同时接入多个平台，享受更大的网络规模所带来的效用，这种多平台（multi-homing）接入行为会对定价结构产生影响。当平台一边用户是多平台接入，而另一边用户是单平台接入时，单平台接入用户往往会成为平台企业的竞争性瓶颈（competing bottlenecks），这种情况下，平台企业会选择对单平台接入用户制定低价，对多平台接入用户制定高价（Armstrong，2006）。当双边用户都可以多平台接入时，竞争迫使平台首先提高单边用户的效用，并使之高于竞争对手，争取用户到该边注册，再通过交叉网络效应，平台将赢得两边用户，从而形成垄断，这种分而治之（divide-conquer）法也是双边市场理论中的重要竞争策略，通过补贴一方，对另一方攫取利润。总之，多平台接入下，定价结构变得更为复杂，最终平台双边的服务水平、交叉网络效应强度等诸多因素决定了平台的利润水平。

3.3　平台商业模式的双边市场倾斜定价模型

现代通信技术的飞速发展促进了电子商务在全世界的蓬勃兴起，从早期的eBay 网、阿里巴巴、淘宝的 B2C、B2B 模式到团购 O2O（online to offline，线上到线下）模式，再到共享经济的兴起，互联网平台通过促进信息在交易双方的传播，同时不断集聚更新来自各方的海量信息数据，使得供给双方所需的物品和服务能够在平台快速有效地对接，由此创造出更多基于双边市场的新商业模式。

伴随着平台经济在我国的持续发展，传统的行业与互联网融合速度越来越快，如社交网络平台（微信、Linkedin 等）、新型商业服务平台（大众点评网、美团网）、共享经济平台（闲鱼、Airbnb），由互联网商业实践引领的双边市场理论研究也将在广度和深度上不断拓展。在互联网平台企业的商业实践中，针对双边市场的倾斜定价是一种较为独特而普遍的现象，其特点在于互联网平台企业对一方征收较低的价格，甚至进行价格补贴，而对另一方收取高昂的平台费用。在价格总水平稳定的情况下，双边市场的定价结构直接影响了平台的交易量，这种特殊的定价模式一直是学界研究的焦点，由于不同行业的双边市场定价水平和定价结构都各有不同，合理的定价机制已成为影响互联网平台企业发展的重要制约因素，本节将通过构建两种基于双边市场的倾斜定价模型，分析需求价格弹性和交叉网络外部性对平台定价策略的影响，最后将通过“Uber”的案例来佐证前述倾斜定价模型的机制与策略。

3.3.1 模型描述

从概念上来说，平台经济理论与网络外部性理论、产品定价理论相关，对于前者而言，双边市场上的平台外部性分为成员外部性与用途外部性，成员外部性是一种间接网络外部性，它意味着一类用户的数量（或他们的活动范围）间接地影响了另一方的用户，它描述的是，随着一类产品市场需求的增加，市场出现更多种类的互补产品可供选择，且价格更低，从而使消费者更愿意购买该产品，这就间接提高了该产品的价值，即平台对用户的价值取决于另一方用户的数量，平台企业必须设法把双方市场拉到平台上；用途外部性是一种直接网络外部性，它指的是产品的价值与使用相同产品或兼容产品的消费者数量相关，在互联网平台上，随着使用该平台的用户人数增加，该用户对平台的使用价值也逐步增加，因为平台的整体价值与用户数量相关。对于产品定价理论，平台经济体现了以价格结构为研究中心的特点，且在价格结构中，价格杠杆的调节作用要高于市场力量。双边市场定价一般会对价格弹性较小的一方价格加成较高，而对价格弹性较高的一方价格加成较低，甚至低于边际成本定价。如果给定市场中买方的规模作为卖方价格弹性的影响因素，那么当市场上买方数量增加的时候，由于其价格弹性较低，平台对买方收取的费用自然会上升，同时因为价格弹性高的一方对市场价格更敏感，于是对卖方征收的低费用将大大吸引这一方参与到平台中，具有吸引力的卖方能通过买方规模的增加而间接受益，这时价格杠杆的作用得以充分发挥，市场的需求被大规模创造出来。因此，一个最佳的价格结构必须依赖于一个具有可观数量的市场的价格弹性，在总体需求弹性保持稳定的条件下，市场一方比另一方有充足的价格弹性，这样才能保证平台费用的最小化，同时使市场中的一方愿意支付相对较高的费用。

综上，倾斜定价问题的实质包含了网络外部性和定价结构两种理论，在需求弹性保持整体稳定的前提下，价格倾斜有利于平台企业获取收益最大值，一方市场的大部分弹性能在最低的价格范围内产生平台服务提供的最大需求，再加上平台的外部性，这都将促进交易双方加入平台中，并愿意承受平台对双方收取的不同定价。从互联网平台来看，往往兼具间接外部性和直接外部性两种，从成本效用来看，一个消费者加入互联网平台（如 B2C、C2C、B2B）获得的效用与加入该平台的消费者获得的效用没有直接的联系，但是使用该平台的原有的消费者数量能够提高商家加入该平台的积极性，而商家大量地增加又积极推动了其他消费者加入该平台；同样地，从便利性效用来看，一个消费者使用平台获得的便利效用也会随着加入该平台的商家数量的增加而增加，即消费者获得的便利效用是加入平台商家数目的增函数，这两种外部性都具备交叉网络外部性特征，只是在现实中互联网平台要想同时实现两种网络外部性特征较为困难，因为它需要市场交易双方都达到一定的数量规模，且价格需求弹性整体须保持稳定。

从倾斜定价模型来看，如果需求价格弹性为常数，双边市场中的一方交叉网络外部性越强，对另一方产生的外部性效应就会越明显，从而使该方的用户数量越来越多，在一方市场规模饱和之前，平台中的一方交叉网络外部性强度与另一方加入平台的需求之间为正相关。从这一角度继续思考，可以发现如果平台中一方的交叉网络外部性越强，另一方加入平台的需求就会随之走高，进而导致该方对平台的黏度加强，因此即便平台可对此方用户征收较高费用，在短期内也难以降低该方在平台的数量规模，在这种条件下，该方对平台的需求价格弹性绝对值较小。因此，平台中一方的交叉网络外部性强度大小和另一方对平台的需求价格弹性的关系为负相关。继而本章可以得出结论，即平台对交叉网络外部性较强的一方征收高价，而对交叉网络外部性较低的一方收费较低或者采取补贴的方式。

3.3.2 基于价格需求弹性的倾斜定价模型

在该模型中，其目标收益函数定义为

$$\varPi(P_1,P_2)=(P_1+P_2-C)D_1(P_1)D_2(P_2) \tag{3-1}$$

其中，P_i 为平台对每次参与交易的双边市场客户收费的价格；D_i 为需求函数。

假定式（3-1）中的需求函数边际收益递减，以下标记为收益函数的偏导数，当 $i=1,2$，$\varPi_{ii}$ 作为 $\varPi_i$ 在 P_i 的二阶导数小于 0，$\varPi_i$（$i=1,2$）为收益函数的一阶偏导数，$\varPi_i=0$ 时该点对应的是 $\varPi$ 在 P_i 方向上的极大值，令 P_j 为常数，$j\neq i$，本章可以定义函数：

$$\hat{P}_i(P_j)=\arg\max_{P_i}\varPi(P_i,P_j)=\arg\max_{P_i}[D_i(P_i)(P_i+P_j-C)]，\quad i=1,2,j\neq i \tag{3-2}$$

该模型的间接网络效应强度如式（3-3）所示。

$$T_P=(\mathrm{d}\hat{P}_1/\mathrm{d}P_2)(\mathrm{d}\hat{P}_2/\mathrm{d}P_1)=(\varPi_{12})^2/\varPi_{11}\varPi_{22} \tag{3-3}$$

其中，$T_P<1$ 为 $\varPi(P_i,P_j)$ 函数驻点的二阶条件之一，该点的一阶条件可实现 $\varPi(P_i,P_j)$ 函数的区域极大值；$\hat{P}_1$ 和 $\hat{P}_2$ 为市场双方愿意支付的最高价格。因此，如果需求函数显示出边际收益递减的趋势，则收益函数的凹性充分必要条件是平均间接网络效应强度 T_P 不能太高。更确切地说，式（3-2）的二阶导数如下所示，其

最大值表示为需求函数的导数。

$$\Pi_{ii} = -MD_1'D_2'\left(\frac{1}{\rho_i}\right) < 0 \text{，} \quad i = 1,2 \tag{3-4}$$

$$\Pi_{12} = \Pi_{21} = -MD_1'D_2' < 0 \tag{3-5}$$

$$M = P_1 + P_2 - C \text{，} \quad \rho_i = \frac{(D_i')^2}{[2(D_i')^2 - D_i D_i'']} \text{，} \quad i = 1,2 \tag{3-6}$$

其中，P_i 为 i 方的价格传递率，指的是垄断平台企业因为边际成本小幅度上升而优化提高的价格量；M 为平台提高总价后的价格水平。仔细观察式（3-2）可以发现，价格传递率决定了模型的间接网络效应强度 P_j，外生性的增加影响了 P_i 的最优价值，$i \neq j$，相应地降低了成本 C。这是由式（3-4）～式（3-6）、$T_P = \rho_1\rho_2$ 推断而来，继而可以得出：如果模型中的需求函数展示了边际收益的递减趋势，则式（3-2）中驻点的充分必要条件为局部最大值 $\rho_1\rho_2 < 1$，如果 $\rho_1\rho_2 > 1$，则函数的驻点为拐点。

如果在 $T_P \geqslant 1$ 的条件下，收益函数式（3-2）具有唯一的驻点，则函数的最大值必然产生在有效区间解的边界上。

虽然线性需求曲线中 $\rho = \dfrac{1}{2}$，但对于对数需求曲线而言，$\rho > 1$。大多数经济学家认为，价格传递率小于 1 比大于 1 更常见。

当收益函数为凹性，且各需求函数存在大量的差异性时，高度倾斜定价很容易产生。例如，当且仅当 $\theta_i^h \geqslant P_i$，假定群体 i（$i = 1,2$）中的个体 h 会加入市场，θ_i^h 是服从 $[0, A_i]$ 的均匀分布的独立变量。如果群体 i 中潜在的参加者人数为 N_i，需求函数如下：

$$D_i(P_i) = N_i - b_i P_i = b_i(\hat{P}_i - P_i) \text{，} \quad i = 1,2 \tag{3-7}$$

其中，$b_i = \dfrac{N_i}{A_i}$，且 $\hat{P}_i$ 为商品需求量接近于 0 的价格，其中 $i = 1,2$。式（3-2）取最大值的一阶条件表示常规的无约束最优，但这也意味着 $P_1 \leqslant 0$，当且仅当：

$$2\hat{P}_1 \leqslant \hat{P}_2 - C \tag{3-8}$$

这些公式要求需求中存在大量的差异化，事实上在双边市场平台中，当边际成本低时，这些需求差异化对群体而言很可能是存在的。以消费者和厂商为例，在任何情况下，如果条件满足且成为常态，负数价格不存在的情况下，式（3-2）中的最优条件将包括 $P_1 = 0$ 和 $Q_1 = N_1$ 的高度倾斜定价。

综上可见，这种定价方式源于市场双方需求函数大量的差异化，这种差异化的需求直接影响了平台的征收费用和需求价格弹性之间的关系。平台对市场双方的定价策略正是源于对需求价格函数弹性的比较，对于需求价格弹性较高的用户，其平台使用费用相对较低，因为该类用户对价格变化的反应敏感，较低的费用有利于更多的用户加入平台。

3.3.3　基于交叉网络强度的倾斜定价模型

在本模型中，假定双边市场双方加入平台需要收费，但交易并不需要。参与方 Q 的参与需求量受另一方的交叉网络效应的影响，参与方 P 的需求同样如此，由此可以得到参与方的需求函数如下：

$$Q_i = D_i(P_i, Q_j),\ i, j \in \{1,2\},\ i \neq j \tag{3-9}$$

假定该函数的自变量价格下降，而另一方的平台参与数量不减少。该模型中的交叉网络效应平均强度自然测度为

$$S = (\partial D_1 / \partial Q_2)(\mathrm{d}D_2 / \mathrm{d}Q_1) \tag{3-10}$$

这种测量方法与 Rohlfs（罗尔夫斯）的短期不均衡动态系统中的稳定性相关：

$$\Pi(Q_1, Q_2) = Q_1[d_1(Q_1, Q_2) - C_1] + Q_2[d_2(Q_2, Q_1) - C_2] \tag{3-11}$$

其中，C_i 为某一方的单位参与成本。式（3-11）的最大化完全等同于一个垄断厂商销售互补性产品的收益最大化。

一般来说，该模型的二阶条件由于涉及平台另一方参与市场的数量的二阶导数 d_i，d_i 的变化受另一方市场数量的影响，无法得到解析式表述中的交易，如边际收益的递减也不再是 Π_{ii} 作为二阶导数为负的充分条件。然而，当另一方平台市场上参与量的二阶导数为负时，本章可以定义在一定条件下的平台市场的最优参与量

$$\hat{Q}_i(\hat{Q}_j) = \arg\max_{Q_i} \Pi(Q_i, Q_j),\ i = 1,2,\ j \neq i \tag{3-12}$$

在这一定义下，式（3-11）的驻点的二阶条件至少是一个局部最优值，作为平均交叉网络外部性效应的一个条件：

$$T_Q = \left(\frac{\mathrm{d}\hat{Q}_1}{\mathrm{d}Q_2}\right) \cdot \left(\frac{\mathrm{d}\hat{Q}_2}{\mathrm{d}Q_1}\right) = \frac{(\Pi_{12})^2}{\Pi_{11}\Pi_{12}} \tag{3-13}$$

可以得到，如果平台收益函数中的二阶偏导数 Π_{11} 和 Π_{12} 都小于 0，则局部最优条件为间接网络效应强度 $T_Q < 1$，如果 $T_Q > 1$，则该驻点为拐点。如果唯一的驻点即为拐点，那么收益函数最大化是可行性解的边界集合。很明显，该模型的交叉网络效应平均强度自然测度 S 和平均交叉网络效应 T_Q 并不完全相等，因为 S

只包括一阶导数，而T_Q是涉及多元的二阶全导数，这两者也并不相关。为了解需求函数非凹性的影响因素和平均间接网络效应两种测量手段对平台定价影响的差异，可以思考以下两个例子，首先假定D_i是一个对数线性函数：

$$D_i(P_i,Q_j)=\alpha_i P_i^{\beta_i}Q_j^{\delta_j}，\ i,j\in\{1,2\}，\ i\neq j \tag{3-14}$$

其中，α、β和δ都为正的常数，从式（3-10）中可得出，交叉网络效应平均强度自然测度$S=\delta_1\delta_2$，继而可以得到直接的一阶和二阶条件。

如果平台收益函数模型中的需求由式（3-13）给定，且$\beta_1,\beta_2>1$，$\delta_i<\beta_i$，则$\Pi_{ii}<0$，$i=1,2$为模型的驻点。在以上条件下，如果满足$\delta_1,\delta_2<1$，则$T_P<1$，$S<1$；当$\delta_1,\delta_2\geqslant 1$，则$T_P\geqslant 1$，$S\geqslant 1$。因此，交叉网络弹性对$i$方的影响小于相应的需求价格弹性，但这只是为了满足一阶导数$\Pi_i=0$，表明Π的收益函数达到了局部最大值。本章还有一些更容易处理的例子，即假定i方的典型个体h，h参与平台的充分必要条件为

$$\theta_i^h\geqslant P_i-\delta_i Q_j,\ \ i,j\in\{1,2\},\ \ i\neq j \tag{3-15}$$

其中，δ_i为正数；$N_i>0$为市场中i方潜在的参与平台的人数的最大值，假定θ_i^h均匀分布在$(0,\alpha_i)$，$\alpha_i>C_i$，$i=1,2$。在该条件下，给定参与者的需求函数

$$D_i(P_i,Q_j)=N_i-B_iP_i+G_iQ_j,\ \ i,j\in\{1,2\},\ \ i\neq j \tag{3-16}$$

$$B_i=\frac{N_i}{\alpha_i},\ \ G_i=\frac{\delta_i N_i}{\alpha_i},\ \ i=1,2 \tag{3-17}$$

在该例中，$S=G_1G_2$，式（3-16）的价格解P_i为

$$P_i=d_i(Q_i,Q_j)=\alpha_i-b_iQ_i+\delta_iQ_j,\ \ i,j\in\{1,2\} \tag{3-18}$$

其中，

$$b_i=\frac{1}{B_i}=\frac{\alpha_i}{N_i},\ \ i=1,2 \tag{3-19}$$

企业的利润函数可得

$$\Pi=Q_1(\alpha_1-b_1Q_1+\delta_1Q_2-C_1)+Q_2(\alpha_2-b_2Q_2+\delta_2Q_1-C_2) \tag{3-20}$$

因此，该函数最大值的一阶条件为

$$\Pi_i=(\alpha_i-C_i)+(\delta_1+\delta_2)Q_j-2b_iQ_i=0,\ \ i,j\in\{1,2\},\ \ i\neq j \tag{3-21}$$

式（3-21）取最大值的必要二阶条件为

$$\Pi_{ii}=-2b_i<0,\ \ i=1,2 \tag{3-22}$$

$$T_Q=\frac{(\Pi_{12})^2}{\Pi_{11}\Pi_{12}}=\frac{(\alpha_1+\alpha_2)^2}{4b_1b_2}<1 \tag{3-23}$$

利用式（3-19）可重写条件式（3-21），更便于与式（3-23）比较，可得满足式（3-21）最大值的充要条件：

$$\sqrt{T_Q} = \frac{1}{2}\left(G_1\sqrt{\frac{B_2}{B_1}} + G_2\sqrt{\frac{B_1}{B_2}}\right) < 1 \tag{3-24}$$

如果交叉网络效应 $T_P \geqslant 1$，则该点为拐点，平台收益函数 Π 在可行解集合的边界上取得最大值。由此可知，在交叉网络外部性的影响下，平台中一方用户的需求函数是另一方用户数量的线性递增函数。当平台中一方的数量上升时，平台中另一方用户的收益将增加。

第 4 章　B2B 平台下的供应链金融创新模式

多边平台的出现是近年来一种重要的商业现象，它随着信息技术的发展和互联网的兴起而快速增长。而双边平台是一种特殊的多边平台，从平台的视角看，它将两个性质不同但是会相互依存的客户群体聚集在一起，实现信息互换和完成交易等活动。B2B 平台的直接含义是企业与企业之间的交互平台，它们通过互联网进行信息交换、产品交易与服务交易，在同一供应链的上游供应商和下游零售商可以通过这一平台实现互联。

B2B 平台的发展依赖于近年来互联网和移动终端技术的进步，平台以第三方中介的身份连接供应链上下游企业，相比于传统供应链渠道，具有信息透明化、可信赖度高、合作高效等特点。B2B 平台市场的几大功能可以总结为：聚集性功能、匹配交易功能、便捷性功能、信用功能。因为平台一侧的用户数量与另一侧用户的收益存在一定的相关关系，而平台在对两侧用户定价时又存在非中性价格结构，实际上具有第 3 章所讨论的双边市场特征。这种为上游供应商和下游零售商提供交易机会和监督的第三方 B2B 平台，与两侧用户构成了典型的双边市场。

B2B 平台的主要收益来自向两侧用户收取成员费或者单次交易费，因此，定价结构和最优策略问题是其考虑的重要方面。通过之前的研究结果，我们发现一个新建立的 B2B 平台会以消费者导向为自己的初衷，并致力于吸引更多的客户加入，当这一过程进行到一定程度后平台会开始寻求合作的商业伙伴，开展更多的服务来获得利润最大化。随着企业客户在平台购买产品和服务上花费大量金钱，如何合理管理和维护忠实的企业客户可以为平台提供更高的收入也成为一个重要问题。

随着市场中 B2B 平台规模的扩大和竞争的加剧，B2B 平台管理者不再满足于信息提供和促成交易等基础服务的提供，开始探索更广阔的服务领域，拓展增值业务如物流服务、广告业务等。一些大型 B2B 平台观察到加入的用户中有许多是中小企业，普遍存在资金约束的问题，但由于其企业规模较小，银行授信困难。再者，其资金受限主要存在于单笔订单内，融资需求较小、周期较短，有着多方面的问题，很难从银行获得融资。由于平台直接负责对接这些企业，这种资金约束问题一方面可能会对平台产生负面的影响，影响用户数量和平台收益，另一方面也让平台看到了商机。

近年来，国内已经先后涌现出一大批 B2B 平台，其中有阿里巴巴等综合性

B2B 平台，也有如中国纺织网、中国化工网等行业垂直类 B2B 平台。B2B 平台之间的竞争也愈演愈烈，运营管理者不断探索新的服务模式和运营方式，并从产品供应链中的物流、资金流和信息流等角度出发找寻新的出路。现有 B2B 平台依托自身交易数据，面向市场的实际状况，开发了由平台直接为企业用户提供融资的拓展服务，如背靠阿里巴巴平台的阿里金融，它主要面向各种小微企业及个体创业者，为它们提供小额信贷业务。具体而言，有两种融资渠道：一种是平台卖方基于已发货但未收到货款的订单申请贷款，系统对这些订单评估后计算出可申请的最高贷款金额，向企业发放贷款；另一种为信用贷款，它无须抵押或第三方担保，直接利用阿里平台上用户的信用数据和行为数据，通过网络数据模型和在线资信调查，以及交叉检验与第三方验证技术，将用户在阿里平台上的各种行为数据转化为企业的信用评价，再结合平台上的交易模型，向这些很难在银行或其他第三方金融机构获得贷款的用户群体发放小额贷款。以阿里为代表的一系列 B2B 平台利用平台上的用户数据构建信用评价机制，并依托于正在交易中的订单来发放贷款，从中可获得直接的利率收益。但是，这种提供融资的增值服务不仅会为平台带来直接的融资利润，还将会影响在平台中进行交易的用户行为，进而影响平台交易量，从而引起双边市场中网络效应的变化和平台利润的变化。

为了更好地了解我国 B2B 平台提供融资服务的发展现状，我们总结了一些 B2B 平台的融资业务，如表 4-1 所示。

表 4-1　B2B 平台融资业务

平台名称	行业领域	融资产品	融资方	融资方式
阿里巴巴	综合类	阿里小贷	卖方	质押贷款；信用贷款；联保贷款
快塑网	橡塑化工	快塑购、物权贷、快塑贷	买方/卖方	预付账款融资；存货质押融资；应收账款融资
找油网	石油	找油白条、找油金条、找油金融	买方	信用赊购
敦煌网	对外贸易	E 保通、结汇宝、汇款宝	买方/卖方	应收账款融资；结汇服务；信用贷款
金银网	煤炭	仓单融资、订单融资	买方/卖方	仓单质押贷款；订单贷款
找钢网	钢铁	胖猫白条	买方（采购商）	先提货，后付款（赊购）
网盛生意宝	化工、纺织、医药（行业垂直平台）	贷款通	买方/卖方	与银行合作，融资采购、订单贷款

现有的关于供应链融资的企业实践行为主要有三种不同的类型：第一种，也

是最基础的，由银行或其他金融机构直接发起的供应链融资业务；第二种是由供应链中的核心企业牵头，通过与第三方金融机构合作，帮助其上下游的合作伙伴开展供应链融资；第三种，也是我们所要重点研究的，即各大 B2B 平台依托其掌握的用户交易和经营数据直接提供融资或与银行合作参与供应链融资的经营模式。

本章将通过构建数学模型研究双边市场中 B2B 平台的管理类决策行为，从双边市场的网络效应角度解读 B2B 市场，研究双边市场及网络效应在 B2B 平台各种运营决策中的作用。基于上述平台实践，我们讨论 B2B 平台为双边市场用户提供融资服务的行为，分析该行为对双边市场中的组内、组间网络效应，以及各方利润的影响，求解平台融资和最优定价策略，从而指导平台的融资策略，探索双边市场规律。此外，会从双边市场网络效应的模型表现形式出发，研究线性表达和非线性表达下对网络效应变化的研究方式，为平台融资与网络效应的表达探索新的模型构建形式，从而为 B2B 平台下的供应链金融模式提供创新思路。

4.1 基于 B2B 平台的供应链金融模式分析

B2B 电子商务平台与银行深入合作，其供应链金融模式分为两大块内容，一是资金结算，二是在线融资。

4.1.1 基于 B2B 平台的在线支付模式

B2C、C2C 的电子商务支付系统一般选择第三方支付系统，如支付宝。但由于支付宝的支付额度较小，不适宜 B2B 电子商务。而且支付宝有一个信用期（即买方觉得卖方产品不合格可协商后选择退款的缓冲期），而这个信用期是支付宝盈利的主要手段。对于 B2B 企业来说，如果选择第三方支付，信用期所产生的经济效益是巨大的。因此，B2B 企业都想要在对方汇款时立刻能收到货款。

企业通过第三方交易平台注册一个在线支付账号（该账号为合作银行账号），该账号的资金存储结构分为两部分，一部分是实有资金，另一部分是虚有资金。实有资金部分，户主是可以自由支配的，但是对于虚有资金部分，只有在买方收到货物后确认支付或者默认支付（在一段时间后仍无异议）方可解冻，转变为实有资金，但是该部分的虚有资金在信用期内所产生的利息等经济效益归户主所有，且在外显示的资金账户为实有资金与虚有资金的总和。我们以一个简单的交易行为为例，详细描述该支付过程，如图 4-1 及表 4-2 所示。

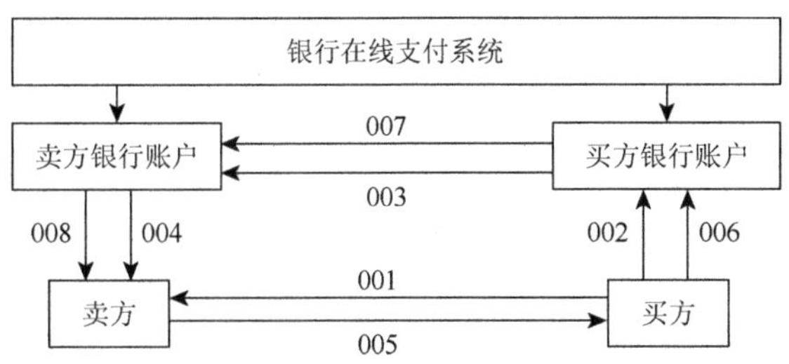

图 4-1　B2B 平台在线支付流程

表 4-2　B2B 平台在线支付流程说明

编号	活动	活动说明
001	下单	买方通过企业的销售平台向卖方下单
002	在线支付	买方在网上下单时选择在线支付
003	资金的虚拟流转	买方银行账户中一部分的资金流向卖方银行账户
004	确认收款	银行将订单号及销售款等信息反馈给卖方
005	发货	卖方通过物流企业发货给客户
006	确认支付	在交易平台确认收到货物，并且同意全额支付
007	资金解冻	卖方银行账户中的虚拟资金在获得同意支付信息后解冻，转为实际资金
008	反馈信息	收到银行的到款通知

在该支付系统中，关键环节即账户冰冻环节（即资金的虚拟流转环节），如能克服技术障碍，该支付方式可为买方和卖方产生巨大收益。在查阅相关资料时，发现已有相关的支付系统，与上述的有异曲同工之妙，如金银岛的“硬信用”交易机制，如图 4-2 所示。

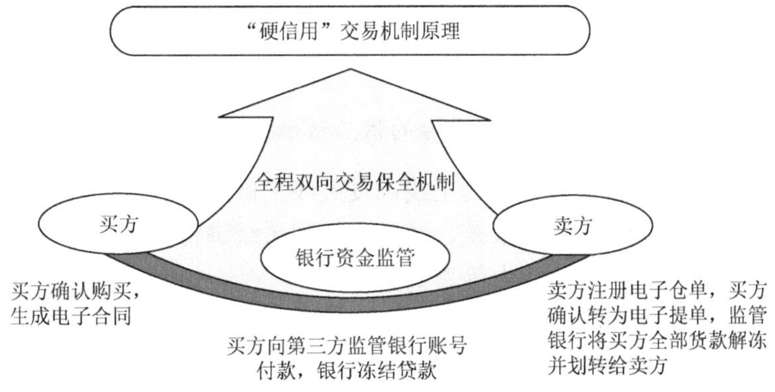

图 4-2　金银岛“硬信用”交易机制原理

“硬信用”交易机制是金银岛为了解决企业网络交易安全所设立的全程双向交易保全机制。交易货款由银行监管，即卖方报盘，买方确认购买，生成电子合同，向第三方监管银行账号付款，银行冻结货款；卖方注册电子仓单，买方确认转为电子提单，监管银行将买方全部货款解冻并划转给卖方。

艾瑞咨询分析认为，金银岛的这种资金监管的机制，保证了大额在线交易的安全性。而此贸易流程的顺利实施，取决于两个因素：一方面，金银岛所涉及的产品均为标准化产品；另一方面，金银岛解决了买卖双方的信用风险问题。

4.1.2　基于 B2B 平台的供应链融资模式

根据上述对融资平台的分析，可以看出 B2B 平台下供应链金融业务将沿两条途径发展。

（1）以银行自建在线金融服务平台为主线，银行势必会借助多年的传统供应链金融经验，开展线上供应链金融服务。随着供应链管理的电子化，越来越多的核心企业意识到供应链整合的重要性，就会有更多的核心企业愿意与银行进行对接，方便上下游企业的融资。银行在线金融服务平台与核心企业的供应商系统、经销商系统进行对接，提取上下游企业经营的真实数据，贷款更加方便安全。

（2）以第三方交易平台的在线金融为主线，由于第三方交易平台与银行合作，交易平台在信息的收集及客户的管理上占有绝对优势，因此越来越多的企业想要效仿阿里巴巴，自建小额贷款公司，获得全部收益。

因此，笔者根据上述的分析，由于现在的技术未能使银行与核心企业的供应商系统、经销商系统进行对接，因此，采用线下电子商务平台对接技术，将核心企业的采购平台和销售平台与银行对接，整理出基于供应链核心电子商务平台的供应链金融服务；将第三方交易平台与银行对接，整理出基于第三方交易平台的供应链金融服务。

1. 基于供应链核心企业 B2B 平台的供应链融资模式

银行以自建供应链金融平台为主线，发展线上供应链金融服务，与核心企业的电子商务平台、供应商管理系统、经销商管理系统进行对接，使其更加了解供应商、经销商的信用、经营能力等真实情况。

1）电子采购

在电子商务中对企业最具吸引力的就是电子采购，利用信息和网络技术对采购全程的各个环节进行管理，使得整个采购产业链高效流畅运转，优化企业供应链，实现订单履行信息从制造商到供应商的无缝连接。虽然自建电子采购平台的应用历史比较短，但随着政府相继出台《中华人民共和国招标投标法》《中华人民共和国政府采购法》《中华人民共和国电子签名法》，以及中央政府、陕西省、无锡市的采购网先后开通，使得电子采购业健康发展的社会基础逐渐形成。供应链中的核心企业纷纷建立起自己的电子采购平台，目前应用电子采购的最大行业主要集中在石化、医药等领域，而教育、农业、房地产等行业的电子采购正在逐步开展。

电子采购平台有严格的注册流程，筛选出优秀合法的供应商，为开展供应链金融提供良好的信用屏障，供应商电子采购注册的一般流程如图 4-3 所示。

图 4-3　供应商电子采购注册流程图

从电子采购注册流程图可以看出，申请注册的供应商并不能被全面审核通过，只有产品质量好、订单履行情况优，才有资格注册并投标。而基于电子采购平台的供应链金融是在核心企业的电子采购平台中接入银行端口，银行可通过采购人员审核的信息对申请融资的中小企业进行初步审核，并根据其中标的数量与金额，以及历史订单履行率为依据对其进行融资，这为中小企业的融资开拓出新的途径。同时也为企业的电子招标增加吸引力，使得更多的中小企业愿意参与到竞标中。我们先来看供应商在生产过程中可采用的融资手段，如图 4-4 所示。

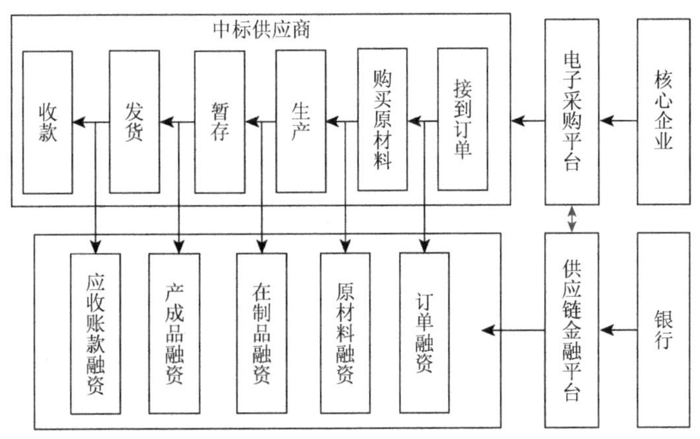

图 4-4　基于电子采购的供应链融资形式

供应链金融的开展过程，是对资金流、信息流及物流的集成统一，在实际开展供应链金融的过程中，银行会尽量减少自己的风险，与社会各行业合作，形成供应链金融模式。从图 4-4 的供应链融资形式来看，基于供应链核心的电子采购的供应链金融模式如图 4-5 所示。

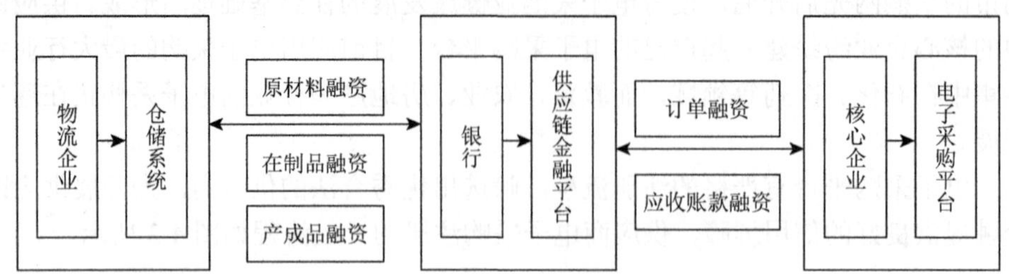

图 4-5　基于供应链核心电子采购的供应链金融模式

图 4-5 的供应链模式中物流企业参与过程是协助银行监控存货，使得存货质押融资更加安全可靠。核心企业则可以通过电子采购平台筛选合格供应商，并根据其经营绩效及订单履行率等指标给予一定额度的融资。

2）销售平台

供应链金融主要是围绕供应链中的核心企业进行上下游企业的融资，如前所述，借助核心企业的电子采购平台进行核心企业上游的融资，那么核心企业的下游企业该如何借助电子商务来进行融资呢？在电子商务时代，为方便下游企业采购，很多大型企业会建立自己的官方销售平台，为下游的采购商提供便捷服务。这也是在日益鱼龙混杂的 B2B 平台交易下的一种发展趋势，很多大型企业为了控制维护好自己的品牌，不再授权第三方或者代理商网上代理产品，这也就产生了以供应链核心销售平台为主的电子商务模式。

虽然自建销售平台的成本较高，但是如果很好地利用销售平台就可以开展增值服务，开拓新的利润市场，如理士商城就是为广大企业客户大宗订购需求提供的快速订购通道，其成熟的网络支持为下游企业提供满意的产品和服务。下面以理士商城中的理士电池为例，分析一下基于核心企业销售平台的供应链金融如何展开。我们先来分析理士商城的销售服务的内容，如图 4-6 所示。

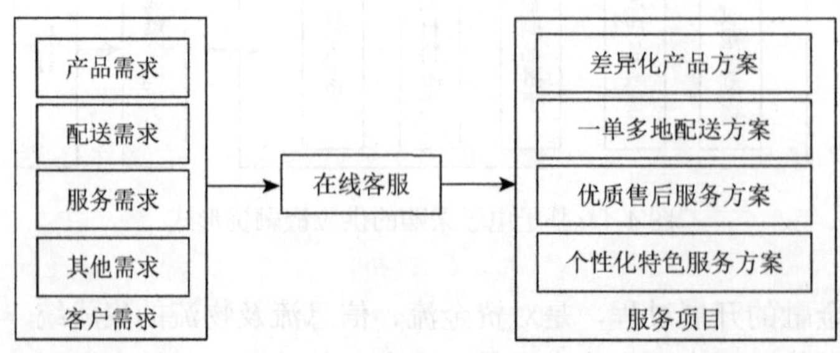

图 4-6　理士商城在线服务

从理士商城的在线服务内容来看，这是一个相对成熟的官方销售平台，如果能够将银行的供应链融资系统与之对接，就可以提出在线供应链金融方案，为广大的采购商提供金融服务，从而增强品牌的竞争力，提高在线购买量。下面介绍基于供应链核心销售平台的供应链融资模式，如图 4-7 所示。

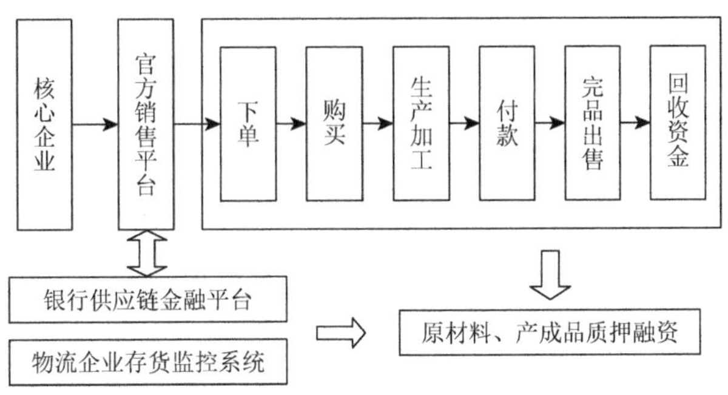

图 4-7　基于供应链核心销售平台的供应链融资模式

银行与核心企业进行合作，为下游的采购商提供供应链金融服务。融资对象主要是采购商所采购的产品，核心企业要承担在采购商无法出售其产品时无条件购回其产品的风险，方能为其产品提供融资。从图 4-7 可以看出，核心企业的下游企业由于采购核心企业产品在付款与回收资金之间有个时间差，对于企业来说叫作资金缺口，如果企业在销售过程中能够与银行合力提供供应链金融服务，帮助下游企业解决资金问题，就可以使供应链更具竞争力。产品的质押与监控可以由银行自己完成，也可以和物流企业合力完成，根据银行对风险的承受能力而定。

2. 基于第三方综合电子商务平台的供应链融资模式

第三方综合电子商务平台就是指为交易活动中买卖双方企业提供信息发布、贸易磋商服务的平台供应商。目前在国内比较知名的第三方综合电子商务平台有阿里巴巴、环球资源、慧聪网等。

1）基于“第三方综合电子商务平台 + 银行”的在线融资模式

“第三方综合电子商务平台 + 银行”模式，是指银行将平台与第三方综合电子商务平台对接，通过物流企业、银行等形成一个在线供应链金融的产业链。具体的模式如图 4-8 所示。

货主企业通过第三方综合电子商务平台进行信息收集、订单下单、交易合同等一系列交易行为，买卖双方根据自己的资金需求可向第三方综合电子商务平台申请融资，卖方可申请的融资形式有订单融资、原材料融资、在制品融资、产成品融资、应收账款融资等，而买方则可申请预付款融资等。在该模式中，物流企

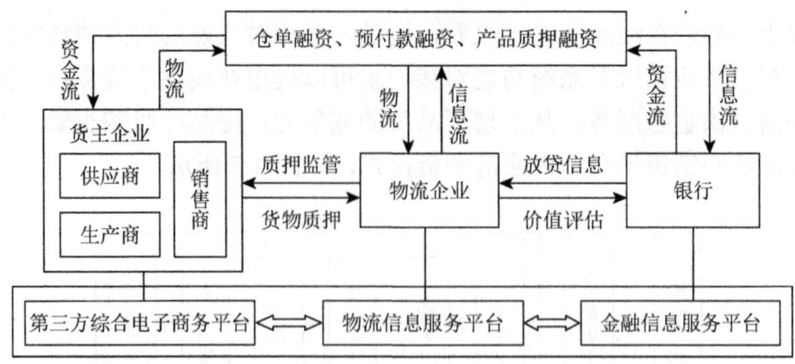

图 4-8　第三方综合电子商务平台与银行合作在线融资模式

业可以起到产品质押的监管作用，而第三方综合电子商务平台、物流信息服务平台和金融信息服务平台相结合，形成在线融资平台，该融资平台一般附着于第三方综合电子商务平台上，使得第三方综合电子商务平台功能更强大，增值服务更完善。

2）基于第三方综合电子商务平台自建小额贷款公司的在线融资模式

第三方综合电子商务平台自建小额贷款公司的在线融资模式，国内主要见于阿里巴巴，该模式将对中小企业的融资演变成一种风险投资，而非借款行为。

2010 年 6 月 8 日，阿里巴巴集团联合复星集团、中国银泰投资有限公司、万向集团，成立了浙江阿里巴巴小额贷款股份有限公司，为中国小企业客户提供 50 万元以下的贷款，满足小企业扩大经营融资的需求。据了解，在前期试运营期间，网商融资平台已经云集了来自 400 多家国内外著名风险投资机构的 2000 多名风险投资人，并有 600 多名注册会员提交了融资项目。阿里巴巴网商融资平台的注册会员主要为项目方，项目方会员在注册后即可提交自己的融资项目，平台将定期把会员提交的项目向 2000 多名风险投资人提交。

阿里巴巴的网商融资平台的成功也为银行开展基于第三方综合电子商务平台的融资带来了机遇，银行对网商不了解，但可以借力阿里巴巴的云计算风险控制系统，对每一个网商进行信用监控，使风险投资的风险降低。若银行以风险投资商的身份加入阿里巴巴的网商融资平台，合理推动网上融资的发展，最终可能会形成大规模的网上融资平台，不仅仅满足阿里巴巴的网商，还包括其他平台网商的融资需求。这样，基于第三方综合电子商务平台的融资模式如图 4-9 所示。

从图 4-9 可以看出，现有的阿里巴巴网商融资平台是以信用融资为主，通过其云计算系统监控每一个注册网上的信用动态，达到一定的标准时方可申请融资。虽然信用融资方便有效，但扩展到其他平台上的网商时就会有局限。如果将线上融资与线下融资结合，加入存货融资及应收账款融资等可以使得融资方式更加多样化，也可使融资范围扩大到电子商务的所有平台。

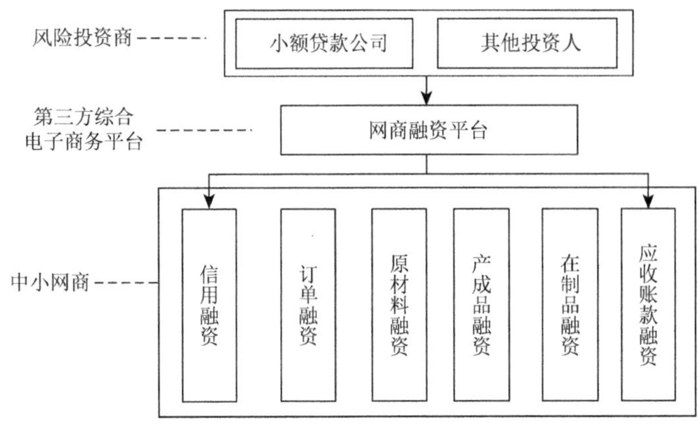

图 4-9　基于第三方综合电子商务平台的融资模式

4.2　B2B 平台融资服务下双边市场网络效应与平台策略

B2B 平台连接着多个供应商和多个零售商，为双边用户提供信息搜索、撮合交易，乃至供应链金融等各种增值服务。线上 B2B 平台由于其信息的公开性和可达性，与线下市场有着显著区别，它具有双边市场的特征，平台双边的用户数量会受到同侧或另一侧人数的影响，根据第 3 章的介绍，这被称为网络效应。我们可以观察到，在大部分双边市场中，组间网络效应和组内网络效应应当是同时存在的，而且不会是一成不变的，在平台用户人数的变化、平台策略的改变，甚至是一些外部市场环境的变化等因素的影响下，其大小可能会发生一定的改变。现有研究很少同时考虑双边市场中的组内网络效应、组间网络效应，并且在现有模型研究中仅仅是把这种网络效应当作外生参数进行推演计算。这种表示方法无法从根本上研究双边市场中网络效应的出现规律，以及受什么因素影响，将会随之产生怎样的变化，况且这种表示方法也很难在现实中被衡量和量化。

所以，本章将会采用两种不同的表示方式研究双边市场的组内网络效应、组间网络效应，并研究其在一些市场要素条件改变之下的变化趋势。

B2B 平台的主要经营形式有供应链核心企业自行建立的 B2B 平台和第三方经营的 B2B 平台两类。其中自行建立的 B2B 平台的企业有沃尔玛、国美、百威和海尔等，它们主要以核心企业采购为经营模式，采用点对点的交易方式。相比于寻求第三方合作，这种自行建立的 B2B 平台可以使企业在供应链中拥有更大的话语权和主动权，同时也可获得和掌握相关的行业数据，但这类 B2B 平台由于其私有的排他性，无法对接大量的上下游企业，从交易模式上来看更接近于传统的供应链采购销售活动，区别只是会采用互联网作为交易场地，因此不具有典型的双边市场网络效应的特征。

因此，本节主要讨论的是第三方经营的 B2B 平台，它以第三方的身份，对加入平台的上下游企业提供信息交流渠道、技术服务并撮合交易。这类平台为市场中大量的卖方企业与买方企业提供了沟通的渠道，两侧用户的规模会时常处于变化之中，一方参与者的规模对另一方的效用具有一定影响，这样的 B2B 平台与其连接的两侧用户群体共同组成了一个双边市场系统。第三方经营的 B2B 平台可分为全行业综合性平台及单品类行业垂直性平台。例如，中国的阿里巴巴，它是全行业综合性平台的代表，自建成后已经为超过 240 个国家的 1800 多万名买家提供在线交易服务、云数据存储、价格比较搜索及在线支付等服务。美国的 GlobalSpec，是全球较为专业的电子及工业采购网站之一，它是一个典型的行业垂直类 B2B 平台。目前发展迅速，截至 2022 年拥有 590 万采购工程师和技术类买家用户群体，为其提供各类工程技术类信息，如行业技术标准、产品专利及相关信息、供应商名录、核心产品与技术资料库等。

下面我们会探究当双边市场中同时存在组内网络效应和组间网络效应时，平台的融资策略对网络效应和各方利润的变化情况，并研究存在市场风险的平台融资行为，从而进行比较分析。我们会通过两种模型构建方式研究网络效应在双边市场平台融资模型中的变化规律和平台策略。其中，一种模型构建三方的效用函数关系，网络效应通过外生设定；另一种模型构建利润函数模型，网络效应由内生得出。

4.2.1 线性网络效应平台融资模型

本节的线性网络效用模型的构建方式参照了 Armstrong（2006）的双边市场基础模型，但是在效用函数中，增加了平台融资对网络效应影响的变化系数，并且将平台的决策变量扩展为三个——卖方定价、买方定价和平台融资额，增加了博弈的复杂程度。本节双边市场模型的构建基于一个三阶段的垄断 B2B 平台的博弈模型，通过逆推法求解平台的最优定价与融资决策。该平台会向双边用户提供融资服务，平台的决策变量为双边用户加入平台的最优定价策略及融资额，由于是垄断平台，它通过定价会为用户提供一个参与或放弃（take it or leave it）的合同，双边用户只需要判断收益是否为正来选择是否加入平台。模型的三个博弈阶段分别为：①B2B 平台进行融资决策——是否向用户提供融资，以及确定所要提供的融资额度；②平台制定并宣布双边市场中买方和卖方加入平台的会员费定价策略；③市场双边用户根据平台定价对自身效用大小的影响选择是否加入平台。

下文的双边市场平台融资模型的基本构建方式遵循以往的双边市场定价研究的模型思路（Anderson and Coate，2005；Armstrong，2006；Armstrong and Wright 2007；Anderson et al.，2013），模型中的参与方包含 B2B 平台、买方零售商和卖方供应商。其中买方和卖方之间存在基础的组间网络外部性，同时平台融资会带来同侧用户的组内负网络效应和异侧组间网络效应。设 b 是买方，s 是卖方，市场中 i 侧加入平台的人数为 N_i，其中 $i=b,s$，平台会向双边用户收取加入平台的固定费用 p_i，并选择向其中一方提供融资服务，平均融资额为 D_i，是平台的决策变量。接下来将会分别构建平台向买方提供融资和向卖方提供融资的数学模型，并求解平台最优定价、最优融资额和最优利润。为研究双边市场中的网络效应，在模型中会用线性系数的形式表示出融资服务对加入平台双方的组间、组内网络效用系数的变化情况。

1. B2B 平台向买方提供融资的模型

先构建平台向买方提供融资的双边市场线性网络效应模型，研究 B2B 平台向有资金约束的买方提供融资服务时的最优定价和最优融资策略。

我们设 α_c 是每一个加入平台的买方从卖方侧获得的基础组间网络外部性系数；σ_c 是买方从平台融资引起的组内效用变化系数，σ_c 的值可正可负，正值代表买方群体人数的增加对己方侧有正向促进作用，负值代表买方存在组间竞争，人数越多会对收益带来负向影响；θ_c 是买方从融资获得的直接单位效用系数；V 是平台的服务水平；τ_c 是每一位买方对平台服务水平的内生评价系数，它服从[0, 1]上的均匀分布。则买方效用函数 U_C 表示如下：

$$U_C=\tau_c V+\alpha_c N_s+\sigma_c D_c N_c+\theta_c D_c-p_c \tag{4-1}$$

其中，$\tau_c V$ 为平台对用户的服务效用；$\alpha_c N_s$ 为买方带来的组间网络效用；$\sigma_c D_c N_c$ 为融资引起的买方组内效用；$\theta_c D_c$ 为平台提供融资为买方带来的直接效用；p_c 为平台向买方收取的固定费用。

对加入平台的卖方，我们设 α_s 是卖方从加入平台的买方侧获得的基础组间网络外部性系数；γ_s 是卖方从买方获得平台融资这一行为间接引起的卖方组间网络效用变化系数。同样，V 是平台的服务水平；τ_s 是每一位卖方对平台服务水平的内生评价系数，服从[0, 1]上的均匀分布。因此，加入平台的卖方效用函数 U_s 表示如下：

$$U_s=\tau_s V+(\alpha_s+\gamma_s D_c)N_c-p_s \tag{4-2}$$

令式（4-1）和式（4-2）中 $U_C=0$、$U_s=0$，得到 τ_c^* 和 τ_s^* 为加入平台双方效用函数等于零的分布点，我们还可以得到平台双边人数：$N_c=1-\tau_c^*$，$N_s=1-\tau_s^*$。代入效用函数表达式联立解得加入平台的双边人数为 $N_c=\dfrac{p_c V+p_s\alpha_c-V(V+\alpha_c+D_c\theta_c)}{-V^2+\alpha_c(\alpha_s+D_c\gamma_s)+D_c V\sigma_c}$，

$$N_s=\frac{(\alpha_s+D_c\gamma_s)(p_c-D_c\theta_c)+D_c V\sigma_c+p_s(V-D_c\sigma_c)-V(V+\alpha_s+D_c\gamma_s)}{-V^2+\alpha_c(\alpha_s+D_c\gamma_s)+D_c V\sigma_c}。$$

设平台对买方融资可获得的平均单位融资额的收益是b_c，平台的固定成本是μ，再加上平台向两侧用户收取的固定费用，可以得到平台收益函数Π：

$$\Pi = p_s N_s + p_c N_c + b_c N_c D_c - \mu \tag{4-3}$$

接下来将会计算B2B平台的最优定价和最优融资额。由于最优解表达式的复杂性，为方便表示和计算，在下文中我们设$A=\alpha_c-\alpha_s+D_c\gamma_s$，$B=\alpha_c+\alpha_s+D_c\gamma_s$，$C=\alpha_c-\alpha_s-D_c\gamma_s$。

1）B2B平台最优定价

在我们给出买方、卖方和平台的利润函数，并计算得出加入平台的双边用户人数后，下面我们将通过平台利润函数分别对双边用户的定价求导，来计算平台对双边用户的最优定价。我们令$\dfrac{\partial \Pi}{\partial p_c}=0$、$\dfrac{\partial \Pi}{\partial p_s}=0$联立方程，解得平台对双边定价的驻点为

$$p_c^* = \frac{2V^3 - V(\alpha_s + D_c\gamma_s)B - D_c(\alpha_s + D_c\gamma_s)B\theta_c - D_cV(C + 2D_c\theta_c)\sigma_c + b_cD_c(-2V^2 + \alpha_cB + 2D_cV\sigma_c) + V^2(C + 2D_c(\theta_c - \sigma_c))}{4V^2 - B^2 - 4D_cV\sigma_c}$$

$$p_s^* = \frac{V(2V^2 + D_c(\alpha_s + D_c\gamma_s)\theta_c - \alpha_c{}^2 - (b_cD_c + V)C - \alpha_c(\alpha_s + D_c(\gamma_s + \theta_c)) - 2D_cV\sigma_c)}{4V^2 - B^2 - 4D_cV\sigma_c} \tag{4-4}$$

当不等式满足$\dfrac{4V^2-B^2-4D_cV\sigma_c}{(-V^2+\alpha_c(\alpha_s+D_c\gamma_s)+D_cV\sigma_c)^2}>0$，且$-\dfrac{2V}{V^2-\alpha_c(\alpha_s+D_c\gamma_s)-D_cV\sigma_c}<0$时，该驻点为该B2B平台利润函数的最大值点，即平台最优价格决策点（此前提包含的不等式条件可简化为$4V^2-B^2-4D_cV\sigma_c>0$，$V^2-\alpha_c(\alpha_s+D_c\gamma_s)-D_cV\sigma_c>0$）。由此得到命题4-1如下。

命题4-1：当垄断平台为加入平台的买方用户提供融资额为D_c的服务时，平台对双边用户的最优定价为

$$p_c^* = \frac{2V^3 - V(\alpha_s + D_c\gamma_s)B - D_c(\alpha_s + D_c\gamma_s)B\theta_c - D_cV(C + 2D_c\theta_c)\sigma_c + b_cD_c(-2V^2 + \alpha_cB + 2D_cV\sigma_c) + V^2(C + 2D_c(\theta_c - \sigma_c))}{4V^2 - B^2 - 4D_cV\sigma_c}$$

$$p_s^* = \frac{V(2V^2 + D_c(\alpha_s + D_c\gamma_s)\theta_c - \alpha_c{}^2 - (b_cD_c + V)C - \alpha_c(\alpha_s + D_c(\gamma_s + \theta_c)) - 2D_cV\sigma_c)}{4V^2 - B^2 - 4D_cV\sigma_c}$$

其中最优解成立的前提条件为$4V^2-B^2-4D_cV\sigma_c>0$，$V^2-\alpha_c(\alpha_s+D_c\gamma_s)-D_cV\sigma_c>0$。

由于平台向买方侧提供供应链融资服务，平台对两侧用户的定价并不相同。接着观察到当平台不提供融资时，即融资额为0（$D_c=0$），平台的最优定价为

$p_c^*|_{D_c=0}=\dfrac{V(\alpha_s(\alpha_c+\alpha_s)+V(\alpha_c-\alpha_s)-2V^2)}{(\alpha_c+\alpha_s)^2-4V^2}$、$p_s^*|_{D_c=0}=\dfrac{V(\alpha_c(\alpha_c+\alpha_s)+V(\alpha_c-\alpha_s)-2V^2)}{(\alpha_c+\alpha_s)^2-4V^2}$，分析结论得到推论4-1。

推论4-1：当平台不提供融资服务且基础服务水平大于双边组间网络效应的均值，

即$V>\frac{\alpha_c+\alpha_s}{2}$时，若平台双边用户的组间网络效应相同（$\alpha_c=\alpha_s$），即代表买卖双方势力均衡，则平台会向两侧收取相同的固定费用$p_c^*=p_s^*=\frac{V(\alpha_c(\alpha_c+\alpha_s)-2V^2)}{(\alpha_c+\alpha_s)^2-4V^2}$，若双边市场中一边的势力较大，则平台会向另一边收取更高的注册费用。

推论 4-1 的结论证明了本模型求解的正确性，双边市场中两侧群体的势力大小（组间网络效应）会影响平台的最优定价，往往是势力较大的一方可以获得更多优惠或平台补贴。例如，在买方市场中，买方的势力较大，B2B 平台往往会选择向买方用户免费开放，甚至提供一些补贴来吸引用户的加入，而这一部分用户的费用成本将会被转嫁到卖方侧来支付。

2）B2B 平台最优融资额

在计算得到平台最优定价与最优融资额的函数关系式后，我们接着通过求导计算平台的最优融资额，继而代入各函数表达式求得模型的最优解。将式（4-4）中p_c^*、p_s^*的表达式代入平台利润函数式（4-3），再求该利润函数对融资额D_c的导数，导函数为

$$\frac{\partial \Pi}{\partial D_c}=-(V(2V+\alpha_c+\alpha_s+D_c(2b_c+\gamma_s+2\theta_c))((\alpha_c+\alpha_s)B\theta_c-V(C-2D_c\theta_c)\sigma_c+b_c(-4V^2+(\alpha_c+\alpha_s)C+2D_cV\sigma_c)-V(\gamma_sC+2V(\gamma_s+2\theta_c+\sigma_c))))/(-4V^2+B^2+4D_cV\sigma_c)^2$$

当$-4V^2+B^2+4D_cV\sigma_c\neq 0$时，可解得导函数驻点为$\left\{D_{c1}=\frac{-2V-\alpha_c-\alpha_s}{2b_c+\gamma_s+2\theta_c},\ D_{c2}=\frac{(2V+\alpha_c+\alpha_s)((b_c+\theta_c)(2V-\alpha_c-\alpha_s)+V(\gamma_s+\sigma_c))}{\gamma_s(-V\gamma_s+(\alpha_c+\alpha_s)(b_c+\theta_c))+V(2b_c+\gamma_s+2\theta_c)\sigma_c}\right\}$。因为该导函数分母恒为正，分子的二次项系数为$-2V^2(2b_c+\gamma_s+2\theta_c)(\theta_c+b_c)\sigma_c<0$，因此导函数是开口向下的二次函数，会在右侧的点取到函数的最大值。因为$\frac{-2V-\alpha_c-\alpha_s}{2b_c+\gamma_s+2\theta_c}<0$，所以$D_{c1}$不是最优融资额。又因$(2b_c+\gamma_s+2\theta_c)>0$，$\gamma_s>0$，我们设$\gamma_s(-V\gamma_s+(\alpha_c+\alpha_s)(b_c+\theta_c))+V(2b_c+\gamma_s+2\theta_c)\sigma_c>0$，由 B2B 平台最优定价中的前提条件可得，$V>\frac{\alpha_c+\alpha_s}{2}$，$(b_c+\theta_c)(2V-\alpha_c-\alpha_s)+V(\gamma_s+\sigma_c)>0$，则$\frac{(2V+\alpha_c+\alpha_s)((b_c+\theta_c)(2V-\alpha_c-\alpha_s)+V(\gamma_s+\sigma_c))}{\gamma_s(-V\gamma_s+(\alpha_c+\alpha_s)(b_c+\theta_c))+V(2b_c+\gamma_s+2\theta_c)\sigma_c}>0$，平台应提供融资服务，$D_{c2}$为最优融资额，所以平台为买方融资的最优融资额为

$$D_c^*=\frac{(2V+\alpha_c+\alpha_s)((b_c+\theta_c)(2V-\alpha_c-\alpha_s)+V(\gamma_s+\sigma_c))}{\gamma_s(-V\gamma_s+(\alpha_c+\alpha_s)(b_c+\theta_c))+V(2b_c+\gamma_s+2\theta_c)\sigma_c}\tag{4-5}$$

命题 4-2：当双边市场中垄断 B2B 平台为买方提供融资服务时，平台为单个买方

提供的平均最优融资额为 $D_c^*=\dfrac{(2V+\alpha_c+\alpha_s)((b_c+\theta_c)(2V-\alpha_c-\alpha_s)+V(\gamma_s+\sigma_c))}{\gamma_s(-V\gamma_s+(\alpha_c+\alpha_s)(b_c+\theta_c))+V(2b_c+\gamma_s+2\theta_c)\sigma_c}$，其中 $\gamma_s((\alpha_c+\alpha_s)(b_c+\theta_c)-V\gamma_s)+V(2b_c+\gamma_s+2\theta_c)\sigma_c>0$。

为研究平台最优融资额与双边网络效应的关系，我们将最优融资额 D_c^* 对双边市场的基础组间网络效应 α_c、α_s 求导得

$$\frac{\partial D_c^*}{\partial\alpha_c}=\frac{\partial D_c^*}{\partial\alpha_s}=\frac{V(4(b_c+\theta_c)+(\gamma_s+\sigma_c))(\gamma_s(-V\gamma_s+(\alpha_c+\alpha_s)(b_c+\theta_c))+V(2b_c+\gamma_s+2\theta_c)\sigma_c)}{(\gamma_s(-V\gamma_s+(\alpha_c+\alpha_s)(b_c+\theta_c))+V(2b_c+\gamma_s+2\theta_c)\sigma_c)^2}$$
$$-\frac{(2V+\alpha_c+\alpha_s)((b_c+\theta_c)(2V-\alpha_c-\alpha_s)+V(\gamma_s+\sigma_c))(b_c+\theta_c)\gamma_s}{(\gamma_s(-V\gamma_s+(\alpha_c+\alpha_s)(b_c+\theta_c))+V(2b_c+\gamma_s+2\theta_c)\sigma_c)^2}>0$$

因此当平台双边的用户之间的交叉网络效应越大，平台提供的最优融资额越高，两者呈正相关关系。接下来再令最优融资额 D_c^* 对融资引起的买方组内网络效应 σ_c 求导得 $\dfrac{\partial D_c^*}{\partial\sigma_c}=\dfrac{V(2V+\alpha_c+\alpha_s)(\gamma_s(\alpha_c+\alpha_s)(b_c+\theta_c)-((b_c+\theta_c)(2V-\alpha_c-\alpha_s)+2V\gamma_s)(b_c+\gamma_s+\theta_c))}{(\gamma_s(-V\gamma_s+(\alpha_c+\alpha_s)(b_c+\theta_c))+V(2b_c+\gamma_s+2\theta_c)\sigma_c)^2}<0$，可得平台的最优融资额与买方组内网络效应呈负相关关系，当融资引起的买方组内效应过高时，平台应当适当降低融资额度，以获得最大利润。

因此我们将最优融资额式（4-5）代入平台收益表达式（4-3）得平台的最优收益为

$$\begin{aligned}\Pi_1^*=&(b_c^2((\alpha_c+\alpha_s)^2-4V^2)+(\alpha_c+\alpha_s)((\alpha_c+\alpha_s)\theta_c^2-4\gamma_s\mu\sigma_c)+V^2(\gamma_s^2-4\theta_c^2-4\theta_c\sigma_c\\&+\sigma_c^2-2\gamma_s(2\theta_c+\sigma_c))-2b_c(2V+\alpha_c+\alpha_s)(-(\alpha_c+\alpha_s)\theta_c+V(\gamma_s+2\theta_c+\sigma_c))\\&-2V(\alpha_c\theta_c(\gamma_s+\sigma_c)+\alpha_s\theta_c(\gamma_s+\sigma_c)+2\mu(\gamma_s^2+\sigma_c^2)))/4((\alpha_c+\alpha_s)\gamma_s\sigma_c+V(\gamma_s^2+\sigma_c^2))\end{aligned}$$

接着，将平台最优融资额式（4-5）代入式（4-4）得到平台对加入交易的买方、卖方的最优固定费用为

$$\begin{aligned}p_c^*=&\frac{1}{2}(2((2V+\alpha_c)\theta_c-\alpha_s(2b_c+\gamma_s))/(2b_c+\gamma_s+2\theta_c)+(4(2V+\alpha_c+\alpha_s)\theta_c(b_c^2(2V\\&-\alpha_c-\alpha_s)-(\alpha_c+\alpha_s)\theta_c(\gamma_s+\theta_c)+b_c(2V-\alpha_c-\alpha_s)(\gamma_s+2\theta_c)+V(\gamma_s^2+2\gamma_s\theta_c\\&+2\theta_c^2)))/((2b_c+\gamma_s+2\theta_c)(\gamma_s(-V\gamma_s+(\alpha_c+\alpha_s)(b_c+\theta_c))+V(2b_c+\gamma_s+2\theta_c)\sigma_c))\\&+(\alpha_s(\alpha_c+\alpha_s)(\gamma_s+\theta_c)\sigma_c+b_c(V(-\alpha_c+\alpha_s)\gamma_s-2V^2\sigma_c+\alpha_s(\alpha_c+\alpha_s)\sigma_c)\\&+V^2(\gamma_s^2-(\gamma_s+2\theta_c)\sigma_c)+V\gamma_s(-\alpha_c\theta_c+\alpha_s(\gamma_s+\theta_c+\sigma_c)))/((\alpha_c+\alpha_s)\gamma_s\alpha_c\\&+V(\gamma_s^2+\sigma_c^2))\end{aligned}$$

$$\begin{aligned}p_s^*=&(\alpha_c(\alpha_c+\alpha_s)\gamma_s\theta_c+V(-\alpha_s\theta_c+\alpha_c(\gamma_s+\theta_c))\sigma_c+V^2\sigma_c^2+b_c(-2V^2\gamma_s+\alpha_c(\alpha_c+\alpha_s)\gamma_s\\&+V(\alpha_c-\alpha_s)\sigma_c)-V\gamma_s(\alpha_c\gamma_s+V(2\theta_c+\sigma_c)))/(2((\alpha_c+\alpha_s)\gamma_s\sigma_c+V(\gamma_s^2+\sigma_c^2)))\end{aligned}$$

因此，我们通过模型计算求解得到了双边市场垄断平台向参与交易的买方提供融资时的最优定价与融资决策，下面将构建平台向卖方提供融资的数学模型并计算最优解，然后同平台向买方提供融资模型进行比较分析。

2. B2B 平台向卖方提供融资的模型

在这一部分将构建B2B平台为加入该平台的卖方提供融资服务的双边市场模型，求解平台的最优定价与融资决策，模型基本构建方式与 B2B 平台向买方提供融资模型部分相同。其中加入平台的买方收益包括：平台提供的基础服务效用、卖方对买方的组间网络效用，以及平台为卖方提供融资引起的买方间接组间效用变化。买方的支出为平台对买方收取的固定费用 p_c。我们用 γ_c 表示买方平均从卖方融资获得的间接网络效用，用 D_s 表示 B2B 平台为卖方提供融资的融资额，r_c 是平台收取的利息，p_c、$\tau_c V$ 含义与上文相同，所以加入平台的买方效用 U_c^2 可表示为

$$U_c^2 = \tau_c V + (\alpha_c + \gamma_c D_s) N_s - p_c \tag{4-6}$$

当 B2B 平台为供应商品的卖方提供融资时，带给卖方的收益包括直接融资收益、平台基础服务效用及融资引起的负组内网络效应变化三部分，卖方的支出为平台收取的固定费用 p_s。设 $\sigma_s D_s$ 是平台为卖方融资造成的单位负组内效用，θ_s 是卖方从融资获得的单位效用，p_s、$\tau_c V$ 的含义与上文相同，则加入平台的卖方效用函数 U_s^2 为

$$U_s^2 = \tau_s V + \alpha_s N_c - \sigma_s D_s N_s + \theta_s D_s - p_s \tag{4-7}$$

令 $U_c^2 = 0$、$U_s^2 = 0$，得到 τ_c^* 和 τ_s^* 为双方用户效用等于零的分布点，加入平台的双边人数满足 $N_c = 1 - \tau_c^*$、$N_s = 1 - \tau_s^*$，代入式（4-6）、式（4-7）联立求得平台双边人数函数关系式为 $N_c = \dfrac{(\alpha_c + D_s\gamma_c)(-p_s + V + \alpha_s + D_s\theta_s) - p_c(V + D_s\sigma_s) + V(V + D_s\sigma_s)}{\alpha_s(\alpha_c + D_s\gamma_c) + V(V + D_s\sigma_s)}$，$N_s = \dfrac{p_c\alpha_s + V(-p_s + V + D_s\theta_s)}{\alpha_s(\alpha_c + D_s\gamma_c) + V(V + D_s\sigma_s)}$。

B2B 平台的收益包括从买方、卖方获得的固定费用 p_c、p_s，以及融资收益。设平台向卖方提供融资可获得的平均单位收益为 b_s，最后减去平台的固定成本 μ，则平台为买方融资的利润函数 Π_2 可表示为

$$\Pi_2 = p_s N_s + p_c N_c + b_s N_s D_s - \mu \tag{4-8}$$

1）平台最优定价

下面求解平台的最优定价。我们将 B2B 平台利润函数式（4-8）对双边用户的定价求导，联立方程计算平台对双边用户的最优定价。令 $\dfrac{\partial \Pi_2}{\partial p_c} = 0$、$\dfrac{\partial \Pi_2}{\partial p_s} = 0$，解得驻点：

$$p_c^* = \frac{V(2\alpha_s(\alpha_c + D_s\gamma_c) + (b_s D_s + V + D_s\theta_s)(\alpha_c + \alpha_s + D_s\gamma_c) + 2V(V + D_s\sigma_s))}{4V(V + D_s\sigma_s) - A^2}$$

$$p_s^*=\frac{(2V(V-b_sD_s)-VA+2VD_s\theta_s)(V+D_s\sigma_s)-A(\alpha_c+D_s\gamma_c)(V+\alpha_s+D_s\theta_s)-b_sD_s\alpha_sA}{4V(V+D_s\sigma_s)-A^2}$$

（4-9）

当$\frac{4V(V+D_s\sigma_s)-A^2}{(\alpha_s(\alpha_c+D_s\gamma_c)+V_c(V_s+D_s\sigma_s))^2}>0$，且$-\frac{2(V+D_s\sigma_s)}{\alpha_s(\alpha_c+D_s\gamma_c)+V_c(V_s+D_s\sigma_s)}<0$时，上述最优解成立，平台可取得最优利润，该前提条件的不等式可化简为$4V(V+D_s\sigma_s)-A^2>0$。

求平台对两侧用户最优定价的差值比较平台的定价大小：

$$p_c^*-p_s^*=\frac{(2V+A)((V+\alpha_s)(\alpha_c+D_s(b_s+\gamma_c))+D_s(-V+\alpha_c+D_s\gamma_c)\theta_s)+D_sV(A+2D_s(b_s-\theta_s))\sigma_s}{4V(V+D_s\sigma_s)-A^2}>0$$

因此当B2B平台向卖方提供融资达到市场均衡后，平台向买方收取的固定费用高于卖方，将上述结论总结得到命题4-3。

命题4-3：当垄断平台为加入平台的卖方提供融资服务时，对双边用户的最优定价函数为：$p_c^*=\frac{V(2\alpha_s(\alpha_c+D_s\gamma_c)+(b_sD_s+V+D_s\theta_s)(\alpha_c+\alpha_s+D_s\gamma_c)+2V(V+D_s\sigma_s))}{4V(V+D_s\sigma_s)-A^2}$，$p_s^*=\frac{(2V(V-b_sD_s)-VA+2VD_s\theta_s)(V+D_s\sigma_s)-A(\alpha_c+D_s\gamma_c)(V+\alpha_s+D_s\theta_s)-b_sD_s\alpha_sA}{4V(V+D_s\sigma_s)-A^2}$，成立条件为$4V(V+D_s\sigma_s)-A^2>0$。其中平台会向无融资服务的一侧用户（买方）收取更高的固定费用。

2）平台最优融资额

这一部分将计算平台的最优融资额，并代入平台定价和利润函数中得到最终的最优解表达式。首先将p_c^*、p_s^*的表达式（4-9）代入平台利润表达式（4-8），再将平台利润函数对融资额求导得

$$\begin{aligned}\frac{\partial \Pi_2}{\partial D_s}=&(V(2V+\alpha_c+\alpha_s+D_s(2b_s+\gamma_c+2\theta_s))(2V^2(\gamma_c+2\theta_s)+(\alpha_c-\alpha_s+D_s\gamma_c)(V\gamma_c-\alpha_c\theta_s\\&+\alpha_s(\gamma_c+\theta_s))-V(2V+\alpha_c+\alpha_s-D_s(\gamma_c+2\theta_s))\sigma_s+b_s((-\alpha_c+\alpha_s)(\alpha_c-\alpha_s+D_s\gamma_c)\\&+2V(2V+D_s\sigma_s))))/((\alpha_c-\alpha_s+D_s\gamma_c)^2-4V(V+D_s\sigma_s))^2\end{aligned}$$

当$(\alpha_c-\alpha_s+D_s\gamma_c)^2-4V(V+D_s\sigma_s)\neq 0$时，可解得融资额的驻点$\left(D_{s1}=\frac{-2V-\alpha_c-\alpha_s}{2b_s+\gamma_c+2\theta_s},\right.$ $\left.D_{s2}=\frac{-4b_sV^2+(\alpha_c-\alpha_s)^2(b_s+\theta_s)-(\alpha_c-\alpha_s)(\alpha_s+1)\gamma_c-2V^2(\gamma_c+2\theta_s-\sigma_s)+V\sigma_s(\alpha_c+\alpha_s)}{\gamma_c(b_s(-\alpha_c+\alpha_s)+V\gamma_c-\alpha_c\theta_s+\alpha_s(\gamma_c+\theta_s))+V(2b_s+\gamma_c+2\theta_s)\sigma_s}\right)$。根据B2B平台向买方提供融资模型中平台最优融资额部分，$D_{s1}=\frac{-2V-\alpha_c-\alpha_s}{2b_s+\gamma_c+2\theta_s}<0$。由于相关参数的大小关系表达式无法确定正负，因此我们分情况讨论得到平台的最优融资策略。

命题 4-4：当垄断平台为参与交易的卖方提供融资服务时，平台的最优融资决策如下。

（1）当 $(2b_s+\gamma_c+2\theta_s)\gamma_c(b_s(-\alpha_c+\alpha_s)+V\gamma_c-\alpha_c\theta_s+\alpha_s(\gamma_c+\theta_s))+V(2b_s+\gamma_c+2\theta_s)\sigma_s<0$，若 $-4b_sV^2+(\alpha_c-\alpha_s)^2(b_s+\theta_s)-(\alpha_c-\alpha_s)(\alpha_s+1)\gamma_c-2V^2(\gamma_c+2\theta_s-\sigma_s)+V\sigma_s(\alpha_c+\alpha_s)<0$ 时，点 $D_s^*=\dfrac{-4b_sV^2+(\alpha_c-\alpha_s)^2(b_s+\theta_s)-(\alpha_c-\alpha_s)(\alpha_s+1)\gamma_c-2V^2(\gamma_c+2\theta_s-\sigma_s)+V\sigma_s(\alpha_c+\alpha_s)}{\gamma_c(b_s(-\alpha_c+\alpha_s)+V\gamma_c-\alpha_c\theta_s+\alpha_s(\gamma_c+\theta_s))+V(2b_s+\gamma_c+2\theta_s)\sigma_s}$ 为平台的最优融资额，若 $-4b_sV^2+(\alpha_c-\alpha_s)^2(b_s+\theta_s)-(\alpha_c-\alpha_s)(\alpha_s+1)\gamma_c-2V^2(\gamma_c+2\theta_s-\sigma_s)+V\sigma_s(\alpha_c+\alpha_s)>0$ 时，则平台不宜提供融资服务。

（2）当 $(2b_s+\gamma_c+2\theta_s)\gamma_c(b_s(-\alpha_c+\alpha_s)+V\gamma_c-\alpha_c\theta_s+\alpha_s(\gamma_c+\theta_s))+V(2b_s+\gamma_c+2\theta_s)\sigma_s>0$，若 $\dfrac{-4b_sV^2+(\alpha_c-\alpha_s)^2(b_s+\theta_s)-(\alpha_c-\alpha_s)(\alpha_s+1)\gamma_c-2V^2(\gamma_c+2\theta_s-\sigma_s)+V\sigma_s(\alpha_c+\alpha_s)}{\gamma_c(b_s(-\alpha_c+\alpha_s)+V\gamma_c-\alpha_c\theta_s+\alpha_s(\gamma_c+\theta_s))+V(2b_s+\gamma_c+2\theta_s)\sigma_s}>0$ 时，该点 $D_s^*=\dfrac{-4b_sV^2+(\alpha_c-\alpha_s)^2(b_s+\theta_s)-(\alpha_c-\alpha_s)(\alpha_s+1)\gamma_c-2V^2(\gamma_c+2\theta_s-\sigma_s)+V\sigma_s(\alpha_c+\alpha_s)}{\gamma_c(b_s(-\alpha_c+\alpha_s)+V\gamma_c-\alpha_c\theta_s+\alpha_s(\gamma_c+\theta_s))+V(2b_s+\gamma_c+2\theta_s)\sigma_s}$ 为最小值点；若 $\dfrac{-4b_sV^2+(\alpha_c-\alpha_s)^2(b_s+\theta_s)-(\alpha_c-\alpha_s)(\alpha_s+1)\gamma_c-2V^2(\gamma_c+2\theta_s-\sigma_s)+V\sigma_s(\alpha_c+\alpha_s)}{\gamma_c(b_s(-\alpha_c+\alpha_s)+V\gamma_c-\alpha_c\theta_s+\alpha_s(\gamma_c+\theta_s))+V(2b_s+\gamma_c+2\theta_s)\sigma_s}<0$ 时，平台收益会随融资额的上升而上升。

我们将 $D_s^*=\dfrac{-4b_sV^2+(\alpha_c-\alpha_s)^2(b_s+\theta_s)-(\alpha_c-\alpha_s)(\alpha_s+1)\gamma_c-2V^2(\gamma_c+2\theta_s-\sigma_s)+V\sigma_s(\alpha_c+\alpha_s)}{\gamma_c(b_s(-\alpha_c+\alpha_s)+V\gamma_c-\alpha_c\theta_s+\alpha_s(\gamma_c+\theta_s))+V(2b_s+\gamma_c+2\theta_s)\sigma_s}$ 代入平台的最优价格函数式（4-9），得到平台最优价格：

$$
\begin{aligned}
p_c^*=&(\gamma_c(b_s(-2V^2+\alpha_s(-\alpha_c+\alpha_s))+\alpha_s(V+\alpha_s)\gamma_c+(-2V^2+\alpha_s(-\alpha_c+\alpha_s))\theta_s)\\
&+V(b_s(\alpha_c+\alpha_s)+V\gamma_c+2\alpha_s\gamma_c+(\alpha_c+\alpha_s)\theta_s)\sigma_s+V^2\sigma_s^2)\\
&\div 2((-\alpha_c+\alpha_s)\gamma_c\sigma_s+V(\gamma_c^2+\sigma_s^2))
\end{aligned}
$$

$$
\begin{aligned}
p_s^*=&(V\gamma_c^2((V+\alpha_s)^2\gamma_c^2-2(2V^2+(\alpha_c-2\alpha_s)(V+\alpha_s))\gamma_c\theta_s+(-8V^2+(\alpha_c-3\alpha_s)(\alpha_c-\alpha_s))\theta_s^2)\\
&+\gamma_c(2V^2((V+\alpha_s)\gamma_c^2+(4V+3\alpha_c+2\alpha_s)\gamma_c\theta_s-2(-2\alpha_c+\alpha_s)\theta_s^2)+(-\alpha_c(V+\alpha_s)\gamma_c\\
&+(\alpha_c-2\alpha_s)(\alpha_c-\alpha_s)\theta_s)(V\gamma_c-\alpha_c\theta_s+\alpha_s(\gamma_c+\theta_s)))\sigma_s+V(-2\alpha_c^2\gamma_c\theta_s-2\alpha_c\alpha_s(\gamma_c+\theta_s)^2\\
&+2\alpha_s^2\theta_s(2\gamma_c+\theta_s)+V^2(\gamma_c^2-4\theta_s^2)-2V\gamma_c(-3\alpha_s\theta_s+\alpha_c(\gamma_c+4\theta_s)))\sigma_s^2+V^2(-\alpha_c\gamma_c+2(2V\\
&+\alpha_s)\theta_s)\sigma_s^3-b_s^2(\alpha_c\gamma_c-\alpha_s\gamma_c-2V\sigma_s)(V(\alpha_c+\alpha_s)\gamma_c+2V^2\sigma_s+\alpha_c(-\alpha_c+\alpha_s)\sigma_s)\\
&+2b_s(V\gamma_c^2(\alpha_s(V+\alpha_s)\gamma_c+4V^2(\alpha_c-\alpha_s)\alpha_s\theta_s)+\gamma_c((\alpha_c-\alpha_s)^2\alpha_s\theta_s+V^2(2V\gamma_c+3\alpha_s\gamma_c\\
&+4\alpha_c\theta_s))\sigma_s+V(2V^2\gamma_c-\alpha_c(V+\alpha_s)\gamma_c+(-\alpha_c^2+\alpha_s^2)\theta_s)\sigma_s^2-V^2\alpha_c\sigma_s^3)/2(\gamma_c(b_s(-\alpha_c+\alpha_s)\\
&+V\gamma_c-\alpha_c\theta_s+\alpha_s(\gamma_c+\theta_s))+V(2b_s+\gamma_c+2\theta_s)\sigma_s)((-\alpha_c+\alpha_s)\gamma_c\sigma_s+V(\gamma_c^2+\sigma_s^2))
\end{aligned}
$$

将融资额 $D_s^*=\dfrac{-4b_sV^2+(\alpha_c-\alpha_s)^2(b_s+\theta_s)-(\alpha_c-\alpha_s)(\alpha_s+1)\gamma_c-2V^2(\gamma_c+2\theta_s-\sigma_s)+V\sigma_s(\alpha_c+\alpha_s)}{\gamma_c(b_s(-\alpha_c+\alpha_s)+V\gamma_c-\alpha_c\theta_s+\alpha_s(\gamma_c+\theta_s))+V(2b_s+\gamma_c+2\theta_s)\sigma_s}$ 和最优定价代入平台利润函数表达式（4-8），我们得到平台为卖方融资的最优利润为

$$\Pi_2^* = (b_s^2(-4V^2 + (\alpha_c - \alpha_s)^2) + V^2\gamma_c^2 + (\alpha_c\theta_s - \alpha_s(\gamma_c + \theta_s))^2 + 2(V\alpha_s\gamma_c + V(\alpha_c + \alpha_s)\theta_s + 2(\alpha_c - \alpha_s)\gamma_c\mu)\sigma_s + V(V - 4\mu)\sigma_s^2 + 2b_s(-2V^2(\gamma_c + 2\theta_s) + (-\alpha_c + \alpha_s)(V\gamma_c - \alpha_c\theta_s + \alpha_s(\gamma_c + \theta_s)) + V(2V + \alpha_c + \alpha_s)\sigma_s) + 2V(\alpha_s\gamma_c(\gamma_c + \theta_s) - 2V\theta_s(\gamma_c + \theta_s) - \gamma_c(\alpha_c\theta_s + 2\gamma_c\mu) + V(\gamma_c + 2\theta_s)\sigma_s)) / 4((-\alpha_c + \alpha_s)\gamma_c\sigma_s + V(\gamma_c^2 + \sigma_s^2))$$

3. 模型比较分析

由于最优解函数中涉及的参数较多，难以直接比较两种融资模式下（平台向买方提供融资、平台向卖方提供融资）垄断 B2B 平台的最优利润函数大小关系。我们将比较双边市场在一定的对称条件下的平台最优利润关系：令 $b_c = b_s = b$, $\theta_c = \theta_s = \theta, \gamma_c = \gamma_s = \gamma, \sigma_c = \sigma_s = \sigma$，设 $x_1 = \alpha_c + \alpha_s$， $x_2 = \alpha_c - \alpha_s$。

计算两个模型下平台最优利润的差值：

$$\Pi_1^* - \Pi_2^* = -(2V + x_1)((b+\theta)(b(2V - x_1) - x_1\theta + 2V(\gamma+\theta)) + V(2b + \gamma + 2\theta)\sigma)(x_2\gamma\sigma + V(\gamma^2 + \sigma^2)) + (b^2(4V^2 - x_2^2) - (V\gamma - \alpha_c\theta + \alpha_s(\gamma+\theta))^2 + V(\gamma + 2\theta)(V(\gamma + 2\theta) - (2V + x_1)\sigma) + 2b(2V^2(\gamma + 2\theta) - x_2(V\gamma - \alpha_c\theta + \alpha_s(\gamma+\theta)) - V(2V + x_1)\sigma))(x_1\gamma\sigma + V(\gamma^2 + \sigma^2)) / 4(x_2\gamma\sigma + V(\gamma^2 + \sigma^2))(x_1\gamma\sigma + V(\gamma^2 + \sigma^2))$$

当 $x_2 = 0$，即平台双边用户的基础组间网络效应相等时，

$$\Pi_1^* - \Pi_2^* = (V(-2V - x_1)((b+\theta)(b(2V - x_1) - x_1\theta + 2V(\gamma+\theta)) + V(2b + \gamma + 2\theta)\sigma)(\gamma^2 + \sigma^2) + (4b^2V^2 - (V + x_1/2)^2\gamma^2 + V(\gamma + 2\theta)(V(\gamma + 2\theta) - (2V + x_1)\sigma) + 2bV(2V(\gamma + 2\theta) - (2V + x_1)\sigma))(x_1\gamma\sigma + V(\gamma^2 + \sigma^2))) / (4V(\gamma^2 + \sigma^2)(x_1\gamma\sigma + V(\gamma^2 + \sigma^2)))$$

将上述利润函数差值对 x_1 求导：

$$\frac{1}{4}(-2V\gamma^2(2V\gamma + x_1(-2b + \gamma - 2\theta))(2b + \gamma + 2\theta) + \gamma(16b^2V^2 - (8V^2 + 8Vx_1 + 3x_1^2)\gamma^2 + 32bV^2\theta + 16V^2\theta^2)\sigma + 2V(2b + \gamma + 2\theta)(2bx_1 - 6V\gamma - 5x_1\gamma + 2x_1\theta)\sigma^2 - 8V^2(2b + \gamma + 2\theta)\sigma^3)$$

当 $\gamma = 0$ 时，该导函数的值等于 0，若不考虑融资引起的组间效应变化，基础组间效应的大小对融资的选择无影响。若 $\gamma \neq 0$，我们令平台利润差值为 0，解得 $x_1 = \left\{ \frac{4V\sigma - \sqrt{32V^2(b+\theta)\sigma + 16V^2\sigma^2}}{2(b+\theta)}, \frac{4V\sigma + \sqrt{32V^2(b+\theta)\sigma + 16V^2\sigma^2}}{2(b+\theta)} \right\}$。因为该函数的分子为二次项系数为负的二元一次函数，且第一个解 $\frac{4V\sigma - \sqrt{32V^2(b+\theta)\sigma + 16V^2\sigma^2}}{2(b+\theta)} < 0$，所以我们得到平台向不同侧用户群体融资

的最优利润函数大小的区间范围：当 $x_1 \in \left[0, \dfrac{4V\sigma+\sqrt{32V^2(b+\theta)\sigma+16V^2\sigma^2}}{2(b+\theta)}\right]$，$\Pi_1^* > \Pi_2^*$，平台宜向买方提供融资；当 $x_1 > \dfrac{4V\sigma+\sqrt{32V^2(b+\theta)\sigma+16V^2\sigma^2}}{2(b+\theta)}$ 时，平台应向卖方提供融资，可以获得更高的收益，因此得到推论 4-2。

推论 4-2：当双边市场垄断平台在对称的市场条件下（$b_c = b_s = b$，$\theta_c = \theta_s = \theta$，$\gamma_c = \gamma_s = \gamma$，$\sigma_c = \sigma_s = \sigma$，$\alpha_c = \alpha_s$），平台两侧用户的基础网络效应之和较小时 $\left(x_1 < \dfrac{4V\sigma+\sqrt{32V^2(b+\theta)\sigma+16V^2\sigma^2}}{2(b+\theta)}\right)$，平台向买方侧提供融资可以获得更高的收益；而当平台两侧用户的基础网络效应之和较大时 $\left(x_1 > \dfrac{4V\sigma+\sqrt{32V^2(b+\theta)\sigma+16V^2\sigma^2}}{2(b+\theta)}\right)$，平台向卖方提供融资的收益更高。

通过构建双边平台分别向买方和卖方提供融资的模型，我们得到了双边市场在对称条件下的平台融资决策的比较结论，其中前提条件为双边市场两侧用户的基础组间网络效应相同，向买方或者卖方提供单位融资额对平台产生的直接效应相同，融资对双边用户产生的间接网络效应的数值相同。发现在这一前提条件下，平台对双边群体的融资会获得不同的利润，因为平台向买方、卖方提供融资对用户产生的间接网络效应的变化不同，向买方提供融资会提高加入平台的买方的购买力，提升整体买方的实力，使买方侧的组内效应提升；而向卖方提供融资会促使卖方生产更多的产品，从而加强卖方侧的组内竞争。所以当双边用户的组间网络效应较小时，向买方提供融资会获得更高收益；而当双边用户的组间网络效应较高时，平台向卖方提供融资后也可以通过定价等其他决策吸引更多买方用户加入，可以获得更高的利润。

4. 结论

本节通过线性网络平台融资模型的计算求解，我们得到了双边平台为参与交易的群体提供供应链融资服务的定价策略及融资决策的模型最优解。本节的主要结论有：当平台不提供融资服务时，平台两侧参与者的势力（带给另一方的组间网络效应的大小）会影响平台定价，势力较大的一方平台收取的固定费用会低于另一侧群体；当平台向买方提供融资时，最优融资额与组间网络效应成正比，与引起的买方组内效应成反比；当平台向卖方提供融资时，向买方收取的固定费用高于卖方，且存在几种融资决策，平台的最优策略存在不提供融资服务的情况。

除此之外，我们可以观察到本节这种通过线性网络效应表示平台融资对其的变化会使模型中存在过多的外生参数，求解计算得到的平台最优定价、最优融资额和平台利润的表达式较为复杂，计算和分析的难度较大。而且外生参数的设定存在一定的现实性难题，因为网络效应的具体数值可能不容易在实践中量化，况且实践中网络效应本身就处在一个动态变化的过程中，如果一直按照一个外生的定值进行计算分析，结论可能不够准确，也不具备较强的管理学意义。因此我们寻找可以同时表示双边市场组间、组内网络效应变化的，更简洁、更直接的数学模型，以便研究平台融资和网络效应变化问题。最终通过一种利润函数模型表示 B2B 平台的非线性网络效应，具体的研究方法和结论将在 4.2.2 节中详细展示。

4.2.2 非线性网络效应平台融资模型

本节的内容分为基础研究和拓展研究两个部分，同 4.2.1 节相同，仍旧基于垄断市场 B2B 平台。在基础研究中为简化模型，我们先暂不考虑市场风险对融资的影响，研究平台对卖方融资的定价策略和组内、组间网络效应。首先，计算市场中无资金约束情况的基准模型；其次，计算双边市场中存在用户有资金约束模型；最后，研究平台向有资金约束卖方提供融资模型的最优决策和网络效应，并同上述模型进行比较分析，重点比较融资对双边市场交易量、利润和网络效应变化的影响。在 4.2.3 节的拓展研究中，我们将加入由买方（零售商）在零售中遇到的市场风险造成的平台融资风险，进一步探索市场风险对平台融资策略和最优收益的变化情况，并继续对网络效应做追踪研究。

1. 无资金约束模型

为研究 B2B 平台中的组间网络效应与组内网络效应，我们首先明确双方存在的网络效应情况。设双边平台上的买方与卖方间有组间效应，即组间网络外部性，这也是双边市场理论的基础。组间效应的存在是由于双边平台中处于平台一侧的用户会受益于平台另一侧用户规模的扩大。然而，除了组间效应的存在，已有研究表明平台单侧的用户可能会存在由组内人数变化引起收益变化的情况，这种同组内的效应变化被称为组内网络效应。为了研究组内效应变化，同时考虑模型的简洁性，在无资金约束的基础模型中我们假设组内网络效应只存在于平台的一侧——卖方侧，假设卖方群体内存在组内竞争，而市场中买方之间不存在组内竞争。设卖方通过古诺模型竞争销售同一种产品，导致组内负网络效应的出现，而买方购买产品后再到零售市场上销售时，它们的零售市场相互独立，因此当资源充足时买方内部不存在相互之间的竞争关系，无组内网络效应。

这一部分的假设有：市场中买、卖双方均是同质的且总人数分别为 N_b、N_s；市场中只销售一种商品，每个买方的零售市场独立，市场需求函数满足

$q_b = A - \lambda p$；接入平台的卖方即为生产商，产品单位生产成本为c，为满足卖方收益为正，设生产成本满足$0 < c < \frac{A}{\lambda}$。

1）平台用户最优决策

我们用n_b、n_s分别表示加入平台的买方与卖方的数量，产品批发价格为w，则买方销售产品收益函数为$(p-w)q_b$，将市场需求函数代入买方收益函数，对q_b求导数为 0，得到批发价格与订购量的关系式：$w = \frac{A}{\lambda} - \frac{2}{\lambda} q_b$。设平台中买方向卖方购买产品的总量，即卖方生产量为Q，由于假设中设定市场中所有买方是同质的，则$q_b = \frac{Q}{n_b}$，$w = \frac{A}{\lambda} - \frac{2Q}{\lambda n_b}$。

设加入平台的单个卖方的产量为q_s，因此卖方的销售利润为$(w-c)q_s$，将卖方销售利润对q_s求导数为 0，得公式：$\frac{A}{\lambda} - c - 2\frac{Q}{\lambda n_b} - 2\frac{q_s}{\lambda n_b} = 0$，累计$n_s$个卖方的最优产量公式计算得到$Q = \frac{n_b n_s (A - c\lambda)}{2(n_s + 1)}$，$q_s = \frac{n_b (A - c\lambda)}{2(n_s + 1)} \left(0 < c < \frac{A}{\lambda}\right)$。得到买方最优订购量、产品批发价格和零售价格公式：$q_b = \frac{n_s (A - c\lambda)}{2(n_s + 1)}$，$w = \frac{A + c n_s \lambda}{\lambda(n_s + 1)}$，$p = \frac{A}{\lambda} - \frac{n_s (A - c\lambda)}{2\lambda(n_s + 1)}$。将产品产量、订购量和批发价格函数分别对平台双边人数n_b、n_s求导得：$\frac{\partial Q}{\partial n_s} = \frac{n_b (A - c\lambda)}{2(n_s + 1)^2} > 0$，$\frac{\partial Q}{\partial n_b} = \frac{n_s (A - c\lambda)}{2(n_s + 1)} > 0$，$\frac{\partial q_s}{\partial n_b} = \frac{(A - c\lambda)}{2(n_s + 1)} > 0$，$\frac{\partial q_s}{\partial n_s} = -\frac{n_b (A - c\lambda)}{2(n_s + 1)^2} < 0$，$\frac{\partial w}{\partial n_s} = -\frac{A - c\lambda}{\lambda(n_s + 1)^2} < 0$，$\frac{\partial q_b}{\partial n_s} = \frac{(A - c\lambda)}{2(n_s + 1)^2} > 0$，$\frac{\partial p}{\partial n_s} = -\frac{(A - c\lambda)}{2\lambda(n_s + 1)^2} < 0$，将结论总结如下。

引理 4-1：在基于古诺模型建立的 B2B 市场中，市场中产品的总产量与双边用户人数成正比；单个买方的订购量随卖方数量的增多而增多；单个卖方产量随买方数量的增多而增多，随卖方数量的增多而减少；市场批发价格和零售价格均随卖方人数的上升而下降。

2）平台用户网络效应

本模型下的 B2B 平台双边用户人数与产量和订购量的基础模型示意图如图 4-10 所示，设平台分别向买方和卖方收取p_b、p_s的固定费用，得到平台各方利润函数如下。

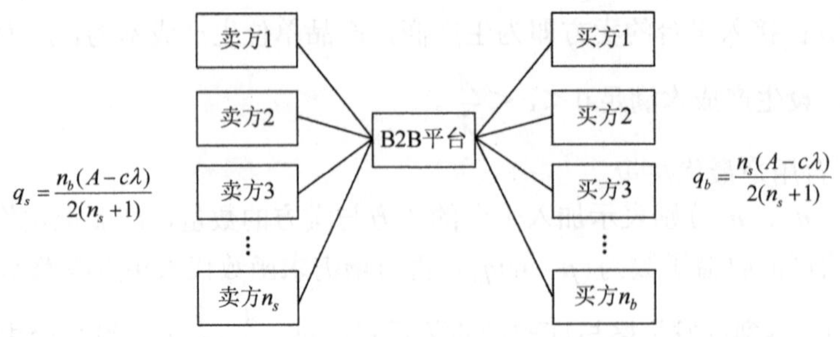

图 4-10 基础模型示意图

买方利润：
$$\pi_b=\frac{n_s^2(A-c\lambda)^2}{4\lambda(n_s+1)^2}-p_b \tag{4-10}$$

卖方利润：
$$\pi_s=\frac{n_b(A-c\lambda)^2}{2\lambda(n_s+1)^2}-p_s \tag{4-11}$$

平台利润：
$$\pi_p=p_bn_b+p_sn_s \tag{4-12}$$

得到利润函数表达式后，我们可以计算该 B2B 平台的双边用户组内、组间网络效应。令买方利润函数 π_b 对卖方人数 n_s 求导得买方的组间网络效应为 $\frac{\partial\pi_b}{\partial n_s}=\frac{(A-c\lambda)^2n_s}{2\lambda(n_s+1)^3}>0$，同样令卖方利润 π_s 对买方人数 n_b 求导计算卖方的组间网络效应为 $\frac{\partial\pi_s}{\partial n_b}=\frac{(A-c\lambda)^2}{2\lambda(n_s+1)^2}>0$，卖方利润 π_s 对卖方人数 n_s 求导得到卖方组内网络效应 $\frac{\partial\pi_s}{\partial n_s}=-\frac{n_b(A-c\lambda)^2}{\lambda(n_s+1)^3}<0$。因此可以通过计算得出加入平台的买方获得正组间网络效应，卖方获得正组间网络效应和负组内网络效应，与无资金约束模型假设相符。

3）模型均衡解

首先计算加入平台的双边人数，双边市场的用户根据收益函数是否大于 0 选择是否加入平台，根据双边人数计算平台的最优定价决策，最终计算平台利润最大化的均衡解。

根据式（4-10），因为买方收益函数 π_b 只与 n_s 相关，只有当平台控制对买方的定价 $p_b\leqslant\frac{n_s^2(A-c\lambda)^2}{4\lambda(n_s+1)^2}$，且加入平台的买方人数为市场总人数 N_b 时，才会有买方加入平台。而卖方收益函数式（4-11）与买方人数 n_b 呈正相关，与卖方人数 n_s 呈负相关。当加入平台的卖方用户人数为n_s时，平台对卖方的最优定价为$p_s=\dfrac{N_b(A-c\lambda)^2}{2\lambda(n_s+1)^2}$，此时平台对卖方定价正好等于卖方用户销售收益，此时若n_s继续增大，则平台卖方收益小于 0。因此平台的收益函数可表示为$\pi_p=\dfrac{n_s^2(A-c\lambda)^2}{4\lambda(n_s+1)^2}N_b+\dfrac{N_b(A-c\lambda)^2}{2\lambda(n_s+1)^2}n_s$。对$n_s$求导得$\dfrac{\partial\pi_p}{\partial n_s}=\dfrac{(A-c\lambda)^2N_b}{2\lambda(n_s+1)^3}>0$，因此$n_s^*=N_s$，$p_s^*=\dfrac{N_b(A-c\lambda)^2}{2\lambda(N_s+1)^2}$，$p_b^*=\dfrac{N_s^2(A-c\lambda)^2}{4\lambda(N_s+1)^2}$。我们可以得出：双边市场中卖方通过古诺模型竞争而产生的负组内网络效应不会影响加入平台的卖方人数，由于其在买方侧的正组间网络效应，平台会选择降低价格使全部卖方都加入平台来获得最大利润。

命题 4-5：在考虑卖方竞争效应的垄断 B2B 平台决策中，平台分别向买方与卖方收取的最优费用为$p_b=\dfrac{N_s^2(A-c\lambda)^2}{4\lambda(N_s+1)^2}$、$p_s=\dfrac{N_b(A-c\lambda)^2}{2\lambda(N_s+1)^2}$，买方与卖方加入平台的人数分别为$N_b$、$N_s$。B2B 平台获得利润$\dfrac{N_bN_s(N_s+2)(A-c\lambda)^2}{4\lambda(N_s+1)^2}$，买方与卖方的利润均为 0。

2. 用户有资金约束模型

我们设双边市场中有n_{s1}个卖方存在资金约束（$0<n_{s1}<n_s$），本部分假设平台不提供融资服务，且这一部分卖方无法通过别的渠道获得融资，研究这种市场状态和对平台的影响。设有资金约束卖方的自有资金为k_1，且$k_1<\dfrac{n_b(A-c\lambda)c}{2(n_s+1)}$，这限制了卖方的自有资金无法支持最优产量的生产成本。因此，此时有资金约束卖方的最优产量为$q_{s1}=\dfrac{k_1}{c}$，则这部分卖方的总产量为$\dfrac{k_1n_{s1}}{c}$。其余卖方无资金约束，设其总产量为Q_2，且$\dfrac{k_1n_{s1}}{c}+Q_2=Q$。

1）平台用户最优决策

由上一部分（无资金约束模型）平台用户最优决策可得，无资金约束卖方的收益函数为$(w-c)q_{s2}=\left(\dfrac{A}{\lambda}-c-\dfrac{2Q}{\lambda n_b}\right)q_s$，将该收益函数对$q_s$求导，并且令导数等于 0 得$\dfrac{A}{\lambda}-c-2\dfrac{Q}{\lambda n_b}-2\dfrac{q_{s2}}{\lambda n_b}=0$，则$\left(\dfrac{A}{\lambda}-c-\dfrac{2k_1n_{s1}}{c\lambda n_b}\right)(n_s-n_{s1})-\dfrac{2Q_2(n_s-n_{s1}+1)}{\lambda n_b}=0$。

解得 $Q_2=\dfrac{\left(n_b(A-c\lambda)-\dfrac{2k_1n_{s1}}{c}\right)(n_s-n_{s1})}{2(n_s-n_{s1}+1)}$， $q_{s2}=\dfrac{n_b(A-c\lambda)c-2k_1n_{s1}}{2c(n_s-n_{s1}+1)}>\dfrac{n_b(A-c\lambda)\left(1-\dfrac{n_{s1}}{n_s+1}\right)}{2(n_s-n_{s1}+1)}=\dfrac{n_b(A-c\lambda)}{2(n_s+1)}$，比较可得，其产量大于所有无资金约束时的卖方最优产量。因此市场总产量为 $Q=\dfrac{k_1n_{s1}}{c}+Q_2=\dfrac{n_b(A-c\lambda)(n_s-n_{s1})c+2k_1n_{s1}}{2c(n_s-n_{s1}+1)}<\dfrac{n_b(A-c\lambda)\left(n_s-n_{s1}+\dfrac{n_{s1}}{n_s+1}\right)}{2(n_s-n_{s1}+1)}=\dfrac{n_bn_s(A-c\lambda)}{2(n_s+1)}$，得到本模型下的市场总产量小于无资金约束模型，买方最优产量为 $q_b^*=\dfrac{Q}{n_b}=\dfrac{(A-c\lambda)(n_s-n_{s1})cn_b+2k_1n_{s1}}{2cn_b(n_s-n_{s1}+1)}$。由于总产量的下降，市场批发价格与零售价格上升，其中市场批发价格为 $w^*=\dfrac{A}{\lambda}-\dfrac{2Q}{\lambda n_b}=\dfrac{A}{\lambda}-\dfrac{(A-c\lambda)(n_s-n_{s1})cn_b+2k_1n_{s1}}{\lambda cn_b(n_s-n_{s1}+1)}$，市场零售价格为 $p^*=\dfrac{A}{\lambda}-\dfrac{q_b}{\lambda}=\dfrac{A}{\lambda}-\dfrac{(A-c\lambda)(n_s-n_{s1})cn_b+2k_1n_{s1}}{2\lambda cn_b(n_s-n_{s1}+1)}$。

引理 4-2：当双边市场中部分卖方存在资金约束降低产量，其余无资金约束卖方会提高生产量以实现最优利润，但最终所有卖方的总产量小于无资金约束模型下的总产量，市场批发价格与零售价格上升。

2）平台用户网络效应

我们用上标 C 表示平台有卖方存在资金约束下的各方收益，则平台上买方、有资金约束卖方及无资金约束卖方的收益分别为 π_b^C、π_{s1}^C、π_{s2}^C。我们将上文计算结果代入各参与方利润函数 $\pi_b^C=(p-w)q_b-p_b$、$\pi_{s1}^C=(w-c)q_{s1}-p_s$、$\pi_{s2}^C=(w-c)q_{s2}-p_s$，得到结果如下。此外平台收益函数不变，为 $\pi_p^C=p_bn_b+p_sn_s$。

买方收益：
$$\pi_b^C=\frac{((A-c\lambda)(n_s-n_{s1})cn_b+2k_1n_{s1})^2}{4c^2n_b^2(n_s-n_{s1}+1)^2\lambda}-p_b \tag{4-13}$$

有资金约束卖方收益：
$$\pi_{s1}^C=\left(\frac{(A-c\lambda)cn_b-2k_1n_{s1}}{\lambda cn_b(n_s-n_{s1}+1)}\right)\frac{k_1}{c}-p_s \tag{4-14}$$

无资金约束卖方收益：
$$\pi_{s2}^C=\frac{((A-c\lambda)cn_b-2k_1n_{s1})^2}{2\lambda c^2n_b(n_s-n_{s1}+1)^2}-p_s \tag{4-15}$$

卖方资金约束导致产能受限，我们观察到买方的利润函数中出现了买方数量，也就是出现了组内网络效应：$\dfrac{\partial \pi_b^C}{\partial n_b} = -\dfrac{((A-c\lambda)(n_s-n_{s1})cn_b+2k_1n_{s1})k_1n_{s1}}{c^2n_b{}^3(n_s-n_{s1}+1)^2\lambda} < 0$。因为卖方的资金约束使平台上的买方出现了组内竞争，也就促使了买方负组内效应的出现。此外，我们计算卖方的网络效应并与无资金约束模型的网络效应进行对比，具体函数表达式陈列如表 4-3 所示。

表 4-3　无资金约束模型与卖方有资金约束模型网络效应

网络效应	无资金约束模型	卖方有资金约束模型
买方组内效应	N/A	$-\dfrac{((A-c\lambda)(n_s-n_{s1})cn_b+2k_1n_{s1})k_1n_{s1}}{c^2n_b^3(n_s-n_{s1}+1)^2\lambda}$
买方组间效应	$\dfrac{(A-c\lambda)^2n_s}{2\lambda(n_s+1)^3}$	$\dfrac{((A-c\lambda)(n_s-n_{s1})cn_b+2k_1n_{s1})((A-c\lambda)cn_b-2k_1n_{s1})}{2\lambda c^2n_b^2(n_s-n_{s1}+1)^3}$
有资金约束卖方组内效应	N/A	$-\left(\dfrac{(A-c\lambda)cn_b-2k_1n_{s1}}{\lambda cn_b(n_s-n_{s1}+1)^2}\right)\dfrac{k_1}{c}$
有资金约束卖方组间效应	N/A	$\dfrac{2k_1^2n_{s1}}{\lambda c^2n_b^2(n_s-n_{s1}+1)}$
无资金约束卖方组内效应	$-\dfrac{n_b(A-c\lambda)^2}{\lambda(n_s+1)^3}$	$-\dfrac{((A-c\lambda)cn_b-2k_1n_{s1})^2}{\lambda c^2n_b(n_s-n_{s1}+1)^3}$
无资金约束卖方组间效应	$\dfrac{(A-c\lambda)^2}{2\lambda(n_s+1)^2}$	$\dfrac{(A-c\lambda)^2c^2n_b^2-4k_1^2n_{s1}^2}{2\lambda c^2n_b^2(n_s-n_{s1}+1)^2}$

命题 4-6：当双边市场中部分卖方存在资金约束时，与无资金约束模型相比：①买方出现负组内网络效应 $-\dfrac{((A-c\lambda)(n_s-n_{s1})cn_b+2k_1n_{s1})k_1n_{s1}}{c^2n_b^3(n_s-n_{s1}+1)^2\lambda} < 0$，但买方组间网络效应有所上升；②当有资金约束卖方人数 $n_{s1} < \dfrac{n_s+1}{2}$ 时，这一部分有资金约束卖方的组间效应降低，同时组内竞争减弱；③其余无资金约束卖方组内竞争加剧，同时组间网络效应上升。

这说明在双边市场中，当卖方出现资金约束时，其产能不足的状况会传递到买方侧，使得买方内部产生组内竞争，继而出现负组内网络效应。与此同时，相比于全部卖方无资金约束的双边市场，买方的组间网络效应上升，这意味着每一个卖方的加入对买方收益的提升都有增高的效应。而无资金约束的卖方争夺有资金约束的卖方空余出的产量份额，单个卖方产量增大，组内竞争加剧。结合引理 4-2，我们可以理解为由于无资金约束卖方产量的上升及市场批发价格的上升，每一个买方带给卖方的边际收益上升，即组间网络效应提高。然而，有资金约束卖方的情况不尽相同。当市场上有资金约束的卖方数量较少时，这一部分卖方的组间效应减少，组内竞争减弱。网络效应大小关系的具体证明如下。

（1）将$\frac{((A-c\lambda)(n_s-n_{s1})cn_b+2k_1n_{s1})((A-c\lambda)cn_b-2k_1n_{s1})}{2\lambda c^2n_b^2(n_s-n_{s1}+1)^3}$对$k_1$求导得$\frac{n_{s1}((A-c\lambda)cn_b(1-(n_s-n_{s1}))-4k_1n_{s1})}{\lambda c^2n_b^2(n_s-n_{s1}+1)^3}<0$，因为$k_1<\frac{n_b(A-c\lambda)c}{2(n_s+1)}$，所以$\frac{((A-c\lambda)(n_s-n_{s1})cn_b+2k_1n_{s1})((A-c\lambda)cn_b-2k_1n_{s1})}{2\lambda c^2n_b^2(n_s-n_{s1}+1)^3}>\frac{\left((A-c\lambda)(n_s-n_{s1})cn_b+\frac{n_b(A-c\lambda)c}{(n_s+1)}n_{s1}\right)\left((A-c\lambda)cn_b-\frac{n_b(A-c\lambda)c}{(n_s+1)}n_{s1}\right)}{2\lambda c^2n_b{}^2(n_s-n_{s1}+1)^3}=\frac{(A-c\lambda)^2n_s}{2\lambda(n_s+1)^2(n_s-n_{s1}+1)}>\frac{(A-c\lambda)^2n_s}{2\lambda(n_s+1)^3}$。

（2）将$-\left(\frac{(A-c\lambda)cn_b-2k_1n_{s1}}{\lambda cn_b(n_s-n_{s1}+1)^2}\right)\frac{k_1}{c}$对$k_1$求导得$-\frac{(A-c\lambda)cn_b-4k_1n_{s1}}{\lambda c^2n_b(n_s-n_{s1}+1)^2}$，令导数为0得$k_1=\frac{(A-c\lambda)cn_b}{4n_{s1}}$。当$n_{s1}<\frac{n_s+1}{2}$，$\frac{cn_b(A-c\lambda)}{2(n_s+1)}<\frac{(A-c\lambda)cn_b}{4n_{s1}}$，$-\frac{(A-c\lambda)cn_b-4k_1n_{s1}}{\lambda c^2n_b(n_s-n_{s1}+1)^2}<0$，$-\left(\frac{(A-c\lambda)cn_b-2k_1n_{s1}}{\lambda cn_b(n_s-n_{s1}+1)^2}\right)\frac{k_1}{c}>-\frac{n_b(A-c\lambda)^2}{2\lambda(n_s-n_{s1}+1)(n_s+1)^2}>-\frac{n_b(A-c\lambda)^2}{\lambda(n_s+1)^3}$。

（3）根据$k_1<\frac{cn_b(A-c\lambda)}{2(n_s+1)}$，$\frac{2k_1^2n_{s1}}{\lambda c^2n_b{}^2(n_s-n_{s1}+1)}<\frac{(A-c\lambda)^2n_{s1}}{2\lambda(n_s-n_{s1}+1)(n_s+1)^2}$。当$n_{s1}<\frac{n_s+1}{2}$，$\frac{(A-c\lambda)^2n_{s1}}{2\lambda(n_s-n_{s1}+1)(n_s+1)^2}<\frac{(A-c\lambda)^2}{2\lambda(n_s+1)^2}$，因此$\frac{2k_1{}^2n_{s1}}{\lambda c^2n_b{}^2(n_s-n_{s1}+1)}<\frac{(A-c\lambda)^2}{2\lambda(n_s+1)^2}$。

（4）根据$k_1<\frac{cn_b(A-c\lambda)}{2(n_s+1)}$，得$-\frac{((A-c\lambda)cn_b-2k_1n_{s1})^2}{\lambda c^2n_b(n_s-n_{s1}+1)^3}<-\frac{n_b(A-c\lambda)^2}{\lambda(n_s-n_{s1}+1)(n_s+1)^2}<-\frac{n_b(A-c\lambda)^2}{\lambda(n_s+1)^3}$。

（5）根据$k_1<\frac{cn_b(A-c\lambda)}{2(n_s+1)}$，得$\frac{(A-c\lambda)^2c^2n_b^2-4k_1^2n_{s1}^2}{2\lambda c^2n_b^2(n_s-n_{s1}+1)^2}>\frac{(A-c\lambda)^2(n_s+n_{s1}+1)}{2\lambda(n_s+1)^2(n_s-n_{s1}+1)}>\frac{(A-c\lambda)^2}{2\lambda(n_s+1)^2}$。

3）模型均衡解

下面计算平台双边人数和平台对双边用户的最优定价。在计算双边人数之前，B2B平台可以有两种选择：①吸引有资金约束卖方的加入，降低平台对卖方的最优定价；②不吸引有资金约束卖方的加入，对其余卖方采用垄断定价策略。当平台选择策略②时，双边市场的博弈过程和结论近似于 4.1.1 节，只是此时加入平台的最大卖方人数为 $N_s - n_{s1}$。因此当平台不吸引有资金约束卖方加入时，平台对双边的定价分别为 $p_b^* = \dfrac{(N_s - n_{s1})^2 (A - c\lambda)^2}{4\lambda(N_s - n_{s1} + 1)^2}$、$p_s^* = \dfrac{N_b (A - c\lambda)^2}{2\lambda(N_s - n_{s1} + 1)^2}$，B2B 平台获得的利润为 $\dfrac{N_b (N_s - n_{s1})(N_s - n_{s1} + 2)(A - c\lambda)^2}{4\lambda(N_s - n_{s1} + 1)^2}$。当平台选择策略①时，对卖方侧的定价需满足 $p_s \leqslant \left(\dfrac{(A - c\lambda)cn_b - 2k_1 n_{s1}}{\lambda c n_b (n_s - n_{s1} + 1)}\right)\dfrac{k_1}{c}$，满足有资金约束卖方的收益大于等于 0，则其余无资金约束卖方的收益大于 0，因此所有卖方均会加入平台，令平台收益最大的卖方定价为 $p_s^* = \left(\dfrac{(A - c\lambda)cn_b - 2k_1 n_{s1}}{\lambda c n_b (n_s - n_{s1} + 1)}\right)\dfrac{k_1}{c}$。当加入平台的买方人数为 n_b 时，买方侧的最优定价满足 $p_b^* = \dfrac{((A - c\lambda)(N_s - n_{s1})cn_b + 2k_1 n_{s1})^2}{4c^2 n_b^2 (N_s - n_{s1} + 1)^2 \lambda}$，由于买方用户数量的增多对买方的收益有负效应，则通过计算平台利润 $\pi_p^C = \dfrac{((A - c\lambda)(N_s - n_{s1})cn_b + 2k_1 n_{s1})^2 n_b}{4c^2 n_b^2 (N_s - n_{s1} + 1)^2 \lambda} + \left(\dfrac{(A - c\lambda)cn_b - 2k_1 n_{s1}}{\lambda c n_b (N_s - n_{s1} + 1)}\right)\dfrac{k_1 N_s}{c}$，令平台利润函数对买方人数 n_b 求导得 $\dfrac{\partial \pi_p^C}{\partial n_b} = -\dfrac{((A - c\lambda)(n_s - n_{s1})cn_b + 2k_1 n_{s1})k_1 n_{s1} n_b}{c^2 n_b^3 (n_s - n_{s1} + 1)^2 \lambda} + \dfrac{((A - c\lambda)(N_s - n_{s1})cn_b + 2k_1 n_{s1})^2}{4c^2 n_b^2 (N_s - n_{s1} + 1)^2 \lambda} + \left(\dfrac{2k_1 n_{s1}}{\lambda c n_b^2 (N_s - n_{s1} + 1)}\right)\dfrac{k_1 N_s}{c} > 0$，所以平台应当吸引尽可能多的买方用户加入平台，$n_b^* = N_b$。因此可以得到平台定价和利润的最优解。将得到的结论总结如下。

命题 4-7：当部分卖方出现资金约束且无法获得融资时，垄断 B2B 平台对买方和卖方收取的最优价格下降，平台利润降低。此时存在两种均衡解：①当 $\dfrac{((A - c\lambda)(N_s - n_{s1})cN_b + 2k_1 n_{s1})^2 N_b}{4c^2 {N_b}^2 (N_s - n_{s1} + 1)^2 \lambda} + \left(\dfrac{(A - c\lambda)cN_b - 2k_1 n_{s1}}{\lambda c N_b (N_s - n_{s1} + 1)}\right)\dfrac{k_1 N_s}{c} \geqslant \dfrac{N_b (N_s - n_{s1})(N_s - n_{s1} + 2)(A - c\lambda)^2}{4\lambda(N_s - n_{s1} + 1)^2}$时，平台选择吸引有资金约束用户加入平台，B2B 平台最优定价分别为 $p_b^* = \dfrac{((A - c\lambda)(N_s - n_{s1})cN_b + 2k_1 n_{s1})^2}{4c^2 n_b^2 (N_s - n_{s1} + 1)^2 \lambda}$、$p_s^* = \left(\dfrac{(A - c\lambda)cN_b - 2k_1 n_{s1}}{\lambda c N_b (N_s - n_{s1} + 1)}\right)\dfrac{k_1}{c}$，平台最优利润为 $\pi_p^{C*} = \dfrac{((A - c\lambda)(N_s - n_{s1})cN_b + 2k_1 n_{s1})^2 N_b}{4c^2 N_b^2 (N_s - n_{s1} + 1)^2 \lambda} + \left(\dfrac{(A - c\lambda)cN_b - 2k_1 n_{s1}}{\lambda c N_b (N_s - n_{s1} + 1)}\right) \times$

$\frac{k_1 N_s}{c}$。无资金约束卖方利润为$\left(\frac{(A-c\lambda)cN_b-2k_1n_{s1}}{\lambda cN_b(N_s-n_{s1}+1)}\right)\left(\frac{(A-c\lambda)cN_b-2k_1n_{s1}}{2c}-\frac{k_1}{c}\right)>0$，其余用户无利润。②当平台不吸引有资金约束用户加入时，平台的最优定价为$p_b^*=\frac{(N_s-n_{s1})^2(A-c\lambda)^2}{4\lambda(N_s-n_{s1}+1)^2}$、$p_s^*=\frac{N_b(A-c\lambda)^2}{2\lambda(N_s-n_{s1}+1)^2}$，B2B 平台获得的利润为$\pi_p^{C*}=\frac{N_b(N_s-n_{s1})(N_s-n_{s1}+2)(A-c\lambda)^2}{4\lambda(N_s-n_{s1}+1)^2}$。

从命题 4-7 可以得出，当双边市场中有部分卖方存在资金约束且无法获得融资时，市场上产品的总交易量降低，卖方整体收益减少，由于组间网络效应的存在，B2B 平台对双边用户的定价都会有所降低，平台的利润也会相应减少。但是有资金约束卖方的存在会使市场上其他无资金约束的卖方获得更高的收益，因此双边市场中无资金约束的卖方会得益于市场中有资金约束卖方的存在。此外，若平台可以识别有资金约束卖方并采用差异化定价，则能在一定程度上提升平台利润，但不会达到无资金约束模型下的最优利润。

3. 平台融资模型

本部分将研究平台为有资金约束的卖方提供融资的模型并求最优解，再与前两个模型进行对比分析。设单个卖方的融资额为卖方在完全竞争环境下可以生产最优产量的所需资金减去自有资金k_1，平台提供的融资利率为$r>0$，且$r<(w-c)/c$，此约束条件为卖方申请融资的参与约束。我们用上标F表示平台向卖方提供融资的收益函数，其余参数设置同上。

1）平台用户最优决策

买方收益函数和最优产量与批发价格的关系式不变，为$w=\frac{A}{\lambda}-\frac{2Q}{\lambda n_b}$，有资金约束的卖方收益函数为$\pi_{s1}^F=(w-c)q_{s1}-r(cq_{s1}-k_1)-p_s$，无资金约束的卖方收益函数为$\pi_{s2}^F=(w-c)q_{s2}-p_s$。分别将两类卖方的收益函数对各自的产量求导：$\frac{\partial\pi_{s1}^F}{\partial q_{s1}}=\frac{A}{\lambda}-c(1+r)-\frac{2Q}{\lambda n_b}-\frac{2q_{s1}}{\lambda n_b}$，$\frac{\partial\pi_{s2}^F}{\partial q_{s2}}=\frac{A}{\lambda}-c-\frac{2Q}{\lambda n_b}-\frac{2q_{s2}}{\lambda n_b}$。此外卖方产量满足关系式$n_{s1}q_{b1}+(n_s-n_{s1})q_{b2}=Q$，令导数$\frac{\partial\pi_{s1}^F}{\partial q_{s1}}=0$、$\frac{\partial\pi_{s2}^F}{\partial q_{s2}}=0$，解得市场总产量为$Q^{F*}=\frac{(A-c\lambda)n_bn_s-c\lambda rn_bn_{s1}}{2(n_s+1)}<\frac{(A-c\lambda)n_bn_s}{2(n_s+1)}$，其中平台上有资金约束的卖方产量为$q_{s1}^*=\frac{(A-c\lambda)n_b-c\lambda r(1+n_s-n_{s1})n_b}{2(n_s+1)}$，无资金约束的卖方产量为

$q_{s2}^* = \dfrac{(A-c\lambda)n_b + c\lambda r n_b n_{s1}}{2(n_s+1)}$。因此可以求得买方最优订购量 $q_b^* = \dfrac{(A-c\lambda)n_s - c\lambda r n_{s1}}{2(n_s+1)}$，市场批发价格为 $w^* = \dfrac{A}{\lambda} - \dfrac{(A-c\lambda)n_s - c\lambda r n_{s1}}{\lambda(n_s+1)}$，零售价格为 $p^* = \dfrac{A}{\lambda} - \dfrac{(A-c\lambda)n_s - c\lambda r n_{s1}}{2\lambda(n_s+1)}$。

我们发现，若卖方自有资金 $k_1 \geqslant \dfrac{(A-c\lambda)n_b c - c^2\lambda r(1+n_s-n_{s1})n_b}{2(n_s+1)}$，有资金约束卖方不向平台申请融资可获得更优收益，双边市场收益模型等同于用户有资金约束模型，其中 $q_{s1}^* = \dfrac{k}{c}$，$q_{s2}^* = \dfrac{n_b(A-c\lambda)c - 2k_1 n_{s1}}{2c(n_s - n_{s1}+1)}$。原因是卖方在本节的双边平台上通过古诺模型竞争，当市场中的卖方自有资金较多时，虽然不能达到最优产量，但依旧可维持较高的产量和收益，而卖方向平台申请融资虽可提高产量，但一方面会降低市场价格，另一方面会增加贷款利息的支出，因此综合来看反而总利润会低于不参与融资的情况。

当平台为有资金约束的卖方提供融资后，这一部分卖方由于融资要支出一部分利息，存在融资成本，在市场竞争中仍处于劣势。此时其余无资金约束卖方的产量高于基础模型，在竞争中占据优势，而双边市场的总产量低于无约束条件下的产量，因此得到引理 4-3。

引理 4-3：在卖方存在竞争的双边市场中，若部分卖方有资金约束且自有资金较高时$\left(k_1 \geqslant \dfrac{(A-c\lambda)n_b c - c^2\lambda r(1+n_s-n_{s1})n_b}{2(n_s+1)}\right)$，卖方不会申请融资，在其资金范围内生产可使利润最大化。当卖方自有资金较少$\left(k_1 < \dfrac{(A-c\lambda)n_b c - c^2\lambda r(1+n_s-n_{s1})n_b}{2(n_s+1)}\right)$且可以获得平台融资时，这一部分卖方最优产量 q_{s1}^* 低于无资金约束卖方产量 q_{s2}^*。其中无资金约束卖方的产量高于无资金约束模型下的最优产量，且双边市场总产量低于全部卖方无资金约束的市场总产量。

2）平台用户网络效应

根据引理 4-3，本模型基于卖方自有资金 $k_1 < \dfrac{(A-c\lambda)n_b c - c^2\lambda r(1+n_s-n_{s1})n_b}{2(n_s+1)}$，求解平台提供融资时的最优定价和利润函数。根据上文计算的买方、卖方的最优产量，得出加入平台各方的利润函数如下。

买方利润：
$$\pi_b^F = \frac{((A-c\lambda)n_s - c\lambda r n_{s1})^2}{4\lambda(n_s+1)^2} - p_b \tag{4-16}$$

融资卖方利润：
$$\pi_{s1}^F = \frac{((A-c\lambda) - c\lambda r(1+n_s-n_{s1}))^2 n_b}{2(n_s+1)^2\lambda} + rk_1 - p_{s1} \tag{4-17}$$

无资金约束卖方利润： $\pi_{s2}^{F}=\frac{((A-c\lambda)+c\lambda rn_{s1})^{2}n_{b}}{2(n_{s}+1)^{2}\lambda}-p_{s2}$ （4-18）

平台：$\pi_{p}^{F}=p_{b}n_{b}+p_{s1}n_{s1}+p_{s2}(n_{s}-n_{s1})+r\left(\frac{(A-c\lambda)n_{b}c-c^{2}\lambda r(1+n_{s}-n_{s1})n_{b}}{2(n_{s}+1)}-k_{1}\right)n_{s1}$

（4-19）

观察买方利润函数式（4-16），发现当加入平台的卖方获得融资后，买方组内效应消失，组间效应 $\frac{\partial\pi_{b}^{F}}{\partial n_{s}}=\frac{((A-c\lambda)n_{s}-c\lambda rn_{s1})((A-c\lambda)+c\lambda rn_{s1})}{2\lambda(n_{s}+1)^{3}}$。无资金约束卖方的组间效应为 $\frac{\partial\pi_{b}^{F2}}{\partial n_{s2}}=\frac{((A-c\lambda)+c\lambda rn_{s1})^{2}}{2(n_{s}+1)^{2}\lambda}$，组内效应为 $-\frac{((A-c\lambda)+c\lambda rn_{s1})^{2}n_{b}}{2(n_{s}+1)^{3}\lambda}$。参与融资卖方的组间网络效应为 $\frac{((A-c\lambda)-c\lambda r(1+n_{s}-n_{s1}))^{2}}{2(n_{s}+1)^{2}\lambda}$，组内网络效应为 $-\frac{((A-c\lambda)+c\lambda rn_{s1})((A-c\lambda)-c\lambda r(1+n_{s}-n_{s1}))n_{b}}{(n_{s}+1)^{3}\lambda}$。

3）模型均衡解

接下来计算加入双边平台的买方人数、卖方人数和平台最优定价决策。买方内部没有组内竞争，因此平台控制定价 $p_{b}\leqslant\frac{((A-c\lambda)n_{s}-c\lambda rn_{s1})^{2}}{4\lambda(n_{s}+1)^{2}}$，则市场中的全部买方会加入平台 $n_{b}^{*}=N_{b}$。参与融资卖方的收益 π_{s1}^{F} 对人数 n_{s1} 求导为 $\frac{((A-c\lambda)-c\lambda r(1+n_{s}-n_{s1}))crn_{b}}{(n_{s}+1)^{2}}>0$，因此平台控制对参与融资卖方的定价 $p_{s1}\leqslant\frac{((A-c\lambda)-c\lambda r(1+n_{s}-n_{s1}))^{2}N_{b}}{2(n_{s}+1)^{2}\lambda}+rk_{1}$ 可使这一部分卖方加入平台。当 $p_{s1}=p_{s2}$ 时，所有无资金约束卖方收益大于0，因此全部加入平台。当 $p_{s2}^{*}=\frac{((A-c\lambda)+c\lambda rn_{s1})^{2}N_{b}}{2(n_{s}+1)^{2}\lambda}$ 时，平台利润为 $\frac{((A-c\lambda)n_{s}-c\lambda rn_{s1})((A-c\lambda)(n_{s}+2)+c\lambda rn_{s1})N_{b}}{4\lambda(n_{s}+1)^{2}}$，对 n_{s} 求导得 $\frac{((A-c\lambda)((A-c\lambda)+2n_{s}(A-c\lambda-1))+(c\lambda rn_{s1})^{2})N_{b}}{2\lambda(n_{s}+1)^{3}}$，若 $A-c\lambda\geqslant1$，该导函数恒大于 0，平台最优定价为 $p_{s2}^{*}=\frac{((A-c\lambda)+c\lambda rn_{s1})^{2}N_{b}}{2(N_{s}+1)^{2}\lambda}$，所有卖方加入平台。若 $A-c\lambda<1$，当 $n_{s}^{*}=\frac{(A-c\lambda)^{2}+(c\lambda rn_{s1})^{2}}{2(A-c\lambda)(1-(A-c\lambda))}$ 时平台收益最大。若 $A-c\lambda\geqslant1$ 或

$A-c\lambda < 1$ 且 $N_s \leqslant \dfrac{(A-c\lambda)^2+(c\lambda rn_{s1})^2}{2(A-c\lambda)(1-(A-c\lambda))}$，平台的最优定价为 $p_{s2}^*=\dfrac{((A-c\lambda)+c\lambda rn_{s1})^2 N_b}{2(N_s+1)^2\lambda}$，市场所有卖方加入平台；若 $A-c\lambda < 1$ 且 $N_s > \dfrac{(A-c\lambda)^2+(c\lambda rn_{s1})^2}{2(A-c\lambda)(1-(A-c\lambda))}$，则加入平台的卖方数量为 $\dfrac{(A-c\lambda)^2+(c\lambda rn_{s1})^2}{2(A-c\lambda)(1-(A-c\lambda))}$，平台最优定价为 $p_{s2}^*=\dfrac{((A-c\lambda)+c\lambda rn_{s1})^2(A-c\lambda)(1-(A-c\lambda))N_b}{(2(A-c\lambda)+(c\lambda rn_{s1})^2-(A-c\lambda)^2)^2\lambda}$。总结平台向卖方提供融资模型的均衡解得到命题 4-8 如下。

命题 4-8：当垄断 B2B 平台为有资金约束的卖方提供融资服务，若平台对买方和卖方分别采取统一定价时，平台对买方的最优定价为 $p_b^*=\dfrac{((A-c\lambda)N_s-c\lambda rn_{s1})^2}{4\lambda(N_s+1)^2}$，对卖方的最优定价为 $p_{s1}^*=p_{s2}^*=\dfrac{((A-c\lambda)-c\lambda r(1+N_s-n_{s1}))^2 N_b}{2(N_s+1)^2\lambda}+rk_1$，平台最优收益为 $\dfrac{((A-c\lambda)N_s-c\lambda rn_{s1})^2 N_b}{4\lambda(N_s+1)^2}+\dfrac{((A-c\lambda)-c\lambda r(1+N_s-n_{s1}))^2 N_b N_s}{2(N_s+1)^2\lambda}+rk_1(N_s-n_{s1})+\dfrac{((A-c\lambda)-c\lambda r(1+N_s-n_{s1}))N_b n_{s1}cr}{2(N_s+1)}$，无资金约束的卖方收益为 $\dfrac{((A-c\lambda)+c\lambda rn_{s1})^2 N_b}{2(N_s+1)^2\lambda}-\dfrac{((A-c\lambda)-c\lambda r(1+N_s-n_{s1}))^2 N_b}{2(N_s+1)^2\lambda}-rk_1$。

4. 模型比较分析

通过与卖方有资金约束模型的网络效应对比，我们得到如下结论。

命题 4-9：当平台部分卖方出现资金约束时，若平台为有资金约束卖方提供融资：①买方负组内效应消失，同时组间效应下降，但仍高于基础模型；②无资金约束卖方的负组内效应上升，组内竞争减弱；③当 $n_{s1} < (1+n_s)/2$，有资金约束卖方的组间效应增大。

我们将命题 4-9 结合引理 4-3 理解，当双边市场中有资金约束卖方获得平台融资时，虽然市场总产量达不到全部卖方无资金约束的基础模型的市场总产量，但会使加入平台买方的组内网络效应消失，也就是买方不存在组内竞争现象，更多买方的加入不会影响买方群体的收益。与此同时，买方的组间网络效应减少，但是依旧高于基础模型的买方组间效应，可以理解为此时每一个卖方的加入使买方获得的边际收益高于无资金约束模型，而市场中的无资金约束卖方组内竞争也有所减弱。当有资金约束卖方人数较少时，买方增加使卖方的边际收益上升，但会小于无资金约束模型。相关证明如下。

此处为几个下文要用到的不等式：$r<\frac{w-c}{c}$，$w=\frac{A}{\lambda}-\frac{(A-c\lambda)n_s-c\lambda rn_{s1}}{\lambda(n_s+1)}$，$r<\frac{(A-c\lambda)}{c\lambda(n_s+1-n_{s1})}$，$k_1<\frac{(A-c\lambda)n_bc-c^2\lambda r(1+n_s-n_{s1})n_b}{2(n_s+1)}$。

（1）买方组间效应：

$$\frac{((A-c\lambda)n_s-c\lambda rn_{s1})((A-c\lambda)+c\lambda rn_{s1})}{2\lambda(n_s+1)^3}=\frac{(A-c\lambda)^2n_s+(A-c\lambda)c\lambda rn_{s1}(n_s-1)-(c\lambda rn_{s1})^2}{2\lambda(n_s+1)^3}$$

对 r 求导得 $\frac{c\lambda rn_{s1}((A-c\lambda)(n_s-1)-2(c\lambda rn_{s1}))}{2\lambda(n_s+1)^3}>0$，因此原式大于 $r=0$ 的情况，$\frac{((A-c\lambda)n_s-c\lambda rn_{s1})((A-c\lambda)+c\lambda rn_{s1})}{2\lambda(n_s+1)^3}>\frac{(A-c\lambda)^2n_s}{2\lambda(n_s+1)^3}$。由本节的证明可得 $\frac{((A-c\lambda)(n_s-n_{s1})cn_b+2k_1n_{s1})((A-c\lambda)cn_b-2k_1n_{s1})}{2\lambda c^2n_b^2(n_s-n_{s1}+1)^3}$ 随 k_1 的增大而减小。因为 $k_1<\frac{(A-c\lambda)n_bc-c^2\lambda r(1+n_s-n_{s1})n_b}{2(n_s+1)}$，$\frac{((A-c\lambda)(n_s-n_{s1})cn_b+2k_1n_{s1})((A-c\lambda)cn_b-2k_1n_{s1})}{2\lambda c^2n_b^2(n_s-n_{s1}+1)^3}>\frac{((A-c\lambda)n_s-c\lambda rn_{s1})((A-c\lambda)+c\lambda rn_{s1})}{2\lambda(n_s+1)^2(n_s-n_{s1}+1)}>\frac{((A-c\lambda)n_s-c\lambda rn_{s1})((A-c\lambda)+c\lambda rn_{s1})}{2\lambda(n_s+1)^3}$。

（2）无资金约束卖方组间效应，易得 $\frac{((A-c\lambda)+c\lambda rn_{s1})^2}{2(n_s+1)^2\lambda}>\frac{(A-c\lambda)^2}{2\lambda(n_s+1)^2}$。

（3）无资金约束卖方组内效应：由 $r<\frac{(A-c\lambda)}{c\lambda(n_s+1-n_{s1})}$ 易得

$$-\frac{(A-c\lambda)^2n_b}{(n_s-n_{s1}+1)(n_s+1)^2\lambda}<-\frac{((A-c\lambda)+c\lambda rn_{s1})^2n_b}{2(n_s+1)^3\lambda}<-\frac{n_b(A-c\lambda)^2}{(n_s+1)^3\lambda}$$

由 $k_1<\frac{(A-c\lambda)n_bc-c^2\lambda r(1+n_s-n_{s1})n_b}{2(n_s+1)}$ 得

$$-\frac{((A-c\lambda)cn_b-2k_1n_{s1})^2}{\lambda c^2n_b(n_s-n_{s1}+1)^3}<-\frac{((A-c\lambda)+c\lambda rn_{s1})^2n_b}{(n_s-n_{s1}+1)(n_s+1)^2\lambda}<-\frac{(A-c\lambda)^2n_b}{(n_s-n_{s1}+1)(n_s+1)^2\lambda}$$

（4）融资卖方组间效应：$\frac{((A-c\lambda)-c\lambda r(1+n_s-n_{s1}))^2}{2(n_s+1)^2\lambda}<\frac{(A-c\lambda)^2}{2\lambda(n_s+1)^2}$，$\frac{2k_1^2n_{s1}}{\lambda c^2n_b^2(n_s-n_{s1}+1)}<\frac{((A-c\lambda)-c\lambda r(1+n_s-n_{s1}))^2n_{s1}}{2\lambda(n_s+1)^2(n_s-n_{s1}+1)}$，当 $n_{s1}<\frac{1+n_s}{2}$ 时，$\frac{((A-c\lambda)-c\lambda r(1+n_s-n_{s1}))^2n_{s1}}{2\lambda(n_s+1)^2(n_s-n_{s1}+1)}<\frac{((A-c\lambda)-c\lambda r(1+n_s-n_{s1}))^2}{2(n_s+1)^2\lambda}$，因此

$\frac{2k_1^2 n_{s1}}{\lambda c^2 n_b^2 (n_s - n_{s1} + 1)} < \frac{((A - c\lambda) - c\lambda r(1 + n_s - n_{s1}))^2}{2(n_s + 1)^2 \lambda} < \frac{(A - c\lambda)^2}{2\lambda(n_s + 1)^2}$。

（5）融资卖方组内效应：$-\frac{((A - c\lambda) + c\lambda r n_{s1})((A - c\lambda) - c\lambda r(1 + n_s - n_{s1}))n_b}{(n_s + 1)^3 \lambda} =$
$-\frac{n_b (A - c\lambda)^2 - c\lambda r(1 + n_s - 2n_{s1})n_b - c^2 \lambda^2 r^2 n_{s1}(1 + n_s - n_{s1})n_b}{(n_s + 1)^3 \lambda}$。当 $n_{s1} < \frac{1 + n_s}{2}$ 时，
$-\frac{n_b (A - c\lambda)^2 - c\lambda r(1 + n_s - 2n_{s1})n_b - c^2 \lambda^2 r^2 n_{s1}(1 + n_s - n_{s1})n_b}{(n_s + 1)^3 \lambda} > -\frac{n_b (A - c\lambda)^2}{(n_s + 1)^3 \lambda}$。

若 B2B 平台对加入的卖方用户进行分类定价，分别对参与融资的卖方和无资金约束卖方采取差异定价 p_{s1} 和 p_{s2}，则平台对买方和融资卖方最优定价保持与命题 4-9 相同，而对无资金约束卖方可以提高定价 $p_{s2}^* = \frac{((A - c\lambda) + c\lambda r n_{s1})^2 N_b}{2(N_s + 1)^2 \lambda}$，平台的最优收益也会提高，为 $\frac{((A - c\lambda)N_s - c\lambda r n_{s1})((A - c\lambda)(N_s + 2) + c\lambda r n_{s1})N_b}{4\lambda(N_s + 1)^2} =$
$\frac{N_b N_s (N_s + 2)(A - c\lambda)^2 - c\lambda r n_{s1}(2 + c\lambda r n_{s1})N_b}{4\lambda(N_s + 1)^2} \leqslant \frac{N_b N_s (N_s + 2)(A - c\lambda)^2}{4\lambda(N_s + 1)^2}$，但该利润仍旧小于所有用户无资金约束的基础模型。其中，在融资利率 $r = 0$ 时等号成立，此时平台融资模型等同于无资金约束模型。因此当平台为卖方提供融资服务时，应当采取差异化定价，向无资金约束卖方收取更高的会员费用。同时，平台的最优利润与收取的融资利率有关，较低的融资利率可使平台获得更大的收益，由此得到推论 4-3。

推论 4-3：在 B2B 平台为部分卖方提供融资的双边市场中，平台的最优收益低于无资金约束模型，高于部分卖方有资金约束但无融资下的最优收益。此时平台最优收益随融资利率的升高而降低，在利率为 0 时等于无资金约束平台收益。

在垄断平台的盈利模式下，由于平台会获得全部的垄断利润，且不存在市场风险，因此对卖方提供融资收取的利率就等同于成本的上升。与无资金约束相比，卖方获得融资后需要支付一部分利率，且没有考虑与平台共担风险的操作，因此与无资金约束相比，会相应减产来保证最优收益，从而使得平台在卖方侧获得的利润降低，但此时的收益仍高于卖方有资金约束但无法获得融资的模型的最优解。

5. 结论

本节构建的三种非线性网络效应模型通过利润函数的形式表现出了加入 B2B 平台的买方和卖方存在组间效应和组内效应的情况，从所有参与方无资金约束，

到部分卖方存在资金约束但无法获得融资，再到平台为有资金约束卖方提供融资都分别进行了建模求解，比较了平台双边组间与组内网络效应的变化和平台利润的变化。但是本模型仍存在一定的拓展空间，因为没有考虑平台融资风险对最优决策的影响。本模型只能作为研究融资对网络效应和平台利润产生影响的参考。供应链融资风险是所有融资案例中必须加以重视的因素，它会影响各参与方的决策行为，同样也会影响 B2B 平台的最优利润等。在 4.2.3 节中，我们将会考虑市场风险引起的平台融资风险与双边市场融资的影响，进一步探究风险与双边用户和平台的行为及网络效应变化之间的相关关系。

4.2.3 考虑市场风险的非线性网络效应平台融资模型

在实践过程中，B2B 平台提供的供应链融资业务可能会存在多重风险，包括经营环境与行业风险、平台与银行及融资企业合作风险、融资企业自身风险等。经营环境与行业风险指的是宏观经济是否处于下行、行业发展现状和前景是否明朗，甚至包括国家的相关法律及政策的支持情况，其都会给平台的融资业务带来不稳定因素。

由于 B2B 平台自身资金的限制和本身希望达到的融资规模，平台可能会选择与银行合作开展供应链融资业务。因为银行需要获取融资企业在平台的经营与交易数据作为支持来进行授信，所以两者合作的密切程度与信息共享的透明化程度都会影响银行判断的准确性，这也为融资过程带来一些不确定性。B2B 平台作为市场交易的中介直接为供应链上下游企业提供融资的服务模式，这一模式改变了传统的供应链融资中核心企业、融资企业、第三方金融机构或银行这三者合作的结构。平台作为交易的观测者，可以直接在其信息系统获得企业的大量数据，通过一系列大数据分析和综合评价完成信用评定。因此，融资企业在平台上的交易量、合作企业、经营时长等都会对最终的评价结果造成影响。平台还需要有良好且快速的风险预警和控制机制，从而对融资项目申请、信用评定审批、发放贷款及后续的回收款项和事后追责的全过程做到高效准确的管控，同时在这个过程中也会发生一定的操作风险。

从平台的角度观察融资企业，其面对的风险主要有信用风险和市场风险两种情况。B2B 平台上融资企业的信用风险会受到平台规模、整体管理经营状况、未来发展机遇和企业策略等因素的影响，但这种信用风险会一直存在于融资过程中无法消除，虽然平台可以通过信用评估与订单管理、存货质押等融资方式尽量减少这类风险的存在。市场风险跟消费者整体收入水平、产品质量、运营与销售策略，甚至一些自然因素等有关，是供应链下游零售企业主要面临的风险，这种风险会随着融资转接到平台上来。我们主要研究市场风险对供应链各参与方收益和平台融资策略的影响，因此通过产品高需求的出现概率和波动幅度两个指标进行衡量和研究。

本节是基于 4.2.2 节非线性网络效应平台融资研究的拓展，将考虑平台的融资风险。该风险产生于加入 B2B 平台的零售商向供应商采购产品后，当零售市场销售产生滞销时，由于滞销引发的市场风险进而产生了融资需求。本节将会构建两个模型，一个是平台双边用户无资金约束的基础模型，另一个是零售商有资金约束平台提供融资的模型，两个模型都处于市场风险环境下，同样也都基于垄断市场。我们通过博弈模型计算得出平台的最优定价决策、零售商的最优订购决策和平台最优利润，并将融资模型与基础模型进行对比，分析平台网络效应的变化和两个模型最优解在不同市场风险下的大小关系。

模型的交易过程为：第一步，B2B 平台决策并宣布买方加入平台所要支付的固定费用 p_b 和卖方加入平台需要支付的固定费用 p_s；第二步，市场中的买方和卖方根据收益函数是否大于零决定是否加入平台；第三步，单个卖方决定生产量 q_s；第四步，单个买方决定订购量 q_b（融资模型中，买方会同时向平台申请融资）；第五步，买方收到产品并向卖方支付货款，在零售市场销售产品获得收入（融资模型中买方从所获收入中向平台偿还贷款额）。具体交易流程如图 4-11 所示。

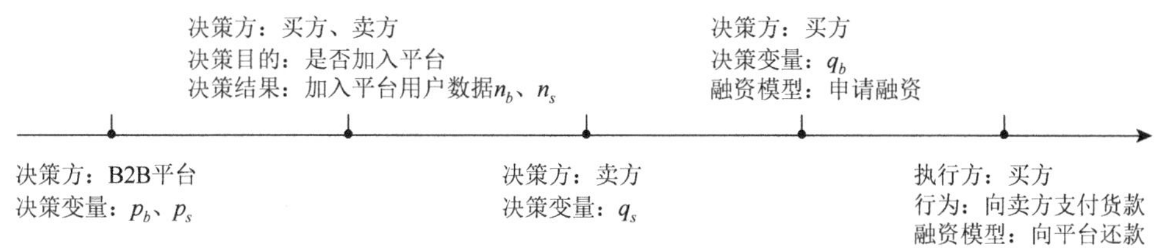

图 4-11　交易流程图

本节的假设有以下几个。①市场中买、卖双方均是同质的且总人数分别为 N_b、N_s。②该 B2B 平台上只交易一种产品，卖方通过古诺模型竞争。每个买方销售市场独立，买方订购量为预期的市场需求，其中市场需求与价格函数为 $\epsilon = A - p$，A 是固定值。③由于市场风险的存在，零售商品最终成交量为：当零售市场需求较高时，买方的实际销售量比例为 $\beta_l \epsilon$（$0 < \beta_l \leqslant 1$），设出现此情况概率为 P；当市场风险为高风险时，买方的实际销售量比例为 $\beta_h \epsilon$（$0 < \beta_h < \beta_l$），则此情况出现的概率为 $1 - P$。

$$\text{因此，买方在零售市场的销售量} = \begin{cases} \beta_l q_b, \text{概率}: P \\ \beta_h q_b, \text{概率}: 1 - P \end{cases} \tag{4-20}$$

1. 无资金约束基础模型

本部分构建双边市场买方和卖方均没有资金约束的基础模型。同 4.2.2 节的基本设定相同，我们设 n_b、n_s 分别是加入平台的买方与卖方的数量，产品批发价格是 w，产品生产成本是 c，市场中卖方总产量是 Q。由于涉及参数较多，本章模型中涉及的具体符号与决策变量的描述总结如表 4-4 所示。

表 4-4 符号及其描述

符号	描述
p_b	加入平台买方支付的固定价格
p_s	加入平台卖方支付的固定价格
N_b	市场中买方总人数
N_s	市场中卖方总人数
n_b	加入平台的买方数量
n_s	加入平台的卖方数量
q_b	单个买方订购量
q_s	单个卖方生产量
Q	卖方总产量（总交易量）
β_l	当市场风险低时买方在零售市场销售商品的卖出占比
β_h	当市场风险高时买方在零售市场销售商品的卖出占比
P	出现市场风险的概率
w	产品批发价格
c	产品生产成本
p	产品零售价格
k	买方自有资金
r	平台融资利率

1）平台用户最优决策

根据式（4-20），我们可以得到不考虑平台收费时的双边市场买方的期望收益函数为 $Pp\beta_l q_b+(1-P)p\beta_h q_b-wq_b$。将买方期望收益函数对 q_b 求一阶导得 $(A-2q_b)(P\beta_l+(1-P)\beta_h)-w$，计算得二阶导 $-2(P\beta_l+(1-P)\beta_h)<0$。因此令一阶导为零，可得产品批发价格 w 与买方最优订购量 q_b^* 满足 $w=(A-2q_b^*)(P\beta_l+(1-P)\beta_h)$。

由于市场中买方为同质的，因此有 $q_b = \frac{Q}{n_b}$，$w = \left(A - 2\frac{Q}{n_b}\right)(P\beta_l + (1-P)\beta_h)$，这符合古诺模型中的价格与产量关系函数。

不考虑平台收费的卖方收益函数为 $(w-c)q_s = \left(\left(A - \frac{2Q}{n_b}\right)(P\beta_l + (1-P)\beta_h) - c\right)q_s$。计算 n_s 个卖方根据古诺竞争模型对产量 q_s 竞争，解得最优产量为 $q_s^* = \frac{n_b}{2(n_s+1)} \times \left(A - \frac{c}{(P\beta_l + (1-P)\beta_h)}\right)$。因此市场总产量为 $Q^* = \frac{n_b n_s}{2(n_s+1)}\left(A - \frac{c}{(P\beta_l + (1-P)\beta_h)}\right)$，买方订购量 $q_b^* = \frac{n_s}{2(n_s+1)}\left(A - \frac{c}{(P\beta_l + (1-P)\beta_h)}\right)$，批发价格为 $w^* = \left(A - \frac{n_s}{(n_s+1)} \times \left(A - \frac{c}{(P\beta_l + (1-P)\beta_h)}\right)\right)(P\beta_l + (1-P)\beta_h)$，市场零售价格为 $p^* = A - \frac{n_s}{2(n_s+1)} \times \left(A - \frac{c}{(P\beta_l + (1-P)\beta_h)}\right)$。

将上述最优解对双边市场人数求导易得 $\frac{\partial Q^*}{\partial n_s} > 0, \frac{\partial Q^*}{\partial n_b} > 0, \frac{\partial q_b^*}{\partial n_s} > 0, \frac{\partial w^*}{\partial n_s} < 0, \frac{\partial p^*}{\partial n_s} < 0$。由此我们总结得到引理 4-4。

引理 4-4：在卖方存在组内竞争的 B2B 市场中，市场总交易量随买方和卖方人数的上升而上升，买方订购量随卖方人数的上升而上升，市场批发价格和产品零售价格随卖方人数的上升而下降。

2）平台用户网络效应

根据上述计算结果，平台各方收益函数可表示如下。

买方：

$$E(\pi_b) = \frac{{n_s}^2}{4(n_s+1)^2\lambda}\left(A - \frac{c}{(P\beta_l + (1-P)\beta_h)}\right)^2 (P\beta_l + (1-P)\beta_h) - p_b \quad (4\text{-}21)$$

卖方收益函数：

$$\pi_s = \left(\left(A - \frac{n_s}{(n_s+1)}\left(A - \frac{c}{(P\beta_l + (1-P)\beta_h)}\right)\right)(P\beta_l + (1-P)\beta_h) - c\right) \times \frac{n_b}{2(n_s+1)}\left(A - \frac{c}{(P\beta_l + (1-P)\beta_h)}\right) - p_s \quad (4\text{-}22)$$

平台收益函数：

$$\pi_p = p_b n_b + p_s n_s \tag{4-23}$$

接着根据加入平台买方和卖方的收益函数对加入平台人数求导，计算该双边市场的组内、组间网络效应。令 $E(\pi_b)$ 对 n_s 求导得买方组间效应 $\frac{\partial E(\pi_b)}{\partial n_s} = \frac{n_s}{2(n_s+1)^3} \times \left(A - \frac{c}{(P\beta_l + (1-P)\beta_h)}\right)^2 (P\beta_l + (1-P)\beta_h) > 0$，同样令 π_s 对 n_b 求导计算卖方组间效应 $\frac{\partial \pi_s}{\partial n_b} = \left(\left(A - \frac{n_s}{(n_s+1)}\left(A - \frac{c}{(P\beta_l+(1-P)\beta_h)}\right)\right)(P\beta_l+(1-P)\beta_h) - c\right)\frac{\left(A - \frac{c}{(P\beta_l+(1-P)\beta_h)}\right)}{2(n_s+1)} > 0$，同样计算卖方组内效应为 $\frac{\partial \pi_s}{\partial n_s} = -\left(\left(A - \frac{(n_s-1)}{(n_s+1)}\left(A - \frac{c}{(P\beta_l+(1-P)\beta_h)}\right)\right)(P\beta_l + (1-P)\beta_h) - c\right)\frac{n_b}{2(n_s+1)^2}\left(A - \frac{c}{(P\beta_l+(1-P)\beta_h)}\right) < 0$。因此可以得到加入 B2B 平台的买方获得正组间效应，卖方获得正组间效应和负组内效应，同样与前文假设相符。

3）模型均衡解

在模型中，B2B 平台的决策变量是对买方的定价 p_b 和对卖方的定价 p_s，我们先根据用户收益函数大于零计算加入平台的人数，再计算平台利润最大化的最优解得到命题 4-10，具体证明过程如下。

根据式（4-21），我们可以发现买方期望利润函数 $E(\pi_b)$ 仅与卖方人数 n_s 相关，而与买方人数 n_b 无关，因此令平台定价满足 $p_b \leqslant \left(\frac{n_s}{2(n_s+1)}\left(A - \frac{c}{(P\beta_l+(1-P)\beta_h)}\right) \times (P\beta_l + (1-P)\beta_h)\right)\frac{n_s}{2(n_s+1)}\left(A - \frac{c}{(P\beta_l+(1-P)\beta_h)}\right)$ 可使市场中全部买方 N_b 加入平台。而加入平台的卖方人数和平台对卖方的最优定价满足 $p_s = \left(\left(A - \frac{n_s}{(n_s+1)} \times \left(A - \frac{c}{(P\beta_l+(1-P)\beta_h)}\right)\right)(P\beta_l + (1-P)\beta_h) - c\right)\frac{n_b}{2(n_s+1)}\left(A - \frac{c}{(P\beta_l+(1-P)\beta_h)}\right)$，因此得出平台的利润函数与卖方人数 n_s 的关系式为 $\pi_p(n_s) = \left(\left(A - \frac{n_s}{2(n_s+1)}\left(A - \frac{c}{(P\beta_l+(1-P)\beta_h)}\right)\right) \times (P\beta_l + (1-P)\beta_h) - c\right)\frac{N_b n_s}{2(n_s+1)}\left(A - \frac{c}{(P\beta_l+(1-P)\beta_h)}\right)$。令 $\pi_p(n_s)$ 对 n_s 求一阶导得

$\left(\left(A-\frac{n_s}{(n_s+1)}\left(A-\frac{c\lambda}{(P\beta_l+(1-P)\beta_h)}\right)\right)(P\beta_l+(1-P)\beta_h)-c\right)\frac{N_b}{2(n_s+1)^2}\left(A-\frac{c}{(P\beta_l+(1-P)\beta_h)}\right)>0$，将该函数继续对 n_s 求二阶导得 $-\left(\left(A-\frac{(2n_s-1)}{2(n_s+1)}\left(A-\frac{c\lambda}{(P\beta_l+(1-P)\beta_h)}\right)\right)(P\beta_l+(1-P)\beta_h)-c\right)\times \frac{N_b}{(n_s+1)^3}\left(A-\frac{c}{(P\beta_l+(1-P)\beta_h)}\right)<0$。因此平台收益会随卖方人数的增加而上升，平台对卖方的最优定价为 $p_s=\left(\left(\frac{A}{\lambda}-\frac{N_s}{(N_s+1)\lambda}\left(A-\frac{c\lambda}{(P\beta_l+(1-P)\beta_h)}\right)\right)(P\beta_l+(1-P)\beta_h)-c\right)\frac{N_b}{2(N_s+1)}\left(A-\frac{c\lambda}{(P\beta_l+(1-P)\beta_h)}\right)$，加入平台卖方人数为市场最大值 N_s。

命题 4-10：在无资金约束的双边市场中，垄断 B2B 平台对加入的双边用户最优固定费用为 $p_b^*=\left(\frac{N_s}{2(N_s+1)\lambda}\left(A-\frac{c}{(P\beta_l+(1-P)\beta_h)}\right)(P\beta_l+(1-P)\beta_h)\right)\frac{N_s}{2(N_s+1)}\times \left(A-\frac{c\lambda}{(P\beta_l+(1-P)\beta_h)}\right)$，$p_s^*=\left(\left(A-\frac{N_s}{(N_s+1)}\left(A-\frac{c}{(P\beta_l+(1-P)\beta_h)}\right)\right)(P\beta_l+(1-P)\beta_h)-c\right)\times \frac{N_b}{2(N_s+1)}\left(A-\frac{c}{(P\beta_l+(1-P)\beta_h)}\right)$。加入平台的双边用户人数分别达到市场最大值 N_b、N_s。平台最优收益为 $\pi_p^*=\left(\left(a-\frac{N_s}{2(N_s+1)}\left(A-\frac{c}{(P\beta_l+(1-P)\beta_h)}\right)\right)(P\beta_l+(1-P)\beta_h)-c\right)\frac{N_bN_s}{2(n_s+1)}\left(A-\frac{c}{(P\beta_l+(1-P)\beta_h)}\right)$，买方、卖方的利润为 0。

当双边市场中的买方和卖方均没有资金约束时，虽然在模型中的卖方侧存在组内竞争，但一方面更多的卖方加入会提升付费卖方的数量，另一方面由于组间网络效应的影响，卖方人数的增加会促进买方人数和利润的上升，综合来看会为平台带来正收益。因此，在无资金约束条件下的 B2B 平台应尽可能吸引更多的买方和卖方加入平台，从而使利润最大化。在实践中，如广西糖网，它是一个以食糖交易和物流配送为主营业务的食糖批发双边市场。它利用线上网络平台开展业务，连接上游卖方和下游买方的食糖交易，由于市场存在大量同一品类产品，并会提供相近的报价，上游供应商基本符合古诺模型的竞争模式。据平台官网的统计，中国食糖产量大区广西区内 95%以上的制糖企业集团及国内 80%以上的食糖经销商都已成为广西糖网的用户。由于糖业交易普遍涉及的资金较少，市场比较稳定，下游的中小企业出现采购上资金约束的情况较少，平台也未拓展融资业务，除撮合交易外，该平台仅提供价格监测和数据预测分析等增值服务。因此该网站达到了非常广泛的覆盖面，与我们的结论一致，广西糖网的策略为尽可能吸收广泛的糖类市场用户来提高平台收益。

2. 平台融资模型

本部分我们将讨论在加入平台的买方存在资金约束和市场风险的条件下，B2B 平台为买方提供融资服务的行为对市场交易量和平台利润的影响。一个典型的案例就是中国的找钢网。它作为一个第三方平台，负责对接中国钢铁市场中的上游钢厂卖方和下游企业买方。截至 2019 年底，找钢网已合作超过 5000 家供应商、12 万多家下游注册用户。找钢网可提供给用户实时的交易信息和高信用的合作企业，并着眼于提高交易效率和更便捷的企业服务，如小额融资服务和物流服务等。在早期的交易过程中，平台观察到下游买方有时会存在资金短缺的情况，而且企业需要的融资额度小，还款周期短，难以通过银行快速获得融资。因此，基于对平台上用户经营情况的了解和对交易物流管理信息的掌握，找钢网开发了平台直接为买方融资的业务，称为胖猫白条。截至 2022 年，找钢网的这一业务已经运行 5 年有余，其间只发生过 2 笔坏账，仅 2019 年上半年就达到了 70 亿元的交易额。基于此，本部分将讨论 B2B 平台在不同的市场风险下，为买方提供融资时的最优定价决策，并分析该融资行为会为双边市场的交易量、加入平台人数、双边网络效应和平台利润带来怎样的影响。

1）平台用户最优决策

若市场中的买方有资金约束，我们设市场中买方自有资金为 $k < \dfrac{n_s(A-c(P\beta_l+(1-P)\beta_h))c}{2(n_s+1)}$，即不足以支持无资金约束基础模型中买方实现最优订购量的产品批发费用，从而产生融资动机。设单个买方的融资额为购买产品的批发成本减去自有资金：wq_b-k。平台融资利率 $r < \dfrac{p-w}{w}$（买方参与融资约束）。当市场需求量较高时，买方收益为 $(p\beta_l-w(1+r))q_b+k_2r-p_b$；当市场需求量较低时，买方销售收入为 $p\beta_h q_b$。为体现融资风险的存在，我们设 $p\beta_h q_b < (wq_b-k_2)(1+r)+p_b$，即买方销售产品后无法全部偿还平台还款额与固定费用，只能返还全部销售收入 $p\beta_h q_b$，因此平台融资存在风险，此时买方的收益为 $-k$。

此模型下的买方期望收益函数为 $P((p\beta_l-w(1+r))q_b+kr-p_b)-(1-P)k$，令其对订购量 q_b 求导得 $(A-2q_b)P\beta_l-w(1+r)P$，导数为 0 的点满足 $w=(A-2q_b)\times\dfrac{\beta_l}{1+r}=\left(A-\dfrac{2Q}{n_b}\right)\dfrac{\beta_l}{1+r}$，卖方收益函数为 $(w-c)q_s-p_s=\left(\left(A-\dfrac{2Q}{n_b}\right)\dfrac{\beta_l}{1+r}-c\right)q_s-p_s$。

求得 n_s 个卖方根据古诺竞争模型对产量 q_s 竞争的最优产量为 $q_s'^* = \dfrac{n_b(A\beta_l - c(1+r))}{2(n_s+1)\beta_l}$。因此可以得到市场总产量为 $Q'^* = \dfrac{n_b n_s(A\beta_l - c(1+r))}{2(n_s+1)\beta_l}$，买方最优订购量为 $q_b'^* = \dfrac{n_s(A\beta_l - c(1+r))}{2(n_s+1)\beta_l}$，产品批发价格为 $w'^* = \left(A - \dfrac{n_s(A\beta_l - c(1+r))}{(n_s+1)\beta_l}\right)\dfrac{\beta_l}{1+r}$，市场零售价格为 $p'^* = A - \dfrac{n_s(A\beta_l - c(1+r))}{2(n_s+1)\beta_l}$。同无资金约束基础模型相同，可得市场总产量是双边人数的增函数，买方订购量是卖方人数的增函数，市场批发价格和零售价格是卖方人数的减函数。

与无资金约束模型相比，买方订购量 $q_b'^* = \dfrac{n_s(A\beta_l - c(1+r))}{2(n_s+1)\beta_l} = \dfrac{n_s}{2(n_s+1)}\left(A - \dfrac{c(1+r)}{\beta_l}\right)$。①当 $\dfrac{\beta_l}{\beta_h} > \dfrac{(1+r)(1-P)}{1-(1+r)P}\left(P < \dfrac{1}{1+r}, \dfrac{(1+r)(1-P)}{1-(1+r)P} \geqslant 1\text{恒成立}\right)$，$q_b = \dfrac{n_s}{2(n_s+1)}\left(A - \dfrac{c(1+r)}{\beta_l}\right) > \dfrac{n_s}{2(n_s+1)}\left(A - \dfrac{c}{(P\beta_l + (1-P)\beta_h)}\right)$。②当 $P \geqslant \dfrac{1}{1+r}$ 或 $P < \dfrac{1}{1+r}$ 且 $\dfrac{\beta_l}{\beta_h} \leqslant \dfrac{(1+r)(1-P)}{1-(1+r)P}$，$q_b = \dfrac{n_s}{2(n_s+1)}\left(A - \dfrac{c(1+r)}{\beta_l}\right) \leqslant \dfrac{n_s}{2(n_s+1)}\left(A - \dfrac{c}{(P\beta_l + (1-P)\beta_h)}\right)$。将 $\dfrac{(1+r)(1-P)}{1-(1+r)P}$ 对融资利率 r 求导得 $\dfrac{(1-P)}{(1-(1+r)P)^2} > 0$，对 P 求导得 $\dfrac{(1+r)((1+r)(1-P)-1)}{(1-(1+r)P)^2}$，当 $P < \dfrac{1}{1+r}$ 时，导数大于 0，当 $P > \dfrac{1}{1+r}$ 时，导数小于 0。由于 $\dfrac{(1+r)(1-P)}{1-(1+r)P}$ 是在 $P < \dfrac{1}{1+r}$ 的前提下比较的，因此只讨论导数大于 0 的部分。

命题 4-11： 当高市场需求量的概率满足 $P < \dfrac{1}{1+r}$，且市场需求高时的销售比例和市场需求低时的销售比例相差较大时 $\left(\dfrac{\beta_l}{\beta_h} > \dfrac{(1+r)(1-P)}{1-(1+r)P}\right)$，与无资金约束模型相比，买方出现资金约束并参与平台融资后会选择提高订购量来实现其最优期望利润。当高市场需求的概率 $P \geqslant \dfrac{1}{1+r}$，或不同市场需求下买方的销售比例差距较小时 $\left(\dfrac{\beta_l}{\beta_h} < \dfrac{(1+r)(1-P)}{1-(1+r)P}, P < \dfrac{1}{1+r}\right)$，买方融资后最优订购量会低于无资金约束下的订购量。具体比值的阈值 $\dfrac{(1+r)(1-P)}{1-(1+r)P}$ 即融资利率和市场风险概率，也与市场

需求的高低相关，会随着融资利率升高和市场需求高时的概率的升高而上升。

其中使订购量大小关系变化的不同市场需求比值 $\frac{\beta_l}{\beta_h}$ 的阈值 $\frac{(1+r)(1-P)}{1-(1+r)P}$ 随融资利率 r 和市场需求高的概率 P 的变化情况如图 4-12 所示。

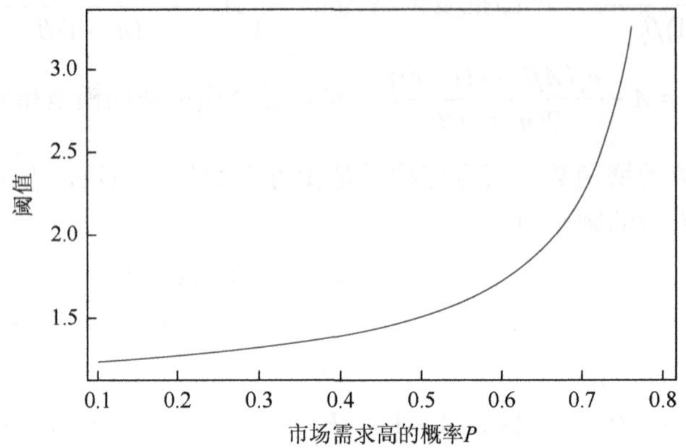

图 4-12 阈值随市场需求高的概率的变化图（$r=0.2$）

2）平台用户网络效应

根据命题 4-11 我们可以总结为，当产品整体市场的风险较低时，买方参与融资后的最优订购量会小于无资金约束模型。当整体市场风险较高时，加入平台的买方获得融资后会采取更冒险的订购决策，令平台分担一部分风险，提高产品订购量来满足最大收益。根据前文计算结果，我们得到双边市场各方收益函数如下。

买方期望收益函数：

$$E'(\pi_b)=P\left(\frac{n_s^2(A\beta_l-c(1+r))^2}{4(n_s+1)^2\beta_l}+k_2r-p_b\right)-(1-P)k_2 \tag{4-24}$$

卖方收益函数：

$$\pi_s'=\left(\left(A-\frac{n_s(A\beta_l-c(1+r))}{(n_s+1)\beta_l}\right)\frac{\beta_l}{1+r}-c\right)\frac{n_b(A\beta_l-c(1+r))}{2(n_s+1)\beta_l}-p_s \tag{4-25}$$

平台期望收益函数：

$$E'(\pi_p)=\frac{n_sn_b(A\beta_l-c(1+r))}{2(n_s+1)\beta_l}\left(\left(A-\frac{n_s(A\beta_l-c(1+r))}{2(n_s+1)\beta_l}\right)(1-P)\beta_h+\left(\left(A-\frac{n_s(A\beta_l-c(1+r))}{(n_s+1)\beta_l}\right)\frac{\beta_l}{1+r}\right)(P(1+r)-1)\right)$$
$$-n_bk_2(P(1+r)-1)+Pn_bp_b+n_sp_s \tag{4-26}$$

根据加入平台的买方、卖方收益函数式（4-24）、式（4-25），可以计算双边市场在平台融资下的网络效应。令买方期望收益函数$E'(\pi_b)$对加入平台卖方人数n_s求导得买方组间网络效应为$\frac{\partial E'(\pi_b)}{\partial n_s}=\frac{n_s(A\beta_l-c(1+r))^2P}{2(n_s+1)^3\beta_l}>0$，令$\pi_s'$对$n_b$求导计算卖方组间效应$\frac{\partial \pi_s'}{\partial n_b}=\left(\left(A-\frac{n_s(A\beta_l-c(1+r))}{(n_s+1)\beta_l}\right)\frac{\beta_l}{1+r}-c\right)\frac{(A\beta_l-c(1+r))}{2(n_s+1)\beta_l}>0$，同样计算卖方组内效应为$\frac{\partial \pi_s'}{\partial n_s}=-\left(\left(A-\frac{(n_s-1)(A\beta_l-c(1+r))}{(n_s+1)\beta_l}\right)\frac{\beta_l}{1+r}-c\right)\frac{n_b(A\beta_l-c(1+r))}{2(n_s+1)^2\beta_l}<0$。可得双边组间效应为正，卖方存在负组内效应不变，接下来与无资金约束的基础模型的网络效应进行比较得到推论 4-4，证明过程如下。

进行判定比较得到：当$P\geqslant\frac{1}{1+r}$或$P<\frac{1}{1+r}$且$\frac{\beta_l}{\beta_h}\leqslant\frac{(1+r)(1-P)}{1-(1+r)P}$时，$\frac{1+r}{\beta_l}>\frac{1}{P\beta_l+(1-P)\beta_h}$。买方组间效应为$\frac{\partial E'(\pi_b)}{\partial n_s}=\frac{n_s\left(A-\frac{c(1+r)}{\beta_l}\right)^2P\beta_l}{2(n_s+1)^3}<\frac{n_s\left(A-\frac{c}{(P\beta_l+(1-P)\beta_h)}\right)^2}{2(n_s+1)^3}(P\beta_l+(1-P)\beta_h)$。

卖方组间效应为$\frac{\partial \pi_s'}{\partial n_b}=\left(\left(A-\frac{n_s\left(A-\frac{c(1+r)}{\beta_l}\right)}{(n_s+1)}\right)\frac{\beta_l}{1+r}-c\right)\frac{\left(A-\frac{c(1+r)}{\beta_l}\right)}{2(n_s+1)}$。将$\frac{\beta_l}{1+r}$看作一个整体，令$\frac{\partial \pi_s'}{\partial n_b}$对其求导得$\left(A-\frac{n_s\left(A-\frac{2c(1+r)}{\beta_l}\right)}{(n_s+1)}\right)\frac{\left(A-\frac{c(1+r)}{\beta_l}\right)}{2(n_s+1)}+\left(\left(A-\frac{n_s\left(A-\frac{c(1+r)}{\beta_l}\right)}{(n_s+1)}\right)\frac{\beta_l}{1+r}-c\right)\frac{\left(\frac{c(1+r)}{\beta_l}\right)^2}{2(n_s+1)}>0$，当$P\geqslant\frac{1}{1+r}$或$P<\frac{1}{1+r}$且$\frac{\beta_l}{\beta_h}\leqslant\frac{(1+r)(1-P)}{1-(1+r)P}$时，$\frac{1+r}{\beta_l}>\frac{1}{P\beta_l+(1-P)\beta_h}$，$\left(\left(A-\frac{n_s\left(A-\frac{c(1+r)}{\beta_l}\right)}{(n_s+1)}\right)\frac{\beta_l}{1+r}-c\right)\times\frac{\left(A-\frac{c(1+r)}{\beta_l}\right)}{2(n_s+1)}<\left(\left(A-\frac{n_s\left(A-\frac{c}{(P\beta_l+(1-P)\beta_h)}\right)}{(n_s+1)}\right)(P\beta_l+(1-P)\beta_h)-c\right)\frac{\left(A-\frac{c}{(P\beta_l+(1-P)\beta_h)}\right)}{2(n_s+1)}$。

当$P<\frac{1}{1+r}$且$\frac{\beta_l}{\beta_h}>\frac{(1+r)(1-P)}{1-(1+r)P}$时，$\frac{1+r}{\beta_l}<\frac{1}{P\beta_l+(1-P)\beta_h}$，因此$\left(\left(A-\frac{n_s\left(A-\frac{c(1+r)}{\beta_l}\right)}{(n_s+1)}\right)\times\right.$
$\left.\frac{\beta_l}{1+r}-c\right)\frac{\left(A-\frac{c(1+r)}{\beta_l}\right)}{2(n_s+1)}>\left(\left(A-\frac{n_s\left(A-\frac{c}{(P\beta_l+(1-P)\beta_h)}\right)}{(n_s+1)}\right)(P\beta_l+(1-P)\beta_h)-c\right)\times$
$\frac{\left(A-\frac{c}{(P\beta_l+(1-P)\beta_h)}\right)}{2(n_s+1)}$。

卖方组内效应为$\frac{\partial\pi_s'}{\partial n_s}=-\left(\left(A-\frac{(n_s-1)\left(A-\frac{c(1+r)}{\beta_l}\right)}{(n_s+1)}\right)\frac{\beta_l}{1+r}-c\right)\frac{n_b\left(A-\frac{c(1+r)}{\beta_l}\right)}{2(n_s+1)^2}$，与$\frac{\partial\pi_s'}{\partial n_b}$相反，是关于$\frac{\beta_l}{1+r}$的减函数。当$P\geqslant\frac{1}{1+r}$或$P<\frac{1}{1+r}$且$\frac{\beta_l}{\beta_h}\leqslant\frac{(1+r)(1-P)}{1-(1+r)P}$时，

$\frac{1+r}{\beta_l}>\frac{1}{P\beta_l+(1-P)\beta_h}$，则$\frac{\partial\pi_s'}{\partial n_s}>-\left(\left(A-\frac{(n_s-1)\left(A-\frac{c}{(P\beta_l+(1-P)\beta_h)}\right)}{(n_s+1)}\right)(P\beta_l+\right.$
$\left.(1-P)\beta_h)-c\right)\frac{n_b\left(A-\frac{c}{(P\beta_l+(1-P)\beta_h)}\right)}{2(n_s+1)^2}=\frac{\partial\pi_s}{\partial n_s}$。当$P<\frac{1}{1+r}$且$\frac{\beta_l}{\beta_h}>\frac{(1+r)(1-P)}{1-(1+r)P}$时，

$\frac{\partial\pi_s'}{\partial n_s}<-\left(\left(A-\frac{(n_s-1)\left(A-\frac{c}{(P\beta_l+(1-P)\beta_h)}\right)}{n_s+1}\right)(P\beta_l+(1-P)\beta_h)-c\right)\frac{n_b\left(A-\frac{c}{(P\beta_l+(1-P)\beta_h)}\right)}{2(n_s+1)^2}=\frac{\partial\pi_s}{\partial n_s}$。

推论 4-4：与无资金约束模型网络效应相比：当市场风险较低$\left(P\geqslant\frac{1}{1+r}\right.$或$\left.P<\frac{1}{1+r}\text{且}\frac{\beta_l}{\beta_h}\leqslant\frac{(1+r)(1-P)}{1-(1+r)P}\right)$时，买方出现资金约束后平台为买方提供融资的双边用户组间网络效应均会降低，卖方组内竞争加强。当市场风险较高$\left(P<\frac{1}{1+r}\right.$且$\left.\frac{\beta_l}{\beta_h}>\frac{(1+r)(1-P)}{1-(1+r)P}\right)$时，平台为买方提供融资后买方带给卖方的组间效应上升，卖方组内竞争减弱。

至此我们发现了一些有趣的结论，即市场风险对平台为买方提供融资后的双边

市场网络效应的变化有关键性影响。当市场中出现高需求的概率较高$\left(P \geqslant \frac{1}{1+r}\right)$或销量最高与最低的比值较小（销量波动小），即$P < \frac{1}{1+r}$且$\frac{\beta_l}{\beta_h} \leqslant \frac{(1+r)(1-P)}{1-(1+r)P}$时，对买方融资后的双边用户的组间网络效应低于无资金约束模型，卖方的组内竞争也相应加强。因此在产品零售市场的风险不高时，资金约束会给双边用户带来组间网络效应下降和竞争加剧的损害，且平台的融资行为无法完全弥补这一损害，只有恢复到无资金约束才会达到最佳状态。而当市场中销量高和销量低的差距较大（销量波动大），即$P < \frac{1}{1+r}$且$\frac{\beta_l}{\beta_h} > \frac{(1+r)(1-P)}{1-(1+r)P}$时，相比于所有参与方无资金约束，平台为买方融资会使买方对卖方的组间效应上升，卖方组内竞争减弱。所以在产品零售的市场风险较高时，如果买方出现资金约束，平台为买方的融资行为可以使其对卖方的间接网络效应上升，并减弱卖方内部的竞争，为双边市场各方提供较好的发展环境，如图 4-13 所示。

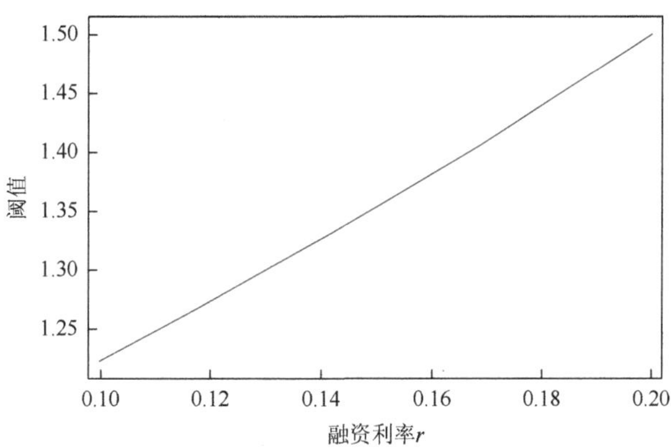

图 4-13　阈值随融资利率变化图（$P = 0.5$）

3）模型均衡解

接着计算双边平台融资模型的均衡解。根据式（4-24）观察到买方期望收益函数与买方人数n_b无关，因此当平台控制买方定价$p_b' \leqslant \frac{n_s^2(A\beta_l - c(1+r))^2}{4(n_s+1)^2\beta_l} + k_2 r - \frac{(1-P)k_2}{P}$时，市场中的全部买方均会加入平台$n_b^* = N_b$。接着，计算平台最优卖方定价，当$p_s'$正好满足卖方收益函数为 0 时平台收益最大，此时卖方定价与卖方人数的关系式为$p_s'(n_s)=\left(\left(A-\frac{n_s(A\beta_l-c(1+r))}{(n_s+1)\beta_l}\right)\frac{\beta_l}{1+r}-c\right)\frac{N_b(A\beta_l-c(1+r))}{2(n_s+1)\beta_l}$。所以平台收益函数可表示为$\pi_p'=\frac{n_sN_b(A\beta_l-c(1+r))}{2(n_s+1)\beta_l}\left(\left(A-\frac{n_s(A\beta_l-c(1+r))}{2(n_s+1)\beta_l}\right)((1-P)\beta_h+\beta_lP)-c\right)$。将$\pi_p'$对卖方人数$n_s$求导得$\frac{N_b(A\beta_l-c(1+r))}{2(n_s+1)^2\beta_l}\left(\left(A-\frac{n_s(A\beta_l-c(1+r))}{(n_s+1)\beta_l}\right)((1-P)\beta_h+\beta_lP)-c\right)$。

由卖方收益函数大于 0 才会参与交易得$\left(A-\frac{n_s(A\beta_l-c(1+r))}{(n_s+1)\beta_l}\right)\frac{\beta_l}{1+r}-c>0$，当$(1-P)\beta_h+\beta_lP\geqslant\frac{\beta_l}{1+r}$，原导函数为正，此时$P\geqslant\frac{1}{1+r}$或$P<\frac{1}{1+r}$且$\frac{\beta_l}{\beta_h}\leqslant\frac{(1+r)(1-P)}{1-(1+r)P}$，平台收益随卖方人数的增加而上升，因此平台选择对卖方的最优定价为$p_s'^*=\left(\left(A-\frac{n_s(A\beta_l-c(1+r))}{(n_s+1)\beta_l}\right)((1-P)\beta_h+\beta_lP)-c\right)\frac{N_b(A\beta_l-c(1+r))}{2(N_s+1)\beta_l}$，加入平台卖方人数为市场最大值$N_s$。若$(1-P)\beta_h+\beta_lP<\frac{\beta_l}{1+r}$，$P<\frac{1}{1+r}$且$\frac{\beta_l}{\beta_h}>\frac{(1+r)(1-P)}{1-(1+r)P}$，平台利润$\pi_p'$对$n_s$求导，并令导数为0得$n_s'^*=\frac{A\beta_l((1-P)\beta_h+\beta_lP)-c\beta_l}{c(\beta_l-(1+r)((1-P)\beta_h+\beta_lP))}$。因此平台收益在卖方人数达到一定值$\frac{A\beta_l((1-P)\beta_h+\beta_lP)-c\beta_l}{c(\beta_l-(1+r)((1-P)\beta_h+\beta_lP))}$时达到最高，之后平台收益会随卖方人数的增加而减小。

我们将上述结果总结为命题 4-12。

命题 4-12：在 B2B 平台为买方提供融资的模型中，平台对买方的最优定价为$p_b'^*=\frac{n_s^2(A\beta_l-c(1+r))^2}{4(n_s+1)^2\beta_l}+k_2r-\frac{(1-P)k_2}{P}$。①当$P\geqslant\frac{1}{1+r}$或$P<\frac{1}{1+r}$且$\frac{\beta_l}{\beta_h}\leqslant\frac{(1+r)(1-P)}{1-(1+r)P}$，平台收益随卖方人数的增加而增大，加入平台卖方人数为$n_s'=N_s$，平台对卖方的最优定价为$p_s'^*=\left(\left(A-\frac{N_s(A\beta_l-c(1+r))}{(N_s+1)\beta_l}\right)\frac{\beta_l}{1+r}-c\right)\frac{N_b(A\beta_l-c(1+r))}{2(N_s+1)\beta_l}$，平台最优收益为$\pi_p'^*=\frac{N_sN_b(A\beta_l-c(1+r))}{2(N_s+1)\beta_l}\left(\left(A-\frac{N_s(A\beta_l-c(1+r))}{2(N_s+1)\beta_l}\right)((1-P)\beta_h+\beta_lP)-c\right)$。②当$P<\frac{1}{1+r}$且$\frac{\beta_l}{\beta_h}>\frac{(1+r)(1-P)}{1-(1+r)P}$，平台收益在卖方人数达到$\frac{A\beta_l((1-P)\beta_h+\beta_lP)-c\beta_l}{c(\beta_l-(1+r)((1-P)\beta_h+\beta_lP))}$时最大，之后平台收益随卖方人数的增加而减小。平台对卖方最优定价为

$p_s'^{*}=\left(\left(A-\dfrac{n_s(A\beta_l-c(1+r))}{(n_s+1)\beta_l}\right)\dfrac{\beta_l}{1+r}-c\right)\dfrac{N_b(A\beta_l-c(1+r))}{2(n_s+1)\beta_l}$，其中加入平台的卖方人数 $n_s'^{*}=\dfrac{A\beta_l((1-P)\beta_h+\beta_lP)-c\beta_l}{c(\beta_l-(1+r)((1-P)\beta_h+\beta_lP))}$，与此同时买方订购量高于无资金约束模型。

③当 $P<\dfrac{1}{1+r}$，$\dfrac{\beta_l}{\beta_h}>\dfrac{(1+r)(1-P)}{1-(1+r)P}$ 且 $\dfrac{A\beta_l((1-P)\beta_h+\beta_lP)-c\beta_l}{c(\beta_l-(1+r)((1-P)\beta_h+\beta_lP))}>N_s$，由于市场中卖方数量的限制，平台无法达到最优解，因此平台达到的均衡解为 $n_s'^{*}=N_s$，$p_s'^{*}=\left(\left(A-\dfrac{N_s(A\beta_l-c(1+r))}{(N_s+1)\beta_l}\right)\dfrac{\beta_l}{1+r}-c\right)\dfrac{N_b(A\beta_l-c(1+r))}{2(N_s+1)\beta_l}$。

上述结论可以总结为：当市场风险较低时，B2B 平台为买方提供融资后的买方最优订购量低于无资金约束模型。此时，平台应当选择吸引尽可能多的卖方加入；当市场风险较高时，平台为买方提供融资的买方最优订购量高于无资金约束模型，平台收益会在卖方达到一定人数 $\dfrac{A\beta_l((1-P)\beta_h+\beta_lP)-c\beta_l}{c(\beta_l-(1+r)((1-P)\beta_h+\beta_lP))}$ 后到达顶峰，之后随卖方人数的上升逐渐下降。

因此，对于市场风险较高行业的 B2B 平台，若卖方之间有竞争关系且买方存在资金约束，平台提供融资服务后应注意观测卖方用户数量和平台利润的关系。过多的卖方加入平台后，其产生的组内竞争可能会导致平台的利润下降，平台利润会随加入的卖方数量的增加逐渐上升至最高点，后随着卖方数量的增加逐渐下降。这种愈演愈烈的组内竞争会损害卖方的利润，继而使平台利润受损。所以平台可能需要控制卖方数量保持在一定范围来实现利润的最大化。

3. 模型对比分析

在本部分中我们将对比平台为买方提供融资模型与无资金约束模型两个模型的最优解，包括平台对双边用户的最优定价及平台的最优利润。研究在不同的市场条件下，平台最优解的大小关系和变化规律，分别通过对比各项得到结论并对相关结果做出分析，为平台融资决策提供一定的模型依据。

1）平台对买方最优定价对比

根据命题 4-12 中融资模型的最优解重新计算前提条件。其中，使平台上的买方在市场需求低的情况下无法偿还平台贷款和固定费用之和这一假设成立的前提条件为 $p\beta_hq_b<(wq_b-k_2)(1+r)+p_b$，代入模型最优解得 $\left(A-\dfrac{n_s(A\beta_l-c(1+r))}{2(n_s+1)\beta_l}\right)\times$

$\beta_h\dfrac{n_s(A\beta_l-c(1+r))}{2(n_s+1)\beta_l}<\left(\left(A-\dfrac{n_s(A\beta_l-c(1+r))}{(n_s+1)\beta_l}\right)\dfrac{\beta_l}{1+r}\dfrac{n_s(A\beta_l-c(1+r))}{2(n_s+1)\beta_l}-k_2\right)(1+r)+p_b'$，

因此平台对买方的定价满足 $p_b' > \frac{n_s(A\beta_l - c(1+r))}{2(n_s+1)\beta_l}\left(\frac{n_s(A\beta_l - c(1+r))}{2(n_s+1)\beta_l}(2\beta_l - \beta_h) - A(\beta_l - \beta_h)\right) + k_2(1+r)$。所以平台对买方的最优定价满足 $p_b'^* = \frac{n_s^2(A\beta_l - c\lambda(1+r))^2}{4\lambda(n_s+1)^2\beta_l} + k_2 r - \frac{(1-P)k_2}{P} > \frac{n_s(A\beta_l - c\lambda(1+r))}{2(n_s+1)\beta_l}\left(\frac{n_s(A\beta_l - c\lambda(1+r))}{2\lambda(n_s+1)\beta_l}(2\beta_l - \beta_h) - A(\beta_l - \beta_h)\right) + k_2(1+r)$，得 $\frac{n_s(A\beta_l - c\lambda(1+r))}{2(n_s+1)\beta_l}\left(\frac{A}{\lambda} - \frac{n_s(A\beta_l - c\lambda(1+r))}{2\lambda(n_s+1)\beta_l}\right)(\beta_l - \beta_h)P > k_2$。所以对模型进行对比的前提条件为 $k_2 < \frac{N_s(A\beta_l - c\lambda(1+r))}{2(N_s+1)\beta_l}\left(\frac{A}{\lambda} - \frac{N_s(A\beta_l - c\lambda(1+r))}{2\lambda(N_s+1)\beta_l}\right)(\beta_l - \beta_h)P$ 且 $k_2 < \left(\frac{A}{\lambda} - \frac{N_s(A\beta_l - c\lambda(1+r))}{\lambda(N_s+1)\beta_l}\right)\frac{\beta_l}{1+r}\frac{N_s(A\beta_l - c\lambda(1+r))}{2(N_s+1)\beta_l}$。

下面比较两个模型下的平台对买方最优定价的大小关系。无资金约束模型中买方最优定价为 $p_b^* = \frac{N_s^2(P\beta_l + (1-P)\beta_h)}{4(N_s+1)^2}\left(A - \frac{c}{(P\beta_l + (1-P)\beta_h)}\right)^2$。如果 $P < \frac{1}{1+r}$ 且 $\frac{\beta_l}{\beta_h} < \frac{(1+r)(1-P)}{1-(1+r)P}$，那么 $\frac{1+r}{\beta_l} > \frac{1}{P\beta_l + (1-P)\beta_h}$。此时融资模型下平台对买方的最优定价 $p_b'^* = \frac{N_s^2(A\beta_l - c(1+r))^2}{4(N_s+1)^2\beta_l} - \frac{1-P(1+r)}{P}k_2 < \frac{N_s^2\beta_l\left(A - \frac{c}{(P\beta_l + (1-P)\beta_h)}\right)^2}{4(N_s+1)^2} - \frac{1-P(1+r)}{P}k_2$。若 $k > \frac{N_s^2 P(\beta_l - \beta_h)(1-p)}{4(N_s+1)^2(1-P(1+r))}\left(A - \frac{c}{(P\beta_l + (1-P)\beta_h)}\right)^2$，则 $\frac{N_s^2\beta_l\left(A - \frac{c}{(P\beta_l + (1-P)\beta_h)}\right)^2}{4(N_s+1)^2} - \frac{1-P(1+r)}{P}k_2 < \frac{N_s^2(P\beta_l + (1-P)\beta_h)}{4(N_s+1)^2}\left(A - \frac{c}{(P\beta_l + (1-P)\beta_h)}\right)^2$，因此 $p_b'^* < p_b^*$，我们得到命题 4-13。

命题 4-13：与无资金约束模型相比，当平台交易产品的市场需求高的概率较低 $\left(P < \frac{1}{1+r}\right)$，且市场需求较稳定 $\left(\frac{\beta_l}{\beta_h} < \frac{(1+r)(1-P)}{1-(1+r)P}\right)$ 时，平台向买方提供融资后，会出现平台对买方的最优定价降低的情况，此时买方自有资金满足 $k < \frac{N_s^2 P(\beta_l - \beta_h)(1-p)}{4(N_s+1)^2(1-P(1+r))}\left(A - \frac{c}{(P\beta_l + (1-P)\beta_h)}\right)^2$。

为了更好地展示这些结论，本部分将运用数值模拟作图的形式对相关最优解进行比较。图 4-14 展示了 B2B 平台对买方最优定价 p_b^* 与市场需求高的概率 P 之间的相关关系，其中涉及的相关参数数值设置如表 4-5 所示。

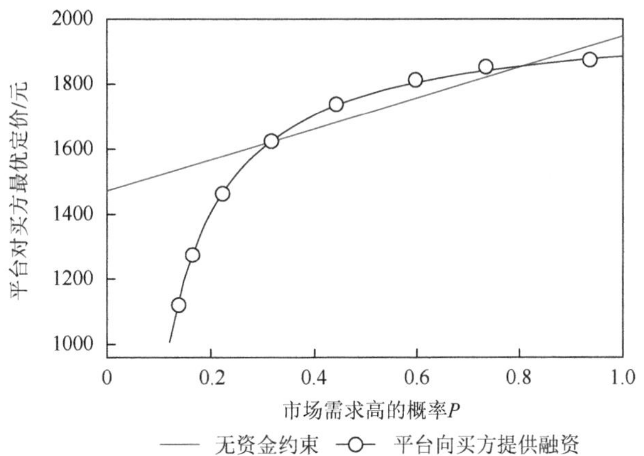

图 4-14　平台对买方最优定价对比

表 4-5　参数设定

$A=100$	$N_s=50$	$\beta_l=1$	$\beta_h=0.8$	$r=0.2$
$k_2=120$	$c=10$	$N_b=100$	$P\in[0,1]$	

根据图 4-14 和图 4-15，我们可以看出两个模型下的平台对买方最优定价曲线有两个交点，随着市场出现高需求的概率 P 的上升，平台融资模型的最优买方定

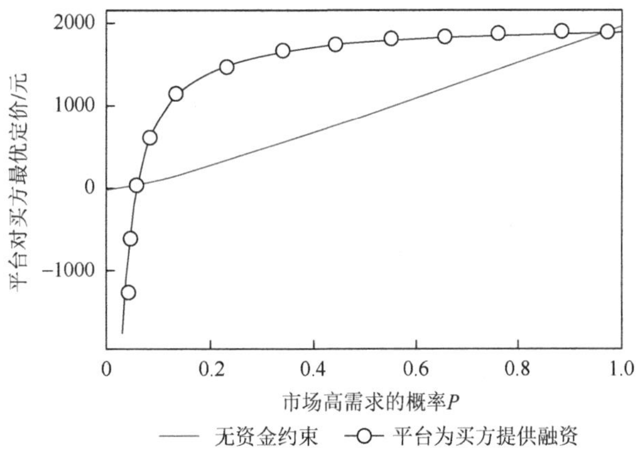

图 4-15　平台对买方最优定价对比（ $\beta_h=0.1$ ）

价先低于无资金约束模型，在到达第一个交点后高于无资金约束模型，到达第二个交点后低于无资金约束模型。比较图 4-14 和图 4-15，当市场需求波动大（低销售比例 $\beta_h = 0.1$）时，平台为买方提供融资后对买方的定价在大部分情况下更高，但在市场需求高的概率 P 很小时会转负，这表示该平台需要补贴买方用户。

从命题 4-13 可以看出，即使 B2B 平台为买方提供融资服务，可以多获得一部分融资的收入，但平台对买方的定价仍然有可能上升，它取决于产品销售的市场需求条件及销量的波动幅度。总体来说，市场需求旺盛时，平台可以对买方既收取融资利息，又提高固定费用。因为这种情况下的融资服务会给买方带来更高的零售期望收益。而当市场需求不足时，产品零售市场风险较高，平台在为买方提供融资服务后，会存在降低买方定价的行为。在垄断 B2B 平台的交易过程中，平台对双边用户的定价基本与双边用户的收益持平，平台收取垄断价格，并因此获得全部的供应链利润。若买方申请融资后可以达到较高的销量，那么可以向平台还清贷款，并有所富余；若出现市场需求低的情况，即高市场风险环境，则买方还款额无法覆盖所有费用，平台也无法获得相应的收入。

2）平台对卖方最优定价对比

下面比较无资金约束模型与资金约束模型中 B2B 平台对卖方的最优定价。无资金约束模型下平台对卖方定价的最优解为 $p_s^* = \left(\left(A - \dfrac{N_s}{(N_s+1)}\left(A - \dfrac{c}{(P\beta_l + (1-P)\beta_h)}\right)\right) \times (P\beta_l + (1-P)\beta_h) - c\right)\dfrac{N_b}{2(N_s+1)}\left(A - \dfrac{c}{(P\beta_l + (1-P)\beta_h)}\right)$。① 当 $P \geqslant \dfrac{1}{1+r}$ 或 $P < \dfrac{1}{1+r}$ 且 $\dfrac{\beta_l}{\beta_h} \leqslant \dfrac{(1+r)(1-P)}{1-(1+r)P}$ 时，融资模型下平台对卖方定价的最优解为 $p_s'^* = \left(\left(A - \dfrac{N_s}{(N_s+1)}\left(A - \dfrac{c(1+r)}{\beta_l}\right)\right)((1-P)\beta_h + \beta_l P) - c\right)\dfrac{N_b(A\beta_l - c(1+r))}{2(N_s+1)\beta_l}$，将 $\dfrac{(1+r)}{\beta_l}$ 看作一个整体，令 $p_s'^*$ 对其求导得 $-\left(\left(A - \dfrac{2N_s}{(N_s+1)\lambda}\left(A - \dfrac{c(1+r)}{\beta_l}\right)\right)((1-P)\beta_h + \beta_l P) - c\right) \times \dfrac{N_b(A\beta_l - c(1+r))}{2(N_s+1)\beta_l}$。当 $\left(A - \dfrac{2N_s}{(N_s+1)}\left(A - \dfrac{c(1+r)}{\beta_l}\right)\right)((1-P)\beta_h + \beta_l P) - c > 0$，则

$$\left(\left(A - \frac{N_s}{(N_s+1)\lambda}\left(A - \frac{c(1+r)}{\beta_l}\right)\right)((1-P)\beta_h + \beta_l P) - c\right)\frac{N_b(A\beta_l - c\lambda(1+r))}{2(N_s+1)\beta_l} <$$

$$\left(\left(A - \frac{N_s}{(N_s+1)}\left(A - \frac{c}{(P\beta_l + (1-P)\beta_h)}\right)\right)(P\beta_l + (1-P)\beta_h) - c\right)\frac{N_b}{2(N_s+1)}\left(A - \frac{c}{(P\beta_l + (1-P)\beta_h)}\right),$$

因此 $p_s'^* < p_s^*$。当 $\left(A-\dfrac{2N_s}{(N_s+1)}\left(A-\dfrac{c(1+r)}{\beta_l}\right)\right)((1-P)\beta_h+\beta_l P)-c<0$ 时，

$$\left(\left(A-\frac{N_s}{(N_s+1)}\left(A-\frac{c(1+r)}{\beta_l}\right)\right)((1-P)\beta_h+\beta_l P)-c\right)\frac{N_b(A\beta_l-c(1+r))}{2(N_s+1)\beta_l}>$$

$$\left(\left(A-\frac{N_s}{(N_s+1)}\left(A-\frac{c}{(P\beta_l+(1-P)\beta_h)}\right)\right)(P\beta_l+(1-P)\beta_h)-c\right)\frac{N_b}{2(N_s+1)}\left(A-\frac{c}{(P\beta_l+(1-P)\beta_h)}\right),$$

因此 $p_s'^* > p_s^*$。②当 $P<\dfrac{1}{1+r}$ 且 $\dfrac{\beta_l}{\beta_h}>\dfrac{(1+r)(1-P)}{1-(1+r)P}$，同样令 $p_s'^*$ 对 $\dfrac{(1+r)}{\beta_l}$ 求导，若 $\left(A-\dfrac{2N_s}{(N_s+1)}\left(A-\dfrac{c(1+r)}{\beta_l}\right)\right)((1-P)\beta_h+\beta_l P)-c>0$，则 $p_s'^*$ 为 $\dfrac{(1+r)}{\beta_l}$ 的减函数，

因此 $p_s'^* > \left(\left(A-\dfrac{N_s}{(N_s+1)}\left(A-\dfrac{c(1+r)}{\beta_l}\right)\right)((1-P)\beta_h+\beta_l P)-c\right)\dfrac{N_b(A\beta_l-c(1+r))}{2(N_s+1)\beta_l}>$

$$\left(\left(A-\frac{N_s}{(N_s+1)}\left(A-\frac{c}{(P\beta_l+(1-P)\beta_h)}\right)\right)(P\beta_l+(1-P)\beta_h)-c\right)\frac{N_b}{2(N_s+1)}\left(A-\frac{c}{(P\beta_l+(1-P)\beta_h)}\right),$$

即 $p_s'^* > p_s^*$。将上述平台对卖方的最优定价的比较结论总结得到命题 4-14。

命题 4-14：当 $P\geqslant\dfrac{1}{1+r}$ 或 $P<\dfrac{1}{1+r}$ 且 $\dfrac{\beta_l}{\beta_h}\leqslant\dfrac{(1+r)(1-P)}{1-(1+r)P}$ 时，产品的市场风险较低，平台对买方提供融资时对卖方的最优定价低于无资金约束情况。当 $P<\dfrac{1}{1+r}$ 且 $\dfrac{\beta_l}{\beta_h}>\dfrac{(1+r)(1-P)}{1-(1+r)P}$ 时，产品的市场风险较高，当平台为买方提供融资后，对卖方的最优定价上升。

各数值的设定依照表 4-5，我们通过数值模拟得到平台对卖方最优定价的比较图 4-16。由于当 $P<\dfrac{1}{1+r}$ 且 $\dfrac{\beta_l}{\beta_h}>\dfrac{(1+r)(1-P)}{1-(1+r)P}$ 时，该模型最优人数超出市场最大人数限制，函数图像连续。我们又设 $\beta_h=0.1$ 得到融资模型下的分段函数与无资金约束下平台对买方最优定价对比图 4-17。为更清晰显示图 4-17 的后半段，我们给出图 4-17 的局部放大版图 4-18。

图 4-16、图 4-17 和图 4-18 进一步验证了命题 4-14：图 4-16 中的交点为 $\dfrac{\beta_l}{\beta_h}=\dfrac{(1+r)(1-P)}{1-(1+r)P}$，交点左侧 $P<\dfrac{1}{1+r}$ 且 $\dfrac{\beta_l}{\beta_h}>\dfrac{(1+r)(1-P)}{1-(1+r)P}$，平台向买方提供融资模型高于无资金约束模型；图 4-18 中由于 β_h 变小，两曲线交点右移。我们

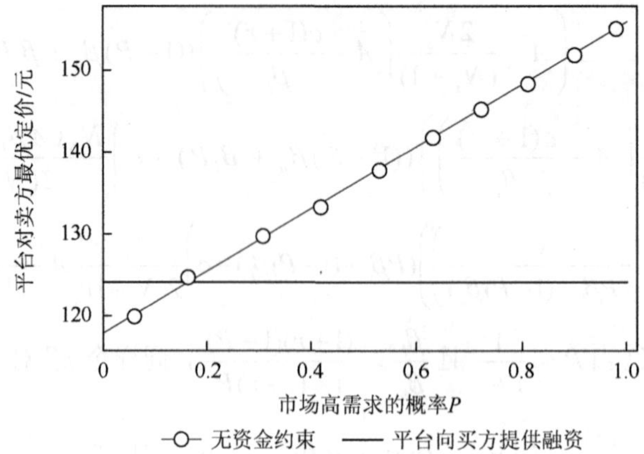

图 4-16　平台对卖方最优定价对比

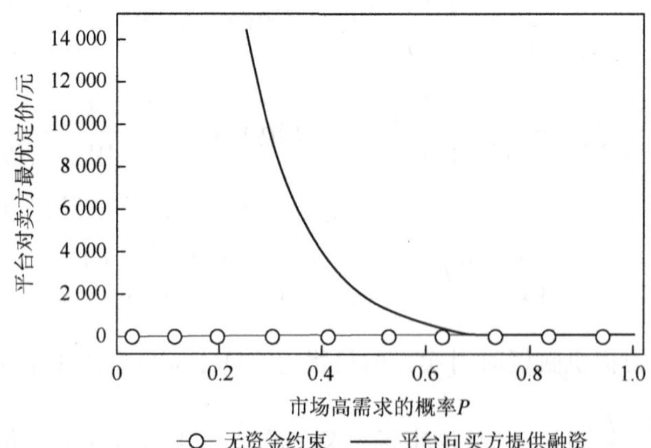

图 4-17　平台对卖方最优定价对比（ $\beta_h = 0.1$ ）

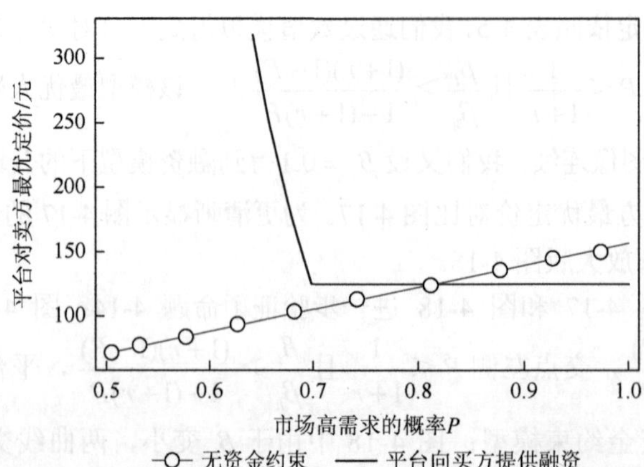

图 4-18　平台对卖方最优定价对比（ $\beta_h = 0.1$ 局部放大）

观察到由于市场风险较高时$\left(P<\frac{1}{1+r}\text{且}\frac{\beta_l}{\beta_h}>\frac{(1+r)(1-P)}{1-(1+r)P}\right)$，平台可以采用减少卖方数量的定价策略，所以平台对卖方的定价显著高于无资金约束模型。

因此，在 B2B 平台为买方提供融资模型的最优解中，对卖方最优定价的影响呈现与对买方最优定价不同的变化趋势。当产品的市场风险较高时，平台为买方提供融资后对卖方的最优定价会高于无资金约束模型。因为此时平台的融资行为和限定卖方人数的行为会提高单位卖方收益，继而平台会收取更高的定价。而当产品的市场风险较低时，平台对买方提供融资不会使对卖方的定价高于无资金约束情况，卖方的收益也不会提升。

3）平台最优利润对比

下面对比两个模型下平台的最优利润，无资金约束模型下平台的最优利润为 $\pi_p^*=\left(\left(A-\frac{N_s}{2(N_s+1)}\left(A-\frac{c}{(P\beta_l+(1-P)\beta_h)}\right)\right)(P\beta_l+(1-P)\beta_h)-c\right)\frac{N_bN_s}{2(N_s+1)}\times\left(A-\frac{c}{(P\beta_l+(1-P)\beta_h)}\right)$。①当 $P\geqslant\frac{1}{1+r}$，或者 $P<\frac{1}{1+r}$ 且 $\frac{\beta_l}{\beta_h}\leqslant\frac{(1+r)(1-P)}{1-(1+r)P}$ 时，融资模型的平台最优利润为 $\pi_p'^*=\frac{N_sN_b(A\beta_l-c(1+r))}{2(N_s+1)\beta_l}\left(\left(A-\frac{N_s(A\beta_l-c(1+r))}{2(N_s+1)\beta_l}\right)\times((1-P)\beta_h+\beta_lP)-c\right)$。将 $\frac{(1+r)}{\beta_l}$ 当作整体，令平台最优利润 $\pi_p'^*$ 对其求导得 $-\left(\left(A-\frac{N_s(A\beta_l-c(1+r))}{(N_s+1)\beta_l}\right)((1-P)\beta_h+\beta_lP)-c\right)\frac{N_sN_bc}{2(N_s+1)}$。当 $\left(\left(A-\frac{N_s(A\beta_l-c(1+r))}{(N_s+1)\beta_l}\right)\times((1-P)\beta_h+\beta_lP)-c\right)\frac{N_sN_bc}{2(N_s+1)}>0$ 时，$\frac{N_sN_b(A\beta_l-c(1+r))}{2(N_s+1)\beta_l}\left(\left(A-\frac{N_s(A\beta_l-c(1+r))}{2(N_s+1)\beta_l}\right)-((1-P)\beta_h+\beta_lP)-c\right)<\left(\left(A-\frac{N_s}{2(N_s+1)}\left(A-\frac{c}{(P\beta_l+(1-P)\beta_h)}\right)\right)(P\beta_l+(1-P)\beta_h)-c\right)\times\frac{N_bN_s}{2(N_s+1)}\left(A-\frac{c}{(P\beta_l+(1-P)\beta_h)}\right)$，因此 $\pi_p'^*<\pi_p^*$；当 $\left(\left(A-\frac{N_s(A\beta_l-c(1+r))}{(N_s+1)\beta_l}\right)-((1-P)\beta_h+\beta_lP)-c\right)\frac{N_sN_bc}{2(N_s+1)}<0$ 时，$\frac{N_sN_b(A\beta_l-c(1+r))}{2(N_s+1)\beta_l}\left(\left(A-\frac{N_s(A\beta_l-c(1+r))}{2(N_s+1)\beta_l}\right)-((1-P)\beta_h+\beta_lP)-c\right)>\left(\left(A-\frac{N_s}{2(N_s+1)}\left(A-\frac{c}{(P\beta_l+(1-P)\beta_h)}\right)\right)(P\beta_l+(1-P)\beta_h)-c\right)\times$

$\frac{N_b N_s}{2(N_s+1)}\left(A-\frac{c}{(P\beta_l+(1-P)\beta_h)}\right)$，因此 $\pi_p'^{*}>\pi_p^{*}$。②当 $P<\frac{1}{1+r}$ 且 $\frac{\beta_l}{\beta_h}>\frac{(1+r)(1-P)}{1-(1+r)P}$，$\frac{1+r}{\beta_l}<\frac{1}{P\beta_l+(1-P)\beta_h}$，$\pi_p'^{*}=\frac{n_s'^{*}N_b(A\beta_l-c(1+r))}{2(n_s'^{*}+1)\beta_l}\left(\left(A-\frac{n_s'^{*}(A\beta_l-c(1+r))}{2(n_s'^{*}+1)\beta_l}\right)\times((1-P)\beta_h+\beta_l P)-c\right)$，$n_s'^{*}=\frac{A\beta_l((1-P)\beta_h+\beta_l P)-c\beta_l}{c(\beta_l-(1+r)((1-P)\beta_h+\beta_l P))}$。若 $\left(\left(A-\frac{N_s(A\beta_l-c(1+r))}{(N_s+1)\beta_l}\right)\times((1-P)\beta_h+\beta_l P)-c\right)\frac{N_s N_b c}{2(N_s+1)}>0$，则融资模型下平台的最优利润 $\pi_p'^{*}>$

$$\frac{N_s N_b(A\beta_l-c(1+r))}{2(N_s+1)\beta_l}\left(\left(A-\frac{N_s(A\beta_l-c(1+r))}{2(N_s+1)\beta_l}\right)((1-P)\beta_h+\beta_l P)-c\right)>$$

$$\frac{N_b N_s\left(A-\frac{c}{(P\beta_l+(1-P)\beta_h)}\right)}{2(N_s+1)}\left(\left(A-\frac{N_s}{2(N_s+1)}\left(A-\frac{c}{(P\beta_l+(1-P)\beta_h)}\right)\right)(P\beta_l+(1-P)\beta_h)-c\right),$$

因此 $\pi_p'^{*}>\pi_p^{*}$。根据上述结果，得到平台最优期望利润的比较结论（命题 4-15）。

命题 4-15：当高市场需求概率 $P\geqslant\frac{1}{1+r}$ 或 $P<\frac{1}{1+r}$ 且 $\frac{\beta_l}{\beta_h}\leqslant\frac{(1+r)(1-P)}{1-(1+r)P}$ 时，B2B 平台为买方提供融资服务时，平台的最优利润低于无资金约束模型 $\left(\left(A-\frac{N_s(A\beta_l-c(1+r))}{(N_s+1)\beta_l}\right)((1-P)\beta_h+\beta_l P)-c>0\right)$。当 $\left(A-\frac{N_s(A\beta_l-c(1+r))}{(N_s+1)\beta_l}\right)\times((1-P)\beta_h+\beta_l P)-c<0$ 时，上述结论相反。当 $P<\frac{1}{1+r}$ 且 $\frac{\beta_l}{\beta_h}>\frac{(1+r)(1-P)}{1-(1+r)P}$ 时，平台为买方提供融资后的平台期望利润高于无资金约束模型 $\left(\left(A-\frac{N_s(A\beta_l-c(1+r))}{(N_s+1)\beta_l}\right)\times((1-P)\beta_h+\beta_l P)-c>0\right)$。

因为结论的复杂性，我们继续通过数值模拟观察结论。相关数值设定与表 4-5 相同，我们得到平台最优利润随市场高需求概率 P 的变化图 4-19。可以观察到在此数值的设定下，不同模型的 B2B 平台的最优利润相近，因此我们继续给出一个局部放大的图 4-20 以观察细节。随着市场高需求概率 P 的升高，无资金约束下的平台最优利润略高于平台为买方提供融资模型下的最优解。接着，我们降低市场需求低的比率 β_h 到 0.1（图 4-21），发现在市场高需求概率 P 较小时，平台融资模型下的最优利润为负值，且低于无资金约束模型。

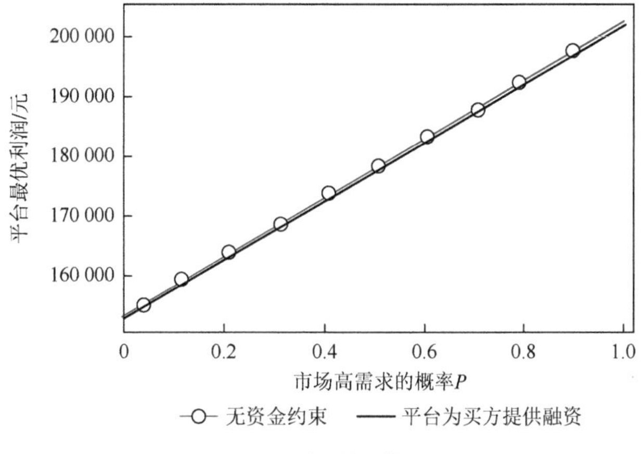

图4-19　平台最优利润对比

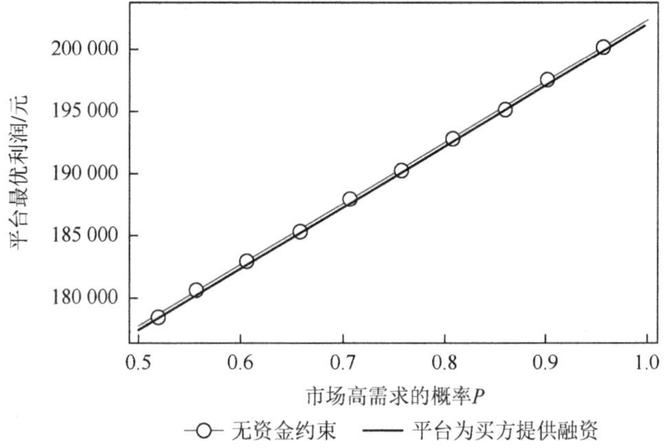

图4-20　平台最优利润对比（局部放大）

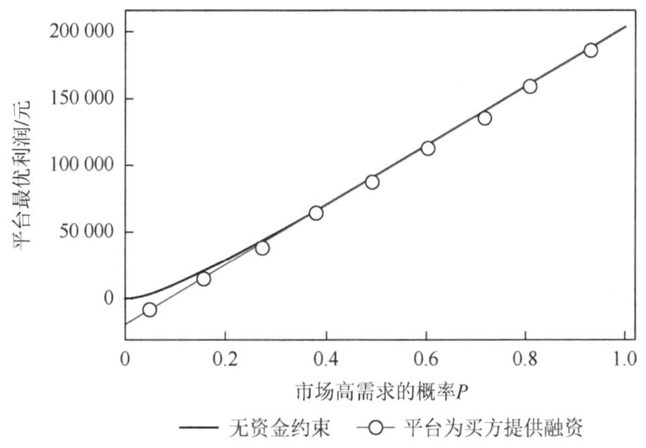

图4-21　平台最优利润对比（$\beta_h = 0.1$）

因此，在假设条件$\left(A-\frac{N_s(A\beta_l-c(1+r))}{(N_s+1)\beta_l}\right)((1-P)\beta_h+\beta_l P)-c>0$下，我们得到如下结论：当 B2B 平台为买方提供融资，且整体市场风险较低$\left(P\geqslant\frac{1}{1+r}\right.$或$P\leqslant\frac{1}{1+r}$且$\left.\frac{\beta_l}{\beta_h}<\frac{(1+r)(1-P)}{1-(1+r)P}\right)$时，加入平台买方最优订购量低于无资金约束模型，平台获得的利润同样降低。而当市场风险较高$\left(P<\frac{1}{1+r}\text{且}\frac{\beta_l}{\beta_h}>\frac{(1+r)(1-P)}{1-(1+r)P}\right)$时，平台为买方提供融资模型下的买方最优订购量会高于无资金约束模型，同时平台会获得比无资金约束模型更高的利润。换句话说，市场风险的存在影响平台为双边用户融资的结果，当市场风险较小（产品高销量概率高或最高与最低销量比值小）时，无资金约束模型下平台的期望利润更高，当市场风险较大（高销量概率低且最高与最低销量比值高）时，平台为买方提供融资模型下会获得更高的期望利润。从原因的角度分析，一方面，当市场风险高时，买方的订购策略会更具有冒险性，提高了产品订购量，因此会直接带来卖方收益的提升，所以平台会提高对卖方的定价来获得更高的收益。另一方面，平台还可以收取为买方提供融资的利息等，综合对比最优利润会高于无资金约束模型。但是市场风险较低时，平台的最优解近似于 4.1 节的结论，对买方融资利息的收取可基本等同于增加了买方的成本，买方会相比于无资金约束而降低订购量，最终使平台的最优利润也达不到无资金约束条件下的水平。

同样由于市场风险的存在，如果$\left(A-\frac{N_s(A\beta_l-c(1+r))}{(N_s+1)\beta_l}\right)((1-P)\beta_h+\beta_l P)-c<0$，我们会得到一些相反的结论。当市场需求低的销售比率β_h和市场高需求量的概率P较小时，平台融资模型将会得到负收益。

综上所述，对于 B2B 平台来说，向加入平台的用户提供融资后是否能够盈利、应该怎样定价都依赖于市场风险的高低。当市场风险较低时，平台向用户提供融资可以比有资金约束但不提供融资的情况获得更高的收益，但无法超越无资金约束条件下平台的最优利润。而当 B2B 平台观测到产品的零售市场需求量波动较大、市场风险较高时，可以尝试给下游的买方提供融资，买方获得融资后会提高产品订购量并使平台得到获得更高收益的机会。虽然此时平台在向买方提供融资的过程中可能会出现无法收回贷款的情况，但总体的最优期望利润可能会高于市场中无资金约束下获得的最优利润。然而，当市场条件非常差，即市场需求低的概率高时，平台为存在还款风险的买方提供融资将不是一个明智的决策，平台也会因为无法收回贷款而出现负收益的情况。从数值模拟的结果来看，即使存在市场风险，若市场风险没有达到特别大的条件，平台向买方提供融资后获得的最优收益接近于市场中无资金约束情况。因此，一个各参与方无资金约束的市场条件将是一个比较理想的 B2B 平台建立环境，而当市场中存在有资金约束的企业时，平台的最优定价和融资策略将会根据市场风险情况有所调整，双边市场的网络效应会随双方利润的变化而发生改变，B2B 平台也需要更谨慎地做出融资决策。

4.3　本 章 小 结

双边市场因为其网络效应的特性和电商平台的发展，一直是近年来研究的热点问题。随着融资注入双边市场，平台融资将会怎样影响平台上用户的交易量、双边网络效应的变化及平台的利润等问题成为探究的重点。本章通过不同的双边模型研究平台融资：线性网络效应平台融资模型、非线性网络效应平台融资模型，以及考虑市场风险的非线性网络效应平台融资模型。通过分别求解双边用户人数、平台的最优定价决策和融资策略，对比发现：线性网络效应的双边平台融资模型具有较为复杂的公式结构和较多的外生参数，加大了计算分析的难度，且无法实现网络效应随市场条件变化而内生改变，存在一定的研究局限性。而通过双边市场模型与传统融资模型的结合，构造出不同于线性网络效应的双边市场融资模型，可以实现一定程度上的模型简化，并且易于探讨网络效应在双边市场模型中的意义。

通过线性网络效应平台融资模型得到结论：双边市场中两侧群体的组间网络效应大小会影响平台的最优定价，若一侧可以带给另一侧较高的组间网络效应，则可以获得平台更多的优惠或补贴。当双边市场在一定的对称条件下，用户的组间网络效应较小时，平台向买方提供融资会获得更高收益；而组间网络效应较高时，平台向卖方提供融资后可以获得更高的利润。

根据非线性网络效应模型，则观察到网络效应随着 B2B 平台双边用户人数的变化及融资的加入而变化。若不考虑市场风险，则市场所有参与者无资金约束时平台的收益最高，平台向有资金约束用户提供融资的利润次之，当平台中存在有资金约束用户而无法获得融资时，平台获得的利润最低。当存在市场风险时，若风险较低，买方参与融资后双边用户的组间效应会低于无资金约束模型，卖方的组内竞争也会减弱；当市场风险较高时，买方参与融资的双边用户网络效应高于无资金约束模型，卖方组内竞争加强。究其原因，是当产品的市场风险低时，融资后买方的最优订购量低于无资金约束下的订购量，融资利率作为成本计算在买方的支出内；而 B2B 平台主营的产品市场风险较高时，融资后的买方会采用更冒险的策略，相比于无资金约束情况提高产品的订购量，当然也会出现无法偿还贷款额与平台定价的情况。对于平台来说，产品市场风险较高时，可能会出现一部分买方无法偿还贷款，但由于融资促进买方订购量的提升，总体期望利润会高于无资金约束模型。而这种情况下的平台应注意观察平台的利润走向，防止吸引过多供应商加入平台后，造成激烈的内部竞争而使平台利润受损。

第5章　B2C平台下的供应链金融创新模式

B2C是电子商务的一种模式，是business to custom的缩写，它与B2B模式的区别在于购买方身份的不同：前者是消费者，后者是商家。这就意味着，在供应链中，前者处于供应链的末端环节，而后者处于供应链的始端及中间段。这样，我们就可以区分B2C与B2B。无论是买家、企业还是散户，只要购买用途是消费的，都属于B2C范畴。

与第4章中的B2B平台类似，B2C平台企业的重要特征也是具有组间网络外部性，即平台一边用户获得的效用与另一边用户规模有关。除了组间网络外部性，单边企业之间还有直接网络外部性，即同类型企业之间的效用与己方一边用户规模相关。B2C平台从双边的交易中获利，这种类型的平台商业模式为双边平台。平台型企业与需求双方共同参与的市场称为双边市场。B2C电子商务更加便捷、物美价廉、服务全面的线上购物体验能够吸引更多的传统消费者加入B2C平台。可以把B2C电子商务按照属性和特点的不同，分为三种：①纯自营型，②平台型，③混合型。按照目前的发展趋势来看，平台型B2C电子商务将是今后的主要发展趋势。我们可以看到众多以自营起家的电子商务企业纷纷开放平台，这也侧面印证了这点。所以，本章选择将平台型B2C电子商务作为研究对象，探索B2C平台下的供应链金融模式创新。

5.1　基于B2C平台的供应链金融模式分析

5.1.1　B2C 平台供应链结构

互联网信息相关技术的高速发展，以及智能手机的全面普及，在提升人民生活水平，给人民的生活带来便利的同时，也给了电子商务高速发展的机会。众所周知的一年两次的大促销活动带来的巨大消费力是有目共睹的，网络购物已经变成了我们不可或缺的生活方式。随着网络购物模式的普及应用，我们已经不再仅仅满足于从网上购买物品。作为消费者，对网络购物产生的一系列活动所要求的更加全面的质量水平的期待也越来越高。因此，能够给消费者带来相对高质量服务水平的B2C电子商务平台已经吸引了消费者更大的兴趣。

早期的银行业、电子通信行业到后来的游戏运营商广告平台、电商平台均是典型的双边平台。2020 年的“双十一”再爆惊人纪录：在此期间，某电商平台交易额创下 4000 多亿元的销售纪录。从 2009 年“狂欢购物节”面世之初仅有 0.5 亿元交易额的当时，到一路水涨船高、愈演愈烈的 2020 年，凭借“双十一”的强劲东风，成了名噪天下的互联网电商平台，如图 5-1 和图 5-2 所示。

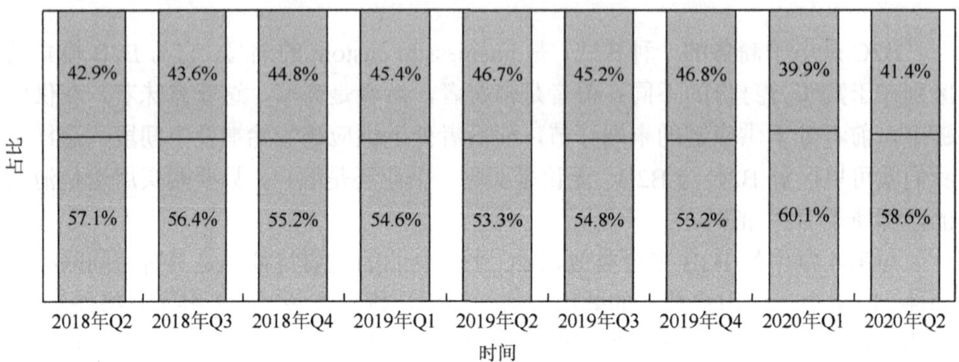

图 5-1　2018 年 Q2 至 2020 年 Q2 中国网络购物市场规模占比

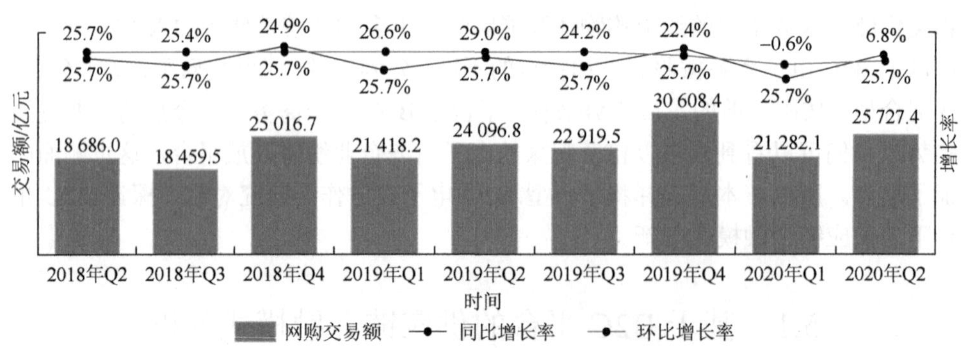

图 5-2　2018 年 Q2 至 2020 年 Q2 中国网络购物的交易规模情况

平台提供的服务范围正向国计民生等各个领域全面渗透，网络购物、娱乐社交、搜索查询、银行金融、外卖快递等，几乎都可以是平台提供服务的对象。平台的主要服务是提供全面产业升级及辅助上下游企业进行的交易活动。同时，在有足够的实力的情况下，也会提供金融服务来提升平台效益，扩大平台的服务辐射范围，增强市场占有率。

B2C 模式本质上属于零售业态，它将传统的实体店零售业搬到线上，由产品制造商（品牌商）、产品供应商（代理商）、B2C 企业和消费者（用户）四个主体构成整个产业链。这与线下零售产业链具有一致性，不同点在于 B2C 平台在一定程度上减少了供应链的长度（通过互联网、制造商或者品牌商实现了线上展示，直接与消费者进行销售，省去了中间环节），在降低了企业的运营成本的同时还提高了供应链整体的经济效益，但营销服务和周边服务环节也随之增多，B2C 供应链中进行商品生产、运输，以及电商平台的运营都需要大量资金。

图 5-3 表示 B2C 平台供应链是以信息流为核心的，集资金流、信息流、商流及物流于一体的链式结构，不同经济主体之间的信息流、物流和资金流通过交互才能完成网上零售业务活动，它的供应链运作模式是：B2C 企业会将产品的详细信息展示在网上，通过对这些信息的浏览，平台消费者可以选择符合自己喜好和需求的产品进行购买；对生产商或供应商来说，它们可以从这些销售数据中了解消费者的喜好，决定产品生产的产量，所以说这种供应链模式不论对消费者还是对制造商来说，都具有非常重要的意义。在 B2C 平台供应链中，物流主要包括上游采购环节与下游分配环节，即供应商对产品的采购和消费者购买产品这两方面，它主要通过第三方物流公司（如淘宝网）或者 B2C 企业自己的物流体系（如京东商城）来实现；资金流则主要是电商企业采购产品的费用及消费者购买产品时花费的资金，支付这两部分资金的方式也是目前较为常用的，如第三方支付平台支付、网银支付、货到付款等。

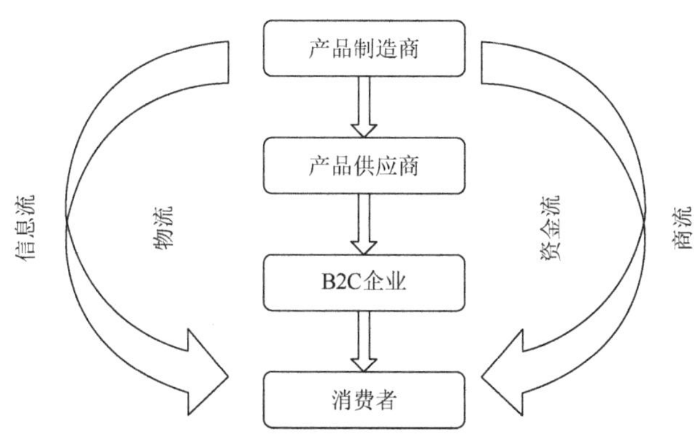

图 5-3　B2C 平台供应链结构图

5.1.2　B2C 平台供应链融资需求分析

在 B2C 平台中需要进行融资的主要是处于上游的生产商和供应商，这些供应商和生产商大多数是中小企业，主要原因有两个方面。

（1）B2C 企业上游商户中有很大一部分为小微企业。比如，天猫商城虽是 B2C，但其卖家很多也是中小个人商户，只不过具有更高的资质，与 C2C 边界模糊。而综合商城如京东、亚马逊、苏宁易购也在逐步开放自身平台，吸引众多中小商家入驻。这部分小微企业一方面起步晚、底子相对较薄，财务状况不明晰，没有合适的抵押物，不符合传统的抵押担保贷款的要求，借贷成本高、运作风险大；另一方面，这些企业的借贷频率更高、对资金周转速度的要求更高，传统信贷模式流程复杂、周期冗长，难以应对瞬息万变的市场需求。

（2）B2C 综合商城的类金融模式特点。B2C 综合商城属于零售业态，采用的是线上类金融模式，这种模式的基本思路为：核心企业利用规模优势和渠道优势，吸纳、占用供应商的资金，通过滚动方式供自己长期使用，从而得以快速扩张、多元发展。对于综合类商城，下游的消费者一般使用网上支付或者货到付款的方式，上游的供应商和生产商则需要一定的时间才能从 B2C 电商企业拿到相应的回款，这就造成了上游生产商的回款期限较长，降低了资金周转率，企业资金运营需求困难。

另外，B2C 平台也通过对消费者进行信用评估开展了消费金融业务，为消费者提供消费贷款或分期购物服务等，如北京京东金融科技控股有限公司（以下简称东京金融）的“京东白条”和蚂蚁金融服务集团（以下简称蚂蚁金服）的“蚂蚁花呗”，该模式示意如图 5-4 所示。

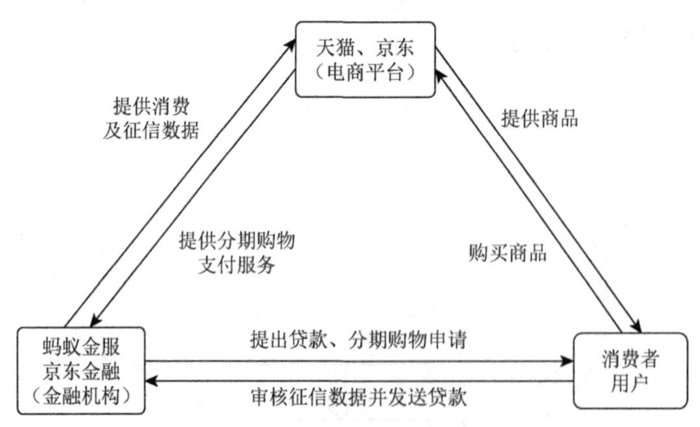

图 5-4　B2C 平台向消费者提供金融服务模式

5.1.3　B2C 平台供应链金融参与主体

在 B2C 平台线上供应链金融业务中，银行等金融机构通过将融资企业与资金雄厚的核心企业的信用绑定在一起，并把融资企业的交易数据和信用记录，以及对货物的回购作为信用风险控制的关键，实现对供应链“四流”的有效控制。作为一种开放式的融资系统，线上供应链金融不仅使融资企业顺利开展投资活动，也帮助银行开拓了信贷市场，并最终推动整条供应链持续健康地运行。一般来说，B2C 平台线上供应链金融的参与主体主要包括核心企业、金融机构、融资需求方（中小企业或消费者）、第三方物流企业和电子商务平台。它们各自的角色如表 5-1 所示。

表 5-1　B2C 平台供应链金融参与主体

参与主体	角色	说明
核心企业	融资担保人	为融资企业贷款活动提供担保，信用等级高
金融机构	资金提供者	一般指商业银行，有时也指实力雄厚的电商企业
融资需求方（中小企业或消费者）	资金需求者	有资金缺口，需要融资
第三方物流企业	银行代理人、协调者	监管质押资产、物流运输管理
电子商务平台	平台提供商、黏合剂	整合供应链内部交易信息和资金流，提供技术支持

5.1.4　B2C 平台供应链金融融资模式

金融服务未来越来越依靠平台来发展在线业务，扩大自身的用户群体。平台要更加全面地发展，将金融服务划入业务板块也是势在必行。因此，平台和金融的融合是必然趋势。供应链金融的研究就是针对交易的上下游产业链，包括买卖双方的博弈。它的形式也逐渐从以核心企业为主导，转向以加入提供金融服务的平台为中心的在线供应链金融模式，新的业务模式层出不穷。

在 B2C 平台供应链中，B2C 企业往往是整个供应链的核心企业，同时也是技术平台提供商，面向的服务对象主要是有良好的渠道关系、经营规模较小、临时性周转资金不足的中小企业。从接到订单、组织生产开始，这些企业在整个交易活动的不同时期会面临不同的经营状况和资金压力。基于此，可以提供不同的融资方案。

1. 电子订单融资

电子订单融资来源于订单融资模式，是指供应链中的企业通过质押电子订单来进行融资的一种模式。这一模式与应收账款融资相似，上游供应商与 B2C 核心企业或下游用户交易生成有效的电子订单后，通过提供电子订单向银行申请贷款，经过供应链中的核心企业及银行审核后给企业发放无抵押贷款，在收到订单回款后将所收到的回款偿还给贷款银行。它适用于信用和交易记录良好的企业，满足了企业的融资需求，缩短了贸易周期，提高了企业的经营周转速度，减少了资金占用。

2. 电子仓单质押

电子仓单质押模式是指供应链中的供应商将产品存放在B2C供应链核心企业的自有仓库或指定的第三方物流公司的仓库中，通过生成的有效的电子仓单来向银行申请贷款，同时供应商的提货权由银行控制。B2C 企业实时掌控供应商的在线交易活动，由自有或第三方物流企业负责质押货物的保管与监管。电子仓单质押不但盘活了供应商的存量，而且解决了产品库存过多占用资金的问题。这类融资模式适用于交易记录良好、生产的货物市场价格波动平稳的企业，需要考虑电子仓单的有效性与仓单货物的价值产生的风险。

3. 电商担保融资

电商担保融资与传统的代理监管融资比较类似，不过后者主要是利用大型生产或销售企业做担保。电商担保融资模式是通过利用大型的B2C电商企业具有良好的信誉、稳定的资产等优点，开展外包担保融资服务。这不仅为解决企业融资问题提供了新方向，同时还降低了银行的风险。

4. 委托贷款

委托贷款是指作为核心企业的B2C平台充当银行的角色来提供自己的资金，为供应链上的中小企业提供贷款的模式。B2C电商平台凭借自己在供应链中的核心地位，根据从平台上收集的交易数据和信息，对申请贷款的企业进行评估，了解这些企业的信用状况和资产状况，最后决定是否同意企业的申请及发放贷款的数量。

5.2 B2C平台供应链金融创新方向

随着电子商务的发展，B2C平台仅仅作为一个交易媒介已经不能满足消费者和卖方企业的需求，平台型企业的发展趋势是提供更多的增值服务，而且不仅要包括交易所需的服务（如配送、售后等），有实力的平台企业也会提供能够支撑整个产业链的交易的增值服务。例如，金融服务方面的补贴政策：利息补贴、贷款补贴等。目前大部分的补贴政策应用在涉及国计民生的行业，如能源、绿色发展，包括很多学者研究的出行问题。涉及细小的交易场景的研究比较少。补贴政策对于平台来说，是吸引有需求的双方用户加入平台并达成交易的一个关键因素。

在美团、京东商城等B2C平台中，商品各式各样，对于一些价格较为昂贵的商品，如3C（computer、communication、consumer electronics，计算机类、通信类和消费类电子产品）数码类的产品，消费者购买时往往很谨慎。然而，为资金受限制的消费者提供分期付款服务的B2C平台并不多，我们熟知的比较大的B2C平台有京东、淘宝等，但是几个比较大的平台之间的卖家的质量难以辨别，买家分流比较严重。因此对于B2C平台下的供应链金融模式创新，平台可以有两个方向：一是通过有选择地给卖家提供资金支持，严控商品品质、把控成本，提高质量，吸引更多消费者，提升交易数量，抢占市场领先地位；二是通过向消费者提供分期购买利息补贴政策，吸引消费者，达到同样的目的。这两种金融服务，可以分别实施，两者之间是相互促进的。

近年来，有关 B2C 平台、消费者、卖方企业的利润受到组间网络外部性的影响的研究是一个热潮。以往的关于 B2C 平台的研究，大多都是采用传统的阶段的方法对 B2C 平台、卖方企业和消费者之间的均衡策略进行分析，并且进行定价策略的敏感性分析。整体来看，结合组间网络外部性，对在平台给予双方包括消费者或者卖方企业提供补贴政策之后的定价策略的研究尚少，尤其是在金融服务方面。所以，本章选择结合组间网络外部性和补贴政策两个角度，来研究竞争 B2C 平台的定价策略、消费者和卖方企业的效用。同时本章比较平台在分别向消费者和卖方企业提供具体的不同的补贴政策情况下的收益，选择更优决策。

本章接下来将研究这两种金融补贴政策分别在两种不同用户接入形式下的定价策略，总共包括四种情况：①消费者多归属、卖方企业单归属，B2C 平台为消费者提供分期付款利息补贴政策；②消费者多归属、卖方企业多归属，B2C 平台为消费者提供利息补贴政策；③消费者多归属、卖方企业单归属，B2C 平台为卖方企业提供贷款利息补贴政策；④消费者多归属、卖方企业多归属，B2C 平台为卖方企业提供贷款补贴政策。同时将网络外部性的影响考虑在内：控制质量（店家的各种参数，如粉丝数、评论数）等使得卖家因为组内网络外部性产生的负效应小于买卖双方之间产生的正向的组间网络外部性效应。研究对象包括三方：①提供交易服务、补贴政策的平台；②分期付款购买商品的用户；③卖方企业。在平台向消费者提供分期付款利息补贴政策的场景之下，信用积分达到一定水平的消费者才能享受此项服务，有一定的人数比例；另外，在平台向卖方企业提供贷款补贴政策的场景之下，也是有一定的比例，平台会选择向粉丝数较少的卖家提供；在以上前提假设之下，研究四种情况下的平台定价策略并研究补贴对象、用户接入形式对 B2C 平台收益的影响；通过算例研究在补贴系数变动的情况下，平台收益、用户数量的变化。

本章的主要创新点如下。

（1）B2C 电子商务平台、卖方企业、消费者三方的竞争博弈模型与平台经济理论相互结合，构建了考虑网络外部性效应的两个平台之间的三个阶段的竞争博弈模型，加入了 B2C 平台的补贴系数这一影响定价策略的关键参数。

（2）本章的研究与目前的 B2C 行业的发展实际相结合，目前的 B2C 平台正处于转型升级的关键时期，如何获取、留存更多的用户是平台发展的关键，本章建模计算并讨论了不同用户接入形式情况下，补贴政策对用户数量的影响，对如何吸引更多用户加入平台提供了参考意见。

（3）以往的平台经济理论的研究中涉及补贴政策方面的研究较少，大多集中在政府补贴等问题，关于金融服务方面的补贴政策的相关研究则较少，所以本章也完善了平台经济与金融补贴相结合的研究，丰富了B2C行业与双边市场、补贴政策结合的相关理论。

5.3 B2C平台选择向买方提供利息补贴时的定价策略

5.3.1 模型介绍

据不完全统计，我国的购物网站平台约有20多家，其中市场份额较大的有两家。在本章研究的B2C市场方面，京东和淘宝占据了大约90%的市场。在几乎已经形成寡头竞争的情况下，平台开始想出各种各样的吸引消费者的策略，所以它们开发了一系列的增值服务，包括分期付款、免息政策等面向消费者的吸引策略。例如，京东白条是京东推出的互联网信用支付产品，通过平台的大数据评估，为信用等级高、有消费需求的用户提供信用支付服务，让用户可以享受到“先消费、后付款，实时审批、随心分期”的消费体验；天猫分期购服务根据实名用户的消费数据计算“分期购”的额度，用户可以进行“赊账”消费，消费者在浏览天猫支持分期的商品页面时，如果符合天猫分期的准入客户资质，可以直接选择相应的分期，系统会自动引导消费者确认开通。B2C平台结构如图5-5所示。

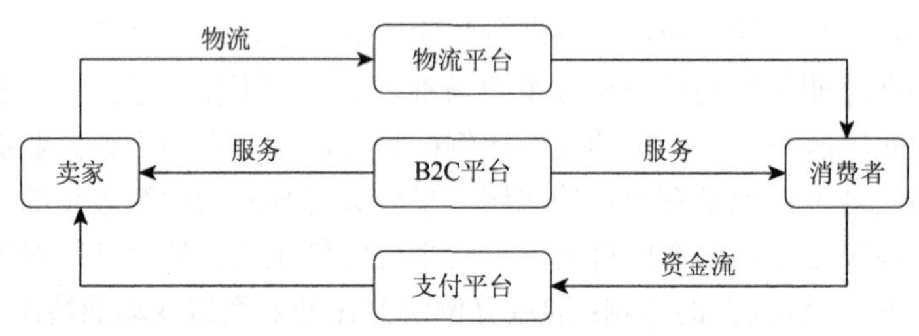

图5-5 B2C平台结构

1. 平台经济的定价策略

双边市场中存在的应用较广泛的定价策略包括以下三种。

（1）固定金额注册费：在一定会员期限以内，消费者或者卖方企业在加入且成为平台用户之后，同时交付所需期间所有的会员费，而后方能享受平台的所有服务。对于卖方企业来说，可以在平台上发布商品信息、得到行业资讯等；对于消费者来说，则能在平台上购买所需产品，并且享受物流配送、售后等一系列衍生服务；对于B2C市场来说，由于消费者的主动权比较大，一般不收取会员费。

（2）按交易总额比例收取交易费：针对买卖双方在平台上进行的每一笔已完成的交易，B2C 平台会向双方收取一定比例的交易佣金，对于增值服务不收取额外的增值服务费用。

（3）结合固定金额注册费和按交易总额比例收取交易费两种形式的两部制收费：在一定会员期内，平台向双边企业用户收取会员费，对于平台所提供的基本服务和增值服务双边用户都可以使用，但针对平台用户每笔已经完成的交易，根据总数额收取固定比例的交易费。

第一种是大家都了解的传统的模式，支付会员费后可享受平台的信息资讯、在线交易、账户钱包、交易数据分析等全部服务；第二种是按交易总额的一定比例收取交易费，交易数量越多，收取的交易费就越高；第三种是两部制收费模式，但是基于增值服务的两部制收费模式，即除了对全部用户收取会员费之外，针对特殊的增值服务额外收取增值服务费用才能拥有使用权限。三种不同的收费策略会影响企业用户的参与决策，而在三种不同的定价策略下，平台在使得自身利润最大化的目的下制定的最优服务水平、最优的会员费定价决策也会不同。对于 B2C 平台来说，针对自身的目标客户群体，制定适合的定价策略是提高市场份额的关键。

本章研究的 B2C 平台一般采用的是第一种定价策略，有一点不同的是，消费者无须缴纳会员费即可享受 B2C 平台所提供的一系列基础服务。对于一些增值服务则需要缴纳额外的费用，如某购物 App（application，应用程序）推出比普通会员更高级的 VIP 会员制度，就是有别于普通平台会员的特殊会员，会收取一定的会员费。

2. 基本模型和问题描述

本章研究的是两个 B2C 平台互相竞争的双边市场模型，运用 Hotelling 理论来建立本章的基本模型。在双边市场里有两个相互竞争的 B2C 平台，两平台实力相当，本节研究的是平台较为成熟阶段的策略选择。平台为买卖双方制定不同的基础定价策略。综合对 B2C 模式下市场运作中定价策略的分析，本章假设买方的基础定价策略为交易费制度，就实际情况来看，B2C 模式下的平台交易，一般不向买方收取交易费，所以交易费可以看作是 0。卖家的基础定价策略为会员费制度。研究的买方对象是采用分期付款方式购买产品的消费者，按照实际情况来看，使用分期付款的用户在享受这项服务的同时，还需要支付利息。同时，采用分期付款服务所购买的商品往往较为昂贵，所以卖家的质量也需要有一定的保证。

就实际情况来看，现在的 B2C 平台上的卖家众多，消费者在网络购物的交易活动中存在信息不对称，很难确定究竟哪个平台是更值得信赖的，所以本章研究平台为双方提供补贴政策，通过提升卖家的平均质量来提高 B2C 平台自身的可靠度或者增加消费者自身效用，吸引更多的消费者加入，促进交易，从而扩大平台收益。基于此，我们提出两种补贴政策。①买方补贴政策：向买方提供一定的利息补贴，从而减少选择使用分期服务的买方的资金负担，也能吸引更多的使用分期付款服务的买家，根据组间网络外部性的特点，买卖双方的人数会影响到对方，越多的买方自然会吸引更多的卖家入驻平台。②卖方补贴政策：向有发展前景的但资金存在一定困难的卖家提供贷款补贴政策，提升产品质量和消费者满意度，从而吸引更多的买家，扩大市场。本节结合以上提出的两种补贴政策，研究基于消费者多归属、卖方企业单归属和消费者多归属、卖方企业多归属两种用户接入形式情况下的 B2C 平台的定价策略，构建数学模型进行计算分析。

用图 5-6 来解释 B2C 平台、消费者、卖方企业三方博弈时的决策顺序。

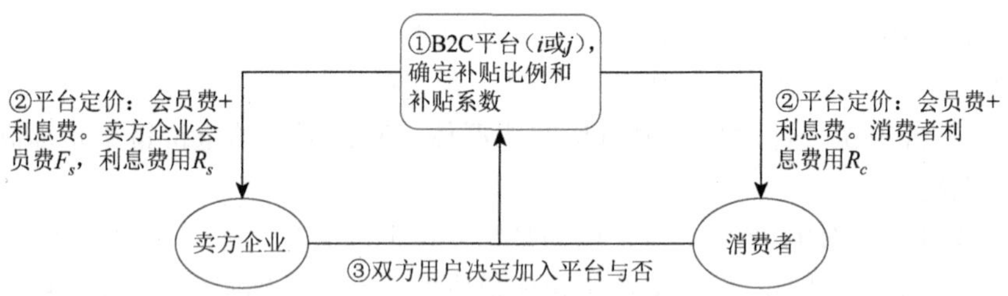

图 5-6　补贴政策下 B2C 平台及双方用户的决策过程

本章基于以上信息来构建模型：在一个 B2C 市场里有两边的参与方，分别是卖方企业和消费者，我们用 s 和 c 来表示，两个 B2C 平台表示为 i、j。假设消费者和卖方企业两个群体的位置均匀分布在[0, 1]上，两个 B2C 平台分别位于该段的端点上；各参与方之间信息对称；i 平台向卖方企业和消费者分别收取会员费和利息费为 F_s^i 、R_c^i，本章中买卖双方的归属性有两种组合情况：消费者多归属、卖方企业单归属；消费者多归属、卖方企业多归属。基于现实情况中的电商平台的消费者情况考虑，买方一般可以自由地选择不同的平台进行购物，所以买方只考虑多归属的情况，但是就卖方来说，既可以只选择加入一个平台销售自己的商品，也可以选择两个平台都加入，两种情况都可能存在，所以，本章研究两种组合情况下的平台定价策略。假设选择 i 平台的消费者为 x_c^i，选择 j 平台的消费者为 x_c^j，选择 i 平台的卖家为 x_s^i，选择 j 平台的卖家为 x_s^j。我们用 $t_s > 0$ 和 $t_c > 0$ 来分别表示卖方企业和买方企业用户的交通成本，在本章中交通成本的含义是 B2C 平台本身的产品的差异性带来的转移成本，即用户如果转向另一个平台会额外付出成本去学习和熟悉另一个平台的操作模式。在买方和卖方都是单属性的情况下，为了达到这个限制条件，假设买卖双方的转移成本较高。从一个平台转移到另外一个平台的情况一般发生较少。假设买方用户市场和卖方用户市场分别构成两个完整的市场，为了标准化参数的方便计算，本章令买方企业的市场总量和卖方企业的市场总量相等，都设为 1。如果加入平台 i ，卖方企业和消费者分别得到的效用为 u_{s0}^i 和 u_{c0}^i 。平台提供补贴政策之后对双边用户产生的效用为 $B_i \times x_i$ 和 $B_j \times x_j$ ，平台 j 同理。消费者在使用分期付款服务的时候，每期支付的利息是一样的，利率用 r_c^i 和 r_c^j 来表示。在为消费者提供补贴政策的时候，并不是为全部的平台用户都提供，而是选择一部分消费者进行补贴。假设需要支付的本金费用为 I，因此 $R_c^i = I \times r_c^i$ 。减免的利息费用所占的比例为 α ，平台接入形式为多归属的消费者的人数比例为 β，平台接入形式为多归属的卖方企业的人数比例为 γ ，平台为买卖双方提供服务的固定费用均为 k 。平台为买方或者卖方提供补贴之后，相比之前产生的网络外部性效应用 b_c^i 、 b_s^i 、 b_c^j 、 b_s^j 来表示。

表 5-2 为本节所建立的模型符号。

表 5-2　模型符号

符号	描述
i,j	分别代表 B2C 平台 1 和 B2C 平台 2
u_{c0}	每个买方用户在 B2C 平台上获得的基本效用
u_s^i	卖方企业加入 B2C 平台 i 得到的净效用
u_c^i	买方企业加入 B2C 平台 i 得到的净效用
n_c^i	平台 i 上单归属的买方消费者的数量
n_c^{ij}	平台上多归属的买方消费者的数量
n_s^i	平台 i 上单归属的卖方企业的数量
n_s^{ij}	平台上多归属的卖方企业的数量
b_c	B2C 平台的补贴服务对买方消费者的效用参数
b_s	B2C 平台的补贴服务对卖方企业的效用参数
R_c^i	平台 i 向每个买方消费者收取的分期付款利息费
F_s^i	平台 i 向每个卖方企业收取的会员费
t_c	买方消费者的单位交通成本
t^{ij}	多归属用户的单位交通成本
α	B2C 平台给予买方利息补贴政策的免息比例
β	B2C 平台的买方多归属用户的人数比例

续表

符号	描述
γ	多归属的卖方企业的人数占总数的比例
f_c	B2C 平台为每个买方消费者服务付出的成本
f_s	B2C 平台为每个卖方企业服务付出的成本
π_i	B2C 平台 i 的净利润
π_j	B2C 平台 j 的净利润

5.3.2　消费者多归属、卖方企业单归属情况下的定价策略

本节首先研究当消费者为多归属、卖方企业为单归属的情况下，平台选择向消费者提供分期付款利息补贴政策。在 B2C 市场中，买方占据一个更加主动的地位，平台也往往以吸引更多的消费者加入平台并在自己的平台上购买更多的东西为己任。所以，买方通常可以以零成本加入不同的 B2C 平台。因此，消费者的接入形式通常为多归属。反之，与 B2C 平台的合作过程中，卖方企业通常处于被动地位，所以卖方企业或许会选择以单归属的形式来加入平台。当然对于比较强势的卖方企业，如宝洁（中国）有限公司、联合利华（中国）有限公司等需要平台来主动吸引的，则可以选择以较低的成本加入平台，从而也可以以较低的成本加入不同的平台，和平台达成一种双赢的局面。所以我们将 B2C 平台双方的接入形式分成了消费者多归属、卖方企业单归属和消费者多归属、卖方企业多归属两种情况。

在此之下研究平台、买卖双方的效用和利益。根据逆向求解的原则，本节首先探讨 B2C 平台的定价决策和买卖双方用户行为，这是基于它们已经对每个平台对用户的收费模式和价格，以及该平台的产品和服务水平很了解的假设前提下做出的参与决策。选择 i 平台的消费者为 x_c^i，选择 j 平台的消费者为 x_c^j，选择 i 平台的卖家为 x_s^i，选择 j 平台的卖家为 x_s^j，以此类推。

如图 5-7 所示，B2C 电子商务平台上包含的消费者总共有三种：①选择只加入平台 i 购买所需物品的消费者；②选择只加入平台 j 购买所需物品的消费者；③同时成为两个 B2C 平台的用户的消费者。

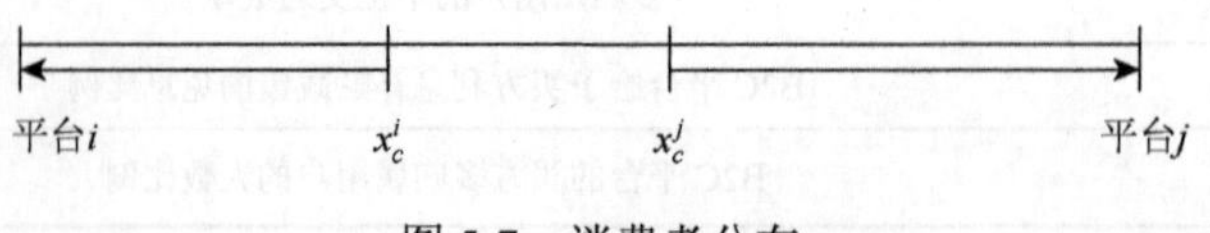

图 5-7　消费者分布

接下来分析加入 B2C 平台的消费者的效用函数。

位于 x_c^i 和 x_c^j 坐标之间的消费者净效用为 $u_c^i(x_c^*)=u_c^j(x_c^*)=u_c^{ij}(x_c^*)$，选择加入两个平台的消费者的效用函数：$n_c^i+n_c^j+n_c^{ij}=1$，$n_s^i+n_s^j=1$。

$$u_c^{ij}=u_{c0}+B_c+b_c^i n_s^j-(1-\alpha)\beta R_c-(1-\beta)R_c-t_c^{ij} \tag{5-1}$$

位于 x_c^i 坐标处的选择加入平台 i 上的消费者的效用：

$$u_c^i=u_{c0}+(B_c+b_c^i)n_s^i-R_c^i-t_c x_c^i \tag{5-2}$$

式（5-1）描述的是平台 i 上买家为多归属用户的对应人群的效用函数，式（5-2）描述的是平台 i 上买家为单归属用户的对应人群的效用函数，式（5-2）的各项分别为平台给买方带来的基础效用，卖方企业给消费者带来的交叉网络外部性，平台补贴政策带来的网络外部性的影响，消费者所需要支付的利息费用及交通成本。

选择平台 i 的卖家为 x_s^i，选择平台 j 的卖家为 x_s^j，以此类推。

基于之前的分析，本节研究的用户接入形式为消费者多归属、卖方企业单归属。因此如图 5-8 所示，两个 B2C 平台上包含的卖方企业总共只有两种：①选择只加入平台 i 的卖方企业；②选择只加入平台 j 的卖方企业。

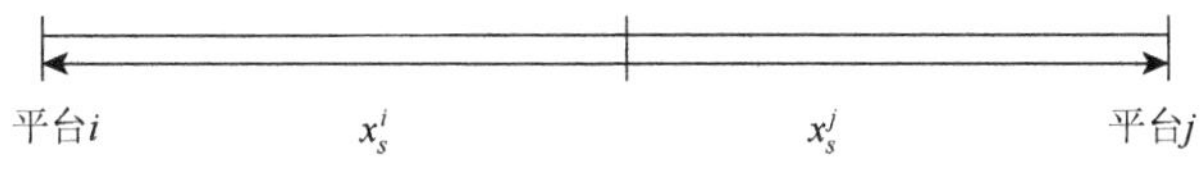

图 5-8　卖方企业分布

因此，位于 y_s^i 坐标处的选择加入平台 i 上的卖家的效用函数：

$$u_s^i=u_{s0}+(B_s+b_s^i)(n_c^i+n_c^{ij})-F_s^i-t_s x_s^i \tag{5-3}$$

式（5-3）描述的是选择加入 i 平台的卖方的效用函数。

根据式（5-3）可以得到，消费者加入 B2C 平台所得到的正效用有三个部分：B2C 平台的基本服务的效用、卖方用户带来的效用及 B2C 平台提供的补贴政策带来的效用。负效用包括两个部分：选择分期付款服务带来的利息费用和选择在一个 B2C 平台上进行交易付出的交通成本。

同理考虑选择加入平台 j 的消费者的效用函数。

位于 x_c^j 坐标处的选择只加入平台 j 上的消费者的效用函数：

$$u_c^j=u_{c0}+(B_c+b_c^j)n_c^j-R_c^j-t_c x_c^j \tag{5-4}$$

位于 x_s^j 坐标处的选择加入平台 j 上的卖家的效用函数：

$$u_s^j=u_{s0}+(B_s+b_s^j)(n_c^j+n_c^{ij})-F_s^j-t_s x_s^j \tag{5-5}$$

考虑到两个平台是实力相当的，所以买卖双方之间的基础的组间网络外部性是相等的，即 $B_c^i = B_c^j = B_c$ ，$B_s^i = B_s^j = B_s$ ，$u_{c0}^i = u_{c0}^j = u_{c0}$ ，$u_{s0}^i = u_{s0}^j = u_{s0}$ 。

设 x_c^* 和 x_s^* 分别为买方消费者和卖方企业加入平台 1 和平台 2 的无差异点，则无差异点满足：

$$u_c^i(x_c^*) = u_c^j(x_c^*) = u_c^{ij}(x_c^*)$$

可以得到对于买方消费者加入平台 i 和平台 j 的无差异点为

$$x_c^{i*} = \frac{(1-\alpha)\beta R_c + (1-\beta)R_c + t_c^{ij} - u_{c0} - (B_c + b_c^j)n_s^j}{t_c} \tag{5-6}$$

$$x_c^{j*} = \frac{(1-\alpha)\beta R_c + (1-\beta)R_c + t_c^{ij} - u_{c0} - (B_c + b_c^i)n_s^i}{t_c} \tag{5-7}$$

同理，根据以下条件：

$$u_s^i(x_s^*) = u_s^j(x_s^*)$$

可以得到对于卖方企业加入平台 i 和平台 j 的无差异点为

$$x_s^* = \frac{(b_s^i - b_s^j)(n_c^i + n_c^{ij}) + F_s^j - F_s^i + t_s}{2t_s} \tag{5-8}$$

命题 5-1：基于消费者多归属、卖方企业多归属的用户接入形式，平台选择向消费者提供补贴政策的情况下，由于交叉网络外部性的存在，B2C 平台占据的消费者市场份额与同平台另一端卖方企业的数量成正比。

证明：根据式（5-7）、式（5-8）对平台的卖方用户数量进行求导可得

$$\frac{\partial x_c^{i*}}{\partial n_s^j} = \frac{-(B_c + b_c^j)}{t_c}$$

$$\frac{\partial x_c^{j*}}{\partial n_s^i} = \frac{-(B_c + b_c^i)}{t_c}$$

对方竞争平台的企业数量越少，己方平台的企业数量越多，从公式结果可看出己方平台所占据的消费者的市场份额越大。接下来利用赋值的方法来验证命题，如图 5-9 所示。

如图 5-9 所示，当一个 B2C 平台上的卖方企业的数量越多，代表着消费者能够从平台上获得自己所需要的产品的可能性越大，平台对于消费者来说就有了更大的吸引力，导致平台所占的消费者市场份额就会增大。同时，由于组间网络外部性的影响，两方的数量越来越多，产生的正效应也会促进这种趋势。

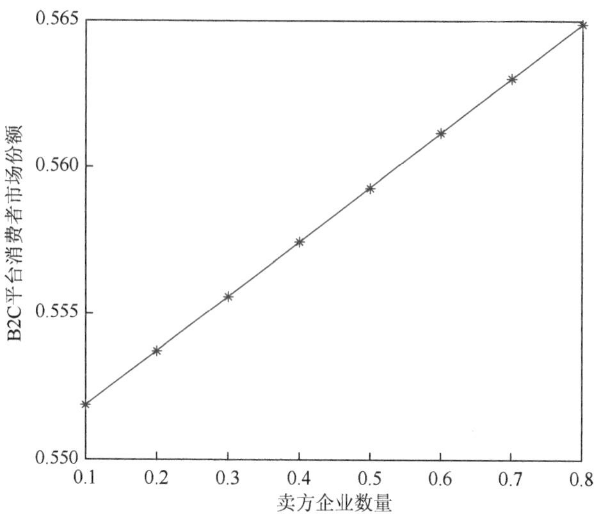

图 5-9　平台消费者用户数量和卖方企业用户数量的关系

本节对进行数值分析所需的参数进行了具体的参数赋值，如表 5-3 所示。

表 5-3　模型参数值

参数	值
t_c	2
t_s	2
t_{ij}	1
γ	0.4
β	0.4
α	0.3
B	1
b	0.4

命题 5-2：基于消费者多归属、卖方企业单归属的用户接入形式，平台选择向消费者提供分期付款利息补贴政策的情况下，平台占据的卖方企业端的市场份额和平台另一端的消费者的数量成正比。

证明：根据式（5-3）～式（5-8）对平台的买方用户数量进行求导可得

$$\frac{\partial x_s^*}{\partial n_c^i}=\frac{\partial x_s^*}{\partial n_c^{ij}}=\frac{b_s^i-b_s^j}{2t_s}$$

同命题 5-1，我们也同时采用赋值的方法验证命题，如图 5-10 所示。

图 5-10 的结果显示，B2C 平台在卖方企业端的市场份额与该平台上的消费者端的数量成正比。组间网络外部性的一个主要的决定性因素就是用户的数量，所

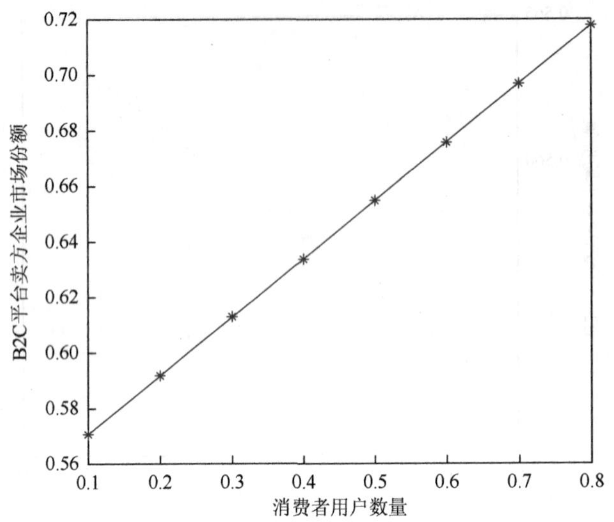

图 5-10　B2C 平台卖方企业市场份额与消费者用户数量的关系

以一般来说，当平台上消费者的数量越多，交易成功的可能性越大，就会吸引更多的企业加入平台，这也正是组间网络外部性产生的正效应的体现。所以，消费者数量越多，平台占据的卖方用户的市场份额越大。

因为两个平台上的用户服从[0, 1]均匀分布，我们可以得到平台上买方用户和卖方用户的数量满足如下方程：

$$n_c^i = P(x < x_c^{i*}) = x_c^{i*} \tag{5-9}$$

$$n_c^j = P(x > x_c^{j*}) = 1 - x_c^{j*} \tag{5-10}$$

$$n_s^i = P(x < x_s^*) = x_s^* \tag{5-11}$$

$$n_s^j = 1 - x_s^* \tag{5-12}$$

$$n_c^{ij} = x_c^{i*} - x_c^{j*} \tag{5-13}$$

将式（5-9）～式（5-13）代入 x_c^{i*}、x_c^{j*}、x_s^{i*} 的表达式中可以得到

$$n_c^i = \frac{D((2A + 2t_c^{ij} - t_c - D - R_c^i - R_c^j)B_s - (R_c^j - t_c^{ij} - A)E + (F_s^j - F_s^i + t_s)t_c)}{t_c(2t_s t_c + (b_c^i - b_c^j)B_s + EC)} - \frac{R_c^i + B_c + b_c^j + A + t_c^{ij}}{t_c} \tag{5-14}$$

$$n_s^i = \frac{(2A + 2t_c^{ij} - D - R_c^i - R_c^j)B_s - (R_c^j - t_c^{ij} - A)E + (F_s^j - F_s^i + t_s)t_c}{2t_s t_c + (b_c^i - b_c^j)B_s + EC} \tag{5-15}$$

$$n_c^{ij} = \frac{D - (R_c^j - R_c^i)}{t_c} - \frac{(C + D)((2A + 2t_c^{ij} - t_c - D - R_c^i - R_c^j)B_s - (R_c^j - t_c^{ij} - A)E + (F_s^j - F_s^i + t_s)t_c)}{t_c(2t_s t_c + (b_c^i - b_c^j)B_s + EC)} \tag{5-16}$$

式（5-14）～式（5-16）中，为了更加方便地阅读和表达，特地将固定变量涉及的部分用大写字母 A、C、D、E 来表示：

$$A=(1-\alpha\beta)R_c \tag{5-17}$$

$$C=B_c+b_c^i \tag{5-18}$$

$$D=B_c+b_c^j \tag{5-19}$$

$$E=b_s^i-b_s^j \tag{5-20}$$

除此之外，为了后续的计算方便，我们将固定变量涉及的部分用 T 代替：

$$T=2t_st_c+(b_c^i-b_c^j)B_s+EC \tag{5-21}$$

命题 5-3：基于消费者多归属、卖方企业单归属的用户接入形式，在 B2C 平台向消费者提供利息补贴政策的情况下，假设 $b_c^i > b_c^j$ 且同样有 $b_s^i > b_s^j$，此时 B2C 平台上消费者的用户数量和补贴力度成正比。

证明：根据式（5-14）、式（5-15）、式（5-16）对平台选择给买方提供补贴的人数比例和补贴力度求导可得

$$\frac{\partial n_c^i}{\partial\beta}=\frac{\alpha R_c(1-D(2B_s+E))}{t_c(2t_st_c+(b_c^i-b_c^j)B_s+EC)}$$

$$\frac{\partial n_c^i}{\partial\alpha}=\frac{\beta R_c(1-D(2B_s+E))}{t_c(2t_st_c+(b_c^i-b_c^j)B_s+EC)}$$

根据以上的求导结果，进行赋值分析，得到如图 5-11 所示的结果。

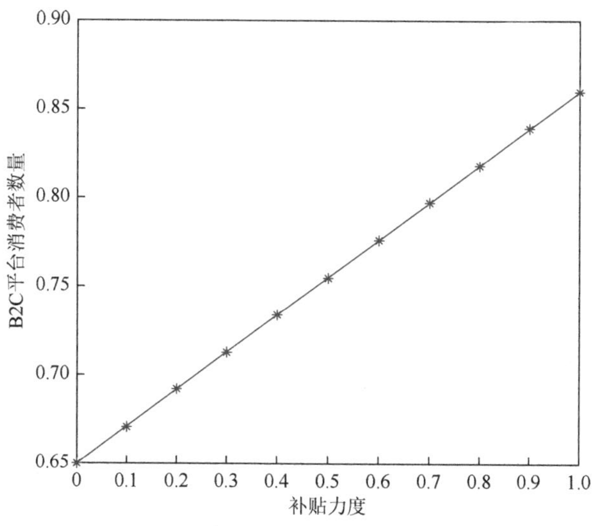

图 5-11　补贴力度和消费者数量的关系

如图 5-11 所示，B2C 平台上的消费者的数量随着平台补贴力度的增大而增大。

消费者加入平台的主要目的就是用合适的价格购得合适的产品，而采用分期付款服务购买较为贵重物品的消费者的价格敏感度是较高的。利息补贴力度越大，代表他们需要付出得越少，他们就会非常愿意在提供利息补贴的平台上购买产品，这也就使得平台上的消费者的数量越来越多。

基于 5.3.1 节的模型假设，在消费者为多归属、卖方企业为单归属的情况下，B2C 平台的收益如下。

平台 i 的收益函数为

$$\pi_i = F_s^i n_s^i + R_c \beta n_c^{ij}(1-\alpha) + R_c n_c^{ij}(1-\beta) + R_c^i n_c^i - k(n_s^i + n_c^i + n_c^{ij}) \quad (5\text{-}22)$$

平台 j 的收益函数为

$$\pi_j = F_s^j n_s^j + R_c \beta n_c^{ij}(1-\alpha) + R_c n_c^{ij}(1-\beta) + R_c^j n_c^j - k(n_s^j + n_c^j + n_c^{ij}) \quad (5\text{-}23)$$

分别用 $\pi_i(R_c^i, F_s^i)$ 和 $\pi_j(R_c^j, F_s^j)$ 对会员费 F_s^i、F_s^j 和利息费 R_c^i、R_c^j 求导，得到如下公式：

$$\begin{aligned}\frac{\partial \pi_i(R_c^i, F_s^i)}{\partial F_s^i} &= (2A + 2t_c^{ij} - t_c - D - R_c^i - R_c^j)B_s \\ &\quad - (R_c^j - t_c^{ij} - A)E + (F_s^j - F_s^i + t_s)t_c - F_s^i t_c + (C+D)(1-\alpha\beta)R_c - DR_c^i - k(C - t_c)\end{aligned}$$

$$\begin{aligned}\frac{\partial \pi_i(R_c^i, F_s^i)}{\partial R_c^i} &= -F_s^i B_s t_c + R_c(1-\alpha\beta)(T + (C+D)B_s) - (R_c^i + D + A + t_c^{ij})T \\ &\quad - DB_s R_c^i - R_c^i - 2t_s t_c - (b_c^i - b_c^j)B_s - EC + D((2A + 2t_c^{ij} - t_c - D - R_c^i - R_c^j)B_s \\ &\quad - (R_c^j - t_c^{ij} - A)E + (F_s^j - F_s^i + t_s)t_c)\end{aligned}$$

$$\begin{aligned}\frac{\partial \pi_j(R_c^j, F_s^j)}{\partial F_s^j} &= T - ((2A + 2t_c^{ij} - t_c - D - R_c^i - R_c^j)B_s - (R_c^j - t_c^{ij} - A)E + (F_s^j - F_s^i + t_s)t_c) \\ &\quad - F_s^j t_c - R_c\left(1-\alpha\beta\right)\left(C+D\right) + R_c^i C + k\left(t_c + D\right)\end{aligned}$$

$$\begin{aligned}\frac{\partial \pi_j(R_c^j, F_s^j)}{\partial R_s^j} &= R_c(1-\alpha\beta)((C+D)(B_s+E) - T) + R_c^j(T - C(B_s+E)) + t_c T + k(B_s+E)(D+t_c) \\ &\quad - C((2A + 2t_c^{ij} - t_c - D - R_c^i - R_c^j)B_s - (R_c^j - t_c^{ij} - A)E + (F_s^j - F_s^i + t_s)t_c) \\ &\quad + (A + t_c^{ij} + R_c^j)T + F_s^j t_c(B_s+E)\end{aligned}$$

令四个方程的值为零，求解以下方程：

$$2t_c F_s^i + (B_s + D)R_c^i - t_c F_s^j + (B_s + E)R_c^j = K_1 \quad (5\text{-}24)$$

$$(B_s + D)t_c F_s^i - (2B_s D + T + 1)R_c^i D - Dt_c F_s^j + DER_c^j = K_2 \quad (5\text{-}25)$$

$$t_c F_s^i + (B_s + C) R_c^i - 2 t_c F_s^j + (B_s + E) R_c^j = K_3 \tag{5-26}$$

$$C t_c F_s^i + C B_s R_c^i + (t_c (B_s + E) - C t_c) F_s^j + 2 T R_c^j = K_4 \tag{5-27}$$

联立以上的方程，得到平台的定价策略为

$$F_s^i = \frac{D(B_c + b_c^i + t_{ij}^2 - t_c t_s) + 4A(T t_c t_{ij} + \alpha(b_s^i t + b_c^i (1 - \alpha\beta))(2B_s + D)) + f_s)}{2 T t_{ij} (t_c^2 - t_c t_s)} + \frac{K_1}{T + B_s} \tag{5-28}$$

$$F_s^j = \frac{D t_s + 4A(\alpha\beta T (B_c b_s^j - 2 b_s^i + t_s t_c) + E(b_c^i - b_c^j + B_s \alpha) + f_s) + K_2 (T + B_c) - K_1}{2 T t_{ij} (t_c^2 - t_c t_s)} \tag{5-29}$$

$$R_c^i = \frac{C T t_c t_s + A(2 t_{ij} - \alpha t_c t_s + k)}{T (t_c t_s - t_{ij})} + \frac{K_3}{B_c + E} \tag{5-30}$$

$$R_c^j = \frac{C T (2 t_c t_s - t_{ij}) + A(t_c (B_s + E) - C t_c) + K_4 - (B_c + E) K_3}{2 \alpha\beta (t_c t_s - \alpha t_{ij})} \tag{5-31}$$

5.3.3　消费者多归属、卖方企业多归属情况下的定价策略

本节研究当消费者接入平台形式为多归属，卖方企业接入平台形式为多归属的前提下，平台选择向消费者提供分期付款利息补贴政策的情况下，平台、买卖双方的效用和利益，以及平台的定价策略。同 5.3.2 节一样，本节依旧根据倒推求解的原则，探讨 B2C 平台买卖双方用户的行为及双方用户做出的行为决策，这是基于他们已经对每个平台收费模式和价格，以及 B2C 平台的产品和服务水平很了解的假设前提下做出的参与决策。选择平台 i 的消费者为 x_c^i，选择平台 j 的消费者为 x_c^j，同时选择平台 i 和平台 j 的消费者为 x_c^{ij}，选择平台 i 的卖家为 x_s^i，选择平台 j 的卖家为 x_s^j。同理，同时选择平台 i 和平台 j 的卖方企业为 x_s^{ij}，$n_c^i + n_c^j + n_c^{ij} = 1$，$n_s^i + n_s^j + n_s^{ij} = 1$。

如图 5-12 和图 5-13 所示，上一节研究的是 B2C 平台向买方消费者提供分期付款利息补贴政策，分为消费者多归属、卖方企业单归属和消费者多归属、卖方企业多归属两种用户接入形式情况。本节研究的就是消费者多归属、卖方企业多归属的情况下，B2C 平台的定价策略，所以相对于 5.3.2 节来说，消费者接入平台的形式没有变化，但是卖方企业是增加了多归属这一接入形式，如图 5-13 所示。加入两个 B2C 平台的卖方企业总共有三种：①选择只加入平台 i 的卖方企业；②选择只加入平台 j 的卖方企业；③两个平台都加入的卖方企业。

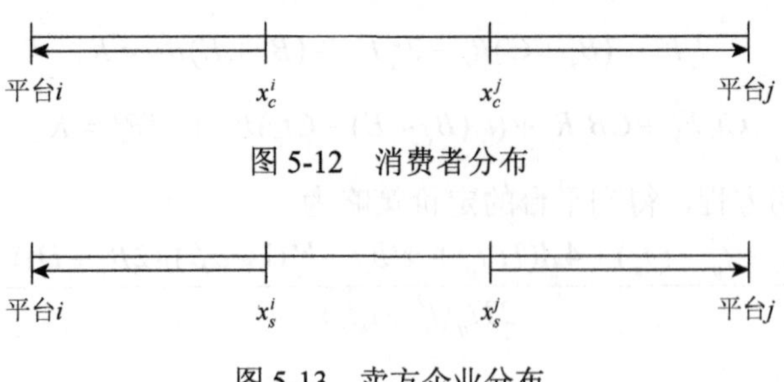

图 5-12　消费者分布

图 5-13　卖方企业分布

接下来我们先计算消费者和卖方企业的效用函数，并且根据这两方的效用函数模型求得平台决定定价策略所需的两方人数等重要决策变量。

位于 x_c^{ij} 坐标处的选择同时加入平台 i 和平台 j 的消费者的效用函数：

$$u_c^{ij} = u_{c0} + (B_c + b_c^i)(n_s^i + n_s^{ij}) + (B_c + b_c^j)(n_s^j + n_s^{ij}) - (1-\alpha)R_c\beta - (1-\beta)R_c - t_c^{ij} \tag{5-32}$$

位于 x_c^i 坐标处的选择加入平台 i 的消费者的效用函数：

$$u_c^i = u_{c0} + (B_c + b_c^i)(n_s^i + n_s^{ij}) - R_c^i - t_c x_c^i \tag{5-33}$$

位于 x_c^j 坐标处的选择加入平台 j 的消费者的效用函数：

$$u_c^j = u_{c0} + (B_c + b_c^j)(n_s^j + n_s^{ij}) - R_c^j - t_c^j x_c^j \tag{5-34}$$

同理，位于 x_s^{ij} 坐标处的选择加入平台 i 和平台 j 的卖方企业的效用函数：

$$u_s^{ij} = u_{s0} + (B_s + b_s^i)(n_c^i + n_c^{ij}) + (B_s + b_s^j)(n_c^j + n_c^{ij}) - F_s - t_s^{ij} \tag{5-35}$$

位于 x_s^i 坐标处的选择加入平台 i 的卖方企业的效用函数：

$$u_s^i = u_{s0} + (B_s + b_s^i)(n_c^i + n_c^{ij}) - t_s x_s^i - F_s^i \tag{5-36}$$

位于 x_s^j 坐标处的选择加入平台 j 的卖方企业的效用函数：

$$u_s^j = u_{s0} + (B_s + b_s^j)(n_c^j + n_c^{ij}) - t_s x_s^j - F_s^j \tag{5-37}$$

设 x_c^* 和 x_s^* 分别为买方企业和卖方企业加入平台 i 和平台 j 的无差异点，则无差异点满足以下式子：

$$u_c^i(x_c^*) = u_c^j(x_c^*) = u_c^{ij}(x_c^*)$$

可以得到对于买方企业来说加入平台 i 和平台 j 的无差异点为

$$x_c^{i*} = \frac{(1-\alpha\beta)R_c + t_c^{ij} - R_c^i - (B_c + b_c^j)(n_s^j + n_s^{ij})}{t_c} \tag{5-38}$$

$$x_c^{j*} = \frac{(1-\alpha\beta)R_c + t_c^{ij} - R_c^j - (B_c + b_c^i)(n_s^i + n_s^{ij})}{t_c} \tag{5-39}$$

同理，根据以下条件：

$$u_s^i(x_s^*) = u_s^j(x_s^*) = u_s^{ij}(x_s^*)$$

可以得到对于卖方企业来说平台 i 和平台 j 的无差异点为

$$x_s^{i*} = \frac{F_s + t_s^{ij} - F_s^i - (B_s + b_s^j)(n_c^j + n_c^{ij})}{t_s} \tag{5-40}$$

$$x_s^{j*} = \frac{F_s + t_s^{ij} - F_s^j - (B_s + b_s^i)(n_c^i + n_c^{ij})}{t_s} \tag{5-41}$$

命题 5-4： 基于消费者多归属、卖方企业单归属的前提，平台选择向消费者提供补贴政策的情况下，B2C 平台占据的消费者端市场份额与该平台的卖方企业用户数量成正比。

证明：根据式（5-38）、式（5-39）对平台的卖方用户数量进行求导可得

$$\frac{\partial x_c^{i*}}{\partial n_s^j} = \frac{\partial x_c^{i*}}{\partial n_s^{ij}} = \frac{-(B_c + b_c^j)}{t_c}$$

$$\frac{\partial x_c^{j*}}{\partial n_s^i} = \frac{\partial x_c^{j*}}{\partial n_s^{ij}} = \frac{-(B_c + b_c^i)}{t_c}$$

根据上述的求导结果，进行参数赋值分析，得到如图 5-14 所示的结果。

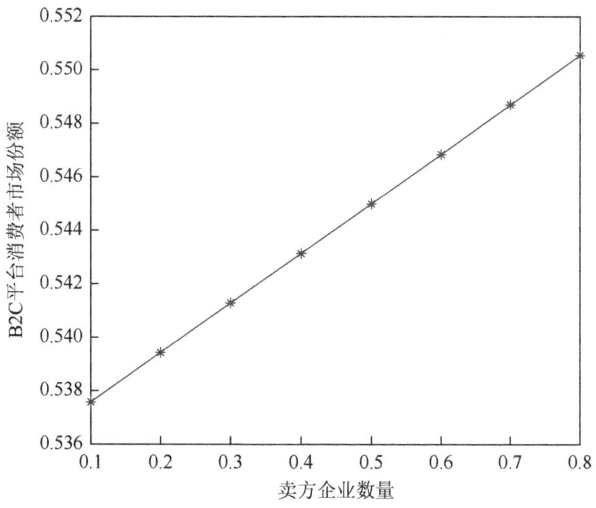

图 5-14　B2C 平台消费者市场份额和卖方企业数量的关系

从上述的求偏导数和图 5-14 的结果来看，我们可以得到与命题 5-1 类似的结论，当一个 B2C 平台上的卖方企业的数量越多，代表着消费者能够从平台上获得自己所需要的产品的可能性越大，平台对于消费者来说就会有更大的吸引力，也就是说，平台所占的消费者市场份额就会增大。同时，由于组间网络外部性的影响，两方的数量越来越多，产生的正效应也会促进这种趋势。

两个平台上的用户服从[0, 1]均匀分布，我们可以得到平台上买方企业用户和卖方企业用户的数量满足如下方程：

$$n_c^i = P(x < x_c^{i*}) = x_c^{i*} \tag{5-42}$$

$$n_c^j = P(x > x_c^{j*}) = 1 - x_c^{j*} \tag{5-43}$$

$$n_s^i = P(x < x_s^{*}) = x_s^{i*} \tag{5-44}$$

$$n_s^j = P(x > x_s^{j*}) = 1 - x_s^{j*} \tag{5-45}$$

$$n_c^{ij} = x_c^{i*} - x_c^{j*} \tag{5-46}$$

$$n_s^{ij} = x_s^{j*} - x_s^{i*} \tag{5-47}$$

联立可得

$$n_c^i = \frac{(F_s + t_s^{ij} - F_s^i - D_1 - t_s)D + At_s + t_c^{ij}t_s - R_c^i t_s}{t_s t_c - D_1 D} \tag{5-48}$$

$$n_s^i = \frac{F_s t_c + t_s^{ij} t_c - F_s^i t_c - D_1(t_c - A + t_c^{ij} - R_c^i - D)}{t_c t_s - D_1 D} \tag{5-49}$$

$$n_c^{ij} = \frac{At_s + t_c^{ij}t_s - R_c^j t_s - C(F_s + t_s^{ij} - F_s^j)}{t_c t_s - C_1 C} - \frac{(F_s + t_s^i - F_s^i - D_1 - t_s)D + At_s + t_c^{ij}t_s - R_c^i t_s}{t_c t_s - D_1 D} \tag{5-50}$$

$$n_s^{ij} = \frac{(F_s + t_s^{ij} - F_s^j)t_c - C_1(A + t_c^{ij} - R_c^j)}{t_c t_s - C_1 C} - \frac{F_s t_c + t_s^{ij} t_c - F_s^i t_c - D_1(t_c - A + t_c^{ij} - R_c^i - D)}{t_c t_s - D_1 D} \tag{5-51}$$

命题 5-5：当 B2C 平台选择向消费者提供利息补贴政策时，补贴的力度越大，选择加入该平台的买方人数越多，利息补贴政策带来的是正向的效应；当平台选择补贴的力度越大，选择加入该平台的卖方企业数量也会更多。同时，消费者的用户数量要大于卖方企业的用户数量。

证明：根据式（5-48）～式（5-51），对平台选择给消费者提供补贴的人数求导可得

$$\frac{\partial n_c^i}{\partial \alpha} = \frac{\beta t_s R_c}{D_1 D - t_s t_c} \quad \frac{\partial n_c^i}{\partial \beta} = \frac{\alpha t_s R_c}{D_1 D - t_s t_c}$$

$$\frac{\partial n_s^i}{\partial \alpha} = \frac{\beta R_c D_1}{D_1 D - t_s t_c} \quad \frac{\partial n_s^i}{\partial \beta} = \frac{\alpha R_c D_1}{D_1 D - t_s t_c}$$

$$\frac{\partial n_c^{ij}}{\partial \alpha} = \frac{\beta t_s R_c}{C_1 C - t_s t_c} + \frac{\beta t_s R_c}{t_s t_c - D_1 D} \quad \frac{\partial n_c^{ij}}{\partial \beta} = \frac{\alpha t_s R_c}{C_1 C - t_s t_c} + \frac{\alpha t_s R_c}{t_s t_c - D_1 D}$$

$$\frac{\partial n_s^{ij}}{\partial \alpha} = \frac{\beta R_c C_1}{t_s t_c - C_1 C} + \frac{\beta R_c D_1}{t_s t_c - D_1 D} \quad \frac{\partial n_s^{ij}}{\partial \beta} = \frac{\alpha R_c C_1}{t_s t_c - C_1 C} + \frac{\alpha R_c D_1}{t_s t_c - D_1 D}$$

根据上述的求导结果，进行参数赋值分析，可以得到如图 5-15 所示的结果。

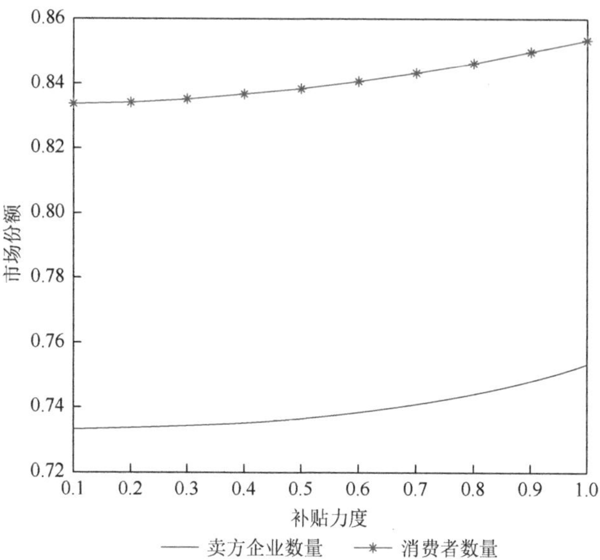

图 5-15　补贴力度和消费者数量、卖方企业数量的关系

市场总量设为 1

当 B2C 平台向消费者提供分期付款利息补贴政策的时候，补贴的力度越大，消费者得到所需商品需要付出的等价货币越少，就有更大的意愿加入平台。同理，当 B2C 平台为卖方企业提供贷款补贴政策的时候，补贴折扣的系数越大，卖方企业的获客成本会降低，那么更多的有补贴需求的企业就会因此加入平台。卖方企业数量的增加带来的正向组间网络外部性，会让越来越多的消费者看到该 B2C 平台满足需求的能力，从而选择加入。

在通过建立消费者、卖方企业的效用函数，并求得双方加入 B2C 平台的人数后，接下来需要建立平台的收益函数，并且将之前求得的结果应用到模型中去，来求解对于平台来说最优的定价策略。

在消费者为多归属，卖方企业为单归属的情况下，B2C 平台的收益如下。

平台 i 的收益函数为

$$\pi_i = F_s^i n_s^i + F_s n_s^{ij} + R_c \beta n_c^{ij}(1-\alpha) + R_c n_c^{ij}(1-\beta) + R_c^i n_c^i - k(n_s^i + n_c^i + n_c^{ij} + n_s^{ij}) \tag{5-52}$$

平台 j 的收益函数为

$$\pi_j = F_s^j n_s^j + F_s n_s^{ij} + R_c \beta n_c^{ij}(1-\alpha) + R_c n_c^{ij}(1-\beta) + R_c^j n_c^j - k(n_s^j + n_c^j + n_s^{ij} + n_c^{ij}) \tag{5-53}$$

分别用 $\pi_i(F_s^i,R_c^i)$ 和 $\pi_j(F_s^j,R_c^j)$ 对会员费 F_s^i 、F_s^j 和利息费 R_c^i 、R_c^j 求导，得到如下公式：

$$\frac{\partial\pi_i(F_s^i,R_c^i)}{\partial F_s^i}=\frac{n_s^i(t_ct_s-D_1D)-F_s^it_c+F_st_c+R_cD(1-\alpha\beta)-R_c^iD}{t_ct_s-D_1D}\tag{5-54}$$

$$\frac{\partial\pi_i(F_s^i,R_c^i)}{\partial R_c^i}=\frac{F_s^iD_1-F_sD_1+R_ct_s(1-\alpha\beta)+n_c^i(t_ct_s-D_1D)-R_c^it_s}{t_ct_s-D_1D}\tag{5-55}$$

$$\frac{\partial\pi_j(F_s^j,R_c^j)}{\partial F_s^j}=\frac{F_s^jt_c+n_s^j(t_ct_s-C_1C)-F_st_c+R_cC(1-\alpha\beta)-CR_c^j}{t_ct_s-C_1C}\tag{5-56}$$

$$\frac{\partial\pi_j(F_s^j,R_c^j)}{\partial R_c^j}=\frac{n_s^j(t_ct_s-C_1C)-F_s^jC_1+F_sC_1-R_ct_s(1-\alpha\beta)+R_c^jt_s}{t_ct_s-C_1C}\tag{5-57}$$

令四个方程的值为零，求解以下方程：

$$-2t_cF_s^i+(D_1-D)R_c^i+2F_st_c+t_s^{ij}t_c-D_1(At_c+t_c^{ij}-D)+R_cD(1-\alpha\beta)=0$$

$$(D_1-D)F_s^i-2t_sR_c^i-F_sD_1+R_ct_s(1-\alpha\beta)+(F_s+t_s^{ij}-D_1-t_s)D+At_s+t_c^{ij}t_s=0$$

$$2t_cF_s^j-(C_1+C)R_c^j+t_ct_s-C_1C-(F_s+t_s^{ij})t_c+C_1(A+t_c^{ij})-F_st_c+R_cC(1-\alpha\beta)=0$$

$$(t_c-C_1)F_s^j+(t_s-C_1)R_c^j+t_st_c-C_1C-(F_s+t_s^{ij})t_c+C_1(A+t_c^{ij})+F_sC_1-R_ct_s(1-\alpha\beta)=0$$

联立以上方程，得到平台的定价策略为

$$F_s^i=\frac{(At_c+t_c^{ij}-D)(D_1-D)-4(1-\alpha\beta)(At_c+t_c^{ij})}{(D_1-D)^2-4t_st_c}\tag{5-58}$$

$$R_c^i=\frac{(C_1+C)+C_1(A+t_c^{ij}-(2t_ct_s-C_1))+C(1-\alpha\beta)}{2t_ct_s(t_s-C_1)(C+C_1)}\tag{5-59}$$

$$F_s^j=\frac{2t_sR_c^i}{D_1-D}+\frac{2t_c(t_s(1-\alpha\beta)(D_1-D)+2\alpha t_s)}{(D_1-D)^2-4t_st_c}\tag{5-60}$$

$$R_c^j=\frac{2t_c((1-\alpha\beta)(C_1+C)+A(t_c-C_1))+C_1(A+t_c^{ij})}{2t_ct_s(t_s-C_1)(C+C_1)}-\frac{t_c^{ij}}{C_1+C}\tag{5-61}$$

5.3.4　结论

5.3.2 节和 5.3.3 节着重研究了 B2C 平台用户接入形式分别为消费者多归属、卖方企业单归属和消费者多归属、卖方企业多归属两种情况下，B2C 平台选择向买方消费者提供分期付款利息折扣补贴政策时的定价策略。我们建立了平台两端的消费者和卖方企业的效用函数、B2C 平台的收益函数的数学模型，并且通过数学模型的计算求解、软件赋值进行数值分析得出以下结论。

（1）B2C 平台占据的消费者端的市场份额和该平台上卖方企业的用户数量成

正比，因为卖方企业的用户数量越多，代表消费者能够在平台上获得自己所需商品的机会越大，期望效用越大，因此更多的有需求的消费者加入 B2C 平台。这也正是正向组间网络外部性的体现。

（2）B2C 平台选择向消费者提供补贴政策会使得越来越多的消费者加入该平台。同时，受到正向组间网络外部性的影响，消费者数量的增加也会导致平台另一端的卖方企业的数量的增加。

（3）B2C 平台吸引的消费者和企业数量与平台给予消费者的分期付款利息补贴力度成正比，给予的补贴折扣越大，消费者的效用越大，加入平台中的消费者的数量越多。

5.4　平台选择向卖方企业提供贷款补贴情况下的定价策略

当研究发现 B2C 平台、消费者和卖方企业三方之间的组间网络外部性的特点之后，有实力的 B2C 平台不仅仅会选择向消费者一方提供补贴政策来吸引他们加入平台。为了给予吸引来的消费者更多的产品保障，提升平台自身的质量和水平，平台也会向卖方企业一端提供补贴政策，以达到增加平台上卖方企业数量的目的。吸引更多的卖方企业加入平台或者提升原有的卖方企业的质量和服务水平也能为平台争取更多的市场竞争力。同时，网络外部性的影响是相互的，且一般来说，消费者和卖方企业之间的组间网络外部性对于对方来说是正向的。因此，本章研究和分析在消费者多归属、卖方企业单归属和消费者多归属、卖方企业多归属两种用户接入形式的情况下，平台的定价策略。

5.4.1　基本模型和问题描述

本节的模型背景和假设与 5.3 节中的研究背景和假设是一样的，唯一的不同之处在于 B2C 平台提供补贴政策的对象。在本节的研究过程中，B2C 平台的补贴政策提供的对象由消费者变为卖方企业。具体假设如下：在一个 B2C 市场里有两边的参与方，分别是卖方企业和买方消费者，用 s 和 c 来表示，两个 B2C 平台表示为平台 i 和平台 j 。假设买方消费者和卖方企业两个群体的位置均匀分布在[0，1]上，两个 B2C 平台分别位于该段的端点上。假设各参与方之间信息对称，平台 i 向卖方企业和买方消费者分别收取会员费和利息费为 F_s^i 、R_c^i ，本节中买卖双方的归属性有两种组合情况：消费者多归属、卖方企业单归属，消费者多归属、卖方企业多归属。关于买卖双方属性情况的选择考虑，在 5.3 节中的基本问题阐述中已经阐述了理由，在此不再赘述。本节研究两种组合情况下的平台选择给卖方企业提供补贴这一决策下的定价策略。假设选择平台 i 的消费者为 x_c^i，选择平台 j 的消费者为 x_c^j，选择平台 i 的卖家为 x_s^i，选择平台 j 的卖家为 x_s^j。我们用 $t_s>0$ 和 $t_c>0$ 来分别表示卖方企业和买方消费者的交通成本，在买方和卖方都是单属性的情况下，为了达到这个限制条件，假设买卖双方的转移成本较高，从一个平台转移到另外一个平台的情况一般发生较少。假设买方用户市场和卖方用户市场分别构成两个完整的市场，为了标准化参数方便计算，本节令买方企业的市场总量和卖方企业的市场总量相等，都设为1。如果加入平台 i，卖方企业和买方企业分别得到的基础效用用 u_{s0}^i 和 u_{c0}^i 来表示。平台提供补贴政策之后对双边用户产生的效用为 $B_i \times x_i$ 和 $B_j \times x_j$，平台 j 同理。消费者在使用分期付款服务的时候，每期支付的利息是一样的，利率用 r_c^i 和 r_c^j 来表示。在为卖方企业提供贷款补贴政策的时候，并不是为全部的卖方企业都提供，而是选择一部分进行补贴。假设需要支付的会员费用为 F_s^i、F_s^j，有些商家可能由于财务紧张无法及时向平台缴纳会员费，可以申请平台的贷款补贴政策，平台接入形式为多归属的消费者的人数占比为β，平台接入形式为多归属的卖方企业的人数占比为γ，平台为买卖双方提供服务的固定费用均为k。平台为买方或者卖方提供补贴之后，相比之前产生的网络外部性效应用 b_c^i、b_s^i、b_c^j、b_s^j 表示。

5.4.2 买方多归属、卖方单归属情况下平台的定价策略

5.4 节的用户接入形式和 5.3 节一样，总共分为两种：消费者多归属、卖方企业单归属和消费者多归属、卖方企业多归属。本节首先研究在用户接入形式为消费者多归属、卖方企业单归属的情况下，B2C 平台选择向卖方提供贷款补贴政策，B2C 平台、消费者和卖方企业的效用和利益。根据逆向求解的原则，首先探讨 B2C 平台用户（包括消费者和卖方企业两方）的行为。B2C 平台上的两方的用户所做出的决策，是基于他们已经对每个平台收费模式和价格，以及 B2C 平台自身的产品和服务水平有了一定的深入的了解的前提假设下做出的参与决策。选择平台 i 的消费者为 x_c^i，选择平台 j 的消费者为 x_c^j，选择平台 i 的卖家为 x_s^i，选择平台 j 的卖家为 x_s^j。同理，位于 x_c^i 和 x_c^j 坐标之间的 $u_c^i(x_c^*)=u_c^j(x_c^*)=u_c^{ij}(x_c^*)$，选择加入两个平台的消费者的效用函数：$n_c^i+n_c^j+n_c^{ij}=1$，$n_s^i+n_s^j=1$。

消费者分布、卖方企业分布如图 5-16 和图 5-17 所示。

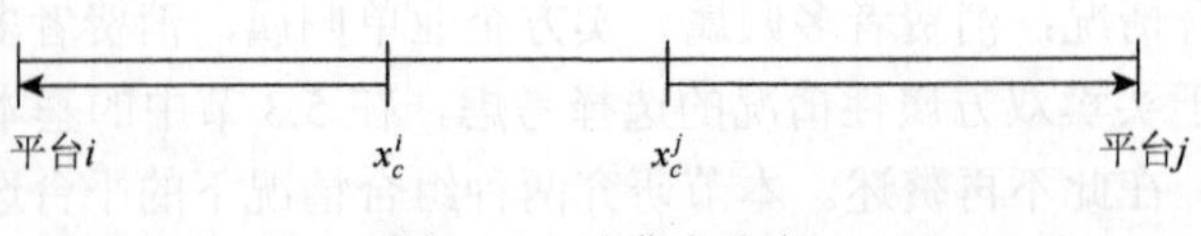

图 5-16 消费者分布

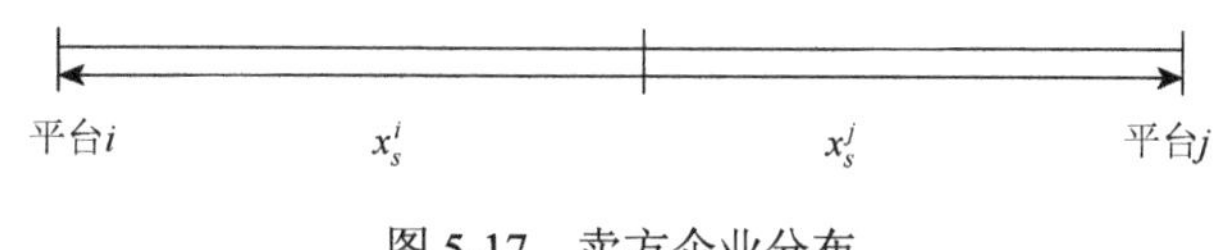

图 5-17　卖方企业分布

5.4 节研究的是 B2C 平台向卖方企业提供补贴政策的前提下，消费者多归属、卖方企业单归属和消费者多归属、卖方企业多归属这两种情况。本节研究的就是消费者多归属、卖方企业单归属的情况下，B2C 平台的定价策略。因此，如图 5-16 所示，加入两个 B2C 平台的消费者总共有三种：①选择只加入 B2C 平台 i 的消费者；②选择只加入 B2C 平台 j 的消费者；③两个平台都加入的消费者。由于卖方企业单归属的限制，只有两种类型的卖方企业：①选择只加入平台 i 的卖方企业；②选择只加入平台 j 的消费者。

接下来分析买方消费者和卖方企业的效用函数，假设 B2C 平台、卖方企业和消费者三方都是将自身利益最大化放在第一位做决策。

位于 x_c^{ij} 坐标处的选择同时加入平台 i 和平台 j 的消费者的效用函数：

$$u_c^{ij}=u_{c0}+(B_c+b_c^i)n_s^i+(B_c+b_c^j)n_s^j-R_c-t_c^{ij} \tag{5-62}$$

位于 x_c^i 坐标处的选择加入平台 i 的消费者的效用函数：

$$u_c^i=u_{c0}+(B_c+b_c^i)n_s^i-R_c^i-t_cx_c^i \tag{5-63}$$

位于 x_c^j 坐标处的选择加入平台 j 的消费者的效用函数：

$$u_c^j=u_{c0}+(B_c+b_c^j)n_s^j-R_c^j-t_cx_c^j \tag{5-64}$$

式（5-62）描述的是平台 i 上买家为多归属用户的对应人群的效用函数，式（5-63）和式（5-64）描述的是平台 i 和平台 j 上买家为单归属用户的对应人群的效用函数，这两个公式的各项分别为平台为买方带来的基础效果、卖方企业给消费者带来的组间网络外部性、平台补贴政策带来的网络外部性的影响、消费者所需要支付的利息费用及交通成本。

位于 x_s^i 坐标处的选择加入平台 i 的卖家的效用函数：

$$u_s^i=u_{s0}+(B_s+b_s^i)(n_c^i+n_c^{ij})-F_s^i-\gamma_s^iF_s^ir_s^i-t_sx_s^i \tag{5-65}$$

根据式（5-65）可以得到，企业加入 B2C 平台所得到的正效用有三个部分：B2C 平台的基本服务的效用、买方用户带来的效用，以及 B2C 平台提供的补贴政策带来的效用。负效用包括两个部分：需要向平台支付的会员费用和选择在一个 B2C 平台上进行交易付出的交通成本。

同理考虑选择加入平台 j 的卖方企业的效用函数。

位于 x_s^j 坐标处的选择只加入平台 j 的卖方企业的效用函数：

$$u_s^j=u_{s0}+(B_s+b_s^j)(n_c^j+n_c^{ij})-F_s^j-\gamma_s^jF_s^jr_s^j-t_sx_s^j \tag{5-66}$$

设 x_c^* 和 x_s^* 分别为消费者和平台另一方卖方企业加入平台 i 和平台 j 的无差异点，则无差异点满足式（5-67）：

$$u_c^i(x_c^*) = u_c^j(x_c^*) = u_c^{ij}(x_c^*) \tag{5-67}$$

可以得到对于买方企业来说加入平台 i 和平台 j 的无差异点为

$$x_c^i = \frac{R_c - R_c^i + t_c^{ij} - (B_c + b_c^j)n_s^j}{t_c} \tag{5-68}$$

$$x_c^j = \frac{R_c - R_c^j + t_c^{ij} - (B_c + b_c^i)n_s^i}{t_c} \tag{5-69}$$

命题 5-6：基于消费者多归属、卖方企业单归属的用户接入形式，在 B2C 平台选择向卖方企业提供补贴政策的情况下，由于组间网络外部性的存在，B2C 平台占据的消费者端市场份额与该平台的卖方企业的数量成正比。

证明：根据式（5-68）、式（5-69）所得的结果对平台的消费者用户数量进行求导可得

$$\frac{\partial x_c^{i*}}{\partial n_s^j} = \frac{-(B_c + b_c^j)}{t_c}$$

$$\frac{\partial x_c^{j*}}{\partial n_s^i} = \frac{-(B_c + b_c^i)}{t_c}$$

根据上述的求导结果，进行计算机软件数值分析，得到如图 5-18 所示的结果。

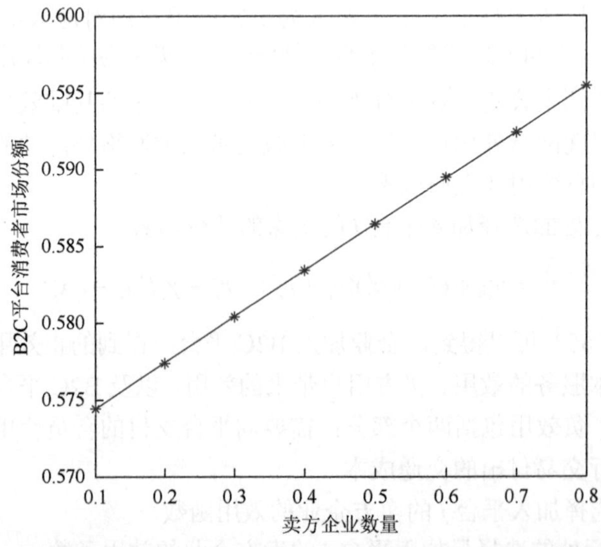

图 5-18　卖方企业数量和平台消费者市场份额的关系

从上述的求偏导数和进行赋值的结果来看，B2C 平台上的卖方企业数量越多，B2C 平台的产品种类会增多，消费者在平台上购物所得到的效用会更大，能够满足需求，从而使得消费者加入平台，用户数量增加，导致平台在消费者端的市场份额增加。这也正是卖方企业与另一方消费者之间的组间网络外部性的正向方面的体现。

同理，根据以下条件：

$$u_s^i\left(x_s^*\right)=u_s^j\left(x_s^*\right)$$

可以得到对于卖方企业来说平台 i 和平台 j 的无差异点为

$$x_s^*=\frac{(B_s+b_s^i)(n_c^i+n_c^{ij})-F_s^i(1+\gamma_s^i r_s^i)-(B_s+b_s^j)(n_c^j+n_c^{ij})+F_s^j(1+\gamma_s^j r_s^j)+t_s}{2t_s} \tag{5-70}$$

因为两个平台上的用户是服从[0, 1]均匀分布的，我们可以得到平台上买方企业用户和卖方企业用户的数量满足如下方程：

$$n_c^i=P(x<x_c^{i*})=x_c^{i*} \tag{5-71}$$

$$n_c^j=P(x>x_c^{j*})=1-x_c^{j*} \tag{5-72}$$

$$n_s^i=P(x<x_s^*)=x_s^{i*} \tag{5-73}$$

$$n_c^{ij}=x_c^{i*}-x_c^{j*} \tag{5-74}$$

联立可得

$$n_s^i=\frac{C_1(R_c-R_c^j+t_c^{ij})-F_s^i t_c(1+\gamma_s^i r_s^i)-D_1(t_c-R_c+R_c^i-t_c^{ij}+C)+F_s^j t_c(1+\gamma_s^j r_s^j)+t_c t_s}{2t_c t_s+C_1C-D_1D} \tag{5-75}$$

$$n_c^i=\frac{R_c-R_c^i+t_c^{ij}-D}{t_c}+\frac{D(C_1(R_c-R_c^i+t_c^{ij})-F_s^i t_c(1+\gamma_s^i r_s^i)-D_1(t_c-R_c+R_c^i-t_c^{ij}+C)+F_s^j t_c(1-\gamma_s^j r_s^j)+t_c t_s)}{t_c(2t_c t_s+C_1C-D_1D)} \tag{5-76}$$

$$n_c=1-\frac{R_c-R_c^i+t_c^{ij}}{t_c}+\frac{C(C_1(R_c-R_c^i+t_c^{ij})-F_s^i t_c(1+\gamma_s^i r_s^i)-D_1(t_c-R_c+R_c^i-t_c^{ij}+C)+F_s^j t_c(1+\gamma_s^j r_s^j)+t_c t_s)}{t_c(2t_c t_s+C_1C-D_1D)} \tag{5-77}$$

$$n_c^{ij}=\frac{R_c^i-R_c^j+D}{t_c}+\frac{(C+D)(C_1(R_c-R_c^i+t_c^{ij})-F_s^i t_c(1+\gamma_s^i r_s^i)-D_1(t_c-R_c+R_c^i-t_c^{ij}+C)+F_s^j t_c(1+\gamma_s^j r_s^j)+t_c t_s)}{t_c(2t_c t_s+C_1C-D_1D)} \tag{5-78}$$

命题 5-7：基于消费者多归属、卖方企业单归属的用户接入形式，在 B2C 平台选择向卖方企业提供贷款利息补贴政策的情况下，当满足 $2t_s t_c+(B_c+b_c^i)(B_s+b_s^i)-(B_c+b_c^j)(B_s+b_s^j)>0$ 时，补贴的力度越大，卖方企业群体之中，选择单归属接入形式的企业数量会变少，与此同时选择多归属接入形式的企业数量会变多。

证明：接下来分析平台用户的数量与平台做出的补贴政策之间的关系，根据式（5-75）～式（5-78）对平台选择给卖方提供补贴的人数比例和补贴力度求导可得

$$\frac{\partial n_s^i}{\partial \gamma_s^i}=\frac{-F_s^i t_c r_s^i}{2t_c t_s+C_1C-D_1D}$$

$$\frac{\partial n_c^i}{\partial \gamma_s^i}=\frac{-DF_s^i r_s^i}{2t_c t_s+C_1C-D_1D}$$

$$\frac{\partial n_c^i}{\partial \gamma_s^i}=\frac{-CF_s^i r_s^i}{2t_c t_s+C_1C-D_1D}$$

$$\frac{\partial n_c^{ij}}{\partial \gamma_s^i}=\frac{-(C+D)F_s^i r_s^i}{2t_c t_s+C_1C-D_1D}$$

根据上述求导的结果，进行计算机软件数值分析，得到如图 5-19 所示的结果。

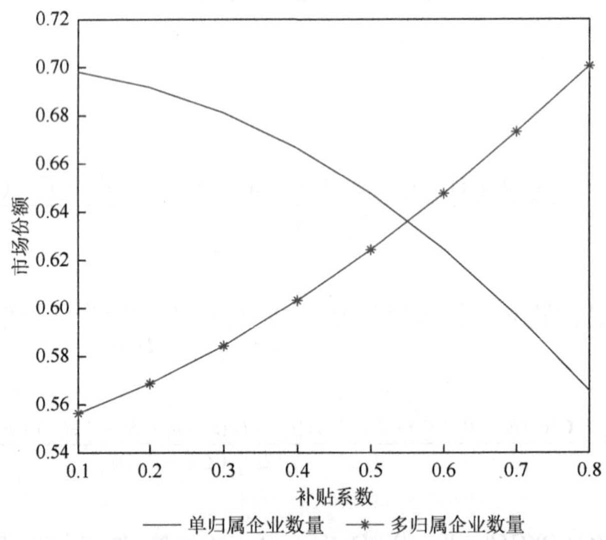

图 5-19　平台补贴系数和单归属、多归属的卖方企业数量之间的关系

市场总量设为 1

从上述的模型分析求导结果和数值分析的结果可以看出，B2C 平台向卖方企业提供贷款利息补贴的力度越大，平台对于产品质量的控制程度也有所提升，在消费者看来，产品可靠性也随之提升，意向选择在该 B2C 平台上进行购买的消费

者就会增多。那么，由于组间网络外部性的存在，会吸引一些单归属的卖方企业加入平台。

上文我们得到了消费者、卖方企业的效益函数，并且对相关的参数，包括补贴系数和用户数量等进行了分析，从而得到了一些推理论证。接下来根据得到的消费者和卖方企业的人数，建立 B2C 平台的收益模型，研究定价策略。

在消费者为多归属、卖方企业为单归属的情况下，B2C 平台的收益如下。

平台 i 的收益函数为

$$\pi_i = R_c n_c^{ij} + R_c^i n_c^i + F_s^i n_s^i + \gamma_s^i F_s^i r_s^i - k(n_s^i + n_c^i + n_c^{ij}) \tag{5-79}$$

平台 j 的收益函数为

$$\pi_j = R_c n_c^{ij} + R_c^j n_c^j + F_s^j n_s^j + \gamma_s^j F_s^j r_s^j - k(n_s^j + n_c^j + n_c^{ij}) \tag{5-80}$$

分别用 $\pi_i(R_c^i, F_s^i)$ 和 $\pi_j(R_c^j, F_s^j)$ 对会员费 F_s^i 、F_s^j 和利息费 R_c^i 、R_c^j 求导，得到如下公式：

$$\begin{aligned}\frac{\partial\pi_i(R_c^i,F_s^i)}{\partial F_s^i} =& R_c\frac{t_c(C+D)(1+\gamma_s^i r_s^i)}{t_c(2t_s t_c+C_1C-D_1D)} - R_c^i\left(\frac{Dt_c(1+\gamma_s^i r_s^i)}{t_c(2t_s t_c+C_1C-D_1D)}+\frac{t_c(1+\gamma_s^i r_s^i)}{2t_s t_c+C_1C-D_1D}\right)\\ &-k\frac{t_c(C-t_c)(1+\gamma_s^i r_s^i)}{t_c(2t_s t_c+C_1C-D_1D)}+\gamma_s^i r_s^i+\frac{C_1(R_c-R_c^j+t_c^{ij})-t_c(1+\gamma_s^i r_s^i)+F_s^j t_c(1+\gamma_s^j r_s^j)+t_s t_c}{2t_s t_c+C_1C-D_1D}\end{aligned}$$

$$\begin{aligned}\frac{\partial\pi_i(R_c^i,F_s^i)}{\partial R_c^i} =& R_c\left(\frac{1}{t_c}-\frac{(C+D)-D_1}{t_c(2t_s t_c+C_1C-D_1D)}\right)-F_s^i\frac{D}{2t_s t_c+C_1C-D_1D}\\ &+k\frac{(C+D)-D_1+D_1D-Dt_c}{t_c(2t_s t_c+C_1C-D_1D)}+\frac{R_c+t_c^{ij}-D}{t_c}\\ &+\frac{D(C_1(R_c-R_c^j+t_c^{ij})-F_s^i t_c(1+\gamma_s^i r_s^i)+F_s^j t_c(1+\gamma_s^j r_s^j)+t_s t_c)}{t_c(2t_s t_c+C_1C-D_1D)}\end{aligned}$$

$$\begin{aligned}\frac{\partial\pi_j(R_c^j,F_s^j)}{\partial F_s^j} =& R_c\frac{-t_c(1+\gamma_s^j r_s^j)}{t_c(2t_s t_c+C_1C-D_1D)}+R_c^j\frac{Ct_c(1+\gamma_s^j r_s^j)}{t_c(2t_s t_c+C_1C-D_1D)}+\gamma_s^j r_s^j-k\frac{(-1+C-t_c)t_c(1+\gamma_s^j r_s^j)}{t_c(2t_s t_c+C_1C-D_1D)}\\ &+1-\frac{C_1(R_c-R_c^j+t_c^{ij})-F_s^i t_c(1+\gamma_s^i r_s^i)-D_1(t_c-R_c+R_c^i-t_c^{ij}+C)+t_s t_c}{2t_s t_c+C_1C-D_1D}\end{aligned}$$

$$\begin{aligned}\frac{\partial\pi_j(R_c^j,F_s^j)}{\partial R_c^j} =& R_c\left(-\frac{1}{t_c}+\frac{C_1(C+D)}{t_c(2t_s t_c+C_1C-D_1D)}\right)+F_s^j\frac{C_1}{2t_s t_c+C_1C-D_1D}-k\frac{C_1D+C_1t_c}{t_c(2t_s t_c+C_1C-D_1D)}\\ &+1-\frac{R_c-R_c^i+t_c^{ij}}{t_c}+\frac{C(F_s^i t_c(1+\gamma_s^i r_s^i)-D_1(t_c-R_c+R_c^i-t_c^{ij}+C)+F_s^j t_c(1+\gamma_s^j r_s^j)+t_s t_c)}{t_c(2t_s t_c+C_1C-D_1D)}\end{aligned}$$

令四个方程的值为零，求解以下方程组：

$$\begin{aligned}&R_c t_c(C+D)(1+\gamma_s^i r_s^i)-R_c^i Dt_c(1+\gamma_s^i r_s^i)-F_s^i t_c^2(1+\gamma_s^i r_s^i)-kt_c(C-t_c)(1+\gamma_s^i r_s^i)\\ &+\gamma_s^i r_s^i t_c(2t_s t_c+C_1C-D_1D)+t_c(C_1(R_c-R_c^j+t_c^{ij})-F_s^i t_c(1+\gamma_s^i r_s^i)-D_1(t_c-R_c+R_c^i-t_c^{ij}+c)\end{aligned}$$

$$+F_s^j t_c(1+\gamma_s^j r_s^j)+t_s t_c)=0$$

$$R_c((2t_s t_c+C_1C-D_1D)-(C+D)-D_1)-R_c^i(2t_s t_c+C_1C)-F_s^i Dt_c+k((C+D)-D_1$$
$$+D_1D-Dt_c)+(R_c-R_c^i+t_c^{ij}-D)(2t_s t_c+C_1C-D_1D)+D(C_1(R_c-R_c^j+t_c^{ij})-F_s^i t_c(1+\gamma_s^i r_s^i)$$
$$-D_1(t_c-R_c+R_c^i-t_c^{ij}+C)+F_s^j t_c(1+\gamma_s^j r_s^j)+t_s t_c)=0$$

$$(1+\gamma_s^j r_s^j)(-R_c+R_c^j C-F_s^j t_c+k(1-C-t_c))t_c+t_c(2t_s t_c+C_1C-D_1D)(1+\gamma_s^j r_s^j)$$
$$-t_c(C_1(R_c-R_c^j+t_c^{ij})-F_s^i t_c(1+\gamma_s^i r_s^i)-D_1(t_c-R_c+R_c^i-t_c^{ij}+C)$$
$$+F_s^j t_c(1+\gamma_s^j r_s^j)+t_s t_c)=0$$

$$R_c(-2t_c t_s+D_1D+C_1D)+R_c^j(-2t_c t_s-D_1D)+F_s^j C_1 t_c-k(C_1D+C_1t_c)$$
$$+t_c(2t_s t_c+C_1C-D_1D)-(R_c-R_c^i+t_c^{ij})(2t_s t_c+C_1C-D_1D)+C(C_1(R_c-R_c^j+t_c^{ij})$$
$$-F_s^i t_c(1+\gamma_s^i r_s^i)-D_1(t_c-R_c+R_c^i-t_c^{ij}+C)+F_s^j t_c(1+\gamma_s^j r_s^j)+t_s t_c)=0$$

通过化简可得

$$(4t_s t_c+2C_1C)R_c^i+Dt_c(2+\gamma_s^i r_s^i)F_s^i+Dt_c(1+\gamma_s^j r_s^j)F_s^j-DC_1R_c^j=T_1 \quad (5\text{-}81)$$

$$(1+\gamma_s^i r_s^i)(1+t_c)F_s^i-(Dt_c(1+\gamma_s^i r_s^i)+D_1t_c)t_cR_c^i+(1+\gamma_s^j r_s^j)F_s^j-t_c^2C_1R_c^j=T_2 \quad (5\text{-}82)$$

$$D(1+\gamma_s^i r_s^i)F_s^i-R_c^i+(C_1t_c+Ct_c(1+\gamma_s^j r_s^j))F_s^j+(4t_s t_c-2D_1D)R_c^j=T_3 \quad (5\text{-}83)$$

$$t_c^2(1+\gamma_s^i r_s^i)F_s^i+t_cD_1R_c^i-2t_c^2(1+\gamma_s^j r_s^j)F_s^j+((1+\gamma_s^j r_s^j)t_cC+t_cC_1)R_c^j=T_4 \quad (5\text{-}84)$$

联立以上方程，得到平台的定价策略为

$$F_s^i=\frac{2t_c(t_s^{ij}t_c-t_s)(D_1-D)+D(1+\gamma_s^i r_s^i)(2t_c t_s-C+f_s)-(Tt_c+t_c^{ij}-D_1D)}{2t_c^{ij}(t_s^2-t_c t_s)} \quad (5\text{-}85)$$

$$R_c^i=\frac{2t_c(A(D_1-D)+2(C_1t_c+Ct_c(1+\gamma_s^j r_s^j))+t_c t_s)}{4t_s t_c+(CC_1-DD_1)}+\frac{t_c^{ij}}{D_1-D} \quad (5\text{-}86)$$

$$F_s^j=\frac{C_1C+(1+\gamma_s^i r_s^i)(2b_c^j t_c+b_s^j t_s)+(t_s-C_1C)-t_c+f_s}{2t_c^{ij}(t_s^2-t_c t_s)} \quad (5\text{-}87)$$

$$R_c^j=\frac{AC_1+2t_c(\gamma_s^i r_s^i(C_1+C)+t_c(t_s-C_1))}{4t_s t_c+(CC_1-DD_1)}-\frac{t_c t_s}{C_1+C} \quad (5\text{-}88)$$

5.4.3 买方多归属、卖方多归属情况下平台的定价策略

本节研究当消费者接入形式为多归属，卖方企业也为多归属的情况下，B2C

平台选择向卖方提供补贴政策，平台、卖方企业和买方消费者的效用和利益。根据逆向求解的原则，探讨 B2C 平台所涉及的两端用户的行为及平台用户做出的决策，决策是基于他们已经对自己要加入的 B2C 平台对自己的收费情况及此 B2C 平台向其提供的产品和服务水平很了解的假设前提下做出的参与决策。选择平台 i 的消费者为 x_c^i，选择平台 j 的消费者为 x_c^j，选择平台 i 的卖家为 x_s^i，选择平台 j 的卖家为 x_s^j 。以此类推，同时选择平台 i 和平台 j 的消费者为 x_c^{ij} 。同理，同时选择平台 i 和平台 j 的卖方企业为 y_s^{ij}， $n_c^i + n_c^j + n_c^{ij} = 1$， $n_s^i + n_s^j + n_s^{ij} = 1$ 。

同 5.4.2 节中的计算方法一样，先来计算平台 i 上的消费者、卖方企业的效用函数，并且对决策有关的重要系数进行一定的分析研究，如图 5-20 和图 5-21 所示。

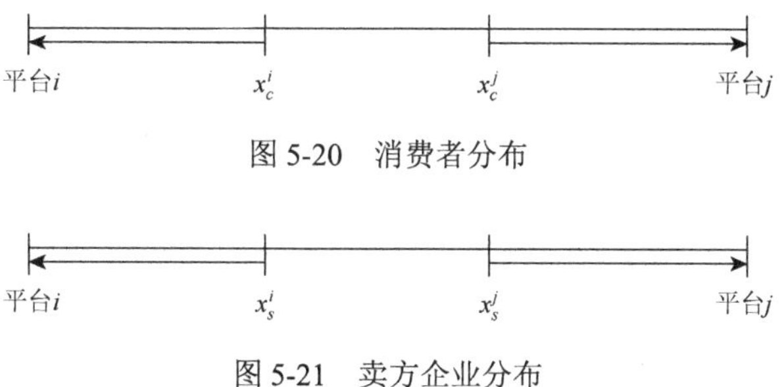

图 5-20　消费者分布

图 5-21　卖方企业分布

位于 x_c^{ij} 坐标处的选择同时加入平台 i 和平台 j 的消费者的效用函数：

$$u_c^{ij} = u_{c0} + (B_c + b_c^i)n_s^i + (B_c + b_c^j)n_s^j - R_c - t_c^{ij} \tag{5-89}$$

位于 x_c^i 坐标处的选择加入平台 i 的消费者的效用函数：

$$u_c^i = u_{c0} + (B_c + b_c^i)n_s^i - R_c^i - t_c x_c^i \tag{5-90}$$

位于 x_c^j 坐标处的选择加入平台 j 的消费者的效用函数：

$$u_c^j = u_{c0} + (B_c + b_c^j)n_s^j - R_c^j - t_c x_c^j \tag{5-91}$$

式（5-89）描述的是平台 i 上买家为多归属用户的对应人群的效用函数，式（5-90）和式（5-91）描述的是平台 i 和平台 j 上买家为单归属用户的对应人群的效用函数，这两个公式的各项分别为平台为买方带来的基础效益、卖方企业给消费者带来的组间网络外部性、平台补贴政策带来的网络外部性的影响、消费者所需要支付的利息费用及交通成本。

同理，位于 x_s^{ij} 坐标处的选择加入平台 i 和平台 j 的卖方企业的效用函数：

$$u_s^{ij} = u_{s0} + (B_s + b_s^i)(n_c^i + n_c^{ij}) + (B_s + b_s^j)(n_c^j + n_c^{ij}) - F_s - t_s^{ij} \tag{5-92}$$

位于 x_s^i 坐标处的选择加入平台 i 的卖方企业的效用函数：

$$u_s^i = u_{s0} + (B_s + b_s^i)(n_c^i + n_c^{ij}) - F_s^i - \gamma_s^i F_s^i r_s^i - t_s x_s^i \tag{5-93}$$

位于 x_s^j 坐标处的选择加入平台 j 的卖方企业的效用函数：

$$u_s^j = u_{s0} + (B_s + b_s^j)(n_c^j + n_c^{ij}) - F_s^j - \gamma_s^j F_s^j r_s^j - t_s x_s^j \tag{5-94}$$

设 x_c^* 和 x_s^* 分别为买方企业和卖方企业加入平台 i 和平台 j 的无差异点，则无差异点满足：

$$u_c^i(x_c^*) = u_c^j(x_c^*) = u_c^{ij}(x_c^*)$$

可以得到对于买方企业来说加入平台 i 和平台 j 的无差异点为

$$x_c^i = \frac{R_c - R_c^i + t_c^{ij} - (B_c + b_c^j)n_s^j}{t_c} \tag{5-95}$$

$$x_c^j = \frac{R_c - R_c^j + t_c^{ij} - (B_c + b_c^i)n_s^i}{t_c} \tag{5-96}$$

同理，根据以下条件：

$$u_s^i(x_s^*) = u_s^j(x_s^*) = u_s^{ij}(x_s^*)$$

可以得到对于卖方企业来说加入平台 i 和平台 j 的无差异点为

$$x_s^i = \frac{F_s - F_s^i + \gamma_s F_s r_s - \gamma_s^i F_s^i r_s^i + t_s^{ij} - t_s - (B_s + b_s^j)(n_c^j + n_c^{ij})}{t_s} \tag{5-97}$$

$$x_s^j = \frac{F_s - F_s^j + \gamma_s F_s r_s - \gamma_s^j F_s^j r_s^j + t_s^{ij} - t_s - (B_s + b_s^i)(n_c^i + n_c^{ij})}{t_s} \tag{5-98}$$

命题 5-8：基于消费者多归属、卖方企业单归属的用户接入形式，在平台向卖方企业提供贷款利息补贴政策的情况下，B2C 平台占据的卖方企业端的市场份额与该平台上的消费者数量成正比。

证明：根据式（5-97）、式（5-98）对平台的消费者数量进行求导可得

$$\frac{\partial x_s^i}{\partial n_c^j} = \frac{\partial x_s^i}{\partial n_c^{ij}} = \frac{-(B_s + b_s^j)}{t_s}$$

$$\frac{\partial x_s^j}{\partial n_c^i} = \frac{\partial x_s^j}{\partial n_c^{ij}} = \frac{-(B_s + b_s^i)}{t_s}$$

根据上述求导的结果，进行参数数值分析，可以得到如图 5-22 所示的结果。

从上述公式求导的结果和数值分析的结果可以看出，B2C 平台上的消费者的数量越多，代表卖方企业能够在平台上达成交易的机会越多，所以选择加入消费者数量多的平台的卖方企业的数量就会越多，从而扩大 B2C 平台在卖方企业端的市场份额。这正是消费者和卖方企业双方用户之间正向组间网络外部性的体现。

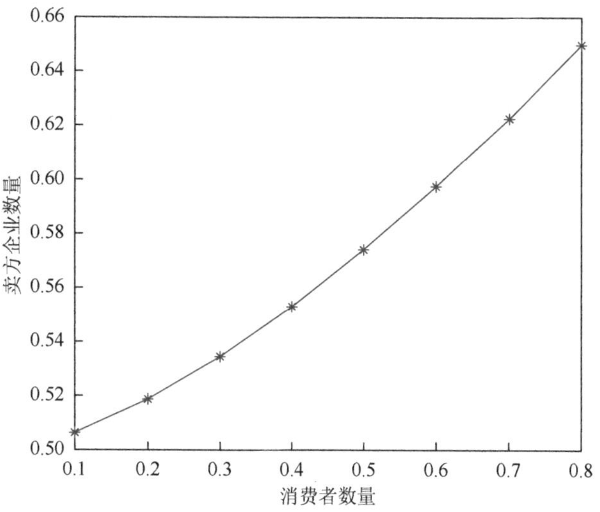

图 5-22　消费者数量和卖方企业数量的关系

由于两个平台上的用户是服从[0, 1]均匀分布的，我们可以得到平台上买方企业用户和卖方企业用户的数量满足如下方程：

$$n_c^i = P(x < x_c^{i*}) = x_c^{i*} \tag{5-99}$$

$$n_c^j = P(x > x_c^{j*}) = 1 - x_c^{j*} \tag{5-100}$$

$$n_s^i = P(x < x_s^{*}) = x_s^{i*} \tag{5-101}$$

$$n_s^j = P(x > x_s^{j*}) = 1 - x_s^{j*} \tag{5-102}$$

$$n_c^{ij} = x_c^{i*} - x_c^{j*} \tag{5-103}$$

$$n_s^{ij} = x_s^{j*} - x_s^{i*} \tag{5-104}$$

联立可得

$$n_c^i = \frac{R_c - R_c^i + t_c^{ij} - (B_c + b_c^j)n_s^j}{t_c}$$

$$n_c^j = 1 - \frac{R_c - R_c^j + t_c^{ij} - (B_c + b_c^i)n_s^i}{t_c}$$

$$n_c^{ij} = \frac{R_c^i - R_c^j + (B_c + b_c^j)n_s^j - (B_c + b_c^i)n_s^i}{t_c}$$

$$n_s^i = \frac{F_s - F_s^i + \gamma_s F_s r_s - \gamma_s^i F_s^i r_s^i + t_s^{ij} - t_s x_s^i - (B_s + b_s^j)(n_c^j + n_c^{ij})}{t_s}$$

$$n_s^j = 1 - \frac{F_s - F_s^j + \gamma_s F_s r_s - \gamma_s^j F_s^j r_s^j + t_s^{ij} - t_s x_s^j - (B_s + b_s^i)(n_c^i + n_c^{ij})}{t_s}$$

综上计算可得

$$n_s^i = \frac{t_c^2 t_s A_1 - t_c t_s D_1 (t_c - R_c + R_c^i - t_c^{ij}) - t_c t_s D_1 D + D_1 D t_c A_2 + C_1 C D_1 D (R_c - R_c^j + t_c^{ij})}{t_c^2 t_s^2 + C_1 C D_1 D} \tag{5-105}$$

命题 5-9：基于消费者多归属、卖方企业多归属的用户接入形式的前提，在平台选择向卖方企业提供贷款利息补贴的情况下，假设 $b_c^i > b_c^j$ 且同样有 $b_s^i > b_s^j$，此时，B2C 平台的消费者数量、卖方企业数量和补贴力度成正比。

证明：根据上述公式将买方人数对平台利息补贴比例 α 及用户人数比例 β 求导可得

$$\frac{\partial n_c^i}{\partial \alpha} = \frac{\beta R_c (1 - D(2B_s + E))}{t_c (2t_s t_c + (b_c^i - b_c^j) B_s + EC)}$$

$$\frac{\partial n_c^i}{\partial \beta} = \frac{\alpha R_c (1 - D(2B_s + E))}{t_c (2t_s t_c + (b_c^i - b_c^j) B_s + EC)}$$

根据上述求导的结果，进行参数赋值分析，得到如图 5-23 所示的结果。

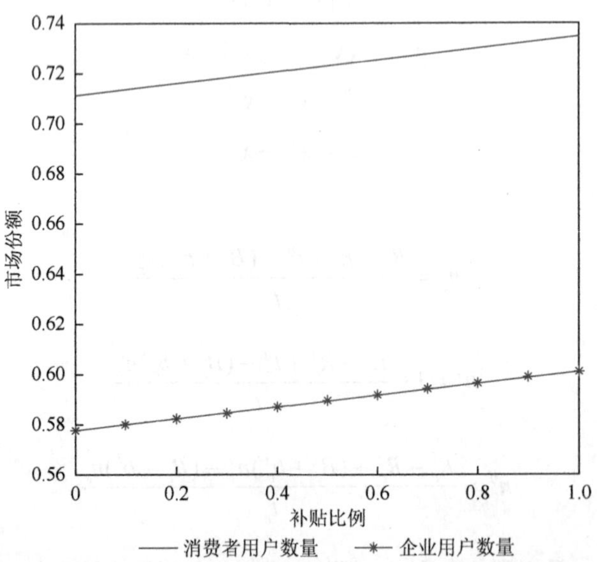

图 5-23　补贴比例和消费者用户数量、卖方企业用户数量的关系

市场总量设为 1

根据上述求导得出的结果和数值分析的结果可以看出，在平台选择向卖方企业提供贷款利息补贴的情况下，补贴力度越大，该 B2C 平台上的消费者和卖方企业的用户数量都是增加的。原理和前述命题类似，是因为平台双方的效用都因补贴政策的实施有所增加，同时因为组间网络外部性的存在，卖方企业因为补贴政策选择加入 B2C 平台，因此也会有更多的消费者转移到 B2C 平台。

在消费者为多归属、卖方企业为单归属的情况下，B2C 平台的收益如下。

平台 i 的收益函数为

$$\pi_i = R_c n_c^{ij} + R_c^i n_c^i + F_s^i n_s^i + F_s n_s^{ij} + \gamma_s^i F_s^i r_s^i + \gamma_s F_s r_s - k(n_s^i + n_c^i + n_c^{ij} + n_s^{ij}) \tag{5-106}$$

平台 j 的收益函数为

$$\pi_j = R_c n_c^{ij} + R_c^j n_c^j + F_s^j n_s^j + \gamma_s F_s r_s + \gamma_s^j F_s^j r_s^j - k(n_s^j + n_c^j + n_c^{ij} + n_s^{ij}) \tag{5-107}$$

分别用 $\pi_i(R_c^i, F_s^i)$ 和 $\pi_j(R_c^j, F_s^j)$ 对会员费 F_s^i、F_s^j 和利息费 R_c^i、R_c^j 求导，得到如下公式：

$$\frac{\partial \pi_i(R_c^i, F_s^i)}{\partial F_s^i} = R_c \frac{t_c(1+\gamma_s^i r_s^i)}{t_c(2t_s t_c + C_1 C - D_1 D)} - R_c^i \frac{t_c \gamma_s^i r_s^i (1+\gamma_s^i r_s^i)(C - t_c^{ij})}{t_c(2t_s t_c + C_1 C - D_1 D)} + F_s^j \frac{t_c(1+\gamma_s^j r_s^j) + t_s t_c}{t_c(2t_s t_c + C_1 C - D_1 D)}$$
$$+ \frac{C_1 C(R_c - R_c^j + t_c^{ij}) - t_c - D_1(t_c + R_c^i - t_c^{ij} - R_c)}{2t_s t_c + C_1 C - D_1 D} - k\frac{t_c(1+\gamma_s^i r_s^i)}{t_c(2t_s t_c + C_1 C - D_1 D)} + \gamma_s^i r_s^i$$

$$\frac{\partial \pi_i(R_c^i, F_s^i)}{\partial R_c^i} = R_c\left(\frac{1}{t_c} - \frac{(C+D) - D_1}{t_c(2t_s t_c + C_1 C - D_1 D)}\right) - F_s^j\left(\frac{D_1 D}{t_c(2t_s t_c + C_1 C - D_1 D)} + \frac{1}{t_c}\right)$$
$$- F_s^i \frac{D}{2t_s t_c + C_1 C - D_1 D} + k\frac{(C+D) - D_1 + D_1 D - D t_c}{t_c\left(2t_s t_c + C_1 C - D_1 D\right)}$$
$$+ \frac{D(C_1(R_c - R_c^j + t_c^{ij}) - F_s^i t_c(1+\gamma_s^i r_s^i) + F_s^j t_c(1+\gamma_s^j r_s^j) + t_s t_c)}{t_c(2t_s t_c + C_1 C - D_1 D)}$$

$$\frac{\partial \pi_j(R_c^j, F_s^j)}{\partial F_s^j} = R_c \frac{t_c(1+\gamma_s^j r_s^j)}{t_c(2t_s t_c + C_1 C - D_1 D)} + R_c^j \frac{t_c(1+\gamma_s^j r_s^j)}{2t_s t_c + C_1 C - D_1 D} - k\frac{(C - C_1)(1+\gamma_s^j r_s^j) t_c}{t_c(2t_s t_c + C_1 C - D_1 D)}$$
$$- \frac{C_1(R_c - R_c^j + t_c^{ij}) - F_s^i t_c(1+\gamma_s^i r_s^i) - D_1(t_c - R_c + R_c^i - t_c^{ij} + C)}{t_c(2t_s t_c + C_1 C - D_1 D)} + \gamma_s^j r_s^j$$

$$\frac{\partial \pi_j(R_c^j, F_s^j)}{\partial R_c^j} = R_c \frac{C_1(C+D)}{t_c(2t_s t_c + C_1 C - D_1 D)} + R_c^j\left(\frac{C_1 C - D D_1}{t_c(2t_s t_c + C_1 C - D_1 D)} + \frac{1}{t_c}\right)$$
$$+ F_s^j \frac{C_1}{2t_s t_c + C_1 C - D_1 D} - k\frac{C_1 D + C_1 t_c}{t_c(2t_s t_c + C_1 C - D_1 D)} - \frac{R_c - R_c^i + t_c^{ij}}{t_c}$$
$$+ \frac{C(C_1(R_c + t_c^{ij}) - F_s^i t_c(1+\gamma_s^i r_s^i) + F_s^j t_c(1+\gamma_s^j r_s^j) + t_s t_c)}{t_c(2t_s t_c + C_1 C - D_1 D)}$$

令四个方程的值为零，求解以下方程：

$$R_c((2t_st_c+C_1C-D_1D)-(C+D)-D_1)-R_c^i(2t_st_c+C_1C)-F_s^iDt_c+k((C+D)-D_1+D_1D-Dt_c)+(R_c-R_c^i+t_c^{ij}-D)+D(C_1(R_c-R_c^j+t_c^{ij})-F_s^it_c(1+\gamma_s^ir_s^i)+F_s^jt_c(1+\gamma_s^jr_s^j)+t_st_c)=0$$

$$R_ct_c(C+D)(1+\gamma_s^ir_s^i)-R_c^iDt_c(1+\gamma_s^ir_s^i)-F_s^it_c^2(1+\gamma_s^ir_s^i)+\gamma_s^ir_s^it_c(2t_st_c+C_1C-D_1D)+t_c(C_1(R_c-R_c^j+t_c^{ij})-F_s^it_c(1+\gamma_s^ir_s^i)+F_s^jt_c(1+\gamma_s^jr_s^j)+t_st_c)=0$$

$$(1+\gamma_s^jr_s^j)(-R_c+R_c^jC-F_s^jt_c+k(1-C-t_c))t_c+t_c(2t_st_c+C_1C-D_1D)(1+\gamma_s^jr_s^j)-t_c(C_1(R_c-R_c^j+t_c^{ij})-F_s^it_c(1+\gamma_s^ir_s^i)-D_1(t_c-R_c+R_c^i-t_c^{ij}+C)+F_s^jt_c(1+\gamma_s^jr_s^j)+t_st_c)=0$$

$$R_c(2t_ct_s-D_1D)(2t_ct_s+D_1D+C_1D)+R_c^j(2t_ct_s+D_1D+C_1D)+F_s^jC_1t_c-k(C_1D+C_1t_c)-(R_c-R_c^i+t_c^{ij})+C(C_1(R_c-R_c^j+t_c^{ij})-F_s^it_c(1+\gamma_s^ir_s^i)+F_s^jt_c(1+\gamma_s^jr_s^j)+t_st_c)=0$$

联立以上方程，得到平台的定价策略为

$$F_s^i=\frac{2t_ct_s(C_1C-D_1D)+D(2t_c+\gamma_s^ir_s^i+f_s)-(2+\gamma_s^ir_s^i)(C+D)D}{2t_c^{ij}(t_s^2-t_ct_s+C_1C)} \tag{5-108}$$

$$R_c^i=\frac{2t_c(C+D)(1+\gamma_s^ir_s^i)+(D_1D+2C_1C+t_ct_s)}{2t_st_c+D_1D+C_1D} \tag{5-109}$$

$$F_s^j=\frac{2D_1D+(1+\gamma_s^ir_s^i)(2B_ct_c+B_st_s+f_s)+2t_st_c+C_1C}{2t_c^{ij}(t_s^2-t_ct_s+D_1D)} \tag{5-110}$$

$$R_c^j=\frac{C_1C+2t_c^2((1+\gamma_s^ir_s^i)(t_s-C_1))+k(C_1D+C_1t_c)}{2t_st_c+D_1D+C_1D} \tag{5-111}$$

5.4.4 结论

在 5.4 节，我们把研究重点放在 B2C 平台基于用户接入形式分别为消费者多归属、卖方企业单归属和消费者多归属、卖方企业多归属两种情况下，选择向卖方企业提供贷款利息折扣补贴政策时的定价策略，同时考虑组间网络外部性的影响。5.4 节建立了消费者和卖方企业两方的效用函数模型和 B2C 平台的收益函数模型，进行了数学计算求解最优策略，并且运用软件进行了数值分析，得到了以下结论。

（1）B2C 平台占据的卖方企业端市场份额与该平台的消费者用户数量成正比。由于组间网络外部性的存在，平台上消费者的数量越多，交易机会越多，则会吸引更多的卖方企业加入平台，从而扩大平台在企业端的市场份额。

（2）B2C 平台向卖方企业提供贷款利息补贴的力度越大，就会吸引越多卖方企业加入 B2C 平台，卖方企业用户数量增加。平台对于产品质量的把控程度也有所提升，在消费者看来，产品质量更加可靠，也能满足更多需求，于是选择在该 B2C 平台上进行购买的消费者就会增多。

（3）当平台选择向卖方企业提供贷款利息补贴的情况下，补贴力度越大，该 B2C 平台上的消费者和卖方企业的用户数量都是增加的。

5.5 对 比 研 究

本节采用数值模拟的形式进行分析，从补贴对象和用户接入形式两个角度出发，对 B2C 平台收益模型、买卖双方效用模型中的参数赋值，对比不同前提背景下补贴系数对于平台收益和买卖双方用户数量的影响。运用计算机软件进行计算分析，研究对于卖方企业来说最优的策略选择。

5.5.1 平台的最优决策和利润分析

参考前文的数学模型分析和数值模拟分析结果，我们假设平台给两边用户带来的基础效用相等，即 $u_i = u_j = 0.3$，两边用户的交叉网络外部性效应相等，即 $B_c = B_s = 0.8$；买方用户和卖方用户的交通成本相等，即 $t_c = t_s = 3$；B2C 平台为买方和卖方企业提供服务的成本相等，$k_c = k_s = 1$；平台分别给消费者、卖方企业提供补贴政策对双方用户带来的效用相等，$b_c = b_s = 0.2$。

（1）假设在平台向消费者提供补贴政策的前提下，B2C 平台向消费者收取的分期付款利息率为 $R_c^i = R_c^j = 0.03$，平台选择的补贴比例为 $\beta = 0.6$；此时两种用户接入形式下 B2C 平台的最优决策和利润如表 5-4 所示。

表 5-4 平台向消费者提供补贴政策的两种用户接入形式下的平台的最优决策

序号	用户接入形式	最优会员费	最优利息费用	利润
1	消费者多归属、卖方企业单归属	$F_c^i = F_s^i = 1$	$R_c^i = R_s^i = 0.823$	$\pi = 1.919$
2	消费者多归属、卖方企业多归属	$F_c^i = F_s^i = 1.2$	$R_c^i = R_s^i = 0.815$	$\pi = 1.747$

根据表 5-4 的结果可以看到，在平台选择向消费者提供分期付款利息补贴政策的情况下：①对于卖方企业来说，平台向单归属接入的卖方企业收取的会员费要小于向多归属接入的企业收取的会员费；②对于消费者来说，平台选择向消费

者提供分期付款利息补贴政策，利息费用会降低。卖方企业的接入平台形式更加多样化的时候，由于组间网络外部性的影响，最优利息费用也会降低；③对于B2C平台来说，消费者多归属、卖方企业单归属的用户接入形式情况下平台收益会高于消费者多归属、卖方企业多归属。

（2）假设在平台向卖方企业提供补贴政策的前提下，B2C平台向消费者收取的分期付款利息率不变，平台选择的补贴比例变为$\beta = 0.4$，此时在两种不同用户接入形式下，B2C平台的利润收益和最优决策如表5-5所示。

表5-5　平台向卖方企业提供补贴政策的两种用户接入形式下的平台的最优决策

序号	用户接入形式	最优会员费	最优利息费用	利润
1	消费者多归属、卖方企业单归属	$F_c^i = F_s^i = 0.741$	$R_c^i = R_s^i = 1$	$\pi = 1.656$
2	消费者多归属、卖方企业多归属	$F_c^i = F_s^i = 0.817$	$R_c^i = R_s^i = 1$	$\pi = 1.563$

根据表5-5的结果可以看到在B2C平台选择向卖方企业提供利息补贴政策的情况下：①对于卖方企业来说，平台向多归属的企业收取的会员费要大于向单归属的企业收取的会员费，这和平台向消费者提供补贴政策的情况下得到的结果是一样的；②对于消费者来说，在没有补贴政策的情况下，收取的利息费用都是一样的；③对于B2C平台来说，平台在消费者多归属、卖方企业单归属的情况下的收益要高于消费者多归属、卖方企业多归属情况下的收益。

5.5.2　平台收益和用户数量对比分析

本节在平台向消费者提供分期付款利息补贴政策，消费者多归属、卖方企业单归属；平台向消费者提供分期付款利息补贴政策，消费者多归属、卖方企业多归属；平台向卖方企业提供补贴政策，消费者多归属、卖方企业单归属；平台向卖方企业提供补贴政策，消费者多归属、卖方企业多归属等四种情况下，讨论补贴系数对B2C平台收益的影响、对消费者和卖方企业的数量的影响。

1. 平台收益对比分析

1）补贴对象分别为消费者和卖方企业情况下的B2C平台收益对比

假设B2C平台向消费者和卖方企业提供分期付款利息补贴政策的补贴力度在[0.1, 0.8]区间内变化，随着补贴系数的变化，在两种不同接入形式下的B2C平台收益的变化趋势如图5-24、图5-25所示。

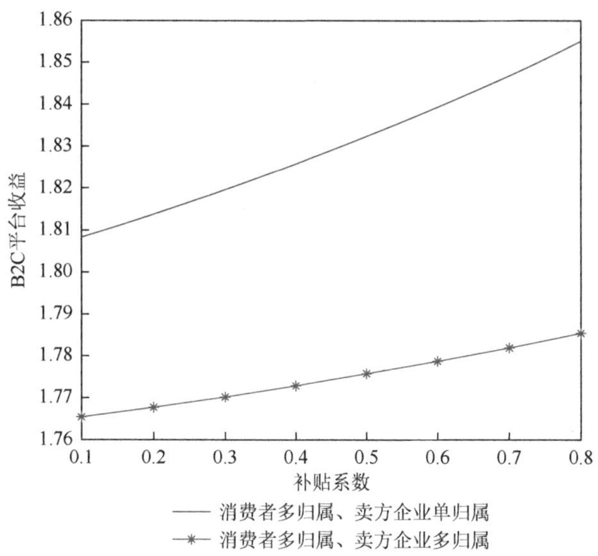

图 5-24　补贴对象为消费者情况下补贴系数对 B2C 平台收益的影响

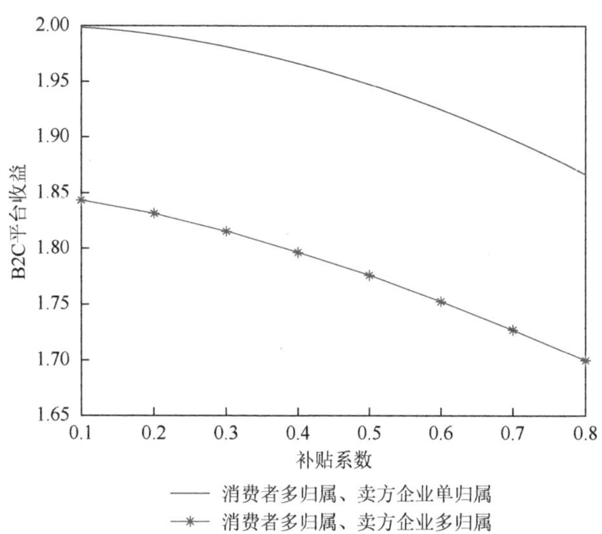

图 5-25　补贴对象为卖方企业情况下补贴系数对 B2C 平台收益的影响

如图 5-24 所示，在其他因素不变的情况下，随着补贴系数α的增大，即平台向消费者提供的分期付款的利息折扣的力度越大，B2C 平台所获得的收益也会越大，这也是符合当下 B2C 平台的决策趋势的。消费者在购买商品并且采取分期付款的方式付款的时候，大多数考虑总支出。对于他们来说，更大的利息折扣就意味着更少的总支出，则提供分期付款利息补贴折扣的平台也就会有更大的吸引力，用户数量的增加导致交易增加；对于 B2C 平台来说，为消费者提供分期付款利息补贴政策所带来的交易额的提升要大于减免利息所付出的成本，平台收益因此呈现增加的趋势。

当 B2C 平台选择向卖方企业提供低贷款利息补贴政策时，B2C 平台收益随着补贴系数改变的变化情况如图 5-25 所示，在其他因素不变的情况下，随着补贴系数 α 的增大，即平台向卖方企业提供贷款利息补贴的补贴力度越大，结果显示，B2C 平台所获得的收益显现减少趋势。那么对于 B2C 平台来说，这就会增加平台实施补贴政策的考虑，虽然向卖方企业提供贷款利息补贴政策能够提升平台的产品质量控制能力，但是此举措对于 B2C 平台来说有资金风险。同时，更大的利息折扣就意味着更大的资金成本，给卖方企业提供的补贴带来的交易不足以抵消平台提供补贴政策的支出。综合来说，B2C 平台的收益是下降的。

2）两种不同接入形式下的 B2C 平台收益对比

假设B2C平台向消费者和卖方企业提供分期付款利息补贴政策的补贴力度在[0.1, 0.8]区间变化，在消费者多归属、卖方企业多归属和消费者多归属、卖方企业单归属两种不同的用户接入形式下，随着补贴系数的变化，B2C 平台收益的变化情况如图 5-26、图 5-27 所示。

如图 5-26、图 5-27 所示，在消费者多归属、卖方企业多归属的用户接入形式前提下，可以看到分别给予消费者分期付款利息补贴政策和给予卖方企业贷款利息补贴政策两种情况下的 B2C 平台收益情况。研究表明，在其他因素不变的情况下，随着补贴系数 α 的增大，即 B2C 平台向卖方企业提供贷款利息补贴的力度

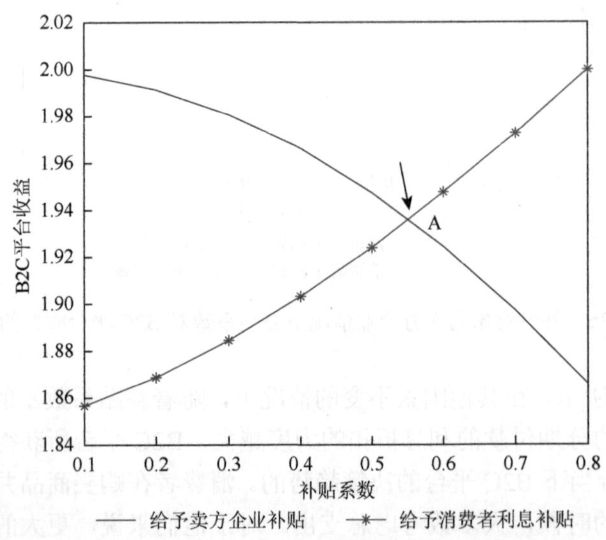

图 5-26　消费者多归属、卖方企业多归属情况下补贴系数对 B2C 平台收益的影响

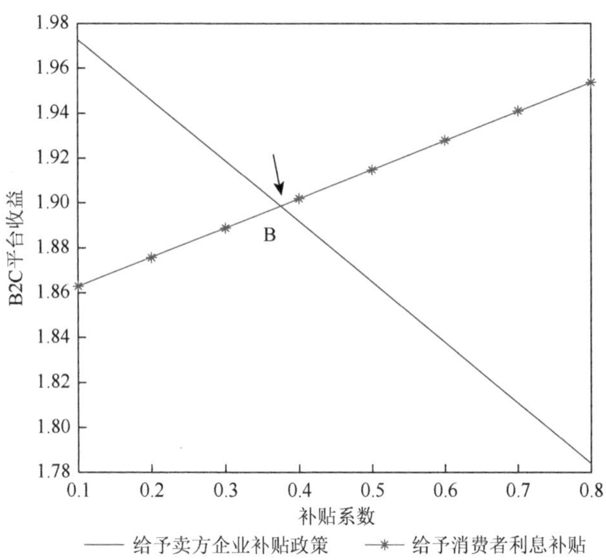

图 5-27　消费者多归属、卖方企业单归属情况下补贴系数对 B2C 平台收益的影响

越大，B2C 平台所获得的收益呈现减少的趋势。与之相反，B2C 平台给予消费者分期付款利息补贴则会使 B2C 平台的收益变大，A 点则是两个不同的补贴对象下 B2C 平台收益的平衡点。

对于 B2C 平台来说，为了达到较高端产品品控的目的，可以选择向平台上的卖方企业提供贷款利息补贴服务，但是越大的利息折扣就意味着越沉重的成本负担，如果给卖方企业提供的补贴带来的交易额的收入不足以抵消平台向其提供利息补贴的支出，B2C 平台的收益就会降低。对于消费者来说，在购买电子产品等比较贵重的物品，并且选择采用分期付款时，大多数只看重自己总支出的多少。对于他们来说，平台提供的利息折扣越大，获得的效用越大，也就对该 B2C 平台有了一定的忠诚度。另外，对于平台来说，更多的消费者带来更多的交易机会，由于组间网络外部性的存在，也会吸引更多的卖方企业加入平台。平台给消费者的利息折扣补贴相对于整笔交易额来说占比不大，成本较小，因此总收益呈现增长的趋势。

2. 用户数量分析

1）补贴对象分别为消费者和卖方企业情况下的消费者用户数量对比

假设 B2C 平台向消费者和卖方企业提供补贴政策的补贴力度在 [0.1, 0.8]区间变化，在补贴对象分别为消费者和卖方企业两种情况下，随着补贴系数的变化，B2C 平台消费者用户数量的变化趋势如图 5-28、图 5-29 所示。

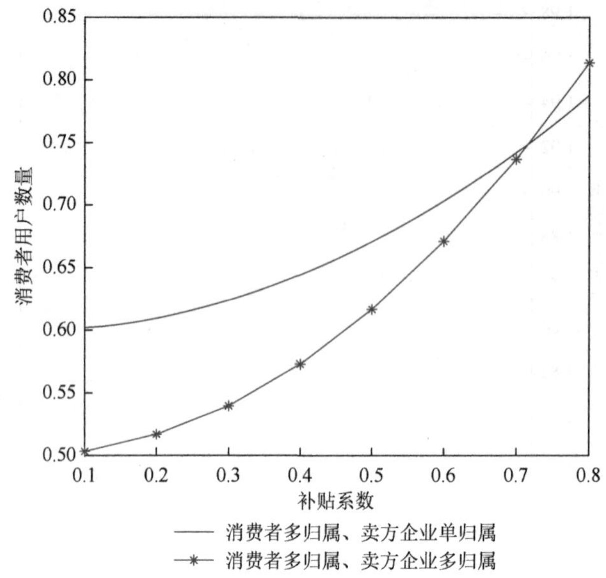

图 5-28　补贴对象为消费者情况下补贴系数对消费者用户数量的影响

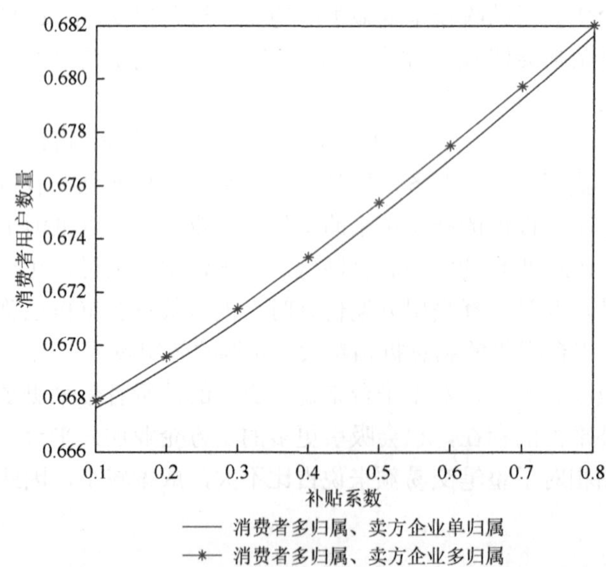

图 5-29　补贴对象为卖方企业情况下补贴系数对消费者用户数量的影响

在 B2C 平台向消费者提供补贴政策的基础上，运用计算机软件进行敏感性参数分析，得到的结果如图 5-28 所示。从图中结果可以看到：在消费者多归属、卖方企业多归属的用户接入形式的前提下，其他因素不变，随着补贴系数 α 的增大，即平台向消费者提供分期付款利息补贴的力度越大，消费者的用户数量呈现越大的增长趋势。在消费者多归属、卖方企业单归属的用户接入形式前提下，随着补贴系数 α 的增大，消费者的数量也是呈现增长的趋势，但是增长幅度小于卖方企业接入形式为多归属的情况下的增长幅度。因为相对于单归属的卖方企业，多归属的卖方企业的情况下，消费者的基础效用越大，就越有动力加入 B2C 平台。

图 5-29 分析了两种不同用户接入形式下，B2C 平台选择向卖方企业提供贷款利息补贴政策，此时消费者用户数量随着补贴系数的变化情况。据图 5-29，在其他因素固定的情况下，随着补贴系数 α 的增大，即平台向卖方企业提供贷款利息补贴的力度越大，消费者的数量都是呈现增长的趋势，并且两种用户接入形式下，增幅接近。向卖方企业提供补贴，最直观地影响到的是 B2C 平台上卖方企业的数量，但是由于贷款风险的存在，虽然卖方企业的用户接入形式不同，平台也一般不会采取很激进、差异较大的补贴政策，所以在不同用户接入形式的情况下，消费者用户数量的增幅也是相近的。

2）补贴对象分别为消费者和卖方企业情况下的卖方企业用户数量对比

假设 B2C 平台向消费者和卖方企业提供补贴政策的补贴力度在 [0.1, 0.8]区间变化，在补贴对象分别为消费者和卖方企业两种情况下，随着补贴系数的变化，B2C 平台卖方企业数量的变化趋势如图 5-30、图 5-31 所示。

在B2C平台向消费者提供补贴政策的基础上，运用计算机软件进行数值分析，得到的结果如图 5-30 所示。在消费者多归属、卖方企业多归属和消费者多归属、卖方企业单归属两种用户接入形式下，随着补贴系数 α 的增大，即平台向消费者

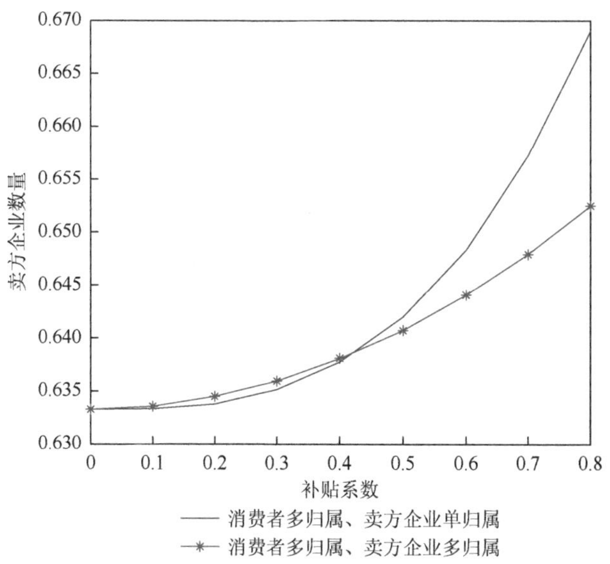

图 5-30　补贴对象为消费者情况下补贴系数对卖方企业数量的影响

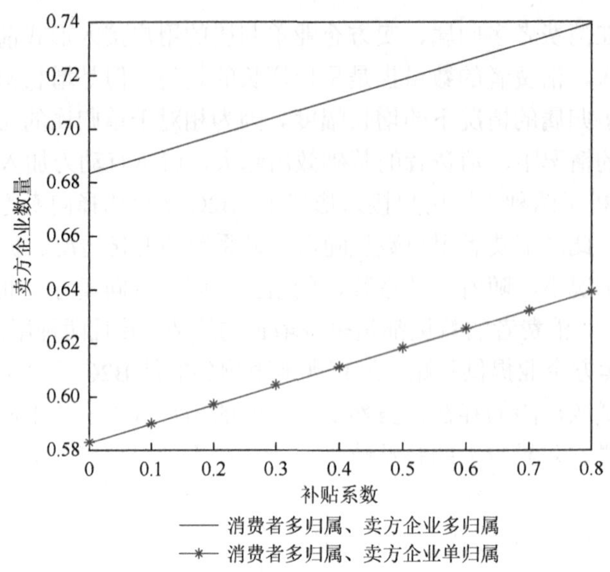

图 5-31　补贴对象为卖方企业情况下补贴系数对卖方企业数量的影响

提供分期付款利息补贴的力度越大，卖方企业的用户数量呈现增长趋势，但是增幅不大，且随着补贴系数 α 的增大，消费者多归属、卖方企业单归属的用户接入形式的优势显现出来，原因与图 5-28 的原因类似。

图 5-31 分析了两种不同用户接入形式下，当 B2C 平台选择向卖方企业提供贷款利息补贴政策时，卖方企业数量的变化情况，可以看出，在其他因素不变的情况下，随着补贴系数 α 的增大，即平台向卖方企业提供贷款利息补贴的力度越大，卖方企业的数量都是呈现一个增长的趋势，但是消费者多归属、卖方企业多归属的优势较为明显，因为卖方企业选择多归属的接入形式情况下，一旦有了补贴政策的推出，则会更容易地加入平台中，成本也不会太高，数量变化比较明显。对于 B2C 平台来说，向卖方企业提供补贴，最直观地影响到的是 B2C 平台上卖方企业的数量，由于贷款风险的存在，虽然卖方企业的用户接入形式不同，但平台也一般不会采取很激进、差异较大的补贴政策，所以卖方企业数量的总体增幅不会很大。

5.5.3　对比分析小结

基于数值分析的结果，可以用表 5-6 来总结本章的结论，展示在四种情况下补贴系数的变化对平台收益、消费者数量和卖方企业数量的影响，如表 5-6 所示。

表 5-6　数值分析综合结果及对比

主体属性	平台收益	消费者数量	卖方企业数量
a. 消费者多归属、卖方企业单归属、补贴消费者	增加 增幅>b.	增加	增加
b. 消费者多归属、卖方企业多归属、补贴消费者	增加 增幅>d.	增加	增加
c. 消费者多归属、卖方企业单归属、补贴卖方企业	减少 降幅<a.	增加	增加
d. 消费者多归属、卖方企业多归属、补贴卖方企业	减少 降幅<b.	增加	增加

基于 5.3 节和 5.4 节的数学模型的计算结果与分析结果，本节为模型中涉及的参数进行合理赋值，通过算例数值分析四种不同情况下的最优定价策略模型。首先，对四种情况下的定价策略的最优决策和利润进行了数值分析的求解。对于 B2C 平台来说，尤其是对于买卖双方用户体量比较大的平台来说，向消费者提供分期付款利息补贴折扣的收益是要高于向卖方企业给予贷款利息补贴政策的收益的。

其次，本节进行了补贴系数这个外生变量的敏感性分析，分别探讨了在不同情况下，补贴系数的变化对 B2C 平台收益、消费者用户数量和卖方企业数量的影响。发现在其他因素不变的情况下，随着补贴系数的增大，在不同的用户接入形式、不同的补贴政策提供对象的情况下，平台的收益增长趋势、用户数量的变化趋势是有所差别的。总的来说，平台向消费者提供补贴政策的成本是小于收益的，这既能吸引更多的消费者用户，又能增加平台的交易量，也会因为买卖双方之间组间网络外部性的影响吸引更多的卖方企业用户，所以总体来看是会增加平台的总收益的。但是如果平台选择向卖方企业提供贷款利息补贴政策，对其来说，存在一定的风险，成本的抵消难以控制，所以向卖方企业提供贷款利息补贴政策并不是一个好的选择。

5.6　本 章 小 结

互联网技术的高速发展，在提升人民生活水平的同时，也给了电子商务行业高速发展的机会。网络购物已经变成了一种不可或缺的生活方式。网络购物更加便捷、优惠、种类齐全的购物体验能够吸引更多的消费者加入 B2C 电子商务平台。对平台来说，不仅要给消费者提供一个购物的媒介，也需要给消费者提供他们所需的一系列增值服务，吸引更多的用户加入到平台中来。所以，本章基于平台经济相关理论，从两个 B2C 竞争平台提供补贴政策的角度出发，考虑组间网络外部性对平台双方用户，即消费者和卖方企业的影响，构建了双方用户的效用函数和 B2C 平台的收益模型，研究了 B2C 平台分别向消费者提供分期付款利息补贴政策和向卖方企业提供贷款利息补贴政策前提下，消费者多归属、卖方企业单归属，消费者多归属、卖方企业多归属两种用户接入形式下 B2C 平台的定价策略，同时将网络外部性的影响考虑在内。主要结论如下。

（1）平台收益的角度。平台向消费者提供补贴政策的成本是小于收益的，这既能吸引更多的消费者用户，又能增加平台的交易量，也会因为买卖双方之间组间网络外部性的影响吸引更多的卖方企业用户，所以平台的总收益总体来说呈现增加的趋势。B2C 平台选择向卖方企业提供贷款利息补贴政策情况下，对 B2C 平台来说存在一定的风险，成本的抵消难以控制。所以向卖方企业提供贷款利息补贴政策并不是一个好的选择。

（2）补贴对象的角度。当 B2C 平台选择向消费者提供分期付款利息折扣补贴政策时，B2C 平台占据的消费者端的市场份额和该平台上卖方企业的用户数量成正比。由于组间网络外部性的存在，卖方企业的用户数量越多，代表消费者能够在平台上获得自己所需商品的机会越大，且效用越大，有需求的消费者就会加入平台，从而扩大市场份额。考虑组间网络外部性的影响，当 B2C 平台选择向卖方企业提供贷款利息折扣补贴政策时，研究显示，B2C 平台的卖方企业端市场份额与该平台的消费者用户数量成正比。由于组间网络外部性的存在，平台上消费者的数量越多，交易机会越多，则会吸引更多的卖方企业加入平台，从而扩大平台在企业端的市场份额。

（3）补贴力度。B2C 平台吸引的消费者和企业数量与平台给予消费者的分期付款利息补贴力度成正比，给予的补贴折扣越大，消费者的效用越大，加入平台的消费者的数量越多，在组间网络外部性的影响下，企业的数量也会增加。

B2C 平台向卖方企业提供贷款利息补贴的力度越大，平台对于产品质量的把控程度也会有所提升，在消费者看来，平台更加可靠，那么选择在该 B2C 平台上进行购买的消费者就会增多。那么，由于组间网络外部性的存在，则会吸引一些单归属的卖方企业加入平台。

有关平台经济的定价策略还有很多值得深入研究的地方。例如，定价敏感性、产品迭代和产品差异化等，这些均是影响到定价的因素，本章未在此一一研究。本章主要对组间网络外部性、补贴政策和用户接入形式等三个典型的影响因素进行了分析。未来还可以有如下几个主要研究方向。

（1）B2C 电子商务平台提供的差异化服务：天猫商城已经开始推广这种差异化的服务，如聚划算等，卖方企业通过支付一定的费用获得这些功能。通过这些功能，卖方企业可以随时了解消费者流量来源。差异化服务将会是以后的发展方向。

（2）电商平台的互通互联：这种情况早已出现在电信市场上，并且得到了一定程度的发展，B2C 电商市场在 2019 年以来也开始出现这种发展趋势，如苏宁云商进驻天猫商城。

（3）结合实证研究：截至 2020 年，对平台经济的定价策略的研究大都集中在数学建模和理论分析的层次，缺乏后续的实证研究，这也是平台经济研究的通病，实证分析可以对模型进行验证，同时也可以发现意料之外的因素。

第 6 章　区块链技术下的供应链金融创新模式

中本聪在 2008 年首次提出了比特币这一虚拟数字货币的概念，随之便出现了对其进行研究的热潮。区块链作为支持该货币的底层技术也受到了很大的关注。区块链技术正处于初级且快速发展阶段。区块链技术来源于比特币，但区块链不等于比特币，以比特币为代表的加密数字货币是区块链的应用之一。区块链作为一种革新的技术，已经被应用于许多领域，包括金融、政务服务、供应链、版权和专利、能源、物联网等。著名债券评级机构穆迪投资者服务公司曾列举了 127 个区块链应用案例，从数字积分到支付清算，从存证记录到身份管理，从物联网到供应链管理，各类应用层出不穷。

科技是推动社会发展的重要力量。自 2016 年以来，我国政府对区块链的发展予以了高度重视，相继印发了《“十三五”国家信息化规划》《中国区块链技术和应用发展白皮书（2016）》《中国金融业信息技术“十三五”发展规划》等文件，将区块链推升至国家战略层面。在这一热潮下，各行业都在积极探索合适的落地场景。

人们在研究区块链技术的过程中也发现了区块链和供应链金融之间存在的联系。区块链的分布式部署可以保证网络中任意节点都保存相同的副本信息，网络中每个节点的数据都会通过算法和数据加密，并通过时间戳标记，这一特性使得金融机构在授信阶段及贷后管理阶段都可以获得唯一且真实的数据。区块链的特性也保障了金融交易过程中溯源、防伪、身份认证等问题。因此，本章将简要介绍区块链的技术原理，总结区块链的特性，讨论区块链技术在供应链金融中的应用价值，最后介绍区块链技术下的供应链金融场景及创新方向。

6.1　区块链技术原理简介

6.1.1　区块链的概念

工业和信息化部发布的《中国区块链技术和应用发展白皮书（2016）》中提到：狭义来讲，区块链是一种按照时间顺序将数据区块以顺序相连的方式组合成的一种链式数据结构，并以密码学方式保证的不可篡改和不可伪造的分布式账本；广义来讲，区块链技术是利用块链式数据结构来验证与存储数据、利用分布式节点共识算法来生成和更新数据、利用密码学的方式保证数据传输和访问的安全、利用由自动化脚本代码组成的智能合约来编程和操作数据的一种全新的分布式基础架构与计算范式。

通俗来说，区块链就是一种数据以区块为单位产生和存储，并按照时间顺序首尾相连形成链式结构，同时通过密码学保证不可篡改、不可伪造及数据传输访问安全的去中心化分布式账本。区块是链式结构的基本数据单元，聚合了所有交易相关信息，主要包含区块头和区块主体两部分，区块头主要由父区块哈希值（previous hash）、时间戳（timestamp）、默克尔树根（Merkle tree root）等信息构成；区块主体一般包含一串交易的列表。每个区块中的区块头所保存的父区块的哈希值，便唯一指定了该区块的父区块，在区块间构成了连接关系，从而组成了区块链的基本数据结构。

总的来说，区块链数据结构示意图如图 6-1 所示。

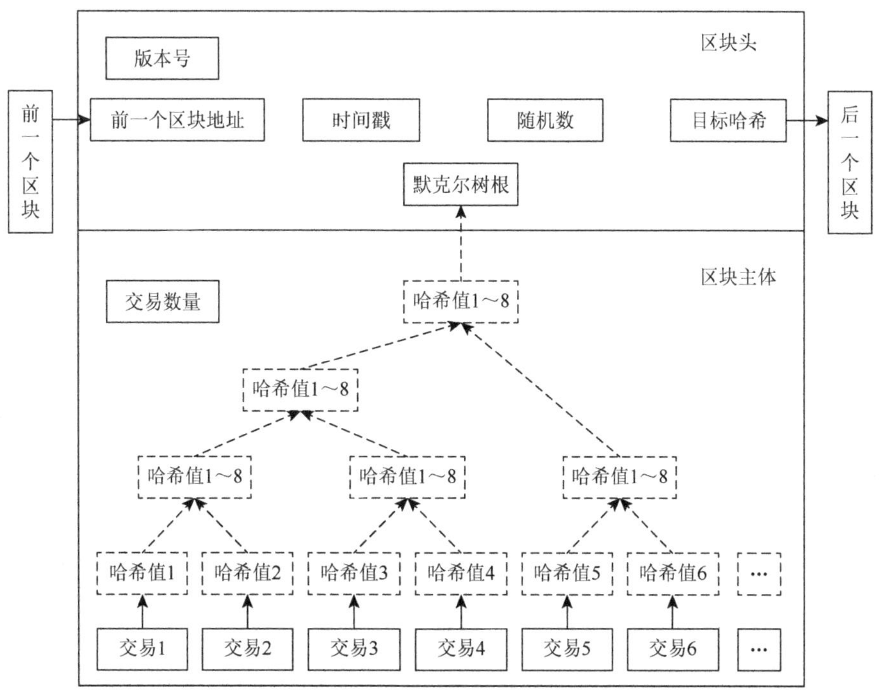

图 6-1　区块链数据结构示意图

虚线代表运算，实线代表数据交互

6.1.2　区块链基础技术

区块链作为一个刚诞生十余年的技术，还算一个新兴的概念，但它所用到的基础技术都是已经非常成熟的技术。区块链的基础技术包括哈希运算、数字签名、共识算法、智能合约及 P2P 网络（peer-to-peer networking，对等计算机网络）等，在区块链兴起之前，其中的很多技术就已经在各种互联网应用中被广泛使用。区块链不仅仅是组合使用了这些技术，也结合了自身的需求和特点在一些技术中有所革新。下面简要介绍区块链的基础技术。

1. 哈希运算

哈希算法（Hash algorithm）即散列算法的直接音译。其基本功能概括来说，就是把任意长度的输入值通过一定的计算，生成一个固定长度的字符串，输出的字符串即为该输入的哈希值。例如，比特币系统中采用的 SHA-256 算法，该算法最终输出的哈希值长度为 256bit。

一个优秀的哈希算法要具备正向快速、输入敏感、逆向困难、强抗碰撞等特性。正向快速中“正向”指的是由输入计算输出的过程，对给定数据，可以在极短的时间内快速得到哈希值；输入敏感是指输入信息发生任何微小变化，哪怕仅仅是一个字符的更改，重新生成的哈希值与原哈希值也会有天壤之别；逆向困难要求无法在较短时间内根据哈希值计算出原始输入信息，该特性是哈希算法安全性的基础，也因此是现代密码学的重要组成；强抗碰撞即不同的输入很难可以产生相同的哈希输出。这些特性保证了区块链的不可篡改性。并且，每个区块头包含了上一个区块数据的哈希值，这些哈希层层嵌套，最终将所有区块串联起来，形成区块链。另外，还可以通过哈希构建默克尔树，实现内容改变的快速检测，准确识别被篡改的交易。

2. 数字签名

数字签名也被称作电子签名，是通过密码学领域相关算法对签名内容进行处理，获取一段用于表示签名的字符，从而实现类似传统物理签名的效果。在密码学领域，一套数字签名算法一般包含签名和验签两种运算，数据经过签名后，非常容易验证完整性，并且不可抵赖。只需要使用配套的验签方法验证即可，不必像传统物理签名一样需要专业手段鉴别。数字签名通常采用非对称加密算法，即每个节点需要一对私钥、公钥。私钥即只有本人可以拥有的密钥，签名时需要使用私钥。不同的私钥对同一段数据的签名是完全不同的，类似物理签名的字迹。数字签名一般作为额外信息附加在原消息中，以此证明消息发送者的身份。公钥即所有人都可以获取的密钥，验签时需要使用公钥。因为公钥人人可以获取，所以所有节点均可以验证身份的合法性。

区块链中主要使用数字签名来实现权限控制，识别交易发起者的合法身份，防止恶意节点身份冒充。在区块链中，每个节点都拥有一份公私钥对。节点发送交易时，先利用自己的私钥对交易内容进行签名，并将签名附加在交易中。其他节点在收到广播消息后，首先对交易中附加的数字签名进行验证，完成消息完整性校验及消息发送者身份合法性校验后，该交易才会触发后续处理流程。

3. 共识算法

区块链是一个去中心化系统，通过全民记账来解决信任问题，所有节点都参与记录数据。因此，区块链系统的记账一致性问题，是一个十分关键的问题，它关系着整个区块链系统的正确性和安全性。

分布式系统必然面临着一致性问题，而解决一致性问题的过程我们称为共识。在区块链系统中不存在中心权威节点，而是所有的节点对等地参与到共识过程之中，最终以谁的记录为准需要通过共识算法来确定。当前区块链系统的共识算法主要可以归为四大类：工作量证明（proof of work，PoW）类的共识算法、Po*的凭证类共识算法、拜占庭容错（Byzantine fault tolerance，BFT）类算法、结合可信执行环境的共识算法。

4. 智能合约

智能合约是一种在满足一定条件时就自动执行的计算机程序。智能合约的引入可谓是区块链发展的一个里程碑，使其从最初单一的数字货币应用，发展到2020 年已融入各个领域。智能合约能够全程跟踪，具有不可逆转的特点，即便是没有第三方的情况下，仍然可以根据合约开展可信交易。其目的是提供优于传统合约下的安全方案，并减少与合同相关的其他交易成本。租赁合同、借条等都是我们生活中常见的传统合约，传统合约依靠法律进行背书。智能合约不仅仅是将这些传统合约电子化，还将传统合约的背书执行由法律替换成了代码，使其可以在计算机上严格执行。

在区块链技术作用下的智能合约的功能主要体现在两个方面，一是具有完善的事件处理和保存机制，二是具有完备的状态机，任何形式的智能合约只能通过该技术实现，数据的状态处理在合约中完成。因此，智能合约作为一种计算机技术，不仅能够有效地对信息进行处理，而且能够保证合约双方在不必引入第三方权威机构的条件下，强制履行合约，避免了违约行为的出现。

一个基于区块链的智能合约需要包括事务处理机制、数据存储机制及完备的状态机，用于接收和处理各种条件。并且，事务的触发、处理及数据保存都必须在链上进行。当满足触发条件后，智能合约就会根据预设逻辑，读取相应数据并进行计算，最终将计算结果永久保存在链式结构中。智能合约在区块链中的运行逻辑如图 6-2 所示。

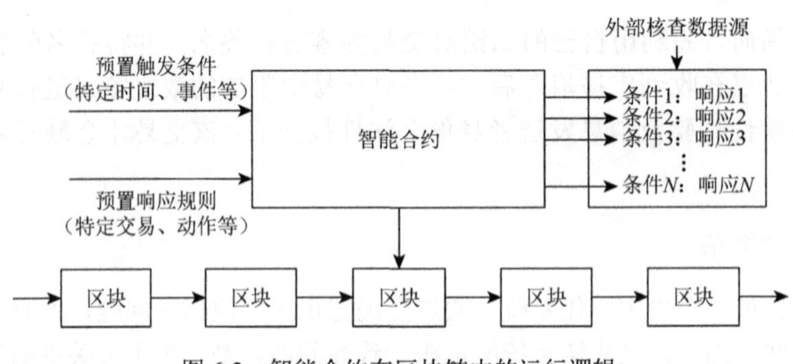

图 6-2　智能合约在区块链中的运行逻辑

5. P2P 网络

P2P 网络是一种消除了中心化的服务节点，其将所有的网络参与者视为对等者（peer）。

传统的网络服务架构大部分是客户端/服务端（client/server，C/S）架构，即通过一个中心化的服务端节点，对许多个申请服务的客户端进行应答和服务。C/S 架构也称为主从式架构，其中服务端是整个网络服务的核心，客户端之间通信需要依赖服务端的协助。这种传统架构由于只有单一的服务端，在服务节点发生故障时，整个服务都会陷入瘫痪，并且，单个服务端节点的处理能力是有限的，因此中心服务节点的性能往往会成为整体网络的瓶颈。P2P 结构打破了这种传统的模式，是一种依靠用户群共同维护的网络结构，由于节点间的数据传输不再依赖中心服务节点，P2P 网络具有极强的可靠性，任何单一或者少量节点故障都不会影响整个网络的正常运转。同时，P2P 网络的容量没有上限，因为随着节点数量的增加，整个网络的资源也在同步增加，P2P 网络提供的服务质量就越高。

6.1.3　区块链的特性及应用场景

1. 区块链的特性

区块链技术有如下几个特点。

（1）透明可信：通过使用不对称加密技术，可以设定系统的开放性并且可以实现安全前提下的高度开放，无论是对所有人开放的公有链还是对部分人开放的联盟链都使整个系统信息高度透明。节点间决策过程共同参与，共识保证可信性。

（2）防篡改和可追溯：区块链技术中使用了共识算法和密码学中的非对称加密、数字签名和单向散列函数等技术，这使得记录在区块链账本中的交易数据不可篡改而只能用新的交易来改正错误。而且，区块链中的多个区块通过哈希进行连接，通过当前的区块就可以追溯到之前的任何交易信息。防篡改的特性为可追溯的特性提供了保证。

（3）隐私安全保障：区块链使用集体维护的分布式账本，没有中心化的管理机构，也无须中心化的硬件设施，具有去中心化的特性。去中心化特性决定了区块链的去信任化特性，即由于区块链系统中的任意节点都包含了完整的区块校验逻辑，因此任何节点都不需要依赖其他节点完成区块链中交易的确认过程，也就是无须额外信任其他节点。去信任化的特性使得节点之间不需要公开身份信息取得信任，因而可以在匿名的情况下完成交易，可以有效避免个人信息泄露的问题，这就为区块链系统保护用户隐私提供了前提。

（4）系统高可靠：即使区块链系统中某一个节点出现故障，整个系统也能够正常运转；区块链系统支持拜占庭容错，参与节点数较多，其错误模型要求完全可以被满足，能够保证系统的可靠性。

2. 区块链的应用场景

促进跨组织节点之间形成信用关系，是区块链商业应用的基本功能。在现实中，凡是具有公正、公平、诚信需求的场景，如涉及资产或权益的交易，区块链技术对这类场景具有天然的适用性。

区块链是建立在非安全环境中的分布式数据库系统（如果是安全环境就没有必要加密了）；作为分布式架构，就必然具有跨组织协调的功能与价值。所以，区块链不适用于具有绝对控制权节点的环境，也不适用于十分安全的环境。

区块链技术如何走向成熟、如何广泛应用于实践，是业界最为关心的问题。2015 年 12 月，麦肯锡标题为“超越炒作：资本市场中的区块链”的报告，提出区块链技术在金融领域的广泛应用要经历以下四个阶段。

第一阶段（2014～2016 年），技术评估阶段。每一个企业的法人实体将充当分布式总账中的“节点和簿记员”，类似以私有区块链来实现。例如，银行移除人工操作程序来扩展区块链记录，可以改善业务操作的效率。

第二阶段（2017～2018 年），概念验证阶段。金融机构的所有法人实体都联合起来试验区块链技术。

第三阶段（2019～2020 年），基础设施形成阶段，市场由交易中间商主导。

第四阶段（2021 年以后）：全面应用阶段，买卖双方组成公开市场。

根据前文介绍的区块链技术的特性，可以归纳出能够嵌入区块链的场景。

1）多方协作中需要构建信任的场景

区块链可以去中心化的基本特性给多个不相隶属的机构间开展多方协作的业务模式提供了便利，在区块链网络中，机构间的信息交互不再需要通过第三方“中转站”来进行对接即可实现点对点的业务办理，这有助于简化交易流程、提高业务办理效率和降低运营成本。总之，区块链“去信任”的特性可以使互不信任的两个或多个用户间自主建立起可信赖的信息交互通道而无须担心欺诈，比特币等虚拟货币的成功运行就是很好的证明。此外，在一个机构内部嵌入区块链也是可行的，但这主要用于内部审计之类的情形。

2）交易需要溯源的场景

区块链具有的开放性与安全性赋予了其独特的链式数据结构和全网共享的公开化存储方式，在该模式下，任意节点都能记录存储全网发生的历史交易信息数据，即对个别节点的攻击或篡改，都不会影响全网总账的安全。所以，在任意节点都有一本完整的、相同的副本账本的情况下，任何人（联盟链中的授权用户）都可以查阅区块链网络中记录存储的信息数据，并对每一笔交易的来龙去脉进行追溯，直至源头。

3）匿名交易的场景

公有区块链几乎是高匿名性业务的首选，因为在任何中心化系统都需要采集用户个人信息的情况下，区块链网络可以通过去中心化的方式来完成信息数据的交互，而无须担心隐私泄露的问题。区块链具有的高隐秘性特征可以为用户提供一对加密的非对称公私钥，公钥可公开发布，用于发送方加密要发送的信息，私钥用于接收，解密接收到的加密内容，其间无须向任何人泄露自己的隐私信息。

4）防伪存证的场景

区块链具有的系统稳健化特征可以为信息数据的存证、防伪等问题提供有效的解决途径。如今，众多的经济业务都是建立在合同或凭证的基础上，在这些文件进行数字化的过程中，不可避免地会发生数据的存证、防伪等问题。传统的解决方式是使用第三方提供的可信赖服务来实现数据的防篡改、防抵赖，但第三方自身存在的技术风险、合规风险和道德风险等会给经济业务带来新的风险点，因此，将区块链嵌入是最佳的解决办法。它不仅不需要第三方的参与，而且能保障信息数据的不可篡改性和抗抵赖性，同时自动提供时间戳服务。

截至 2020 年，区块链技术尚处于发展的初级阶段，在技术层面上仍存在许多问题。未来的发展趋势可以有三个方面：一是隐私保护，即由于有许多领域的数据是不适合公开的，因此这种完全公开透明的区块链就需要被改进，主要的解决方案有同态加密、零知识证明及利用可信执行环境等；二是跨链交易，区块链作为一种价值网络，必然会需要在不同链之间进行价值交换；三是图结构的区块“链”，由于目前的区块链存在一定程度的扩展性问题，因此研究人员开始考虑区块链并不一定要是一个链状结构。

6.1.4　区块链发展历程及分类

1. 区块链发展历程

2008 年，中本聪针对比特币，发表了著名的文章《比特币：一种点对点的电子现金系统》，阐述了基于 P2P 网络点对点传输、加密算法、时间戳、区块链等技术的电子现金系统架构理念。随着区块链概念的首次提出，第一个“创世区块”也于 2009 年 1 月 3 日诞生，六天后，诞生了第二个区块，并与创世区块相连成链，这标志着区块链真正意义上的出现。区块链作为一种分布式账本数据库，以特定的方式将经济学、数学密码学等多门技术重新整合、创新，形成了新的去中心化信息记录与存储体系，其最终目的是建立一个能确保信息数据真实可靠的全球数据库。区块链的发展可大致分为以下三个阶段。

1）区块链 1.0：加密数字货币

区块链 1.0 是区块链的初期阶段，这一阶段最重要的应用是搭建加密数字货币系统来支撑加密数字货币发挥支付和流通的作用。它打破传统集中记账形式，采用去中心化模型，透过自动模式进行支付、转账及汇款交易。在整个交易过程中，不需通过银行、结算机构等中介者，就能把交易讯息广泛、透明地传出去，同时完成验证并留下可靠的交易记录，每一个网络节点均拥有一份总账复本，一旦交易经过某一节点最快验证后，即产生无法被篡改的交易区块，该节点会将交易区块串联至区块链中，并同步信息至网络上，通知其他节点更新账本，让每一个节点拥有最新的交易复本。

区块链是从比特币提炼出来的底层技术，也可以认为比特币是区块链最早的应用，比特币本质上等于区块链 + 运行协议 + 数字货币，由此构建了安全的、无中心的、自由的全新数字支付系统。

2）区块链 2.0：企业应用

2014 年是区块链 2.0 的开始，这一阶段开始后，区块链研究人员更宏观地对整个市场进行去中心化，区块链开始在各个行业迅速落地，极大地降低了社会生产消费过程中的信任和协作成本。

针对区块链 1.0 存在的专用系统问题，为了支持如众筹、溯源等应用，第二阶段在 1.0 的基础上加入了“智能合约”，支持用户自定义的业务逻辑，主要为解决实际应用中的问题而搭建一个包含多种功能的平台，实现点对点支付（如跨境支付）、登记（如股权登记）、确权（如土地所有权）和智能管理（如自动付息）等方面或可颠覆传统金融体系的应用，从而使区块链的应用范围得到极大的扩展。这一阶段主要是以以太坊（ethereum）为代表，以太区块链以以太坊虚拟机（ethereum virtual machine，EVM）为基础并可以通过智能合约语言构建实际应用场景下的区块链基础平台，金融机构可以借助智能合约的自动强制执行、合约透明等特性实现高效率、低风险的自动化业务处理。

3）区块链 3.0：价值互联网

2018 年 5 月 28 日，习近平在中国科学院第十九次院士大会、中国工程院第十四次院士大会上发表讲话："进入 21 世纪以来，全球科技创新进入空前密集活跃的时期，新一轮科技革命和产业变革正在重构全球创新版图、重塑全球经济结构。以人工智能、量子信息、移动通信、物联网、区块链为代表的新一代信息技术加速突破应用"①，这表明区块链是"新一代信息技术"的一部分。

价值互联网是一个可信赖的实现各个行业协作互联，实现人和万物互联，实现劳动价值高效、智能流通的网络，主要用于解决人与人、人与物、物与物之间的共识协作、效率提升问题，将传统的依赖于人或依赖于中心的公证、调节、仲裁功能自动化，按照大家都认可的协议交给可信赖的机器来自动执行。

区块链 3.0 是区块链技术当前最新的发展阶段，这一阶段区块链的应用范围更广，除了金融行业，区块链在零售、物联、法律等领域通过解决信任问题提高行业运行效率及社会生产力水平，并以协同共享模式主导社会经济生活方式转变。区块链 3.0 的核心技术是使用区块链技术搭建一个去中心化的自治组织作为区块链技术运用于除金融以外的其他行业的基础平台，解决各个行业当前的痛点，从而提升整个行业的运行效率。

2. 区块链分类

依据权限和使用范围，区块链可以分为三类：公有链、联盟链和私有链。三种链的相同点都包括不可篡改、可追溯、时间序列、非对称加密和点对点等，但去中心化的程度不同，其中最大的区别在于共识机制和信任的建立。表 6-1 是关于这三种区块链的对比。

表 6-1　公有链、联盟链、私有链的比较

项目	公有链	联盟链	私有链
参与者	任何人自由进出	联盟成员	个体或公司内部
共识机制	PoW/PoS/DPoS	分布式一致性算法	分布式一致性算法
记账人	所有参与者	联盟成员商议协定	自定义
激励机制	需要	可选	不需要
中心化程度	去中心化	多中心化	多中心化

① 《努力成为世界主要科学中心和创新高地》，http: //www.qstheory.cn/dukan/qs/2021-03/15/c_1127209130.htm [2021-06-15]。

续表

项目	公有链	联盟链	私有链
突出特点	信用的自建立	效率和成本优化	透明和可追溯
承载能力	3 万～20 万笔/秒	1 000～10 000 笔/秒	1 000～100 000 笔/秒
典型场景	虚拟货币	支付、结算	审计、发行

注：PoS 为 proof of stake（权益证明）；DPoS 为 delegated proof of stake（委托权益证明）

1）公有链

公有链是高度去中心化的分布式账本，它的特点是无特定的官方组织和管理机构，也无中心化服务器，整个链公开透明，任何个体或者团队都可以按照系统规格和要求自由接入或退出网络，在公有链上读取、发送交易时不受任何人的控制和篡改。该公有链能够完成交易有效性的确认，各个节点间达成共识机制正常运转，并且基于庞大的用户体系，想要篡改交易数据，几乎不可能实现。

公有链系统完全没有中心机构管理，依靠事先约定的规则来运作，并通过这些规则在不可信的网络环境中构建起可信的网络系统。通常来说，需要公众参与，需要最大限度保证数据公开透明的系统，都适合选用公有链。公有链通常适用于虚拟货币、电子商务、互联网金融等 B2C、C2C 等场景，代表是比特币、以太坊、EOS（enterprise operating system，企业操作系统）、IPES（interplanetary file system，星际文件系统）。例如，使用比特币系统，只需下载相应的客户端。创建钱包地址、转账交易、参与挖矿，这些功能都是免费开放的，但公有链也存在一定的问题。

a. 效率问题

由于在公有链中，区块的传递需要时间，为了保证系统的可靠性，大多数公有链系统通过提高一个区块的产生时间来保证产生的区块能够广泛地扩散到所有节点处，从而降低系统分叉（同一时间段内多个区块同时被产生，且被先后扩散到系统的不同区域）的可能性。因此，在公有链中，区块的高生成速度与整个系统的低分叉可能性是矛盾的，必须牺牲其中一个方面来提高另一个方面的性能。

b. 隐私问题

公有链数据的传输与存储对任何参与者都是公开可查询的，只有通过“地址匿名”的方式对交易双方进行一定的隐私保护，相关参与方完全可以通过交易记录进行分析从而获取某些信息。这对于某些涉及大量商业机密和利益的业务场景来说也是不可接受的。

c. 最终确定性问题

交易的最终确定性指特定的某笔交易是否会最终包含进区块链中。PoW 等公有链共识算法无法提供实时确定性，即使看到交易写入区块也可能后续再被回滚，只能保证一定概率的收敛。比如，比特币中，一笔交易在经过一小时后可以达到的最终确定性为99.99%，这对现有工商业应用和法律环境来说，可用性有较大风险。

2）联盟链

联盟链是一种需要注册、通过身份验证许可的区块链，属于半公开半去中心化，每个参与联盟链的节点都是预先设定好的，只限于联盟中有权限的节点成员参与账本的读写，联盟网络中各节点建立良好的合作关系，设定好各自的角色和功能，每一个区块的生成都会由特定的节点共同决定，网络中的其他节点可以交易，但不拥有记账权。联盟链通常是在多个互相已知身份的组织之间构建，如多个银行之间的支付结算、多个企业之间的物流供应链管理、政府部门之间的数据共享等，代表是超级账本（hyperledger）、区块链联盟 R3 CEV①。

联盟链与公有链相比，有以下特点。

a. 效率有很大的提升

联盟链参与方之间互相知道彼此在现实世界的身份，支持完整的成员服务管理机制，成员服务模块提供成员管理的框架，定义了参与者身份及验证管理规则；同时，在一定时间内，联盟链参与方个数确定且节点数量远远小于公有链，对于要共同实现的业务在线下已经达成一致理解，共识算法运行效率更高。

b. 更好的隐私保护

数据仅在联盟成员中开发，非联盟成员无法访问联盟链内的数据；即使在同一个联盟里，不同业务之间的交易数据也进行一定的隔离。联盟链中的参与方一般不需要额外的激励，会为了共同的业务受益而彼此配合。

3）私有链

私有链与公有链是相对的概念，是联盟链的一种特殊形态，即联盟中只有一个成员。私有链建立在某个组织或群体内部，属于完全封闭不公开，参与节点仅在有限范围内，并且运行规则和数据访问严格按照内部要求的设定。私有链记账权保密不公开，且只记录内部的交易，只由公司或个人独享，通常适用于企业内部，如数据库管理、审计等场景，代表是 Eris Industries。私有链有以下特点。

a. 更加高效

私有链规模一般比较小，同一个组织内已经有一定的信任机制，采用非拜占庭容错类对区块进行实时确认的共识算法，可以在确认时间和写入频率两个维度，其效率较公有链和联盟链都有很大的提高，甚至与中心化数据库的性能相当。

b. 更好的安全隐私保护

私有链大多在一个组织内部，因此可充分利用现有的企业信息安全防护机制，

---

① R3 CEV：R，requirements，需求；C，corda，一种加密技术；E，ecosystem，生态系统；V，virtual，虚拟。

同时信息系统也是组织内部的信息系统，相对联盟链来说隐私保护要求弱一些。私有链的最大优势是加密审计和自证清白的能力，不能轻易篡改数据，即使发生篡改也可以追溯到责任方。

联盟链与当前商业领域的生态架构较为相似，存在对等的不信任节点，如企业联盟、供应链节点、商业生态圈、商会、行业协会等。联盟链是本章后续讨论的主要模式，本章没有特别指明的区块链结构即为联盟链。

6.2　区块链在供应链金融场景中的应用

随着经济发展，产业转型升级，供应链金融发展正在呈现新生态化特点。传统的供应链是一种企业之间的管理行为，目的在于提高企业的效率和效益。而当前供应链在结构、流程和要素等方面均发生了深刻变化，呈现跨行业、跨平台、跨产业链的新生态化特征。供应链金融也伴随着现代供应链的发展趋势而逐步形成新的生态化特点，具体表现为供应链层级多样化、参与主体多样化、业务高度集成化。区块链技术作为一个新兴的技术，正在多行业、多场景实现，其特点与功能能够服务于供应链金融，解决其发展痛点，通过区块链技术为供应链金融提供动力已成为一个令人感兴趣的新选择。Kate（2017）针对区块链在金融科技领域创新应用中提到，区块链技术作为比特币的底层技术通过加密算法部署在一个分布式的数据库中，成就了金融科技领域新型的数字化货币。2015 年起，欧美金融行业包括美国全国证券交易商协会自动报价表、纽约证券交易所，都开始逐步发展以区块链技术为核心的市场。目标市场集中在跨境交易、跨境贸易领域，区块链技术市场可在金融领域的基础上逐渐向其上下游产业进行延伸，在供应链金融领域利用区块链不可篡改的属性对上下游供应商、客户进行综合授信，通过智能合约的自动约束机制解决供应链金融风险管控能力。中国互联网金融协会技术团队于 2020 年 3 月发表了相关的报告，报告指出中国区块链技术的探索和应用比较集中，一共对 112 个项目进行了调查，其中与供应链金融相关的有 29 个，比例为 25.9%。根据互联网信息办公室供应链信息服务记录，供应链中的金融市场提供金融服务的有 71 个服务，占金融记录总数的 32.3%。将供应链金融与区块链相结合，能够使供应链金融有进一步的进展。

6.2.1　区块链技术在供应链金融中的应用价值

区块链应用于不安全的环境下，即在互不信任的节点之间的交易记账需要区块链技术，保证交易的准确性，交易数据无篡改。反之，在安全环境下、相互信任的节点之间，无须区块链作为解决方案。在本质上，区块链就是一种创造信用的机制：在互不信任的节点的博弈之下，大家至少认可、承认已经共同确认的交易，这是人的理性行为底线。所以，无论何种规则，都是以人的理性为前提、底线的。

供应链金融是互不信任的节点之间的资产交易行为，是银行、平台、物流公司等多方参与，涉及三个及以上的机构间的信贷行为。相比传统信贷，通过结合动产质押，供应链金融独特的结构可应用到更为多样化、复杂的交易场景。但是复杂的交易场景增加了业务落地的难度，同时对信用风险管控提出了更高的要求。我们将供应链金融领域的难点总结如下。

一是高度依赖人工的交叉核验，即银行须花费大量的时间和人工判定各种纸质单据的真实性和准确性，且纸质贸易单据的传递或差错会延迟货物的转移及资金的收付，造成业务的高度不确定性；二是金融贸易生态链涉及多个参与者，单个参与者都只能获得部分的交易信息、物流信息和资金流信息，信息透明度不高；三是资金监管难度大，由于银行间信息互不联通，监管数据获取滞后，可能会出现不法企业“钻空子”，以同一单据重复融资或虚构交易背景和物权凭证的现象；四是中小微企业申请金融融资成本高。由于以上几个难点，为了保证贸易融资自偿性，银行往往要求企业缴纳保证金，或提供抵押、质押、担保等，因此提高了中小微企业的融资门槛，增加了融资成本，最终造成了融资难、风控难、监管难的问题。

在供应链金融中应用区块链技术，最重要的是通过区块链技术强化供应链结构的信用价值，提高融资的便利性，从而有效降低融资成本，使供应链金融服务能更大范围地满足市场融资需求。利用区块链技术，供应链金融平台公司能实现供应链上的核心企业与供应商及银行等市场主体的多方共赢。基于区块链技术的供应链金融与传统供应链金融的优势对比如表 6-2 所示。

表 6-2　基于区块链技术的供应链金融与传统供应链金融的优势对比

环节	传统供应链金融	基于区块链技术的供应链金融
信息流转	各个企业之间是信息孤岛	信息全链条流通，参与方共享账本
信用传递	核心企业信用传递至一级供应商	核心企业信用可传递至二级及以上的供应商
回款控制	不可控	智能合约可实现自动强制执行，使回款可控
融资成本	二级及以上供销商融资成本仍高	融资更加便捷且融资成本更低

对核心企业而言，盘活企业大额应收账款，降低其现金流压力，拉长其应收账款账期；对供应链上的中小企业而言，则是缩短其应收账款账期，将其手中以核心企业背书的应收账款，形成数字资产，这样就可以通过极少的成本获得银行

资金，有效解决其融资难题，也能满足二级以上的供应商贷款需求；对银行贷款等资金而言，更多的中小企业能获得贷款意味着银行放出更多的贷款，增加其贷款利益，且银行放款对象由一级供销商扩大到二级及以上供销商，放贷对象的多样化分散了银行的授信风险；对供应链金融服务平台而言，平台公司通过提供技术支持获得更多的服务收益。

2019 年，艾瑞咨询预计至 2023 年，区块链技术可以让供应链金融整体市场渗透率增加 28.3%，给市场带来 3.6 万亿元的增量[①]。

总结区块链技术在供应链金融中的具体应用价值如下。

1. 重塑供应链金融信息流

区块链记录资产交易的完整信息，涵盖供应链金融资产的全部交易过程，且能将供应链金融所有参与人的全部交易活动全程实时在线地记录下来，保证交易的真实性、不可篡改，且无须第三方参与见证。区块链中的交易信息都可以被任意授权节点查看，这使供应链金融各个参与主体可以实现供应链信息的共享，大幅降低获取信息的成本，打破原有供应链金融信息不对称问题。从中心化交易模式过渡到去中心化交易模式，由于区块数据不能被篡改且全程可追溯查询，可以对供应链中全部的历史交易进行查询，各参与主体就不会担心数据篡改及信息不对称问题，这是解决现在融资模式中诸多问题的根本方法。

通过区块链技术对供应链金融信息流进行重塑，供应链中各个主体将实现更为便捷可信的交互联系，使企业间建立更为可靠的战略发展关系，也为供应链中末端中小企业与金融机构之间建立联系，使金融机构为供应链中末端中小企业融资提供关联授信机会。区块链重塑供应链金融信息流如图 6-3 所示。

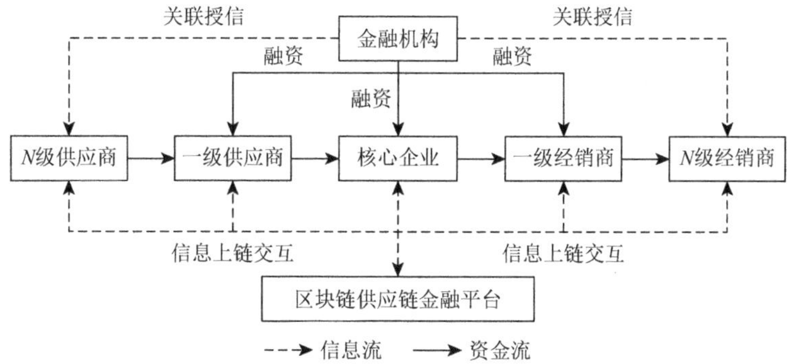

图 6-3　区块链重塑供应链金融信息流示意图

① https://www.ctsec.com/news/detail/1272891。

2. 信用拆分至多层级，扩大授信范围

传统的纸质商业票据，在供应链金融中可以起到支付、流转或抵押的作用。但是由于无法对票面价值进行拆分，很大程度上限制了供应链中信用资产的流动，造成核心企业末端的多级中小企业融资需求难以得到覆盖。通过区块链技术可以将传统的商业票据上链转化为数字凭证，并根据实际融资需要进行任意拆分与流转。这样的方式使核心企业债权债务等信用资产拆解后，通过区块链平台将相关债务债权凭证在供应链中逐级流转，使末端中小企业融资难的问题得以解决（Regibeau and Rockett，1996）。

金融机构通过区块链共识机制与可追溯性的特征优势，在融资审批中不需要再对历史交易、单证历史及参与方身份进行审核，供应链金融中每笔信用资产都通过全网节点进行背书，因此不再需要三方监管，降低了风控后台人工监管成本，这样平台只需对原始债权债务，即核心企业进行确权即可对贸易背景及真实性进行审核，极大地降低了征信的成本，同时解决了核心企业信用传递问题，扩大了供应链金融的授信范围，解决了末端中小企业融资难、融资贵的情况。利用区块链技术进行信用拆分从而扩大授信范围，如图 6-4 所示。

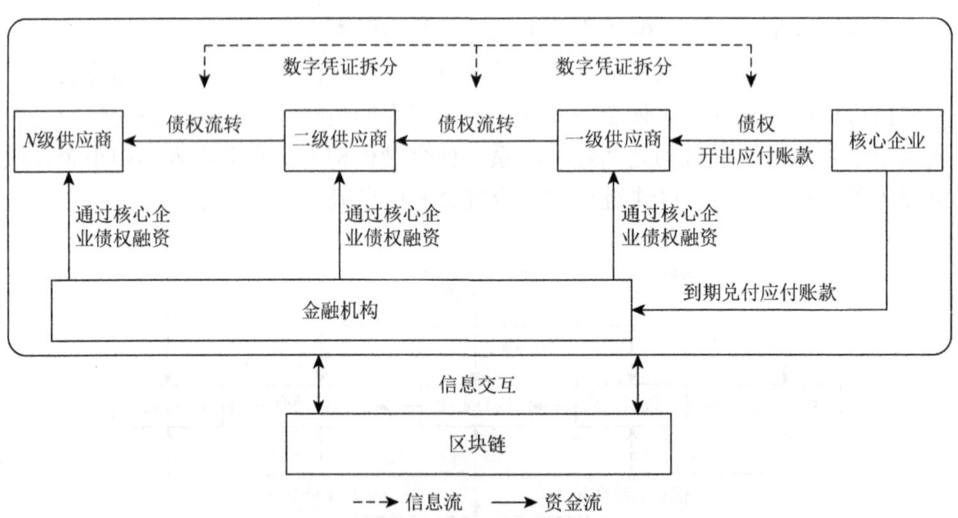

图 6-4　区块链技术信用拆分扩大授信范围示意图

3. 智能合约提升运作效率

由于供应链中的参与主体众多及中小企业的多链条性，在传统的供应链中，金融机构需要逐一与企业产生交易行为才有可能收集到完整的信息，而这些信息

需要相关节点业务人员整合才能形成有效且真实的信息。这就导致供应链金融业务中需要大量有经验的工作人员进行审核，复杂烦琐的审批流程与环节导致供应链金融业务处理效率低下。

借助区块链技术的智能合约，实现交易的自动执行，降低中心或人为的干预，实现交易过程的自动化、透明化，可以大幅提高执行的效率、降低成本。

4. 贸易真实性降低风控成本

目前供应链金融业务中，由于参与主体众多，业务流程繁杂，金融机构除了对融资企业的还款能力进行辨识之外，还需要对交易信息本身的真实性进行辨识，而交易信息一般由企业资源计划（enterprise resource planning，ERP）系统进行记录，ERP 记录企业本身采购单据、签章、物流信息等，金融机构通过信息整合交叉验证，确保交易信息的真实性。但是，核心企业 ERP 系统只能记录与一级上下游企业的贸易信息，并不能记录供应链中末端多级中小企业的贸易信息，且这类中小企业的 ERP 信息并不容易被金融机构采信，甚至大多数中小企业没有搭建企业自身的 ERP 系统。核心企业在出现重大经营变化时，也可能联合上下游企业篡改交易信息。

区块链技术使用公钥和私钥两个非对称的密钥方式，对供应链金融中的交易信息进行加密，其中公钥对链上所有用户公开，私钥由用户单独保管。同时凭借共识机制来杜绝篡改信息，保障了整个交易信息的安全可信。当供应链金融交易信息发生变动时，上链的数据都会加盖时间戳，确保记录写入区块的时间并准确地按时间顺序进行记录。非对称加密与时间戳技术确保了所有的交易信息不可篡改，并且都可以被有效地追溯。金融机构通过区块链技术对供应链金融信贷审核不再需要大量的人工确认，只需在区块链中核查贸易真实性即可完成放款审核，省去了复杂的业务流程，大幅降低了金融机构的风控成本并提升了融资效率。

6.2.2　“区块链＋供应链金融”的应用演化路径

供应链金融发展的终极目标，是实现中小企业融资便利性和趋近于大型机构融资的利率水平。融资便利性和成本是生态繁荣的内驱力，供应链金融的商业生态繁荣始于大量企业采用供应链融资服务。区块链从最基础的数据和信息加密开始，形成区块链数据，进而供应链金融的业务操作也将逐步迁移到区块链数据结构之上，再进行流程和商业模式创造。对于融资贵问题，区块链降低了金融机构的业务成本，未来更主要依托区块链技术打造标准化、高信用的供应链数字资产，发展直接融资。

区块链技术在供应链金融中的应用可以根据区块链技术的发展历程大致分为三个阶段。

第一阶段是存证增信。利用区块链技术的分布式账簿特性，为供应链金融的多方交易模式及复杂交易过程增信。

第二阶段是强制履约。实施区块链智能合同具有自动执行的强制履约模式，实现交易的自动达成。

第三阶段是完全可信。引入数字货币和产品数字化，完成供应链金融的交易系统、交易环境的完全封闭和交易的完全可信。未来，在央行数字货币完全实施后，引入数字货币可实现自动实时的银货对付（delivery versus payment，DVP）、监控资金流向等功能。

其中，第三阶段是区块链技术的深度应用，并且必须配合数字货币的使用，但数字货币的合法流通必须由中国人民银行在国家层面进行统一配置。任何国家引入数字货币都必须经过深入、全面、慎重的考量和规划。因此，目前区块链技术虽然在应用层面具有较为明确的需求，但在宏观层面，社会经济的深层次问题决定了区块链的应用仍处于相对初级的阶段，即目前最成熟和应用最多的功能，只能是增信层面的应用。

根据以上分析，提出“区块链 + 供应链金融”将会以单证—交易—生态—票据—证券化路线，自下而上地演化发展模式，如图 6-5 所示。

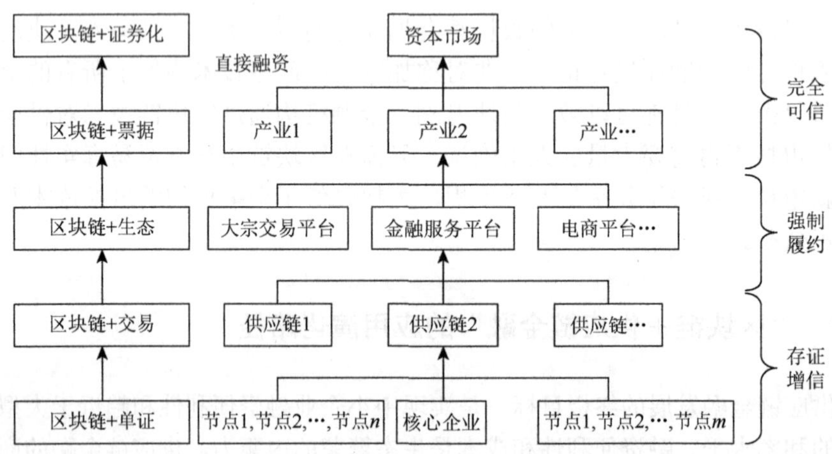

图 6-5 区块链供应链金融应用进程示意图

在图 6-5 中，区块链应用的开始以融资业务的单证处理为切入点，解决业务效率与业务成本最基础的问题，在此基础上结合供应链结构和金融服务平台的特点，进行高层次的创新。目前，国内的区块链结合供应链已经出现了不少的产品和应用，也出现了数量众多的区块链应用方案，一些平台已经进行了区块链应用实践，如“区块链 + ERP”对接供应链金融、“区块链 + 跨境电商平台”对接跨境支付等，未来在资本的作用下，区块链在供应链的应用将百花齐放，因为区块链是供应链运作的基础设施之一。

1. “区块链 + 单证”构建应用基础

单证是证明交易行为的单据、文件与证书，凭借单证来处理交易的支付、运输、保险、结算等，包括：①资金单据（如汇票、本票和支票）；②商业单据（发票、收据）；③货运单据（发货单、仓单、提单、运单等）；④保险单据；⑤其他单证（如质检单、原产地证书、寄样证明、装运通知等）。

单证是使用最频繁、问题最多、参与人最多的环节。在单证处理环节中，技术应用首先要帮助用户降低操作成本。

供应链金融业务操作的痛点在于单证处理的周期长、费用高。参与者很难鉴定供应链上各种相关凭证的真伪，造成了人工审核的时间长、成本高、费用高的问题。

以区块链技术将企业对外的单证转换成区块链记录，具有重要的信用价值，是“区块链 + 供应链金融”的应用基础。由于供应链金融作为场外金融，金融机构的大量成本会花费在单证审查、重复核对上，而区块链对单证真实性的保证，使得金融机构能够从繁重的单证工作中解放出来。

2. “区块链 + 交易”构建应用起点

“区块链 + 单证”用来验证单个业务环节的真实性，实现该环节对于信用链的支撑。供应链融资是基于交易真实性的契约架构，“区块链 + 交易”结合单证的真实性、交易业务逻辑和节点交叉验证，来解决金融业务中最为关键的交易真实性审查问题。

在复杂的交易结构中获取具有逻辑结构的数据和证据，以区块链技术全面而详细地记录交易信息，以信用自证的方式向金融机构展示交易的真实性。区块链的可追溯性使得交易从开始、执行、支付到清算的整个过程都可以留存在区块链上，使得数据的质量获得前所未有的强信任背书，这对融资业务流程的创新、综合授信等具有综合意义。

区块链技术对交易过程的完整性记录，将交易信用评级作为构架供应链金融的新主线，将信用管理与信用创造延伸到供应关系的底层和全链。“区块链 + 交易”实现信用创新，为供应链金融业务架构奠定了坚实的基础。“区块链 + ”以其不可篡改、不可抵赖的机制来告诉人类，在缺少第三方信用的约束下，计算信用仍然可以作为人类社会经济活动有序进行的中介，即让交易双方都认可机器计算所表达的结果，从而自愿达成一致，构建信用关系，保证各方按交易约定来自觉执行。

3. “区块链＋生态” 促进商业模式创新

去中心化（自组织）为供应链协作与融资模式创造了巨大的空间。区块链在链内强信任模式下构建更为先进的商业模式，促进供应链节点之间的价值传递，提高运营效率。增强供应链信用意识、提升供应链管理能力，有利于构建关系更为密切的利益链和实现价值网络。

4. “区块链＋票据” 构建供应链金融大市场

区块链能够进一步规范交易模式与数据的精细化，形成供应链融资的标准化票据体系，再构建适合于供应链金融特色的票据交易市场，可以突破目前以平台为边界的孤岛模式、项目模式（规模有限、资产非标准化），建立起统一的供应链票据资产流通机制，基于供应链的价值转移网络，逐步推动形成国内甚至全球化的供应链票据交易场景。票据市场涉及票据转让、票据贴现交易等业务。

传统票据市场在风险管理方面具有明显的痛点，包括以下几点。

（1）操作性风险。票据交易系统为经典的中心化模式，但若中心服务器出现问题，则整个市场瘫痪，节点交易完全依赖于中心平台。

（2）信用风险。我国票据市场存在多重的信用风险。

（3）道德风险。市场上普遍存在“一票多卖”、虚假商业汇票、克隆票据、假签章票据等事件。

区块链构架下的票据交易模式，具有弱中心化、系统稳定性、共识机制、不可篡改等特点，这些特点有利于形成统一的标准化票据市场，提高交易效率。在票据市场中，通过链上记录的相关凭证保证商业票据的真实性，减少信息不对称、信用和道德风险。从票据业务来看，从商业、银行承兑票据的出票、承兑、贴现都记录在区块链系统上；当在商业或银行承兑票据交易时，只需在链上查询票据信息，保证票据的真实性、买卖一次性，降低了市场风险和道德风险，并提高了交易效率。

5. “区块链＋证券化”对接资本市场，实现直接融资

现有供应链金融模式多属间接金融，为控制债权和质权下的信贷行为，没有实现应收账款的票据化，资金的提供方主要局限于商业银行。虽然供应链金融对于缓解中小企业融资难（融资便利性）问题前进了一大步，但对于解决中小企业融资贵（利率偏高）问题仍然有很多工作要做。融资贵问题的解决关键在于发展直接融资，让更多社会公众和其他机构以直接融资的方式参与供应链金融是未来的发展方向之一。

资产证券化（asset-backed security，ABS）的实质是出售未来可回收的现金流，从而获得融资收入。资产是指那些缺乏流动性，但具有可预见的、稳定的未来现金流的资产。根据美国证券交易委员会（United States Securities and Exchange Commission，简写为 SEC）的定义，ABS 是将企业（卖方）不流通的存量资产或可预见的未来收入构造和转变为资本市场上可销售和流通的金融产品的过程。ABS 在发达国家已经成为一项主要的直接融资方法。发达国家成熟的金融生态环境和信用管理体系，使得风险控制的有效手段较多、风险成本较低。发达国家完善的金融环境制约了经济主体的主观违约，但中小企业 ABS 也存在诸多风险性问题，如贷款的灵活性高、风险评估难、信用信息获取成本高，以及违约风险往往取决于债务人的个人因素、规模效应等。例如，美国中小企业 ABS 过程中存在诸多障碍，开发信用增强技术是美国证券化创新的主要方向，包括外部增强与内部增强。外部增强由第三方提供财务担保，如私人基金会和政府公共机构等；内部增强主要包括优次结构、提高抵押比率、差价账户等。实现证券化的规模经济是提升信用、减少成本的有效对策之一。

“区块链 + 证券化”对接资本市场，实现直接融资而达到降低融资成本的终极目标。ABS 的业务痛点在于无法确定底层资产真假，会出现参与主体多、操作环节多、交易透明度低、信息不对称等问题，使得风险难以把控，各参与方之间流转效率不高，无法监控资产的真实状况。

未来，区块链结合人工智能、大数据和物联网，进一步打通真实世界与虚拟世界的藩篱，以物证信、信用自证、智能资产等，产生更高层次的价值创造，最终大幅降低融资交易成本。

ABS 从底层资产形成、交易、存续期管理、现金流归集等全流程实现资产真实、信息实时、各方同时监督的效果，防范各级金融风险。

6.2.3　基于区块链的供应链金融模式

随着经济社会的发展，中小企业在我国的市场中发挥的作用越来越大，与大型企业相比，中小企业能够促进我国企业的多元化发展。在中小企业的发展过程中，融资问题一直是阻碍中小企业开展生产经营活动的主要难题。信用缺失、固定资产等抵押担保品少、财务信息不透明等因素都会对中小企业的融资造成阻碍。供应链金融的融资模式为中小企业提供了较为方便的融资渠道。区块链技术作为我国近年来应用最为广泛的技术，在金融行业中应用该技术，是顺应社会时代的发展趋势的结果。

供应链金融的本质是盘活中小企业的流动资产，解决融资问题，如本书第 1 章所述，根据融资中所涉及的流动资产不同，目前，供应链金融的主要业务模式有应收账款融资、预付款融资及存货融资。区块链在供应链金融中的应用场景也主要包括这三种模式，分别以应收账款、预付账款和存货作为中小企业融资的质押物。根据上下游交易关系和交易期间的不同，处于供应链不同节点的中小企业可以结合自身特点，选择适当的模式进行融资。

1. 应收账款融资模式的区块链应用

应收账款主要是指企业在正常的经营过程中因销售商品、提供劳务等业务应向购买单位收取的款项。企业持有应收账款既能够增加销售，也能够减少存货。在制造与流通领域，应收账款主要是销售产生的债权。在法律上，应收账款是指不以票据或有价证券为代表的，即未被证券化的、以付款请求权为内容的现有的及将来的债权。应收账款产生于实物交易，但是无形的财产权，缺少类似票据、存单的有价证券形式。应收账款产生的直接原因是商业竞争。在现阶段我国激烈的市场竞争中，当市场环境由卖方市场转为买方市场时，企业为了在市场竞争中提高自己的竞争优势，会采用信用销售的模式来吸引客户增加销售，而且在当今社会的发展过程中，企业持有应收账款不仅能使企业的成本提高，还能增加资产的流动性。

应收账款融资是指上游中小企业（卖方企业、债权企业）把未到期的应收账款转让给金融机构获得融资购买原材料，到期后由核心企业（买方企业、债务企业）的销售回款来偿还贷款。在这种融资模式中，对于核心企业而言，到期必须付款，而支付给金融机构或者中小企业并无区别，但是可以解决中小企业的融资问题，从而提升整个供应链的资金统筹效率。中小企业应收账款融资市场潜力巨大。应收账款融资是供应链金融的主要形式，是中小商业银行、小额借款、保理、互联网金融、信托、基金、平台金融等相关金融机构展开竞争的主战场。

1）传统应收账款融资业务痛点

应收账款融资的主要风险来自真实性问题。如果交易为虚假的，则应收账款质权不成立。在经济下行及不少行业去产能的影响下，信用环境也不断恶化，伪造贸易背景骗贷案例常见诸报告。2014 年 4 月，中国银行业监督管理委员会颁布《商业银行保理业务管理暂行办法》，强调在开展保理业务时必须严格审查交易背景的合法性和贸易的真实性。

在实践中，应收账款的真实性、合规性审核，价值确定及后续监管，是该类业务的关键操作要点，具体包括以下内容。

（1）交易背景审查：提供买卖双方的过往真实交易记录；判断买方为善意的购买人，是行业排名靠前的企业，或者还款能力充分的公用事业单位、政府机关等。审查次债务人的还款能力、生产状况、经营状况、财务状况、行业地位等。

（2）债项的真实性：调查双方对应收账款要件的认可程度，派人前往买方所在地现场核实；调查债务人的付款意愿；审查、核对债项的支持性文件等。

（3）评估债项的质量：主要评估指标包括应收账款构成比例、应收账款平均金额大小、应收账款平均回收期、应收账款集中度、质押率等。

（4）可回收性分析：分析交易的惯性、合作关系、关联交易等。

（5）要求签订、执行“封闭回款”协议：约定应收账款收取后直接用于归还质权人主债务，构建出质人、质权人、次债务人三方协议，对还款账号等进行监管，对符合一定条件的质权人可以直接划转。

为解决履约过程中多方交互的问题，应收账款融资中存在如下问题。

a. 基础合同、票据的真实性缺失

目前，基础合同签章虚假在技术上仍然难以鉴定：基础合同或债权文书容易伪造，如为融资而构建的虚假交易包括虚假盖章等是风险的主因。

b. 登记公示的作用有限

登记公示系统在于形成质物的对世权和对抗第三人。登记公示机构并不对当事人提交的资料进行内容验证，也不能保证提交资料的合法性和真实性，其作用仍然相当有限。

c. 登记的内容缺少严格规定

对登记系统的内容、应收账款的描述和要素等如何确定，法律缺少严格的规定，在实践中尽量收集与提交单证以保证信息的充分化是降低风险的策略。

d. 登记作用弱化

应收账款质押登记属于单方登记，登记的真实性、内容、是否终止，以及后续还债过程等，始终由质权人“控制”。登记机构不对提交的资料做实质性审查，出质人、次债务人无法干涉，这使得质权人的登记行为显得随意且不能尽职，甚至出现错误也不及时更正，弱化了登记和公示的作用。

e. 过程记录不全

应收账款的还款过程及债务存续期间的交互结果没有形成完整的记录，对后续债务争议处理不利。

f. 次债务人的抗辩，极易形成风险

次债务人不承认交易的真实性，否认可质押性，特定化不明确或登记瑕疵；出现《中华人民共和国合同法》第一百一十七条规定：“因不可抗力不能履行合同的，根据不可抗力的影响，部分或者全部免除责任，但法律另有规定的除外。当事人迟延履行后发生不可抗力的，不能免除责任。本法所称不可抗力，是指不能预见、不能避免并不能克服的客观情况。”

以上问题说明，在应用区块链技术之前的供应链金融融资模式中，在融资合同签订以前，银行等金融机构要想详细了解融资企业的基本信息的成本相当高，而这些费用在一定程度上会加重银行等金融机构的负担，因此会影响银行等金融机构对中小企业的信誉评价结果，进而影响是否发放贷款；同时，参与各方皆为互不信任的节点，为降低整个履约过程的信用成本和风险，交易各方需要在业务过程中不断积累信用，即通过不断存证、不断解决新问题并记录达成共识。这就要求交互事项应以书面的方式记录，确认后不可更改、不可抵赖。采用技术手段来支持交互过程，并形成不可篡改的交易、交互记录，可有效降低业务成本和信用风险。

由于区块链技术能够使融资过程的信息高度透明，在应用区块链技术之后的供应链金融融资模式中，无论是银行等金融机构还是中小企业、核心企业，都不需要额外花费成本去获取信息。从这一点来看，在供应链金融融资过程中应用区块链技术，不仅能够节省供应链金融融资过程的成本，进而简化供应链金融融资程序，还能提高供应链金融业务的处理效率，让中小企业、核心企业和银行等金融机构能够更加专注于自身的生产经营活动，进而提高经济效益。在使用区块链技术之前的供应链金融融资模式中，核心企业的信用需要经过中介机构的信用担保之后才能向位于供应链下游的企业传递，而在这个过程中，核心企业很容易自立门户，进而阻碍中小企业的融资过程。在使用区块链技术之后的供应链金融融资模式中，核心企业可以直接向位于供应链下游的企业传递信用。这个过程能够间接促进整个供应链的所有中小企业和核心企业经济效益的提高。除此之外，区块链技术还能够基于时间戳技术和不可篡改的特性，提高中小企业和核心企业的信用。因为在整个供应链金融的融资模式中，一旦企业不能按时还款，这种不守信的记录就会永远存在于企业的历史信用记录中。

2）基于区块链的应收账款融资模式具体流程

基于区块链的应收账款融资模式具体流程如图 6-6 所示。①核心企业与上游中小企业进行买卖交易，通过区块链的“录入凭证”接口，登记合同并用私钥进行联合签名，生成统一凭证；②上游中小企业向金融机构申请贷款，通过区块链

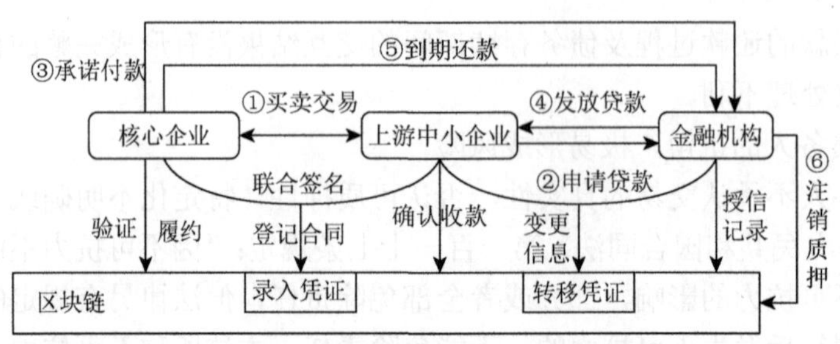

图 6-6 基于区块链的应收账款融资模式

应用情景：中小企业是核心企业的上游供应商，拥有核心企业的应收账款凭证，但是缺乏流动资金，亟须融资

的“转移凭证”接口，变更信息，将应收账款凭证转移给金融机构；③核心企业通过区块链进行验证，向金融机构承诺付款；④金融机构向上游中小企业发放贷款，并将放款信息记录到区块链，中小企业确认收款；⑤核心企业收到销售回款后到期向金融机构偿还贷款，并将履约过程记录到区块链；⑥金融机构确认贷款偿还，注销应收账款质押。

针对供应链金融的“核心企业——一级供应商”的应用场景，下文给出一个简单的“区块链＋应收账款融资”的例子。

1）功能描述

由于合同、单证、争议处理及过程文件等公开，并且在线签署文件（以密钥保证身份认证的安全性），可保证不被代签，保存后不可被篡改。智能合约则保证合同中所规定的处理（或操作）可得到有效执行，如当划账条件发生时，从次债务人账户直接划出资金，而不需要次债务人的事先同意。采用点对点的沟通，提高了效率，确保了透明。

该系统中的四种角色为：①质权人（资金提供方，如银行、保理）；②出质人（借款人，如一级供应商）；③次债务人（付款人，如核心企业）；④公示平台。

2）业务流程

（1）出质人与次债务人的应收账款形成后，出质人向质权人提交基础合同、相关单证，向质权人申请质押借款。

（2）质权人对出质人的债项进行交易真实性调查，对次债务人进行还款能力调查，对相关单证进行真实性验证，对债项的可质押性进行评估。

（3）质权人与出质人签订在线合同；登记公示节点确认并生效；出质人确认所有单证并回答质权人的质问，相关文件加密保存后不可更改。

（4）质权人、出质人、次债务人签订三方协议，规定支付事件和账户管控。

（5）履约过程中处理各种争议，达成共识、形成文件并加密保存，不可更改。

（6）账本公开，各方无须对历史单证进行反复查验，降低操作成本，形成信用机制。

各方操作时，确认无误后，使用私钥签名，具有法律效力。过程合同可以查询，大量支持性的文件、证据以不可被篡改的方式保存在系统中。

具体实现逻辑如下：①创建账户，为每个用户生成唯一的私钥与地址；②出质人生成质押融资申请，提交相关单证（扫描上传），保证与实物文件一致；③质权人查证后批准，并提前“登记公示”（质权生效）；④在线签订三方合约，确认支付等细项；⑤履约过程中形成共识文件，在线共同签署后存档。

账户私钥应该由安装在本地的客户端生成，每位用户的私钥为 guid + “1”，公钥为 guid + “2”。用户签名为私钥 + “1”。

2. 预付款融资模式的区块链应用

预付款融资，是指基于供应商（卖方企业）对未提取货物进行回购的承诺，下游中小企业（买方企业）向金融机构申请贷款用来支付供应商未来交付货物的款项，同时提货权由金融机构进行控制。在这种融资模式中，除了金融机构、供应商、下游中小企业的参与之外，还需要引入专业的第三方物流企业（仓储监管方）对质押的货物进行评估、监管。保兑仓融资业务通常以银行承兑汇票为结算工具。

1）传统预付款融资主要风险

（1）借款企业的信用风险。借款企业（买方）的信用风险是预付款融资面临的首要风险，是指在信贷过程中，由于各种不确定性，借款企业不能按时偿还贷款，造成银行贷款本金及利息损失的可能性。

（2）核心企业的信用风险及回购能力。由于预付款融资需要核心企业（卖方）提供连带担保责任并承诺回购，核心企业应在借款企业保证金不足的情况下回购剩余质押物，因此，核心企业的信用状况及回购能力是预付款融资风险评估的重点。

（3）质押物权属及担保安排。质押物的产权界定及品质检验是预付款融资中合约设计风险的首要来源。前者包括所有权审核和质权审核，所有权审核是指审核质押物是否在法律上清晰地归出质人所有；质权审核是指审核质押物是否能够在法律上允许质押，是否被担保给多个债权人，存在重复担保的现象。后者是对商品实质内容的审查，包括质押物的品质检验机构是否具有法定的检验资质，采用的检验方式是否正确等。

（4）质押物的变现风险。预付款融资以仓单项下货物为质押物，当借款企业违约时，银行有权对质押物进行拍卖来抵偿贷款本金及利息的损失，因此质押物对银行贷款起着担保作用。

（5）物流企业的监管风险。在预付款融资中，第三方物流企业作为监管方参与进来，负责质押物的直接监控和担保。物流企业的监管风险，是指在预付款融资中物流企业在负责质押物的直接监控和担保过程中可能出现的风险（如欺骗、不负责任、虚假上报、监管失误等）。因此，银行应根据物流企业的规模、资金实力、信誉情况、合作意愿、地域分布、监管技术水平等构建物流企业的监管风险评估体系，从而确定物流企业在预付款融资中的监管资格。

（6）供应链的运营状况。在预付款融资中，借款企业所处供应链的整体运营状况对借款企业的信用状况具有直接的影响。若供应链的整体运营状况良好，交易风险就较小，从而降低借款企业的信用风险。

2）基于区块链的预付款融资模式具体流程

如图 6-7 所示：①核心企业（供应商）、下游中小企业（经销商）、金融机构和第三方物流企业达成协议，通过区块链的“录入凭证”接口，登记四方协议并用私钥进行联合签名；②金融机构签发以核心企业为收款人的汇票，并将放款情况记录到区块链；③核心企业将货物发送至金融机构指定的仓库，由第三方物流企业监管控制，并把库存情况记录到区块链；④下游中小企业向金融机构缴存一定保证金，并把履约过程记录到区块链；⑤金融机构提示第三方物流企业释放相应比例的货权；⑥第三方物流企业向下游中小企业发送相应金额货物，双方分别把库存情况记录到区块链。下游中小企业实现销售后转第④步循环操作，直到保证金账户余额最终等于汇票金额，金融机构释放全部货物。根据四方协议规定，如果汇票到期前，下游中小企业的保证金账户余额小于汇票金额，那么核心企业需要回购未提取货物，并且向金融机构支付保证金与汇票之间的差额。

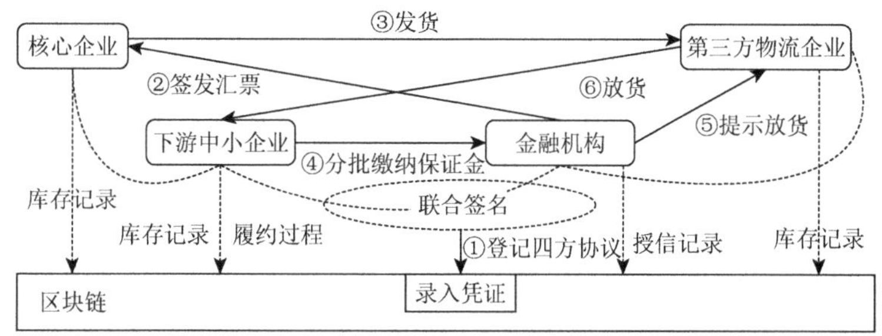

图 6-7　基于区块链的预付款融资模式

应用情景：中小企业是核心企业的上下游经销商，在获得持续经营所需的原材料和产成品时，需要向核心企业支付预付款，而缺乏流动资金的中小企业需要进行融资

区块链架构下，可实现所有参与节点之间的直接交互，任意两点之间的业务操作可以分开布置，大大简化了应用软件的复杂程度，使得协作流程简化，避免了中心化的应用集中模式。而且，所有节点都具有完备的账本，安全性、便利性和客户端的可扩充性等都较中心化应用模式更具有优势。

以区块链为底层技术的应用架构，采用非对称加密技术，所有传输内容通过加密进行，内容查看权限也要有授权签名，可满足金融业务的安全性要求。

区块链应用架构，以共同的监督来证明当前事实的真实性、合理性；机构可以无限次地使用已经确认的记录，而无须再对记录进行确认，从而信用成本大幅下降。

3. 存货融资模式的区块链应用

存货融资，又称库存融资、融通仓融资，是指中小企业（融资企业）用存货作为质押，经过第三方物流的评估和证明，金融机构对其发放贷款。这种融资模式可以不涉及核心企业，但是其业务涉及第三方物流企业（融通仓）的监管和货权的控制，因此仍然属于供应链金融业务。在这种融资模式中，金融机构通常会考察中小企业的存货、交易对象和供应链的综合运行情况作为授信的主要依据；第三方物流企业一方面可以通过对存货的验收、评估和监管来协助金融机构，另一方面可以根据金融机构授予的授信额度，直接负责中小企业贷款运营及风险管理。

1）传统存货融资业务管理核心

存货的监控与管理是风险防控的核心，在操作过程中要严防监管不到位导致的质押物挪用、丢失和损坏等，该模式的风险防控要点包括以下几项。

a. 质押物的所有权

质押物的所有权问题是审核的关键，主要在于对交易真实性的审查。质押货物与贸易往来合同、收付单据、发票、支付单据等可用来确保质押物权。同时，第三方物流企业需要出具质押物确认书。

b. 监管物流企业的选择

第三方监管必须具有标准仓储场地、专业的管理与监控设备、完善的管理体制、较高的信息化水平。另外，还需要评价监管企业的信用水平等。

c. 操作风险管理，严格的出入库管理

进出库单证、按照品名制作的库存报表和进出库最低货值是管理重点。在单证管理中，要留存质押物出入库的所有签字、盖章的单证资料，出质企业要在进出库单证上签字盖章。在报表制作中，要求《台账》《出入库明细》《库存明细》《出入库统计》账账相符、账实相符、账表相符、表表相符。控货管理要求在最低限额的基础上及时补充货物，严格按照保证金追加或按货物补充情况来发货。另外，对于补充的货物，根据其质量、买卖价格、市场行情等因素评估其价值，严控货物的准入。按要求设置监管标志牌（新仓库、原仓库、办公室）、监管标签（货架、托盘），并标记保险受益人和工商登记信息。

d. 实时监控贸易产品的市场行情

对于市场价格变化较快的质押物，要根据市场行情实时审核货物价值，约定当其价值下降突破规定的最低限额时，要补充保证金或货物。

e. 完善风险管理制度

例如，建立道德风险控制制度，包括员工准入制度、保荐人制度、交叉监管制度、强制休假代班报告制度、异地监管制度、轮岗制度、监管员日常行为的分析控制制度和风险金制度等；建立操作风险控制制度，包括培训上岗制度、现场三级检查（账实核查、账账核查、总部后台核查）制度、非现场检查制度、三级（监管员、风控专员、总部抽查）考核制度、谈话诫勉制度、第一责任人制度和风险责任追究制度等。

在存货融资中供应链中的买方、卖方、物流企业和金融机构各方协作。对于这四方参与者，各方对使用哪一方作为供应链金融系统往往存在极大的争议，其结果是要么建立一个新的中心化系统，四方都与此系统沟通；要么将数据在各个企业中进行传递（不建立中心化系统）。随着业务的复杂化，中心化系统的开发与维护成本变得相当高，而数据在各系统之间加密传递，也存在需要开发大量接口、实施流程繁杂等问题。所以，采用区块链技术逐笔记录区块链台账，完成各方系统的协作，具有较好的效果。

质押模式是存货类融资中最基础的业务。在供应链中，存货质押融资模式对于质押品没有严格的限制，可以是产成品、原材料，甚至半成品，但都必须建立在供应链真实贸易背景的基础上。出质人将流动性较差的存货等动产作为质押品，一般需要核心企业、出质人或具有担保能力的第三方等签署回购承诺，才能达到覆盖风险敞口的风险控制目标。

近年来，供应链下游的动产质押融资成为企业解决流动资金问题的重要方法，为适应供应链快速响应市场的需求，动态质押模式悄然兴起，具有操作成本低、简单易行的优点，深受中小企业和金融机构的欢迎。动态质押给金融机构带来的监管要求和操作风险也比静态质押高很多。

在实践中，需要在以下几个方面加强监管。

（1）对所有权归属的审查。重点考察存货来源的合法性和权属的完整性。在出质人合同的基础上，审查交易的真实性，同时还需要完税证明：审查出质人购货合同条款、货款有无结清、税票是否开立、税票金额与合同价款是否吻合等；对于分期付款，要注意审查合同违约责任中救济措施是否影响质押物权的行使。

（2）审查实际交付。审查是否实际交付，以及交付的合规性。仅有合同但无实物交付是常见的风险源；道德风险则是内部人之间的串通；频繁地出入库可能导致操作风险（人为失误）。

（3）审查监管机构，以达到特定化的标准。出货要求出质人与监管机构共同签署质押物清单，并自动成为借贷合同项下的质物与附件，无须另行签订补充协议；监管人员每天将进出库和库存的电子数据上传至金融机构，并将该电子数据设定为协议组成；明确出入库异常汇报及处置方案，明确监管机构违约监管责任。

在区块链技术支持下，可以实现“区块链＋物联网”的动产质押。

区块链的核心价值在于通过算法来建立一个公开透明的规则，并以此为基础建立可信网络，实现即便节点之间互不信任，也能确保点对点之间的安全交易，这在传统模式下是不可思议的事情。

物联网的基本结构也是节点与节点之间的联系，但节点是物，而非人（具有智能）。物联网节点中产生的数据具有公开透明、难以伪造、实时性强的特点，能够从技术上解决质押物状态的真实性问题。

现实中的存货质押业务产生道德风险主要是人为造假行为，要有效避免人的干扰，将物联网技术对接到质押监管系统中是极为有效的方法。在仓库管理中，物联网技术准确感知货物的重量、位置、轮廓、运动状态、管理权限等精确的物理信息，是保障流动资产的有力手段。同时，实时生成与货物对应的唯一动态登记对象信息，可有效解决传统监管手段难以回避的道德风险。物联网下的动产质押监管技术与服务在精细化程度、监管强度和质押风险控制方面，具有较大的相对优势。

在“区块链＋物联网”的架构下，将从技术上推动动产质押业务由现有的自发自主描述化的模式向系统确认的模式转变，从而实现监管公示力向公信力的延伸。

2）基于区块链的存货融资模式具体流程

基于区块链的存货融资模式具体流程如图 6-8 所示：①中小企业、金融机构和第三方物流企业达成协议，通过区块链的“录入凭证”接口，登记三方协议并用私钥进行联合签名；②中小企业把存货质押给第三方物流企业，并把库存情况记录到区块链；③第三方物流企业对存货进行评估，向金融机构出具证明，并把库存情况记录到区块链；④金融机构根据情况向中小企业提供授信，并将放款情况记录到区块链；⑤中小企业向金融机构一次性或分期偿还贷款，并把履约过程记录到区块链；⑥金融机构确认贷款偿还，指令第三方物流企业归还存货；⑦第三方物流企业向中小企业归还存货，记录库存情况。在这里金融机构也可以提前与核心企业签订回购协议，一旦中小企业不能偿还贷款，则通过核心企业的回收来处理存货。

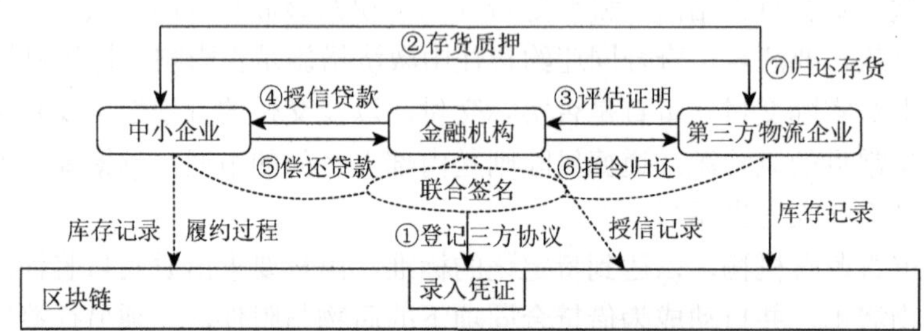

图 6-8　基于区块链的存货融资模式

应用情景：中小企业拥有存货等动产，但缺乏流动资金

以区块链作为底层技术支撑，业务中参与各方共同搭建起一个兼具公有链的完全去中心化模式和私有链的严格准入机制的高可控性和强操作性的联盟链，利用其分布式对等网络结构实现去中心化单位的存在和信息的同步共享，利用时间戳和共识算法解决数据追溯与信息更新，利用密码算法有助于关键数据的保护和授权访问，利用智能合约的编程特性规范业务交易，供应链融资的业务模式和应用场景得以丰富创新，实现了上下游供应商、核心企业、银行及第三方物流企业

等参与各方的业务数据和交易数据信息全网上链且分布式存储，信息共享程度高且交互速度快，确保实施操作的透明可视化与交易信息的安全可控性，且有效数据的完整传达有利于多方征信体系的构建，进而使得基于区块链的信任能沿着供应链链条传递到末端，促使各个环节业务流程都得以快速进行，补齐现阶段供应链融资业务开展的短板，推动新技术下该业务的成熟发展。6.3 节将以案例的形式，介绍区块链技术下的供应链金融创新应用的融资模式。

6.2.4　区块链架构下的风控特点

我国的供应链金融实践已经有 10 年以上的时间。银行作为资金端的主力，风控逻辑主要依赖核心企业的信用背书，在风险规避的策略下，质押担保是主要的授信策略，如存货质押、应收账款融资、预付款融资等。购买债权的保理业务占比较低，贸易融资的自偿性特性没有得到充分利用。这与银行的信用创新技术和风控方法有着密切联系，银行对于交易真实性的判断与票据审查，仍然具有诸多技术上的困难。

区块链架构提供“穿透”多层交易结构的信用技术，使得银行可以对远离核心企业的节点进行授信。现有的供应链金融中，核心企业的信用杠杆一般只能传递给一级供应商或一级经销商，而对于二级以上的供应商与经销商，由于缺少与核心企业的直接交易关系，银行因核心企业无法进行信用背书而不能提供融资服务。在区块链架构下，可以构建多节点参与的交易关系，依据 ERP 构建连续的合同关系，再结合云仓库、VMI（vendor managed inventory，供应商管理库存）等库存管理模式，使得全链都可以获得核心企业的信用支持。

区块链架构可以打通银行亟须解决的信用瓶颈。虚拟系统对于供应链金融的最佳支持，是对于全链所有节点交易的可视化，不仅包括线上的交易链（商流），而且包括交易的各类支持流程，如线下的物流、单证流、价值交换的真实证据等，只有当银行认为已经获得足够、充分的信息时，才能排除质押品风险，充分的授信服务才可能实现。

1. 从虚拟到平行、交互

快速发展的电子商务、科技金融、虚拟现实和其他众多的智能技术，已经根本性地改变了现代商业的采购、生产、营销、消费等模式，形成了现实物理世界与虚拟网络空间紧密相合、虚实互动、协同演化的平行世界。

可靠的数据是虚拟世界存在的基础。基于区块链架构构建的虚拟系统，在“双工交互”模式下，能实现以与真实系统同构的方式反映交易历史，实际上虚拟系统已经具有客观实在性，因为虚拟系统不再是原来可以任意删改的信息系统，而是与真实系统相对应的平行系统，现实系统与虚拟系统具有相同的真实性，所以虚拟系统的信用也是真实可信的，这对于以“真实性”为本的金融业务的开展具有极大的支撑作用。

区块链架构下的虚拟系统是平行于真实系统的。或者说，在区块链架构下，人可以理解的系统分为两个世界（由两个世界组成），这两个世界都是真实的，互为补充、交互执行。

2. 政府节点的重要性

政府各相关部门具有丰富、高质量的信用信息资源，如工商、税务、公安、海关、检验检疫等部门。这些部门的信息获取具有严格的要求并受国家法规的保护，是建立在自身业务范围基础之上的，但是缺乏统一标准。

政府部门的信息一般对内交流，不与社会商业系统进行互通交换、资源共享。而在现有供应链金融的平台中，信用信息资源分散、透明度低、获取信息的难度大、成本高，较大地制约了信用创新及信用评级业务本身。政府部门大量有价值的信息资源处于闲置和浪费的状态中，这甚至是商业信用创新的一个“瓶颈”问题。以外贸为例，有运输服务、港口及空港物流园区（保税）、海关及电子平台、检验检疫、综合服务平台（如一达通）及大量功能性服务机构。在管理及效率的驱动下，近年来各类机构及平台不断创新服务模式，在效率上取得较大的进步，但在实践中，贸易便利性问题仍然没有得到很好的解决，主要问题是海关、港口、物流园区的服务功能并不以“贸易”本身为中心来构建，这就给平台的金融服务创新造成了极大的困难。

参考国外的先进模式，商业平台的构建以“贸易”为中心，将政府服务部门、职能部门、运作实体进行整合，形成“大服务平台”。以贸易为中心，是把以“商流”为中心的交易网作为最高层次的平台，其他平台、实体、职能机构围绕交易平台来展开和对接服务、衔接流程，最终的目标是实现贸易便利化，这种模式将为供应链金融服务的导入和创新提供巨大的空间，便利化的结果是交易成本的快速下降。这也是我国发展实体经济的重要策略之一。

未来，大型平台中的供应链金融必然要将政府节点的引入作为区块链架构的关键之一。政府节点加入后，高质量的信用信息可以增强系统整体信用，也将促进参与交易的各方守信并增加动力，为金融服务的创新和融资范围的扩大提供有利的条件。

区块链架构并不是去中心化，而是减少传统的信用中介成本，政府节点的加入并不会导致中心化模式的出现，政府节点与其他节点处于平等的地位，政府节点并不实施控制权，而是在公开环境下实施行政职能。

6.3　案例：京东金融 ABS 的区块链方案

2017 年 3 月，京东数字科技集团事业部（其品牌为京东金融，以下简称京东金融）推出基于区块链技术的资产云工厂底层资产管理系统，这是区块链首次在我国 ABS 业务领域的实践。

京东金融 ABS 的底层为“ABS 云平台”，采用“资产云”模式，京东金融作为资金方，与合作的消费金融服务公司共同参与每一条资产的风控、放款和还款环节，并负责资产包形成后的结构化发行全流程管理。首先，基于大数据风控的应用可快速筛选符合证券化标准的基础资产。其次，在系统构架上，在本地部署 ABS 业务系统，在云端则部署服务系统。本地系统包含资产池统计、切割和结构化设计等系统功能，为中介机构提供本地部署的全流程分析、管理和运算体系，增强中介机构承接 ABS 新业务及现有存续 ABS 业务的管理能力。云端系统为参与机构提供 ABS 资产动态信息。

在基础资产包生成的过程中，资产方、资金方（京东金融）、信托方公司各掌握一把私钥，共同审核。一笔借款通过京东金融的投资决策引擎审核，交由京东支付完成放款后，京东支付就会实时返回交易流水的唯一凭证，并写入区块链中，即完成一笔贷款资产的入链。系统设置了三个验证节点，底层资产池中每笔贷款的申请、审批、放款等资金流转都将通过区块链由各个验证节点共识完成。京东白条 ABS 交易流程如图 6-9 所示。

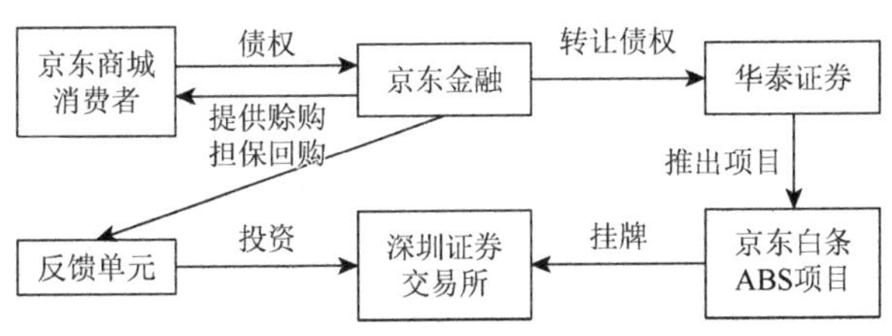

图 6-9　京东白条 ABS 交易流程

京东金融开展的 ABS 业务以消费金融 ABS 和互联网保理 ABS 为两大特色，随着京东金融 ABS 云平台的推出，京东金融开启了布局 ABS 业务供应商的模式。电商平台拥有数据优势，在开展 ABS 业务方面具有更加高效的特点，同时电商平台更具灵活性和多样性，在业务模式创新方面走在前面，因此电商平台的 ABS 业务还有进一步发掘的空间。

基础资产数据的真实性、不可被篡改性，提高了资产质量和信息的对称性，使得机构投资者的信心和意愿增强。实时、共享记账机制解决了参与机构间对账、清算等费时费力问题。投资人与监管机构可以直接获得穿透性极强的基础资产信息，实时掌握资产的信用信息和评估违约风险。

区块链技术主导的 ABS 结构如图 6-10 所示。

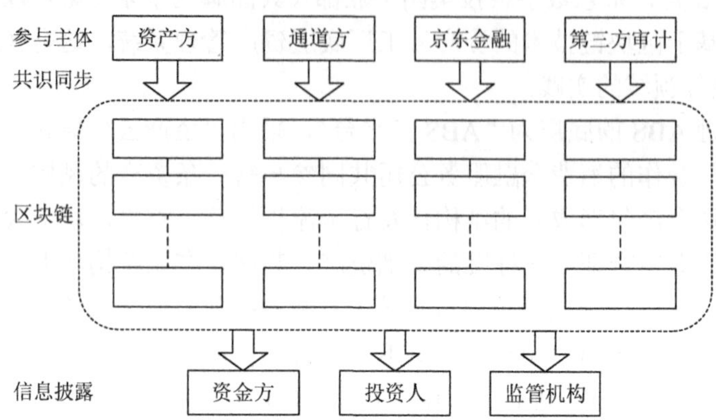

图 6-10　区块链技术主导的 ABS 结构

在图 6-10 所示的结构中，相对于传统 ABS，区块链技术主导的 ABS 模式解决了以下难点问题。

（1）架构于各机构的业务系统之上，解决异构系统之间难以协同的问题，以及各机构间信息传输的准确性、对账清算、对基础资产质量与真实性的信任问题。这些问题一直都是行业痛点。

（2）以区块链技术作为应用架构，采用去中心化结构，既能安全地存储资产交易数据，又能确保信息不可伪造和篡改。所有市场参与者共同维护一套交易账本数据，实时掌握并验证账本内容，并维护账本的真实性和完整性，在相应的权限内实时披露基础资产信息，极大地提高 ABS 系统的透明度和可追责性。

（3）自动执行智能合约机制，无须中心化机构的干预即可自动执行。这对于提高系统的可信度和维持系统信用的良好生态具有积极意义。

（4）各个机构间的信息和资金通过分布式账本和共识机制保持实时同步，有效解决了机构间费时费力的对账清算等问题。

京东金融的 ABS 实践创新，为整个金融交易市场提供了降低成本、提高效率、保证资产数据真实和透明的宝贵经验。在上游供应商回笼应收账款的前提下，实现核心企业在应付账期和现金流上的有效管理。通过 ABS 这个金融工具，降低供应链两端的综合融资成本，优化企业报表，平衡供应链上下游企业之间的利益，促进闭环产业链的良性发展。传统 ABS 每单约为 8 亿元起，京东金融 ABS 每单可以实现 2 亿元起，融资成本降低约 1～3 个百分点。提升 ABS 中介机构的服务效率和管理效率 20 倍以上，如原来 20 个人的业务现在可由 1 个人来完成，金融效应显著。

京东金融与贵阳高登世德金融科技有限公司（以下简称高登世德）合作，将区块链应用到新的资产管理体系。京东官方网站透露，自公司成立以来，已经为国内主要金融机构提供服务，如中国民生银行、招商证券股份有限公司和华润深国投信托有限公司等。经过严格的测试，京东金融已经正式开始使用高登世德的 ABS 系统，每天通过高登世德的系统处理的资产数量超过 1900 万笔，发行的证券产品里包含近 200 万笔资产。高登世德也成为我国目前唯一有能力处理这个级别证券化产品的金融大数据服务商。

参考文献

宝象金融研究院，零壹研究院. 2016. 互联网＋供应链金融创新[M]. 北京：电子工业出版社.
曹俊浩. 2010. 基于双边市场理论的B2B平台运行策略及其演化研究[D]. 上海：上海交通大学.
陈君毓. 2019.平台经济：城市的经济核心[J]. 现代商业银行，（24）：55-57.
程贵孙，陈宏民，孙武军. 2005. 网络外部性与企业纵向兼并分析[J]. 中国管理科学，（6）：131-135.
崔亚茹. 2019. 双边市场理论下外卖O2O平台定价策略研究[J]. 市场周刊，（5）：53-55，86.
段伟常. 2018. 区块链供应链金融[M]. 北京：电子工业出版社.
华为区块链技术开发团队. 2019. 区块链技术及应用[M]. 北京：清华大学出版社.
蒋传海，杨渭文. 2011. 互补产品、捆绑销售和市场竞争[C]. 大连：2011年产业组织前沿问题国际研讨会.
李更. 2014. 互联网金融时代下的B2C供应链金融模式探析[J].时代金融，（2）：67-69.
鲁文龙，陈宏民. 2003. 产品差异化与企业兼容性选择[J]. 华中科技大学学报（自然科学版），（12）：69-71.
潘小军，陈宏民，胥莉. 2006. 基于网络外部性的产品升级与兼容选择分析[J]. 系统工程理论方法应用，（2）：97-102.
平狄克 R S，鲁宾费尔德 D L. 2006. 微观经济学[M]. 6版. 王世磊，译. 北京：中国人民大学出版社.
乔坤元. 2014. 我国上市公司风险厌恶程度——基于因子模型的理论与实证分析[J]. 金融研究，（1）：180-193.
深圳发展银行中欧工商学院“供应链金融”课题组. 2009. 供应链金融：新经济下的新金融[M]. 上海：上海远东出版社.
帅旭，陈宏民. 2004. 具有网络外部性的产品兼容性决策分析[J]. 管理工程学报，（1）：35-38.
斯万 M. 2016. 区块链：新经济蓝图及导读[M]. 北京：新星出版社.
王国才，王希凤. 2005. 基于网络外部性的产品纵向差异竞争与市场结构研究[J]. 数量经济技术经济研究，（5）：129-140.
王琳，陈龙强，高歌. 2016. 增强型票据新形态：区块链数字票据——以京东金融数字票据研究为例[J]. 当代金融家，（12）：116-119.
吴家富，陈晓华. 2018. 供应链金融[M]. 北京：人民邮电出版社.
夏永钢. 2017. 线上供应链金融融资模式及风险分析——基于B2C的电子商务视角[J].中小企业管理与科技（中旬刊），（4）：46-47.
周立群，李智华. 2016. 区块链在供应链金融的应用[J]. 信息系统工程，（7）：49-51.
周正. 2010. 基于双边市场理论的电子商务平台竞争规制研究[D]. 大连：东北财经大学.
朱彤. 2001. 外部性、网络外部性与网络效应[J]. 经济理论与经济管理，（11）：60-64.
左静. 2009. 基于网络外部性的企业纵向兼并模型及其规制研究[J]. 消费导刊，（16）：66.

Anderson J E G，Parker G G，Tan B. 2013. Platform performance investment in the presence of network externalities [J]. Information Systems Research，25（1）：152-172.

Anderson S P，Coate S. 2005. Market provision of broadcasting：a welfare analysis [J]. The Review of Economic Studies，72（4）：947-972.

Armstrong M. 2002. Competition in two-sided markets[R]. Munich：MPRA.

Armstrong M. 2006. Competition in two-sided markets[J]. The RAND Journal of Economics，37（3）：668-691.

Armstrong M，Wright J. 2007. Two-sided markets，competitive bottlenecks and exclusive contracts [J]. Economic Theory，32（2）：353-380.

Baake P，Boom A. 2001. Vertical product differentiation，network externalities，and compatibility decisions[J]. International Journal of Industrial Organization，19（1/2）：267-284.

Bailey J P，Bakos Y. 1997. An exploratory study of the emerging role of electronic intermediaries [J]. International Journal of Electronic Commerce，1（3）：7-20.

Belleflamme P，Toulemonde Z. 2009. Negative intra-group externalities in two-sided markets [J]. International Economic Review，50（1）：245-272.

Caillaud B，Jullien B. 2003. Chicken & egg：competition among intermediation service providers[J]. The RAND Journal of Economics，34（2）：309-328.

Chen Y M. 1997. Equilibrium product bundling [J]. Journal of Business，70（1）：85-103.

Choi J P. 1994. Irreversible choice of uncertain technologies with network externalities[J]. The Rand Journal of Economics，25（3）：382-401.

Choi J P. 2008. Mergers with bundling in complementary markets[J]. Journal of Industrial Economics，56（3）：553-577.

Church J，Gandal N. 1992. Integration，complementary products，and variety[J]. Journal of Economics & Management Strategy，1（4）：651-675.

Dranove D，Gandal N. 2004.The DVD vs. DIVX standard war：empirical evidence of network effects and preannouncement effects[J]. Journal of Economics and Management Strategy，12（3）：363-386.

Economides N. 1996. Compatibility and market structure[J]. Social Science Electronic Publishing，16（4）：145-160.

Evans D S. 2003a. The antitrust economics of multi-sided platform markets[J]. Yale Journal on Regulation，20（2）：325-381.

Evans D S. 2003b. Some empirical aspects of multi-sided platform industries[J]. Review of Network Economics，2（3）：191-209.

Gandal N，Markovich S，Riordan M H. 2012. Ain't it "suite"？Bundling in the PC office software market[J]. Strantegic Uanagement Journal，39（8）：2120-2151.

Kate B. 2017. The research of block chain technology development[J]. Applied Innovation，3（12）：6-17.

Katz M L，Shapiro C. 1985. Network externalities，competition，and compatibility[J]. American Economic Review，75（3）：424-440.

Katz M L，Shapiro C. 1992. Product introduction with network externalities [J]. Journal of Industrial Economics，40（1）：55-83.

Matutes C，Regibeau P. 1988. “Mix and match”：product compatibility without network externalities[J]. The RAND Journal of Economics，19（2）：221-234.

McAfee R P，McMillan J，Whinston M D. 1989. Multiproduct monopoly，commodity bundling，and correlation of values[J]. Quarterly Journal of Economics，104（2）：371-383.

Muzellec L，Ronteau S，Lambkin M. 2015. Two-sided internet platforms：a business model lifecycle perspective [J]. Industrial Marketing Management，45：139-150.

Regibeau P，Rockett K E. 1996. The timing of product introduction and the credibility of compatibility decisions[J]. International Journal of Industrial Organization，14（6）：801-823.

Rochet J，Tirole J. 2006. Two-sided markets：a progress report[J]. The RAND Journal of Economics，37（3）：645-667.